HEYNE<

Das Buch:
Der Abschluss der großen Familiensaga über drei Generationen, die ein Bild über das Deutschland der Nachkriegszeit zeichnet.
Die Hansestadt Bremen im Jahr 1993: Drei Jahre nach der deutschen Vereinigung haben auch deren Probleme die Bürger erreicht. Der bekannteste Weinhändler der Stadt hat im Osten das große Geschäft gewittert und ist kläglich gescheitert. Er zerbricht an diesem Misserfolg und es kommt zu einer Amoktat, in deren Folge vier Menschen ihr Leben verlieren. Im Prozess stehen sich wieder die beiden verfeindeten Kanzleien Huneus und van Bergen gegenüber.

Der Autor:
Jürgen Alberts ist promovierter Journalist und Schriftsteller in Bremen. 1987 wurde er für seinen Roman »Landru« mit dem »Glauser«, dem bedeutendsten Krimipreis, ausgezeichnet. Zuletzt erschienen von ihm die Romane »Hitler in Hollywood« (1997) und »Der Violinkönig« (2001), sowie die ersten Bände der Bremen-Trilogie *Familienfoto* und *Familiengeheimnis*.

Lieferbare Titel:
Familienfoto – Familiengeheimnis

Jürgen Alberts

Familiengift

Eine hanseatische Trilogie

WILHELM HEYNE VERLAG
MÜNCHEN

Dieses Buch ist in der neuen Rechtschreibung gesetzt.
Auf Wunsch des Autors wurde die Konjunktion »dass«
in der alten Schreibweise belassen.

Vollständige Taschenbuchausgabe 07/2006
Copyright © 2006 by Wilhelm Heyne Verlag, München,
in der Verlagsgruppe Random House GmbH
Printed in Germany 2007
Umschlagillustration: © Comstock Images/getty images
Umschlaggestaltung: Eisele Grafik-Design, München
Satz: Leingärtner, Nabburg
Druck und Bindung: Bercker Graphischer Betrieb, Kevelaer
ISBN: 978-3-453-40476-2

www.heyne.de

TEIL 3

—

Die Starre

Was mit einem Kompromiss beginnt,
endet meist in einer Katastrophe.

Keine hanseatische Weisheit

Gewidmet meiner Frau Marita,
die nicht nur an hellen Tagen
an meiner Seite steht.

– eins –

Als Emma Livingstone aus dem backsteinernen Bahnhof trat, hielt sie inne. Zwei Tage war sie unterwegs gewesen, Busse und Bahnen, die Fähre und wieder die Eisenbahn benutzend, um nach fünfundzwanzig Jahren die Stadt zu betreten, die sie für immer aus ihrem Gedächtnis hatte streichen wollen.

Alles kam ihr fremd und gleichermaßen vertraut vor. Die vierspurige Hochstraße, die den Blick auf die Innenstadt verwehrte, der leer gefegte Bahnhofsvorplatz, auf dem zwei Losbuden standen, die Sexshops und Spielsalons. Der alte Mann, der den »Wachtturm« feilbot. Eine heftige Böe trieb Abfall vor sich her.

»Versuchen Sie doch auch mal Ihr Glück! Mit nur einem Los den Haupttreffer erzielen! Eine Kreuzfahrt in die Karibik für zwei Personen im Gesamtwert von 15 000 Mark.« Die Lautsprecherstimme ließ Emma herumfahren. Solche Ansagen hatte es früher nicht gegeben.

Im braunen Lederkoffer befand sich die gesamte Habe. Soll ich wirklich ... Am besten umdrehen, Ticket lösen, schnell den Rückweg antreten. Noch kann ich umkehren.

Das Museum auf der rechten Seite des Bahnhofsvorplatzes, das sie als Schülerin einige Male aufgesucht hatte, zeigte eine Ausstellung mit asiatischen Kultgegenständen. Die ferne Welt als letzter Ort der Hoffnung.

»Kann ich Sie irgendwo hinfahren?«, fragte ein Taxifahrer, der sie von der Seite ansprach.

»*No, thanks, I don't need a taxi!*«

»War ja nur ne Frage!«

Der Mann in der Lederjacke ließ sie stehen.

Als Erstes muss ich diesen Koffer loswerden. Niemand sollte sie als Heimkehrerin erkennen.

Sie wechselte hundert Pfund in D-Mark, erstaunt über den günstigen Kurs, gab ihren Koffer bei der Gepäckaufbewahrung ab, *only for a couple of hours,* und stand wieder auf dem Bahnhofsvorplatz.

Emmas Blick fiel auf eine Bäckerei. Hastig marschierte sie los. Obwohl sie keinerlei Hunger verspürte.

Sie öffnete die Tür und fühlte sich umgehend wohler.

Emma stellte sich an, hatte genügend Zeit, den wunderbaren Duft einzuatmen, betrachtete die Auslagen an der rückwärtigen Wand. In der Mitte ein Plakat, das eine strahlende Morgensonne umringt von Weizenähren zeigte. Darunter die Zeile: Unser täglich Brot kaufen wir hier!

White bread, brown bread, rolls and scones. Emma sah nichts, was sie nicht selbst hätte backen können. Nur die Torten würden ihr nicht auf Anhieb gelingen, aber mit ein bisschen Übung ...

»Sie sind an der Reihe.« Die Verkäuferin mit der weißen Kappe zeigte auf Emma.

»Nein, ich war vorher da«, kam es von der Seite. »Geben Sie mir drei Brötchen, aber nur krosse.«

Die Verkäuferin zuckte mit den Schultern und ließ Emma stehen. Was soll ich kaufen, dachte sie. Vollkornbrot, Mischbrot, Weltmeisterbrot. Richtig, Deutschland war Weltmeister geworden, aber lag das nicht schon Jahrzehnte zurück? *The Germans are always weltmeisters,* hatte sie in England häufiger zu hören bekommen. Manchmal rollten deutsche Panzer über die Titelseiten englischer Boulevardgazetten.

»So, nun aber«, forderte die Verkäuferin sie auf.

»Ich hätte gerne ein Stück Butterkuchen«, sagte Emma. Mit

schwerem britischem Akzent. Dabei hatte sie sich geschworen, auf keinen Fall deutsch zu reden.

»Der ist noch warm, ganz frisch. Wollen Sie ihn gleich auf die Hand?«

»*No thanks. How much?*«

Zu Emmas Verblüffung wurde ihr der Preis auf Englisch genannt. *One Mark and ten Pfennigs.*

Nun hatte sie Proviant, aber wusste nicht, wohin sie sich wenden sollte. Hinausfahren zur Villa, zu ihrer letzten Wohnung oder zum Haus von Gabriele? Wohnte die überhaupt noch da? Drei unterschiedliche Richtungen, drei Anläufe, drei gänzlich verschiedene Lebensfahrten.

Lange studierte sie den Plan des Straßenbahnnetzes. Warum setzt du dich nicht einfach in die Tram und fährst durch die Gegend, bis du den Mut gefunden hast, jemandem zu begegnen, dachte sie.

»Kann ich Ihnen behilflich sein?«, fragte ein Mann in dunkelblauer Uniform. An seiner Dienstmütze ein auf Hochglanz poliertes Abzeichen in Rot und Weiß.

Emma fragte, wie sie zur Marcusallee komme. Sie sprach nur den Straßennamen deutsch aus.

Der Beamte erklärte ihr in flüssigem Englisch, wie weit sie mit der Linie 4 zu fahren habe. »*It's your first time in our wonderful city?*«, fragte er freundlich.

»*I was here before. Long time ago.*«

»*Nothing has changed, except of the Ossis.*«

Emma hatte nicht ganz verstanden, was der Uniformierte damit gemeint haben könnte, bedankte sich und ging zum Schalter, um ein Ticket zu lösen. Wieder stellte sie sich in die Reihe der Wartenden. »Halten Sie das passende Kleingeld bereit!«, las sie in Druckbuchstaben über dem gläsernen Guckloch. Die Straßenbahntarife, mein Gott, die Erhöhung des

Fahrpreises um 20 Pfennig, damit hatte alles seinen Lauf genommen. Ihre erste Demo. Besetzung der Schienen, Zehntausende auf dem Marktplatz, Knüppelorgien der Polizei. Bernie hatten sie einen Schädelbasisbruch verpasst, die Veröffentlichung in der Schülerzeitung, der Prozess ... Wie eine Sturzflut kamen die Erinnerungen zurück.

Emma musste sich festhalten. Ihre Rechte griff nach dem Stehtisch neben der Fahrkartenausgabe. Wie hatte diese Stadt sie damals herausgefordert. Ins Visier genommen. Zum Objekt heftigen Streites gemacht. Sie hatte sich nicht kleinkriegen lassen. Nicht von diesem hanseatischen Spießertum, von diesen kleinkarierten Juristen, nicht vom Herrgott und seinem diktatorischen Gehabe ... ob er noch lebte, der alte Herr? Emma rechnete nach, er müsste in diesem Jahr hundert werden. Hatte er nicht am 1. September Geburtstag? Noch lange hin, sehr lange. An diesem Jubelfest würde sie unter gar keinen Umständen teilnehmen.

Die Fahrt durch die Straßen. Fremd und vertraut. Die Fassaden frisch gestrichen, in altweiß, cremefarben oder grauweiß, die Straßenränder gesäumt mit Kastanien, Ahorn und Platanen, die Stadtteile wie kleine Dörfer aneinander gereiht. Die Bürgerhäuser erst drei- bis vierstöckig, je weiter sie sich vom Bahnhof entfernte, zwei- bis anderthalbstöckig. Viele Neubauten füllten die Lücken, die im Zweiten Weltkrieg entstanden waren. Hundertzweiundsiebzig Fliegerangriffe von britischen Bombern. Seltsam, dachte Emma, daß ich mich an diese Zahl noch erinnere.

Sie stieg an der Haltestelle Marcusallee aus.

Sofort erhöhte sich ihr Puls.

Ein paar hundert Meter, mehr war es nicht.

Ein paar hundert Meter, bis zum steinernen Eisschrank, der sich Familiensitz nannte.

Emma hatte sich vorgenommen, an der Auffahrt stehen zu bleiben. Keinen Fuß auf den Kiesweg setzen. Nur schauen, nur kurz einen Blick auf die herrschaftliche Villa werfen.

Schon von weitem sah sie den Baum, der noch mächtiger geworden war. Die Blutbuche thronte in der Mitte des gewaltigen, leicht abfallenden Rasenstücks und zeigte die ganze Größe der Sippe Huneus. So hatte der Herrgott immer seine Familie bezeichnet. Das Bäumchen war beim Einzug von ihrer Urgroßmutter Helene gepflanzt worden. Beinahe wäre sie hundert geworden. Die bleiche Helene in ihrem Sarg, an dem Emma über Stunden gewacht hatte, ihre pompöse Beerdigung, zu der Emma im grasgrünen Kleid erschienen war, die geheuchelten Beileidsbekundungen, der Bürgermeister, der sie wegen ihres unpassenden Aufzuges angegangen war. »Jeder sollte die Farbe seiner Trauer selbst bestimmen dürfen!«, hatte sie dem Bürgermeister damals erwidert. Ohne jeglichen Respekt vor dem hohen Amt des stiernackigen Politikers.

Je näher sie kam, desto langsamer wurden ihre Schritte. Desto schneller schlug ihr Herz.

Die prachtvolle Villa im matten Mittagslicht. Achtung: Sie verlassen den demokratischen Sektor.

Emma lehnte sich an eine Kastanie, in gebührendem Abstand auf der anderen Straßenseite. Ein klassizistischer Prachtbau mit verzierten Fenstersimsen, einem säulenbewehrten Eingangsportal, zu dem eine steinerne Treppe hinaufführte, vier Stockwerke kalte Pracht. Auch Gabriele war froh gewesen, als sie diesem Eisschrank entflohen war.

Die andauernden Streitereien beim sonntäglichen Pflichtdinner, die Maßregelungen, die Anordnungen des Herrgottes, die peinlich genau zu beachten waren. Der Ohrfeigen-Schlagabtausch zwischen ihrem Vater und ihr. All das kam

Emma wieder in den Sinn. Obwohl das ganze Haus voller Juristen war, hatte sie niemand verteidigt, als sie vor fünfundzwanzig Jahren wegen Verleumdung und Verbreitung pornografischer Schriften angeklagt worden war. Feiglinge, allesamt rückgratlose Feiglinge, denen die Reputation ihrer ehrwürdigen Sozietät wichtiger war als der eigene Spross.

Ein dunkelblauer Mercedes brauste den Kiesweg herunter. Die weißen Steinchen spritzten zur Seite. Ohne an der Ausfahrt anzuhalten schnellte der Wagen heraus und beschleunigte auf der baumbestandenen Allee.

Mein Bruder, dachte Emma, das muss mein Bruder gewesen sein. Sie verbarg sich schnell hinter einem Baumstamm. Wer sollte sie schon erkennen, in ihrem Tweedkostüm? *Very British*. Manchmal war es besser, sich auffällig zu tarnen.

Unverkennbar, das war ihr Bruder Martin Thomas. Der einzig geliebte Nachwuchs, dem alles in den Schoß fallen würde, wenn die Altvordern das Zeitliche gesegnet hatten. Hoffentlich würde sie ihm nicht begegnen. Ich muss mich in mein englisches Schneckenhaus zurückziehen. Ihn einfach nicht zur Kenntnis nehmen. Dazu war der zwei Jahre ältere Martin Thomas den beiden Schwestern zu oft in den Rücken gefallen. Nicht umsonst trug er den Titel: der Verräter.

Emma trat den Rückweg an. Sie hatte genug gesehen. Ihr wäre niemals in den Sinn gekommen, die steinerne Treppe hinaufzugehen und an der Eingangspforte zu klingeln. Was hätte sie sagen sollen? Die verlorene Tochter ist wieder da. Kann sich noch jemand an mich erinnern? Oder: Eins der sechsundzwanzig Zimmer wird doch wohl für mich frei sein. Würde es überhaupt eine gemeinsame Sprache geben? Außer der Sprache der Vorwürfe. Else und Kathrine, die beiden Hausmädchen, waren gewiss schon tot.

Sie musste nicht lange auf die Straßenbahn warten.

»Ausländer raus«, stand deutlich lesbar neben dem Sitz, auf den sie sich gesetzt hatte. Darunter hatte jemand mit Kugelschreiber geritzt: »Das gilt auch für dich, Ossi!«

Scheint ja nicht richtig gelungen zu sein, diese »Wieder-Vereinigung«, dachte Emma. In England hatte sie jede Nachricht aus *bigger Germany* begierig aufgenommen. Jeden Abend saß sie vor dem Fernseher und schaute *BBC, ITV, Channel four*. So lange, bis ihr die Augen zufielen. Immerhin musste sie um vier Uhr schon auf den Beinen sein.

Wieder kam sie am Bahnhof vorbei. Ein Wunder, daß der nicht von englischen Bombern getroffen worden war. Ringsherum Hochhausfassaden aus den fünfziger Jahren, Beton und Glas. Allesamt architektonische Scheußlichkeiten, die den Bahnhofsvorplatz umstellt hielten wie das Grab eines entmachteten Herrschers.

Wenige Haltestellen später ein anderes Dorf, geduckt, gemütlich und hanseatisch bescheiden.

Ohne Mühe fand Emma das Haus, in dem sie seit dem Auszug aus der Huneus-Villa mit Bernie untergetaucht war. Im Obergeschoss, unauffällig. Wie hieß noch die geldgierige Vermieterin? Klingeln oder nicht klingeln, das war die Frage.

»Suchen Sie jemand?«, fragte eine ältere Dame, die von einem Kurzhaardackel an der Leine geführt wurde. Er zog sie von einer Pinkelecke zur nächsten.

»*No, no, I am just looking.*«

»*What you look here?*«

»*Houses.*«

»Ach so, Hauses. Da haben wir genug davon. Schönen Tag noch.«

Emma sah ihr nach.

Der Hund hatte sein Frauchen gut erzogen.

Die Haustür wurde geöffnet. »Sind Sie die neue Mieterin?«, rief die Frau über die Straße.

»*No, thanks.*« Emma erkannte Frau Oltmanns sofort. Sie hatte ihnen damals das Dachgeschoss mit den schrägen Wänden vermietet, ziemlich überteuert. Emma war ganz gut mit ihr ausgekommen, aber Bernie machte dauernd Probleme. Nicht zuletzt wegen seiner Aufzucht von üppigen Haschischpflanzen. Frau Oltmanns schuldete Emma noch ein halbes Jahr Miete, die sie vor ihrem plötzlichen Abtauchen im Voraus bezahlt hatte. Um kein Aufsehen zu erregen, hatte Bernie ihr geraten. Solange die Alte die Miete habe, werde sie keinen Verdacht schöpfen.

Die Haustür aus geriffeltem Glas im Aluminiumrahmen wurde wieder zugezogen.

Ob sie Bernie geschnappt hatten? Sie hatte ihn nicht mehr gesehen, seitdem er zum ersten Mal auf dem Fahndungsplakat der Roten-Armee-Fraktion erschienen war. Auch bei seinen Freunden in Hamburg hatte er sich nicht mehr blicken lassen.

Emma wanderte durch die Straßen dieses ruhigen Viertels. Wenn schon die Oltmanns sie nicht erkannten, würde es hier niemand tun.

Zwei Bäckereien lagen auf ihrem Weg. Jedes Mal ging sie hinein, freute sich an den wohltuenden Gerüchen, ließ sich ein Stück Butterkuchen geben und steckte es in den Leinenbeutel mit der Aufschrift: *Do not feed our animals*. Er stammte aus dem Zoo in York, den sie am Wochenende manchmal besucht hatte. Das Gesicht eines Schimpansen dort glich dem ihres Vaters so sehr, daß Emma in lautes Gelächter ausgebrochen war, als sie ihn zum ersten Mal erblickte. Manchmal war sie nur in den Zoo gegangen, um ihrem Vater ein paar derbe Beleidigungen zuzurufen.

Du darfst es nicht übertreiben, hatte Emma sich geschworen, nicht gleich am ersten Tag zu viel zumuten. Sie wollte zunächst ein Zimmer in einer kleinen Pension mieten und sich an die Hansestadt nach und nach erinnern. Sie war sich keineswegs sicher, ob sie hier jemals wieder ihre Zelte aufschlagen wollte.

Das hing ganz von Gabriele ab.

Einige Male hatte sie daran gedacht, sie von England aus anzurufen. Vorzuwarnen. Die kleine Schwester ist im Anmarsch. Keine Angst, sie beißt nicht mehr. Alles ist verjährt, keine Sorge. Aber sooft sie auch am Telefon in der schmalen Diele gestanden hatte, sooft hatte sie der Mut verlassen. Was sollte sie ihrer Schwester sagen? Nach all den Jahren. Als sie in Hamburg lebte, hatten sie sich in unregelmäßigen Abständen getroffen. Gabriele hatte stets die nötigen Vorsichtsmaßnahmen beachtet. Seit sie sich das letzte Mal gegenübergestanden hatten, waren fünfzehn Jahre vergangen.

Der Straßenbahnfahrer erkannte sie wieder, als sie ein Ticket bis zum Bahnhof löste. »*Are you on a roundtrip?*«, fragte er mit einem leichten Schmunzeln.

»Nein, nein«, erwiderte Emma, »ich habe nur jemand besucht.«

»Sie sprechen aber gut deutsch!«

»Na ja, so gut auch wieder nicht.«

Du musst dich entscheiden, in welcher Sprache du mit den Leuten reden willst, dachte Emma, sonst kommt zu leicht ein Verdacht auf.

Also doch Innenstadt.

Sie sah auf die Uhr.

Wie viele Stunden dauerte bereits dieser Gang durch ein ihr vertrautes Labyrinth, das fremder nicht hätte sein können. Alles schien an seinem Platz und zugleich verändert zu sein.

Am Hauptbahnhof stieg sie aus. Fest entschlossen, den Koffer aus der Gepäckaufbewahrung zu holen und sich mit einem Taxi an den Osterdeich bringen zu lassen. Dort gab es Pensionen und kleine Hotels. Ein Zimmer mit Blick auf den Fluss. Und dann morgen einen neuen Anlauf nehmen.

Als sie an der Reihe war, den Gepäckschein abzugeben, drehte Emma ab. Ach was, entweder sie nehmen mich auf oder sie schicken mich weg. Warum es nicht gleich heute probieren? Jetzt, auf der Stelle. Emma, reiß dich zusammen. Was soll dieses Gezaudere? Du bist hierher gekommen, um ... Ja, warum eigentlich? Was wollte sie in dieser Stadt, die sie nie geliebt hatte? Bei dieser Familie, die sie ins Abseits gestellt hatte? Wollte sie ihre Mutter wirklich wieder sehen? Die Galeristin, die nachmittags mit Freunden Champagner trank und über die intimen Verhältnisse der oberen Fünfzig klatschte.

Emma ging zu Fuß. Mitten hinein in das Viertel, in dem Gabriele wohnte. Den Blick hielt sie gesenkt. Wagte es nicht, die vorbeigehenden Passanten anzuschauen. Die Angst erkannt zu werden, hielt sie in Schach. Sind Sie eine aus dem Hause ...? Jeden Moment erwartete sie diese Frage. Erkannt, ertappt, dingfest gemacht. Ob der Haftbefehl gegen sie wirklich verjährt war?

Diese Angst war es gewesen, die sie aus dem Land getrieben hatte, die nicht mehr beherrschbaren Ängste, plötzlich aufzufliegen, die ständige Furcht vor den Verfolgungsbehörden, die ihr dicht auf den Fersen waren. Ein falsches Wort und ihre Tarnung wäre zerrissen. Nach jedem Besuch ihrer Schwester in Hamburg wurde dieser Verfolgungswahn stärker. Tagelang war sie wie gelähmt gewesen. Dabei hätte Gabriele sie niemals verraten.

Da: die Ecke, an der Bernie immer den Stoff gekauft hatte, dort: das Kino, in dem die politischen Diskussionen stattfanden. Auf der Dachterrasse dieses Hauses hatten sie nackt getanzt, als ein Feuer in einer benachbarten Schreinerei ausgebrochen war. Eine Menge türkischer Läden. Die gab es damals noch nicht, stellte Emma fest. Ob auch die Ossis hier Läden aufgemacht hatten?

Die Straßenbahn fuhr vorbei. Hatte der Fahrer ihr zugewunken? Sie fiel in ihrem Tweedkostüm in diesem Viertel nicht besonders auf. Keiner drehte sich nach der verrückten Tussi um, die auf Englisch zu machen schien.

»*Want some white horses?*«, fragte ein dunkelfarbiger Wuschelkopf und klopfte Emma auf die Schulter.

Erschreckt wich sie zurück.

Die Straße, die sie suchte, ging nach links ab. Emma blieb stehen. Ihr Puls heftig beschleunigt. In ihrem Kopf schnelle Wirbel. Es wird nicht dadurch besser, wenn du es auf morgen verschiebst, dachte sie. Auch morgen wirst du alle Kraft zusammennehmen müssen.

Emma bog nach rechts ab.

Noch eine Runde. Nur zur Beruhigung.

Sie studierte die Anschläge für Konzerte von Punkbands, die auf den Holztüren zwischen den Häusern geklebt waren. Zentimeterdick die Plakate übereinander. Dorthin hatten sie damals auch ihre Flugblätter gepappt.

Heraus zur Demonstration gegen die Tariferhöhung der Straßenbahn AG!

Nehmt der Polizei die Knüppel weg!

Draufhauen! Draufhauen! Nachsetzen!

Das Haus lag im Schatten.

Eine enge Seitenstraße, die in einer leichten Biegung verlief.

Emma blickte auf das glänzende Messingschild. Als sie näher kam, konnte sie erkennen, daß ein Name mit schwarzem Band überklebt war. Betrieb Wolfgang die Kanzlei inzwischen alleine?

Sie schaute hinauf. Dort oben lag das Dachzimmer. Wolfgangs geheime Stube. Von hier unten war es nicht auszumachen. Dort hatten sie sich geliebt. Schnell, heftig wie ein D-Zug, waren sie übereinander hergefallen. Der Verteidiger und seine Mandantin. Ob Gabriele jemals von diesem *onenight-stand* erfahren hatte?

Nun schlug ihr Puls bis zum Hals.

Zögerlich ging sie die fünf Treppenstufen hinauf.

Klingelte.

Wich sofort zurück.

Noch kannst du umkehren. Emma, schnell. Was hast du hier überhaupt zu suchen?

Nichts rührte sich.

Von der kleinen Terrasse konnte sie durch die nicht ganz zugezogenen Vorhänge in die Kanzlei schauen.

Niemand da.

Emma hielt sich eine Zeit lang am Geländer fest.

Dann drehte sie sich rasch um, eilte die Treppenstufen wieder hinunter.

»Hey, was soll das?«, kam eine helle Stimme hinter ihr her. »Biste nich zu alt für solche Klingelnummern?«

»*Does Gabriele still live here?*« Emma stand am Treppenabsatz. Das Mädchen trug ein Hundehalsband mit silbernen Spitzen, durchlöcherte Jeans, über die erst ein weißes, dann ein froschgrünes T-Shirt gezogen waren, ein breiter Metallgürtel mit verschiedenen Ketten baumelte um die Taille.

»*Yes, she lives here. But* ... die kommt erst heute Abend spät zurück, wenn überhaupt.«

»*And Wolfgang?*«

»Der ist unterwegs, wie immer. Ich bin die Hannah, vorne und hinten mit h. *And who are you?*«

Emma spürte, wie sich ihre Augen mit Wasser füllten. Tränen liefen über ihr Gesicht. Sie war nicht in der Lage, auch nur ein Wort herauszubringen.

Mit verschliertem Blick schaute sie auf das Mädchen. Wie alt mochte es sein?

»*Can I help you?*«, fragte die Punkerin. Ihre halbhohen Turnschuhe waren feuerwehrrot. Die Schnürsenkel bestanden aus dünnen Elektrokabeln.

Emma schüttelte den Kopf. Hatte ihre Schwester … Hannah sprang die Treppen hinunter. Baute sich ihr gegenüber auf. »In der Kostümierung kommste nicht weit. Also, was willst du?«

»Ich bin Hannah. Gabrieles jüngere Schwester«, brachte Emma stockend hervor. Ihr Gesicht in Tränen. Sie hatte keine Kraft, sie wegzuwischen.

»Ich denk, du lebst im Osten!? Haben die mir irgendwann mal gesagt. Ma wollte schon lange nach dir forschen, war aber immer zu beschäftigt. Komm rein, was stehste hier noch rum? Schließlich sind wir doch verwandt, irgendwie. Oder?«

Die beiden Hannahs umarmten sich.

Dann ging das ungleiche Paar die Treppen hinauf. Eine Hannah stützte die andere.

»Du musst mir alles erzählen!«, sagte Hannah van Bergen. »Warum hast du dich nicht gleich gemeldet? Ihr konntet doch überall hinreisen, nachdem die Mauer eingerissen wurde.«

»Ich habe in England gelebt«, erwiderte ihre Tante. Wie kam Hannah darauf, sie habe in der DDR gewohnt? Wer hat denn solche Märchen in die Welt gesetzt?

»Na ja, ist ja egal, wo du warst. Jetzt biste hier. Auch wenn die Alten noch nicht da sind, ich nehm dich schon mal auf. Platz haben wir genug. Hier hat früher mal ne WG gehaust. Jetzt ist nur noch der olle Kuno da. Aber der pennt um diese Zeit immer.«

Hannah führte sie in die geräumige Gemeinschaftsküche im ersten Stock. Hier hatten sie gekifft, sich heiß geredet und wild gekichert, hier gab es eiskalten Vanillepudding mit Bananen und Schokoladenstückchen. Auf dem abgebeizten Schrank, dessen Glastüren herausgenommen waren, standen noch immer die vier geklauten Bierkrüge aus dem Münchner Hofbräuhaus. Eintrittskarte der männlichen Mitglieder der Wohngemeinschaft.

»So wie du aussiehst, willst du sicher einen Tee.« Sie setzte Wasser in einem glänzenden Kessel auf.

Ihre Tante saß am Küchentisch.

Sie klammerte sich an der Tischplatte fest.

Ihre Augen weit aufgerissen. Ein nervöser Tick, den sie nicht stoppen konnte. Ein Zucken, das durch den ganzen Kopf ging. Bis hinunter in die Schultern. Ein Krampf, der den ganzen Körper erfassen konnte. Manchmal dauerte dieser Zustand eine Viertelstunde.

Hannah van Bergen drehte sich um. »Was hast du? Brauchste einen Arzt?« Schon hielt sie den Telefonhörer in der Hand.

»*No, please, wait* ...« Mehr brachte sie nicht heraus.

Es dauerte eine ganze Weile, bis sie wieder zu sich kam. Tiefes Einatmen, am besten durch die Nase, langsam, immer tiefer werdend, nur auf das Atmen konzentrieren, alles andere wegdrängen, so hatte ihr es ein Arzt in Wetherby beigebracht.

Sie hielt sich am Küchentisch fest. Mit beiden Händen. Der Rücken kerzengerade, angespannt.

Minutenlanges Schweigen.

Langsam, ganz langsam löste sich der Krampf.

»*It's over!*«

Sie blickte ihre Nichte an. »Das hatte ich schon lange nicht mehr so heftig. Nur noch ein Nachspiel ... du bist vom gleichen Schlag, aus der gleichen Sippe, wie dein Urgroßvater uns zu nennen pflegte.«

Hannah stellte das sprudelnde Wasser ab. »Oder brauchste was Stärkeres? Ich weiß, wo Paps die *spirits* stehen hat.«

Paps, hat meine Nichte Paps gesagt?, dachte sie. So wie ich meinen Vater nannte. Solange er noch auf meiner Seite stand.

»Ein Tee wäre besser.«

Dann fragte sie nach ihrem Bruder, Martin Thomas. »Den Arsch sehen wir nur von hinten.« Nach ihrer Mutter Karoline. »Die steigt bald aus dem Kunsthandel aus. Macht noch ne letzte Party und dann isses vorbei. Ein paar Festtagskontakte, zu den hohen Feiertagen, sonst sehen wir uns nicht mehr.« Nach ihrem Vater Thomas Anton. »Der Gebückte sitzt meistens stumm rum. Ich hab mal die Worte gezählt, die er zu mir beim letzten Besuch gesagt hat, es waren genau: drei. Guten Tag und Wiedersehen. Einmal bin ich bei diesem Sonntagsdinner gewesen. Ich kann dir sagen, das war die reine Tierquälerei.« Sie fragte nach ihrem Großvater, dem Herrgott: »Der ist gestorben. Genau an dem Tag, als ich geboren wurde. Wassen Zufall, nich?«

Noch zweimal musste Hannah van Bergen neues Teewasser aufsetzen. Ihre Tante hatte so viele Fragen.

Zwei Stunden später war Kuno völlig verpennt in die Küche gekommen. Hatte gefragt, wer die elegante Dame sei, und umarmte sie sofort, als er erfuhr, wer ihnen da ins Haus gekommen war. »Ei, Hannahche, des isch des noch erlebe derf. Wie lang hammer uns nich gedrückt.«

Kuno war auf dem Weg zu seiner Kneipe, die er inzwischen verpachtet hatte. Aber es verging kein Tag, ohne ihr einen Besuch abzustatten. Trotz seiner achtzig Jahre. »Ei, isch muss doch de junge Mensche uff de Finger schaue, sonst ruiniern die mir noch mei Rent.« Und an Hannah gewandt: »Un mir redde morge miteinander, gell!« Dann hatte er sich davongemacht. Sein Pferdeschwanz war ein bisschen schütter geworden. In der Rechten hielt er einen Spazierstock mit silbernem Knauf.

Gegen vierzehn Uhr erschien Gabriele van Bergen. Wie immer zog sie als Erstes ihre Kostümjacke aus und warf sie über den Stuhl. Die Aktentasche stellte sie an der Garderobe ab, die für die Klienten von Wolfgangs Kanzlei bestimmt war.

»Wir haben Besuch!«, rief Hannah vom Treppenabsatz hinunter. »Wenn du rätst, wer es ist, Ma, geh ich morgen in die Schule.«

»Das wüsste ich aber«, schallte es von unten herauf.

Es dauerte eine ganze Weile, bis ihre Mutter in der Küche stand. »Nun sag schon, wer es ist.« Gabriele schaute die Absender der Briefe durch, die sich auf der Ablage unterm Spiegel stapelten.

»Sie schläft.«

»Wer ... schläft ... hier? Komm, mach es nicht so spannend, ich hatte heute einen Scheißtag.«

»Wird nicht verraten, Ma. Du wirst es morgen erfahren. Lass se pennen, die ist völlig fertig.«

»Sag mal, spinnst du, Hannah? Du lässt hier fremde Leute übernachten, wo kommen wir denn da hin? Und wenn es jemand ist, der uns beklauen will ...«

»Die nicht.«

»Schluss jetzt, wo ist sie?«

»Im Gästezimmer.« Hannah stemmte die Arme in die Hüften, die Ketten klingelten am Gürtel.

Mit schnellen Schritten eilte Gabriele in den zweiten Stock. Riss die Tür auf. Machte das Licht an.

Die Schlafende schlug sofort die Augen auf und setzte sich im Bett aufrecht hin.

»Hannah?«, rief Gabriele aus. Und wieder: »Hannah?« Ungläubig wiederholte sie den Namen. »Hannah!« Bis sie Gewissheit verspürte. »Hannah!!«

»Kann ich ein paar Tage bei euch unterkommen?«

Gabriele setzte sich aufs Bett, umarmte ihre Schwester, strich ihr über das kurze Haar.

»Ein paar Tage?«, rief Gabriele aus. »Ein paar Jahre! Meinetwegen für immer. Mein Gott, Hannah, ich fass es nicht. Du bist zurück. Endlich!«

Ihre Tochter tauchte in der Tür auf.

»Das muss gefeiert werden«, rief sie aus. »Die Schule sieht mich jedenfalls morgen nicht!«

»*Shit*«, entfuhr es Hannah, »ich hab meinen Koffer am Bahnhof vergessen.«

– zwei –

Im Gerichtssaal roch es nach Lysol. Wolfgangs Nase brauchte Minuten, um sich daran zu gewöhnen. Anfangs hatte Wolfgang van Bergen gedacht, Bohnerwachs und menschliche Ausdünstungen würden alle anderen Gerüche überdecken.

Jeder Gerichtssaal roch anders. Wolfgang konnte am Geruch ausmachen, ob es sich um eine Zivilsache oder ein Strafverfahren handelte. Gerichtssäle im Rheinland rochen anders als ihre Brüder in der Hansestadt. Schwurgerichtssäle hatten stets einen besonderen Geruch. Dieser in Rostock, in dem Wolfgangs erster Prozess in den neuen Ländern stattfand, roch nach Lysol. Wie die Grenzstationen früher gerochen hatten, die er passieren musste, um in den anderen Teil Deutschlands zu kommen. Die DDR schien ein riesiges Vorratslager dieses Desinfektionsmittels angeschafft zu haben. Wenn auch die behördlichen Putzkolonnen nicht mehr darauf zurückgriffen, der Geruch blieb. Es würde noch eine oder zwei Generationen dauern, bis andere Gerüche in den Gerichtssälen auszumachen waren.

Am Morgen des vierten Verhandlungstages hatte ihm der hagere Gerichtsbeamte einen Brief überreicht, auf dem sein Name in Blockbuchstaben geschrieben war. Wolfgang hatte ihn in seine Aktentasche gesteckt und sogleich vergessen.

Er sah zum wiederholten Mal auf seine Armbanduhr. Wenn Fischbach nicht bald vertagt, kann ich den 17-Uhr-Zug vergessen, dachte er. In der Mittagspause hatte er den Vorsitzenden Richter eindringlich gebeten, heute rechtzeitig Schluss zu machen. Fischbach hatte es ihm zugesagt.

Den ganzen Tag musste sich Wolfgang Lügen anhören. In

immer neuen Varianten. Lügen, die dazu herhalten sollten, seinen vietnamesischen Mandanten zu belasten. Lügen von Rostocker Glatzen, die sich für ihren Auftritt vor Gericht fein gemacht hatten. Sogar die Springerstiefel hatten sie sich geputzt. Van Than Trie sei ein Schläger. »Der ist gefährlicher als eine Handfeuerwaffe.« Der Gelbe hätte wahllos um sich gehauen. »Der ist auf uns los wie eine Rakete.« Sie seien zu dritt ganz harmlos an seiner Zigarettenbude vorbeigegangen, und da wäre er herausgestürzt und hätte mit der Hauerei angefangen.

Wolfgang notierte sich die Widersprüche, in die sie sich verstrickten, um sie in seinem Plädoyer zu benutzen. Die drei an der Schlägerei beteiligten Jugendlichen, keiner über zwanzig, hatte er nach allen Regeln der juristischen Kunst auseinander genommen. Sie hatten sich zwar eine Variante für den ihnen äußerst peinlichen Vorgang zurechtgelegt, aber waren zu blöd dazu gewesen, sich die Details zu merken. Mal war dieser, mal jener der Erste gewesen, der zu Boden gegangen sein wollte.

Schwere Körperverletzung in drei Fällen, so lautete die Anklage des Oberstaatsanwaltes gegen den Vietnamesen.

Die Glatzen waren an den Falschen geraten. Van Than Trie hatte, bevor er nach Rostock kam, als Karatelehrer gearbeitet. Den Angriff der drei jungen Männer hatte er fachgerecht abgewehrt und ihnen eine Lektion erteilt. Aber es fand sich nicht ein einziger Zeuge. Dabei gab es jede Menge Zuschauer, wie sein Mandant ihm versichert hatte. »Die haben seelenruhig zugeschaut. Als ich die drei am Boden hatte, haben sie die Polizei gerufen.« An diesem Prozesstag tauchten bestellte Lügner auf, die ihren drei Kumpels vor Gericht beistehen wollten, die erlittene Schmach auf juristischem Wege zu tilgen.

»Herr Vorsitzender, wie lange ...«

»Ich weiß, Herr van Bergen, Ihnen drängt die Zeit«, unterbrach ihn Fischbach umgehend, »aber wir müssen heute die Beweisaufnahme abschließen.«

Wolfgang ließ sich in seinem Stuhl zurückfallen. Den Fünf-Uhr-Zug kann ich vergessen.

Der Vorsitzende Richter Fischbach kam aus Hamburg. Der Oberstaatsanwalt aus Köln. Drei Wessis saßen zu Gericht über einen Vietnamesen, den drei Ossis verprügeln wollten. Die beamteten Prozessbeteiligten erhielten »Buschzulage«, so nannte man die Besoldungserhöhung, die denen winkte, die in den Jahren nach der Wende bereit waren, in die ehemalige DDR zu gehen. Für die meisten bedeutete der Umzug in den Osten zudem einen Karrieresprung.

Am ersten Verhandlungstag musste sich Wolfgang seinen Weg durch ein Spalier von Glatzen bahnen. Sie pfiffen ihn aus, als er das Gerichtsgebäude betrat. Nach den gewalttätigen Ausschreitungen in Rostock-Lichtenhagen, bei denen Rechtsradikale Ausländerwohnheime anzündeten, war die braune Szene in die Schlagzeilen geraten. Der Oberbürgermeister sagte, die Bilder in den Medien würden großen Imageschaden anrichten und die kostspielige PR im Bemühen um mehr Touristen zunichte machen.

Van Than Trie bekam ebenfalls die feindliche Stimmung zu spüren. Es fand sich kein Verteidiger für ihn. Wolfgang wurde von einem Bekannten aus Rostock angerufen, ob er nicht das Mandat übernehmen könne. Er war sofort bereit dazu. Das war ein Fall, wie er ihn liebte. »Wollte der gelbe Schläger unsere Jungen töten?«, fragte eine Zeitung in zentimeterhohen Balkenüberschriften. Einer gegen drei, das war immer ein Thema, besonders in der Boulevardpresse.

Beim Vorgespräch mit dem Vietnamesen, der seit mehr als zehn Jahren einen kleinen Zigarettenkiosk in Rostocks Innenstadt betrieb, wurde Wolfgang schnell klar, wie es zu der körperlichen Auseinandersetzung gekommen war. »Ich wollte mich nicht mit denen schlagen. Ich habe gesagt, hört doch auf mit dem Scheiß. Ich habe sie mehrfach gewarnt. Als sie anfingen, den Kiosk zu demolieren, wurde es mir zu bunt.« Wolfgang war erstaunt über das völlig akzentfreie Deutsch des Van Than Trie.

»Damit ist die Beweisaufnahme beendet«, sagte Fischbach unvermittelt, »wenn Sie sich beeilen, Herr van Bergen …« der Vorsitzende zeigte mit großzügiger Geste auf seine Armbanduhr. »Ich erwarte Ihre Plädoyers beim nächsten Verhandlungstag am kommenden Mittwoch.«

Wolfgang zog die schwarze Robe aus, verabschiedete sich schnell von seinem Mandanten und verließ eilig den Gerichtssaal.

Hoffentlich steht ein Taxi am Stand, dachte er, immer zwei Treppenstufen auf einmal nehmend.

»Herr Verteidiger«, hörte er eine helle Stimme rufen.

Wolfgang drehte sich um.

Das Gesicht der Frau erschreckte ihn. Eine grobe Narbe lief von der Nase bis zum Ohr. Die linke Wange war völlig eingedrückt.

»Ich muss rennen«, sagte Wolfgang, »mein Zug …«

»Ich hatte Ihnen geschrieben. Bitte, Sie müssen …«

»Kommen Sie einfach mit«, sagte Wolfgang, »wir können im Auto reden.«

Seitdem Hermann, sein langjähriger Sozius, mit seiner Familie nach Süddeutschland gezogen war, kam er mit der Arbeit nicht mehr nach. Absaufen in Akten, so nannte er diesen chaotischen Zustand. Ungelesene Briefe stapelten sich, Fristen drängten, Anrufe über Anrufe. Am schlimmsten war diese ständige Angst, Fristen zu versäumen, nicht mal den eiligsten

Sachen konnte er hinterherhecheln. Seine Sekretärin war seit Tagen krank. Er hatte einfach zu viele Mandate, zu viele Termine, zu viele Prozesstage. Aber was das Schlimmste für Wolfgang war, er kam nicht mehr dazu, in seiner Dachkammer seine Juristengeschichten zu schreiben. »Fälle und Todesfälle«, hatte er seine unveröffentlichte Sammlung genannt. Sein literarischer Ausgleich, seine seit Jahren gewohnte Schreiberei, die ihn immer wieder ins Gleichgewicht brachte, ganz gleich, mit welchen Widrigkeiten er in seinem Beruf auch zu kämpfen hatte.

Als sie im Taxi saßen, wiederholte die Frau mit leiser Stimme, sie habe ihm einen langen Brief geschrieben.

Der Verteidiger entschuldigte sich, er sei nicht dazugekommen, ihn zu lesen.

»Worum geht's?«, fragte er.

»Das ist eine längere Geschichte.«

»Wir haben acht Minuten Zeit.« Wolfgang konnte den Blick nicht von diesem Gesicht nehmen. Stammte die Narbe von einer Krankheit oder war sie Folge eines tätlichen Angriffs?

Die Frau zeigte auf den Taxifahrer, kam ganz nah an Wolfgang heran.

»Nicht hier, bitte.«

Wolfgang öffnete die Aktentasche, holte den Brief heraus. Dann lese ich eben erst, dachte er.

Die Frau rückte wieder von ihm weg. Starrte geradeaus. Biss sich auf die Lippen.

Mit dem rechten Zeigefinger schlitzte Wolfgang das hellblaue Kuvert auf.

Auf einem linierten Blatt standen nur zwei Zeilen. In Blockbuchstaben, mit der Maschine geschrieben.

DAS IST NICHT IHR GELD
UND DAS WISSEN SIE GENAU

Keine Unterschrift, kein weiterer Hinweis. Auch kein Absender.

Wolfgang hielt der Frau das Blatt hin.

»Das ist nicht mein Brief«, erwiderte sie, »ich habe meinen Brief an Ihre Kanzlei geschickt. Vor einigen Wochen schon.«

Wolfgang faltete den Zettel zusammen und steckte ihn zurück.

»Frau ...«

»Hörmann, ich bin Frau Hörmann.«

»Frau Hörmann, ich muss Sie vertrösten. Momentan wächst mir die Arbeit über den Kopf. Wenn ich zu Hause bin, werde ich Ihren Brief heraussuchen und dann, wenn ich das nächste Mal zum Prozess komme, werde ich mich bei Ihnen melden, dann können wir ...«

Wolfgang unterbrach sich, fixierte das verletzte Gesicht. Eine eheliche Auseinandersetzung, ein nächtlicher Angriff, ein ärztlicher Kunstfehler? Daß diese Frau im Taxi nicht mit ihm reden wollte, war leicht zu verstehen.

Bei seinen Aufenthalten in der DDR hatte es immer wieder solche Situationen gegeben. Stumm wies jemand mit dem Kopf zur Seite. Hilflos zog er seine Schultern hoch. Augenbrauen wurden gehoben, ein Finger auf die Lippen gelegt. Können wir mal kurz um die Ecke gehen, um ohne Mithörer zu reden?

»Nehmen Sie doch einen Zug später!«, bat Frau Hörmann. »Sie würden mir wirklich helfen.«

Sie kamen am Rostocker Hauptbahnhof an. Wolfgang zahlte, stieg aus. Sofort war die Frau an seiner Seite.

»Es tut mir wirklich Leid, ich lese und dann ... melde ich mich.«

Nur weg hier, dachte Wolfgang, nicht noch eine weitere Sache aufgebürdet bekommen. Er wollte nichts anderes, als sich in den Zug setzen, die Kopfhörer auf, den CD-Player an, Bartóks Klavierstücken lauschen und dann versinken. Einfach in der Musik untertauchen und erst in der Hansestadt wieder einen Gedanken fassen müssen.

Wolfgang rannte los.

Die Stufen hinunter, durch den hell erleuchteten Gang.

Am Treppenaufgang stoppte der Verteidiger. Er sah, wie sich der IC in Bewegung setzte.

Zu spät, verdammt. Mal wieder zu spät. Er würde sich Gabrieles Vorhaltungen anhören müssen. Schon hier, in dem nach Exkrementen riechenden Tunnel, der zu den Bahnsteigen führte, glaubte er, sie vernehmen zu können.

Keuchend kam die Frau an. »Nicht meine Schuld, oder?«

Wolfgang lachte.

»Pech gehabt.«

»Oder Glück, ganz wie man es nimmt.«

Wolfgang lud die Frau auf einen Kaffee ein. »Dann können wir reden.« Und er setzte hinzu: »Hoffentlich!«

»Danke«, erwiderte sie.

Der Imbiss war frisch renoviert. Helle Holzbänke, polierte Tische, helle Regale, westliches Kaffee-Design.

Wolfgang bestellte sich ein belegtes Brötchen, fragte Frau Hörmann, ob sie auch etwas essen wolle. Sie lehnte ab.

Der Verteidiger sah, wie sie ihre Hände knetete. Jetzt waren sie ungestört, keine weitere Kundschaft im Imbiss. Die Angestellte las hinter dem Tresen Zeitung.

Wolfgang biss in das Brötchen. Mit einer Handbewegung forderte er Frau Hörmann auf anzufangen.

»Wie ich Ihnen geschrieben habe«, flüsterte sie, »mein Mann hat sich selbst umgebracht. Er wusste keinen anderen Ausweg. Er hat unsere drei Kinder getötet. Er hat auch versucht, mich umzubringen. Sehen Sie ...« Frau Hörmann hielt inne, zeigte auf die grobe Gesichtsnarbe. »Streifschuss, musste genäht werden. Die Kugel in der Brust war leichter herauszuoperieren.«

Nun versagte ihr die Stimme.

Weinte sie?

Wolfgang sah keine Tränen. Ihre Augen waren hellwach. Sie schluckte ein paarmal.

Er hätte ihr gerne eine Frage wegen der Narbe gestellt, aber fühlte nicht genügend Kraft dazu. Der Prozesstag hatte ihn ermüdet, ausgelaugt. Wie so oft, wenn er nach der langen Sitzerei nicht mehr wusste, was ihn jemals dazu getrieben hatte, Strafverteidiger zu werden. Ein reisender Strafverteidiger zudem, sein Ruf war weit über die Hansestadt hinausgedrungen. Wenn Wolfgang van Bergen ein Mandat übernahm, gab es stets gehobenes Medieninteresse.

»Dabei hatte alles so gut angefangen. Wir hatten solche Hoffnungen. Peter war wieder voller Schwung. Die ersten Läden waren eröffnet, es sollte zügig weitergehen. Gildemeister war ein richtiger Freund der Familie geworden. Er hat uns ein paarmal besucht. Er war sogar bei uns auf der Datsche im Fischland.«

Wolfgang legte sein Brötchen weg. »Welcher Gildemeister?« Obwohl er kaum verstand, was die Frau ihm vortrug, die Nennung dieses Namens elektrisierte ihn.

»Arnold Gildemeister. Wir haben uns geduzt. Arnold Gildemeister, der jüngere Sohn des verstorbenen Firmeninhabers.«

»Meinen Sie etwa den hanseatischen Weinhandel?«

»Ja.«

Es dauerte eine ganze Weile, bis Frau Hörmann der Geschichte einen Zusammenhang gegeben hatte. Ihr Mann war Geschäftsführer des Weinkontors Gildemeister Ost GmbH &' Co. KG gewesen. Die alteingesessene hanseatische Firma hatte nach der Wende expandieren wollen. Arnold Gildemeister, der Zweitgeborene, als treibende Kraft. Jetzt war die Firma bankrott, und gegen Gildemeister wurde ein Verfahren eingeleitet.

»Mein Mann hat seinen Augen nicht getraut, als er eine Vorladung von der Staatsanwaltschaft in Rostock bekam. Plötzlich hieß es, *ihm* werde der Prozess gemacht.«

»Er war der Geschäftsführer«, wandte Wolfgang ein.

»Aber er hat doch keinerlei Schuld an dem Bankrott.«

Wolfgang konnte sich an die Gerüchte erinnern, die in der Hansestadt umgingen. Warum musste die Traditionsfirma plötzlich dichtmachen? Nicht nur die mehr als hundert Angestellten in den neuen Ländern wurden entlassen, sondern auch die bewährten Kräfte in der Zentrale. Spottverse machten die Runde. »Der Osten wird rot – weinrot.« »Gildemeister macht die ganze DDR besoffen!« Die Geschäftsidee war simpel: In einem Land, in dem es so gut wie keine Weinläden gegeben hatte, wollte Gildemeister in jeder mittleren und größeren Stadt ein eigenes Geschäft eröffnen. Hochpreisige Weine aus Frankreich, Spanien und Italien, Accessoires, teure Korkenzieher und Weinkühler, sowie preiswerte Schnäppchen, nicht zuletzt, um die hauseigenen Lager gründlich zu leeren.

»Das Konzept war völlig in Ordnung«, sagte Frau Hörmann, die ihren Kaffee nicht angerührt hatte, »auch mein Mann glaubte daran, daß so eine Kette von Weinläden ein Erfolg werden würde. Er war sich so sicher. Und der Gildemeister hat ihm das auch immer bestätigt. Es gab sogar einen Artikel in irgendeinem Wirtschaftsmagazin. Norddeutscher Unternehmer des Jahres: Arnold Gildemeister.«

Der hanseatische Weingroßhändler hatte sich übernommen, zu viele Kredite, zu viele Schulden. Plötzlich spielte die

Hausbank nicht mehr mit. *Crash.* Der Schuldige war schnell gefunden. Peter Hörmann, der erfahrene Ossi, der hochgelobte Spezialist mit den guten Kontakten. Er hatte Betriebswirtschaft studiert und in der HO-Kette Karriere gemacht. Er kannte die Marktsituation in der DDR aus persönlicher Erfahrung. Er bestimmte die ersten zehn Städte für die Eröffnung der Weinläden, suchte die Mitarbeiter aus. Unterschrieb die Miet- und Arbeitsverträge, beantragte als Geschäftsführer die weiteren Kredite, obwohl er bei den Verhandlungen nicht zugegen war. Arnold Gildemeister hatte ihm gesagt, das gehe alles in Ordnung.

»Peter hatte den Gildemeister rechtzeitig gewarnt«, flüsterte Frau Hörmann. »Er hat ihn angefleht, war sogar zweimal in der Zentrale deswegen. Langsamer, hat er immer gesagt, machen wir es doch langsamer. Das Geschäft läuft erst an. Aber nein, es musste ja immer schneller gehen. Bis gar nichts mehr ging. Mein Mann wurde einvernommen. Bei der Staatsanwaltschaft. Wegen Veruntreuung und Vorenthalten von Sozialversicherungsbeiträgen und Steuerhinterziehung.«

»Hat er denn die Beiträge nicht ordnungsgemäß abgeführt?«, fragte Wolfgang. Langsam wurde ihm das Schema klar. Es war nicht der erste Crash eines Unternehmens, das im Osten riesige Summen investiert hatte.

»Der Gildemeister hat ihm gesagt, das machen alle so. Wenn der Aufschwung erst da ist, wird das schnell nachgezahlt.«

»Kam es denn zum Prozess gegen Ihren Mann?«

»Vorher hat Peter uns alle auszulöschen versucht. Er konnte diese Schmach nicht ertragen.«

Frau Hörmann griff nach der Tasse Kaffee, trank sie in einem Zug aus. Die starre Miene, die eingedrückte Wange, die zusammengepressten Lippen, die grobe Narbe.

»Was kann ich denn für Sie tun?«, fragte Wolfgang nach einer Weile. Wollte sie Schadensersatzansprüche anmelden? Auf welcher rechtlichen Grundlage? Da würde gewiss nichts rauskommen.

»Ich möchte bei dem Prozess dabei sein!«

»Bei welchem Prozess?« Wolfgang fuhr sich mit der Hand an die Stirn. Schon wieder Fieber?, dachte er.

»Ich habe doch gesagt, daß Arnold Gildemeister demnächst vor Gericht stehen wird.«

Konzentrier dich, verdammt noch mal, dachte Wolfgang. Die Frau ist in großen Nöten, und du stellst Fragen, als sei sie eine Zeugin der Gegenseite.

Aufgrund der umfangreichen Aussage des Peter Hörmann bei der Rostocker Staatsanwaltschaft waren Tatbestände aufgetaucht, die den hanseatischen Kollegen übermittelt wurden. Relativ schnell stellten sie fest, wer der Urheber der ganzen Transaktionen war, der hanseatische Weingroßhändler persönlich, er hatte sogar Kredite, die für den Aufbau der Weinläden im Osten beantragt worden waren, in sein Unternehmen im Westen umgeleitet, um dort finanzielle Engpässe zu überbrücken.

»Das sei alles ganz normal, hat der Gildemeister zu meinem Mann gesagt.« Frau Hörmann flüsterte wieder, als gebe es im Stehimbiss zu viele Ohren an der Wand.

Dann wurde Anklage gegen Arnold Gildemeister erhoben: Wegen Betrug und Beihilfe zum Bankrott. § 263 StGB und § 283 StGB. Die beiden Paragrafen kannte Wolfgang mit Namen.

»Aber Sie können den Prozess doch auch als Zuhörerin verfolgen. Soll ich mich erkundigen, wann er terminiert ist?«

»Nein, nein«, fuhr Frau Hörmann ihn an, »ich will als Nebenklägerin auftreten, damit er nicht ungeschoren davonkommt. Solche Leute kommen doch immer ungeschoren davon!«

Wolfgang van Bergen spürte, wie aufgeregt sie plötzlich wurde.

»Für eine Nebenklage brauchen wir einen Grund. Ich sehe noch keinen.«

»Dieser Gildemeister hat meine Familie zerstört. Ist das nicht Grund genug?«

Die Verkäuferin hinter der Theke sah von ihrer Zeitung auf. Hatte sie die ganze Zeit gelauscht?

»Sicher, das ist Grund genug, aber Selbstmord ist nicht justiziabel. Wir werden schwerlich nachweisen können, daß Ihrem Mann kein anderer Ausweg geblieben ist. Er hätte seinerseits Klage gegen Gildemeister erheben können, seinen Prozess abwarten, dann wäre das auf juristischem Wege ...«

Frau Hörmann stieß einen verzweifelten Laut aus, der Wolfgang umgehend verstummen ließ.

»Lesen Sie, was ich Ihnen geschrieben habe«, sagte sie, jetzt wieder äußerst leise. »Lesen Sie. Lassen Sie sich die Akten des Verfahrens gegen diesen Verbrecher kommen und finden Sie heraus, welche juristischen Möglichkeiten ich als Nebenklägerin habe. Schließlich sind Sie ein gewiefter Jurist und ein berühmter dazu. Ich brauche vor Gericht Ihren Beistand. Ganz gleich, was mich das kostet.«

Frau Hörmann stand auf. Ging an die Theke. Zahlte ihren Kaffee und verschwand aus dem Stehimbiss.

Wolfgang schaute auf die Uhr.

Noch zehn Minuten bis zur Abfahrt des Zuges.

Sie hatte ihn sitzen lassen. Grußlos war sie davongegangen. Die Pleite des renommierten Weinhandels Gildemeister hatte in der Hansestadt eine Zeit lang die Artikel auf den Wirtschaftsseiten dominiert. Als die Staatsanwaltschaft tätig wurde, wanderten die Berichte sogar auf die erste Lokalseite. Aufmerksamkeit für diesen Prozess gab es sicher genügend. Nicht zuletzt wegen des riskanten Spiels mit den Krediten. Über zweihundert Arbeitsplätze waren koppheister gegangen. Norddeutscher Unternehmer des Jahres, tolle Geschäftsidee. Kaum ein Jahr später kam die Pleite. Ein Bankrott mit Symbolcharakter.

»Da ist ja die Drecksau, die das Eigelb verteidigt!«, schrie jemand in den Imbiss. »Hau bloß ab, sonst machen wir kurzen Prozess mit dir!«

Wolfgang sah, wie sich ein paar Glatzen an der Glastür drängten.

Er nahm seine Aktentasche, zahlte und ging.

Spießrutenlaufen.

Einer schubste ihn an der Schulter.

Ein anderer schlug ihm in den Nacken.

Ein Dritter stellte ihm ein Bein.

Wolfgang stolperte, fiel aber nicht hin.

Dann rannte er los. Wie schon vor knapp einer Stunde.

Hinter sich das höhnische Gelächter.

Glatzengelächter. Braunes, bösartiges Glatzengelächter.

Als er außer Atem den Bahnsteig erreichte, lief der Intercity gerade ein. Die krächzende Durchsage beruhigte ihn ein wenig.

Erst als er auf dem rot gepolsterten Sitz in der 1. Klasse Platz genommen hatte, musste er wieder an diese Frau denken. Ihr Leben war verpfuscht, Mann und Kinder waren tot. So einen Schock würde sie nie wieder loswerden. Ob sie zusehen musste, als der Mann ihre Kinder erschossen hatte?

Wolfgang holte den CD-Player aus seiner Aktentasche.

Musik, alles was ich jetzt brauche, ist Musik. Bartóks Kinderstücke, die immer gleichen melancholischen Melodien, die getragenen Weisen, die ihn seine Gedanken abschalten ließen.

Wie eine Droge, der er seit langem verfallen war.

Klagelied. Trauer um den toten Soldaten. Der Gefangene. Der Vielfraß.

Und zum Schluss das virtuose *Allegro Barbaro*.

Der Schaffner kontrollierte den Fahrschein und wünschte Gute Reise.

Jahrelang hatte es Wolfgang vorgezogen, in der 2. Klasse zu fahren, aber jetzt gönnte er sich diesen Luxus. Meistens blieb er im Abteil allein. Erst wenn der Zug Mecklenburg-Vorpommern verließ, stiegen weitere Fahrgäste zu.

Seitdem sich seine Reputation als Strafverteidiger so stetig vermehrt hatte, daß er Anfragen aus der ganzen Republik bekam, war er zu einem Reisejuristen geworden. Mindestens drei Tage in der Woche saß er auf der Bahn. Gabriele hatte ihn ein ums andere Mal deswegen attackiert, obwohl sie selbst häufig für ihre Gutachten unterwegs sein musste. Sie gaben sich die Klinke in die Hand, wie zwei Angestellte mit unterschiedlichen Schichtplänen.

Bad Kleinen. Der erste Halt. Wolfgang musste stets an seinen Namensvetter Wolfgang Grams denken. Er wurde von Terroristenfahndern auf die Gleise gehetzt und dort erschossen. Gar nicht so lange her. Es gab eine Initiative, die eine Gedenktafel auf dem Bahnsteig anbringen wollte. Wolfgang gehörte dem Komitee an, das die Sache vorantrieb.

Schon vor der Wende war er häufiger in der DDR gewesen, auch einige Male in Rostock. Auf der Suche nach Unterlagen für einige seiner Mandanten: polnische Zwangsarbeiter, die auf Wiedergutmachung klagten. Auf nicht gezahlte Löhne deutscher Unternehmer im Zweiten Weltkrieg. Wolfgang war in den Archiven der DDR fündig geworden. Sie hatten einen anderen Blickwinkel auf die vergangenen tausend Jahre. Es gab dort versierte Archivare und Historiker, die sich um Wolfgangs Anliegen kümmerten.

Fünf Stunden später erreichte er die Hansestadt, nahm ein Taxi und ließ sich nach Hause bringen.

Er war so erledigt, daß er sofort in seinem Schlafzimmer verschwinden wollte. Mit niemandem mehr reden. Schon gar nicht, sich Gabrieles Vorwürfe anhören müssen.

Als er die Haustür aufschloss, kam sie ihm entgegen.

Sie fiel ihm um den Hals, küsste ihn.

»Wir haben Besuch. Was heißt Besuch? Wir haben Zuwachs bekommen!«, rief sie aus.

»Du sprichst in Rätseln!«, erwiderte Wolfgang. »Und Besuch kann ich heute gar nicht mehr ab. Ich muss sofort ins Bett. Ein paar Stunden Schlaf, wenn du wüsstest, was heute bei mir los war.«

»Hannah ist da!«

»Das will ich doch hoffen«, sagte Wolfgang, der seine Tochter am oberen Treppenabsatz erblickte.

»Nicht die Hannah, meine Hannah.«

»Das ist doch deine Hannah«, Wolfgang zeigte mit dem Zeigefinger nach oben. »Oder stammt sie gar nicht von dir?«

»Hannah, meine Schwester, ist gekommen.«

»Aus dem Osten?«

Wolfgang warf die Aktentasche auf den Stuhl.

»Nein, aus England. Sie ist jetzt eine Engländerin.«

How nice! How very nice!

»Aber sie schläft jetzt. Morgen kannst du selbst mit ihr reden. Lassen wir sie schlafen.«

»O ja, lasst mich schlafen«, bat Wolfgang, »nur noch schlafen. Bitte, bitte.«

Er ging langsam die Treppe hinauf. In den zweiten Stock, wo die Schlafzimmer lagen.

Vor der Tür des Gästezimmers blieb er stehen.

Da lag also Hannah.

Seine allererste Mandantin. Die wilde Hannah, die ihm solche Kopfschmerzen bereitet hatte. Aber er hatte einen Freispruch für sie erwirkt. Erster Prozess, erster Freispruch. Wenn auch nicht alles mit rechten Dingen zugegangen war.

Ohne den Anzug auszuziehen, legte sich Wolfgang aufs Bett.

Er schloss die Augen.

Die Glatzen, Frau Hörmann, das Spießrutenlaufen. Die Lügen, die Vorwürfe, die Gewalt.

Die Eisenbahnfahrt hatte ihn kaum ruhiger gemacht. Es schien gerade so, als würden die Turbulenzen täglich zunehmen. Als würde das Tollhaus nur immer noch toller. Oder war es die Erschöpfung, die er jenseits der fünfzig immer stärker spürte?

Hannah war da. Wie schön. Das würde vielleicht Gabriele wieder etwas zugänglicher machen. Vielleicht würde sie auch die Leine, an der sie ihre Tochter führte, sehr eng führte, etwas lockern.

Dann fiel ihm ein, daß er mit Gabrieles Schwester geschlafen hatte. Damals. Wie lange war das her? Sie hatten ihren Sieg im Gerichtssaal gefeiert, den überraschenden Freispruch gevögelt. Am nächsten Morgen war Hannah zum ersten Mal abgetaucht. Wolfgang hatte sich denken können, warum, aber eisern geschwiegen. Tagelang hatte Gabriele ihre Schwester in der Stadt gesucht. Wieso war sie in England? Hatte es in der Huneus-Familie nicht immer geheißen, sie sei im Osten untergetaucht? Auch das würde sich klären lassen. Erst war sie entführt worden, dann plötzlich kein Zeichen der Entführer mehr, und Wochen später …

Schlaf endlich, verdammt noch mal, Wolfgang. Lass doch die alten Geschichten ...

Wie immer, wenn er nicht einschlafen konnte, sehnte er sich danach, in seine Dachstube hinaufzusteigen, eine Kladde aus dem Wäscheschrank zu nehmen und eine Geschichte zu schreiben.

Eine Geschichte über den Totschlag. Wie ein ganzes Land totgeschlagen wird. Wie ein allmächtiger König seine Untertanen totschlagen lässt. Wie die Vergangenheit totgeprügelt wird.

Wolfgang konnte die gewalttätigen Bilder nicht fassen. Nicht in Worte bringen, schon gar nicht auf Papier festhalten.

Dann fiel ihm das blassblaue Kuvert ein.

Der Brief, den ihm der hagere Gerichtsbeamte am Morgen überreicht hatte. Mit einer kleinen Verbeugung. »Post für Sie, Herr van Bergen!«

Minuten später klopfte es an seiner Tür.

»Schläfst du schon, Wolfgang?«

»Ja, ich schlafe. Bis ins nächste Jahrtausend«, antwortete er. Ziemlich unwirsch.

– drei –

Sie wachte erst kurz nach elf auf. Schweißgebadet. Starr am ganzen Körper. Mal wieder hatte sie einen Albtraum gehabt, der sie in Bann schlug. Ein später Nachmittag in einer unbekannten Gegend. Du musst nach Hause, schnell nach Hause laufen. Schon geht die Sonne unter. Du läufst. Da steht ein Fahrrad. Es ist nicht abgeschlossen. Spring auf, fahr los. Die Strecke ist erst flach, dann geht es stetig abwärts. Immer steiler. Du genießt die Fahrt. Immer schneller. Gerade als du abbremsen willst, springt ein Tier auf deinen Rücken und krallt sich ins Fleisch. Mit scharfem Schnabel verbeißt es sich in deinem Genick. Da war sie aufgewacht. *Alien*. Mal wieder. Ihr englisches Sonntagnachmittagsvergnügen war es gewesen, ins Kino zu gehen. *Double Feature*. Zwei Filme zum Preis von einem. Ein altmodisches Kino, in dem es verschlissene Polstersessel gab. Sie hatte den Film von Ridley Scott nur aus Versehen erwischt. Im Beiprogramm. Eigentlich hatte sie das Kino verlassen wollen, war aber dann so gebannt gewesen, daß sie sich im Sessel festgekrallt hatte. Als sie wieder auf der Straße stand und auf den Bus wartete, erschreckte sie ein prall gefüllter, schwarzer Müllsack, der an einer Hauswand abgelegt worden war. Seitdem war sie nie wieder in einen Horrorstreifen gegangen. Ihr Leben hielt genügend Albträume bereit.

Hannah Huneus stand auf, ging ins Badezimmer.

Besah sich im Spiegel.

Bis dahin hast du es also gebracht, dachte sie, mit 42 Jahren und leeren Händen wieder in der Stadt, in die du nie zurückkehren wolltest.

Der Koffer, dachte sie, ich muss den Koffer abholen.

Sie ging in Gabrieles Nachthemd aus dem Bad.

Es war ganz still im Haus. Irgendwo hörte sie Tippgeräusche.

Ob sie mal hinaufsteigen sollte? In Wolfgangs Dachkammer. Das Tippen kam nicht von oben.

Hinter einer Schlafzimmertür schnarchte jemand ziemlich eruptiv. Auf hessisch, dachte Hannah.

»Nimm dir, was du brauchst«, sagte Gabriele, die kurz die Kopfhörer absetzte, als Hannah ins Zimmer trat, »es dauert nur noch ein Viertelstündchen. Ich muss das hier gerade schnell fertig machen. Schön, daß du da bist, Schwesterherz.«

So hatte Gabriele sie immer genannt. Sie war und ist meine große Schwester, dachte Hannah. Die hat immer gewusst, wo es langgeht. Die ist zu Hause ausgezogen, hat ihren Willen gegen jeden noch so großen Druck der Altvordern durchgesetzt. Wenn auch nach schweren Kämpfen. Sie hat Psychologie studiert, obwohl man es ihr verboten hatte. Sie hat sich mit Wolfgang zusammengetan, obwohl es ihr strikt untersagt worden war. Sie ist sogar in eine Wohngemeinschaft gezogen, damals der Gipfel der Unbotmäßigkeit.

Langsam stieg Hannah wieder die Treppe hinauf.

Sie duschte ausführlich, wählte aus Gabrieles Kleiderschrank eine bequeme Hose und eine Seidenbluse aus, alles ein bisschen zu groß für sie, aber was machte das schon.

Dann ging sie in die Küche.

»Mach die Schränke auf«, kam es aus dem Nebenzimmer, »im Eisschrank findest du alles fürs Frühstück. Ich komme gleich zu dir.«

Hannah setzte Teewasser auf, öffnete den metallenen Brotbehälter. Abgepacktes Toastbrot, igitt. Knäckebrot, na ja. Sie nahm eine Scheibe und holte Quark und Marmelade aus dem Eisschrank. Leider keine *orange marmalade,* die sie so gerne mochte, *thick cut oranges from Seville.*

»Mach mir einen Tee mit«, rief Gabriele, »dauert nur noch ein Minütchen.«

Hannah sah aus dem Fenster. In die rückwärtigen Gärten der anderen Häuser. Alles gepflegt, alles bereit für den Frühling. Die ersten Knospen an den Bäumen. Die Natur war weiter als in Yorkshire.

»Einen guten Geschmack hast du, Hannah.« Gabriele fasste an die Seidenbluse, bevor sie ihre Schwester umarmte.

»Das ist mein bestes Stück.«

»Soll ich …«

»Quatsch, die behältst du so lange an, wie du willst.«

Gabriele schenkte sich eine Tasse Tee ein.

»Wie sollen wir dich denn jetzt nennen, Emma oder Hannah?«

Ihre Schwester schaute sie an. Überrascht und ein wenig irritiert.

»Für dich war ich doch immer Hannah, oder?«, gab sie zurück.

»In Hamburg wolltest du Karla genannt werden. Schon vergessen?«

Hamburg, mein Gott, wie lange ist das her? Das ist kaum noch wahr. Die Filmemacherin beim NDR, die unbequeme Filmemacherin, die unter falschem Namen … jeden Tag in der Angst aufzufliegen.

»Wie kamst du denn auf den Namen Emma Livingstone?«, fragte Gabriele, die sich ebenfalls ein Knäckebrot mit Quark und Marmelade bestrich.

»Ich hab mir den Namen ausgesucht. Klingt doch gut, oder?«

»Wie, ausgesucht?«

»So wie ich es sage. Ich habe mich nach fünf Jahren darum beworben, mich einbürgern zu lassen. Vorher ging das nicht. Und irgendwann hat es geklappt.«

»Und warum nicht unter deinem eigenen Namen? Hannah Huneus? Hast du dich dafür geschämt?«

»Den habe ich niemandem gesagt. Das wäre zu gefährlich gewesen. Auch für euch.«

Und dann musste Hannah erzählen. Wie sie über die grüne Grenze nach Holland, dann mit den falschen Papieren nach England ausgereist war. »Ich konnte es einfach nicht mehr ertragen, Gabi. Jeden Tag diese Verfolgungen. Ich wusste doch selber nicht mehr, wie ich meine Ängste loswerden konnte.« Wie sie einfach so lange gefahren war, bis sie sich in Sicherheit fühlte. »London kam nicht infrage. Weiter nach Norden. Irgendwo in die Provinz. Nur weit genug weg. In Deckung gehen. In einen Unterstand. Boston Spa, so heißt das kleine Nest, in dem ich mich versteckt habe.« Wie sie Bäckerin geworden war, ohne jemals vorher einen Teig gerührt zu haben. »Da hing ein Schild an einem Schaufenster in der Oak Street: *Helping hand wanted. Come in please.* Ich brauchte ja einen Job, das Geld, was ich dabeihatte, war meine eiserne Reserve, falls ich noch weiter weg fliehen musste. Das ältere Ehepaar war sehr freundlich. Die haben keine Fragen gestellt. Die Frau hat mir alles gezeigt. Gleich am nächsten Morgen ging es los. Ich liebe das Backen von Brot, es ist ein wunderbarer Beruf.« Wie sie sich im neuen Leben eingerichtet hatte, ohne daß ihr jemand auf die Schliche kam. »Ich glaube, die beiden Alten haben irgendwas geahnt. Die waren so lieb zu mir, das kannst du dir gar nicht vorstellen. Die haben mich beschützt, haben den Kunden Märchen erzählt, wenn die gefragt haben, was denn das für ein *silent foreigner* in ihrer Backstube sei. Und am Wochenende haben sie mir sogar noch die Gegend gezeigt. Die *Yorkshire Dales*, da musst du mal hin, einmalig schön. Auch wenn ich nachts davon albträume.«

Das Telefon ging.

Hannah zuckte zusammen.

»Lass es klingeln«, sagte Gabriele, »wird sowieso für Wolfgang sein.«

»Wo ist ...«

»Bei Gericht. Vielleicht haben wir Glück und können zusammen abendessen. Aber warum gerade England? Hattest du da ein bestimmtes Ziel?«, fragte die ältere Schwester.

»Ich konnte die Sprache ganz gut. Und England ist eine Insel, auch wenn sie riesig ist. Da hat man viele Möglichkeiten auszuweichen. Hast du den Film *Thirty-nine Steps* von Hitchcock gesehen?«

Gabriele schüttelte den Kopf.

»Das war schon früher einer meiner Lieblingsfilme. Die Flucht in den schottischen Bergen. Wer sollte einen da schon finden? Die deutschen Polypen ganz gewiss nicht.«

Gabriele lachte: »Den Ausdruck hast du ja wohl nie verlernt.«

»Wieso? Benutzt du ihn nicht mehr, Gabi?«

Polypen, das waren immer die Gegner gewesen. Polypen, die Hannah aus dem Unterricht heraus verhaftet hatten. Polypen, die ihrem Bernie bei der Straßenbahnbesetzung einen Schädelbasisbruch verpasst hatten. Und dann dieser Oberpolyp, der Polizeipräsident, der dafür gesorgt hatte, daß sie wegen über Nachrede vor Gericht gestellt wurde.

»Hab ich was verpasst?« Hannah van Bergen riss die Küchentür auf. Sie ging auf ihre Namenskusine zu, drückte ihren Kopf an deren Schulter, setzte sich neben sie auf die Küchenbank und nahm ihre Hand: »Schule aus. Jetzt kommt das Beste des Tages.«

»Mich begrüßt du wohl gar nicht?«, sagte Gabriele.

»Sei nicht eingeschnappt, Ma, dich habe ich doch schon fünfzehn Jahre Tag und Nacht genießen dürfen. Da wird man doch wohl *ein* Mal fremdgehen können, oder nich?«

Hannah stellte fast die gleichen Fragen wie ihre Mutter.

»Aber Emma nenn' ich dich nicht. So heißt die Möwe in diesem langweiligen Wangerooge, wo wir jeden Sommer Urlaub machen ... müssen. Na ja, ist ja sowieso bald vorbei.«

»Was ist bald vorbei?«, fragte ihre Mutter.

»Nächstes Jahr fahr ich mit Kevin. Wir wollen an die Côte d'Azur. Da haben seine Eltern ein Haus.«

»Das wüsste ich aber. Hast du denn schon mit Wolfgang darüber gesprochen?«

»Ich hab mit dem einen Vertrag gemacht«, sagte Hannah. »Soll ich den holen?«

»Einen Vertrag?«, mischte sich ihre Tante ein.

»Das hier ist ein Juristenhaushalt, da macht man Verträge. Es gibt einen Vertrag über Nichtrauchen. Keine Zigaretten, dafür mehr Taschengeld. Das ist ein guter Deal für mich. Ich find Rauchen blöd. Es gibt einen Vertrag über Schulnoten. Bei einem Schnitt von 2 kriege ich einen eigenen Videorecorder. Und es gibt einen Vertrag, daß ich nach dem Erreichen des 16. Lebensjahres im Sommer alleine wegfahren darf, wenn ich vorher nicht ständig herummaule. Daran hab ich mich gehalten. Schweren Herzens. Wangerooge im Sommer ist echt öde.«

»Und es gibt einen Vertrag: kein Tattoo!«, fügte Gabriele an. »Dafür gibt's zu Weihnachten ein Paar Skier.«

»Alles geregelt«, sagte Hannah, »obwohl ich auf die Skier wohl doch lieber verzichten möchte. Alle in der Klasse haben ein Tattoo.«

»Komm, Hannah, das hatten wir so vereinbart«, bat ihre Mutter.

»Aber ich hab mich nicht dran gehalten! Kann ja auch mal vorkommen, daß man einen Vertrag bricht, oder nich?«

»Zeig mal!«, sagte ihre Tante.

Hannah hob ein T-Shirt hoch, dann ein zweites, das froschgrün war, und dann drehte sie sich um. Über den Pobacken spreizte sich ein mehrfarbiger Adler, nicht besonders groß.

»Das hat Kevin auch. An der gleichen Stelle. Aber Paps nichts davon sagen. Das ist noch geheim.«

Die beiden Frauen sahen sich an.

»Findest du das etwa schön?«, fragte Gabriele, die sich die Tätowierung genauer ansah.

»Hat schweinewehgetan, war aber echt notwendig. Nicht nur wegen Kevin.«

»Und wie steht's mit Piercing? In England laufen die Jungs schon mit zehn Ringen im Ohr rum, einige haben sich sogar die Lippen piercen lassen.«

»Ist ja eklig!« Gabriele schüttelte sich.

Ihre Tochter sagte: »Das muss erst mit Paps ausgehandelt werden.«

»Ich will nachher zum Bahnhof, meinen Koffer holen, kommst du mit, Hannah?«

»Mach ich glatt«, erwiderte ihre Nichte.

»Wolfgang kann dich doch mit dem Wagen hinfahren«, schlug Gabriele vor.

»Was kann Wolfgang?« In der Küchentür tauchte der Herr Verteidiger auf. In seinem schwarzen Malerkittel, wie ihn mal ein Kollege genannt hatte. »Ich bin gleich hergeeilt. Wollte ja nichts verpassen. Hast du schon alles erzählt, Hannah? Oder Emma?«

»Ich erzähle es gerne noch einmal, wenn du es niemand weitersagst. In meinem Pass steht übrigens Emma. Nicht, daß wir da in Schwierigkeiten kommen.«

»Du hast einen englischen Pass?« Wolfgang zog die Robe aus und hängte sie über die Küchenschürzen.

»Warum nicht?«, entgegnete Hannah. »Ich bin rechtmäßig eingebürgerte Engländerin.«

»Und das ging so einfach?«, wollte Wolfgang wissen.

»Nur wenn du gute Bürgen hast. Ich hatte welche, meine beiden Bäckereltern, die haben das alles für mich eingefädelt. Und gutes Betragen, das gehört natürlich auch dazu ...«

»Gutes Betragen?« Wolfgang gab sich erstaunt. »Dafür warst du gerade nicht bekannt.«

»Aber jetzt kann ich mich gut betragen«, antwortete seine Schwägerin. »Wenn ich will!«

»Hör gut zu«, Wolfgang zeigte auf seine Tochter, »da kannst du noch was lernen. Gibt's eigentlich keinen Tee mehr? Warum habt ihr noch nicht die Champagnergläser auf dem Tisch? Alles ganz abstinent geworden, oder wie soll ich das verstehen?«

Mit zwei Schritten war er bei seiner Schwägerin, umarmte sie lange. »Daß wir noch mal zusammenkommen, das hätte ich nie für möglich gehalten.« Er küsste sie auf beide Wangen und fuhr mit seiner Hand durch ihre Kurzhaarfrisur.

Wenige Minuten später knallte der erste Korken. Es sollte nicht der letzte sein.

»Nun wird es ganz feierlich«, sagte Wolfgang und hob seine Champagnerflöte. »Hannah, das ist ein ganz besonderer Anlass. Daß dich dein erster Weg zu uns geführt hat, ehrt uns ...«

»Paps, lass doch den Quatsch. Du bist ja vielleicht im Gerichtssaal ein guter Redner, aber bei Festen ...«

»Bitte, ja? Ich werde doch wohl noch ausreden dürfen.« Wolfgang schaute die drei Frauen an. Unterschiedlicher konnten sie nicht sein. Die beiden ungleichen Schwestern und die Punk-Tochter. »Also, dann, ich erhebe mein Glas und sage: Herzlich Willkommen!«

Sie stießen an.

Es wurde tatsächlich einen Moment still. Und sogar ein wenig feierlich.

»Das ist nicht mein erster Schluck Champagner«, sagte Hannah van Bergen ganz stolz, »ich durfte mit zwölf schon mal nippen. Aber das hat ganz fürchterlich geschmeckt. Damals, als ich noch klein war.«

»Was mich am meisten interessiert«, sagte Wolfgang, nachdem er alle Gläser bis auf das seiner Tochter nachgefüllt hatte: »Wie hast du denn die Entführung überlebt?« Er schaute seine Schwägerin an.

»Welche Entführung?«, fragte Hannah.

»Na, deine doch!«, fasste Wolfgang nach.

»Ich bin niemals entführt worden. Wie kommst du darauf?«

»Gabriele und ich waren doch dabei, als die Entführer angerufen haben. Bei eurer Mutter in der Galerie. Die ganze Nacht haben wir auf eine weitere Nachricht gewartet. Morgens um sieben kam der zweite Anruf: Fünfhunderttausend für deine Freilassung!«

»Wann soll das gewesen sein?«

»Das war ... warte mal, das war 1978. In dem Jahr hab ich die Kerner verteidigt.«

»Ach, diese Frau, die ihren Liebhaber aus dem Weg räumen ließ«, mischte sich Gabriele ein. »Freispruch für eine Mörderin. Ein toller Erfolg meines überaus berühmten Mannes.«

»Gabi, bitte. Lass das! Es ist überhaupt nichts erwiesen.« Dann wandte er sich wieder an seine Schwägerin. »Es gab im Hause Huneus eine Krisensitzung nach der anderen. Plötzlich haben die Entführer den Kontakt abgebrochen. Noch einen weiteren Anruf soll es gegeben haben, dann war Schluss. Da war ich aber nicht dabei.«

»Wolfgang, ich bin nicht entführt worden. Ich müsste es doch nun wirklich wissen.« Hannah trank das zweite Glas aus. »Von einer Entführung merkt die Entführte sicher am meisten.« Sie lachte.

Gabriele sah sie an. Ließ sich von ihrem Lachen anstecken.

»Und dann hieß es plötzlich, du seiest in der DDR untergetaucht. Damit war das Kapitel Hannah Huneus beendet.«

»Und wer hat diesen Unsinn behauptet? Wie wäre ich dazu gekommen, in der DDR Unterschlupf zu suchen? Das waren für mich immer die Betonstalinisten.«

»Das haben einige Terroristen gemacht«, kam es von Wolfgang, »das ist inzwischen erwiesen.«

»War ich etwa eine Terroristin?«, fragte Hannah. »Ich hab beim NDR gearbeitet ...«

»Dein Name stand auf dem RAF-Fahndungsplakat!«, unterbrach Wolfgang sie.

»Ich muss mich schon sehr wundern, Herr Rechtsanwalt, daß Sie diesen Quatsch glauben. Da haben Hunderte draufgestanden, die niemals etwas Ungesetzliches getan haben.«

»Und du?«

»Was?«

»Hattest nichts auf dem Kerbholz?«

Gabriele knuffte ihren Mann in die Seite. »Soll das ein Verhör werden, Wolfgang?«

»Ich würde es schon gerne wissen.«

»Paps, das ist echt bitter, was du hier abziehst. Da kommt Hannah nach so langer Zeit zu uns und du treibst sie in die Enge.« Sie setzte sich neben ihre Tante.

»So hab ich das nicht gemeint«, verteidigte sich Wolfgang.

»Wie hast du es denn gemeint?«, fragte Hannah Huneus.

»Willst du wissen, ob ich immer noch eine Gefahr für dieses ehrenwerte Haus darstelle?«

»Hannah, komm, das ... entschuldige, das war blöd von mir. Ich bin nur so überrascht, daß diese Entführung niemals stattgefunden haben soll. Das kann ich mir einfach nicht vorstellen. Wir waren doch dabei, als die Entführer in der Galerie angerufen haben. Gabi, sag mal was dazu.«

»Wenn Hannah sagt, sie ist nicht entführt worden, dann stimmt das auch. Basta!«, erwiderte seine Frau sehr bestimmt.

Wolfgang öffnete die nächste Flasche Champagner. Goss sich als Erstem ein und trank hastig.

»Hast du heute nicht mehr zu arbeiten?« Gabriele hielt die Hand über ihr Glas.

»Ich hab mir heute freigenommen. Für Hannah.«

Das Telefon klingelte.

Wieder zuckte seine Schwägerin zusammen.

»Das ist bestimmt für mich. Kevin wollte anrufen und sagen, wann wir uns treffen. Ich nehm' oben ab!« Schon war die Fünfzehnjährige verschwunden.

»Warum hat man uns denn vorgemacht, Hannah sei in der DDR abgetaucht? Was sollte dieses Spielchen?« Wolfgang schwenkte sein Glas. »Ich kann mir keinen Reim drauf machen.«

»Das wird sich schon noch klären lassen.« Hannah spürte, daß der Champagner sie bereits benebelte. »Ich muss erst mal meinen Koffer holen, der verhungert sonst in der Gepäckaufbewahrung.«

»Jetzt zwitschern wir uns hier noch einen an, und dann gehen wir ins *Dolce Vita* und essen uns richtig satt. Das liegt auf deinem Weg, Hannah.«

Wolfgang prostete ihr zu.

»Ich muss nachmittags noch zwei, drei Stunden an die Maschine«, wandte Gabriele ein. »Ich werde nicht mitkommen können.«

»Was meinste, was ich heute Nachmittag alles müsste, aber das kann mir gestohlen bleiben.« Wolfgang blinzelte zu seiner Schwägerin hinüber. »Du bist gar nicht entführt worden, ich komm nicht darüber hinweg. Diese wochenlange Suche. Du kannst dir nicht vorstellen, was hier los war. Wir haben doch geglaubt, die haben dich umgebracht ... und nun, ich fass es nicht ...«

»Könnte Bernie etwas damit zu tun gehabt haben?«, fragte Hannah. »Dem wär das glatt zuzutrauen. Als ich abgehauen bin, hat er vielleicht geglaubt, daraus Profit schlagen zu können. Obwohl fünfhunderttausend Emmen, das ist nie seine Liga gewesen, der hat eher kleinere Summen kassiert.«

»Das haben wir auch überlegt«, antwortete Wolfgang, »aber als dann herauskam, daß deine Wohnung in Hamburg völlig ausgeräumt war, nicht ein Stäubchen mehr, alle Bilder weg, keine Möbel, frisch renoviert ...«

»Wie bitte?«, ging seine Schwägerin dazwischen.

»Deine Wohnung war blanker als ein Kinderpopo.«

»Und die Vermieterin, was hat die dazu gesagt?«

»Die wollte von allem nichts mitbekommen haben!«, antwortete Gabriele schnell.

»Die lügt, das war eine ganz Falsche. Die hat sich einfach meine Sachen unter den Nagel gerissen.«

»Glaub ich nicht, Hannah. Die war ja selbst völlig perplex. Ich habe Eva gebeten, in deiner Wohnung vorbeizuschauen, weil ich keinen Kontakt mehr zu dir bekam. Erst da hat deine Vermieterin mitbekommen, daß alles ausgeräumt und frisch gestrichen war. Und ich glaube, Eva hat mir da keinen vom Pferd erzählt.«

»Und meine Sachen?« Hannah sprang auf, schwankte leicht, hielt sich an der Tischplatte fest. »Ich hab kaum etwas mitgenommen, als ich ... geflüchtet bin. Ich durfte doch nicht auffallen.«

»Wenigstens mir hättest du etwas sagen können! Wenigstens mir!«, unterbrach sie Gabriele. »Was meinst du, was ich mir für Sorgen um dich gemacht habe? Erst die Entführung ...«

»Ich bin nicht entführt worden!«, insistierte Hannah ziemlich laut. »Kapiert das hier keiner?«

»Aber das konnten wir doch nicht ahnen«, erwiderte Wolfgang ebenso erregt.

»Ich werde die Tage mal nach Hamburg fahren. Das lass ich dieser Kuh nicht durchgehen. Daß die meine Sachen einfach ... das ist doch echt die Höhe!«

»Hannah, wie sie leibt und lebt.« Wolfgang stieß mit seiner Champagnerflöte an ihr Glas. »So hast du früher auch immer geredet. Die wilde Hannah. Hier und jetzt und gleich und sofort und alles auf einmal oder gar nichts.«

Die Küchentür ging auf.

»Ei, isch hör' so vertraute Stimme ... Stör' ich des Familienglück?« Kuno stand im blau-weiß-gestreiften Schlafanzug vor ihnen. Noch hatte sein Pferdeschwanz nicht seine endgültige Form gefunden. »Hannache, des ist werklich ne groß' Überraschung, isch hab gestern schon in der Kneip gesacht, es gibt noch Zeiche un Wunder, damit hätt mehr werklich net ...«

»Wem hast du von mir erzählt?« Hannah reagierte äußerst angespannt.

»Dem Bernhard, des ist der Einzigste, awwer der is ganz zuverlässisch. Du brauchst nix zu fürschten von dem.«

»Kuno, tu mir einen Gefallen, ja?« Hannah trat nah an den alten Herrn heran. »Ich bin hier nur zur Probe. Ich bin eine Engländerin namens Emma Livingstone. Ich muss erst mal ...«

»*Dr. Livingstone, I presume!*«, sagte der Hesse, »des hammer noch in der Schul gelernt.«

»Mir ist nicht zum Lachen, Kuno.« Hannah schrie fast. »Ich möchte keine böse Überraschung erleben. Gerade ist mir schon Angst und Schrecken eingejagt worden, ich sei entführt worden ...«

»Ei, awwer du bist doch entführt wordde! Es gab doch wochelang kein anneres Thema in unsrer WG. Wolfgang und die Gabbi ham sich doch häufisch deswesche in die Haare gekriescht.«

»Ich bin untergetaucht. Nach England, Kuno. Merk dir das!«

»Isch bin doch net der Alzheimer, der wo sich nix merke kann. Un außerdem, wenn isch damals net gewese wär, dann wärst du erste mal ins Zuchthaus gegange.«

Wolfgang schubste Kuno an. »Das heißt nicht Zuchthaus, das heißt Justizvollzugsanstalt.«

»Awwer es is der Kasten mit den Gittern davor, odder?«

»Wieso Knast? Ich bin damals freigesprochen worden«, sagte Hannah. »Wolfgang war mein Verteidiger.«

»Des is rischtig, awwer isch hob deinem Richter mal die Meinung gegeigt ...«

»Jetzt mach mal einen Punkt, ja!«, fuhr Wolfgang den Wirt an. »Hannah ist nicht hierher gekommen, um sich die alten Geschichten anzuhören. Das ist beerdigt und vergessen.«

»Denke ich auch.« Gabriele sah zu ihrer Schwester hinüber. Hatte Wolfgang ihr denn niemals erzählt, wie ihr Freispruch zustande gekommen war?

»Krieg ich denn gar nix zum Trinke?«, fragte Kuno.

»Du weißt ja, wo die Flaschen stehen!« Wolfgang wandte sich ab. »Ich bin nur mal gerade unten in der Kanzlei, dauert gar nicht lange. Dann holen wir Hannahs Koffer und gehen zum Italiener. Einverstanden?«

»Also, sagen wir in einer Viertelstunde«, betonte Gabriele mit erhobenem Zeigefinger.

»Ich beeil mich!« Wolfgang verließ die Küche mit schnellen Schritten.

»Wenn er sagt, es dauert gar nicht lange, kann es sein, daß du ihn erst am nächsten Morgen wieder zu sehen bekommst. Und meistens ohne jegliche Entschuldigung.«

Kuno öffnete mit geübter Hand die nächste Flasche.

»Wem darf ich was einschenke? Geht aufs Haus.«

Die beiden Frauen lehnten ab.

»Sonst kann ich gleich wieder ins Bett gehen«, sagte Hannah.

»Ich muss noch tippen«, fügte ihre Schwester an.

»Am liebsten trinkt der Wirt allei. Und auch den Priester hot er gern dabei.« Kuno sang ein paar Zeilen, bevor er den ersten Schluck nahm. »So ein Gesöff könne sich die junge Mensche noch gar net vorstelle. In meiner Beiz hab ich immer billischen Sekt gehabt. Hannah, stoß wenigstens mit mir aalem Sack an. Und nix für ungut, gell.«

Hannah tat ihm den Gefallen.

Auch Gabriele hielt ihr leeres Glas hin.

»Nun simmer wieder beinanner, gell.« Genüsslich ließ Kuno den Champagner über seine Zunge laufen. »Auf die schöne Zeit.«

»Auf die schöne Zeit«, wiederholten die beiden. Ohne recht zu wissen, was Kuno damit gemeint haben könnte.

Hannah van Bergen kam in die Küche. Sie hatte wieder das Hundehalsband angelegt, per Vertrag mit ihrem Vater durfte sie es nur in der Schule nicht tragen, ebenso wenig die feuerwehrroten Turnschuhe, die mit Elektrokabel geschnürt waren.

»Was is nun?« Herausfordernd blickte sie ihre Tante an. »Kommste mit, kannste gleich mal Kevin erleben. Das ist ein Spitzentyp. Und dann gehen wir zum Bahnhof und holen deinen Koffer von der Bewahrungsanstalt ab. Den kann Kevin für dich schleppen.«

»Wir essen beim Italiener«, erwiderte ihre Mutter. »Und holen auf dem Rückweg den Koffer ab.«

»Ei, isch könnt euch awwer auch was Schönes zum Futtern mache.«

»Lass mal, Kuno, nicht heute. Vielleicht in den nächsten Tagen.«

Die junge Punkerin wandte sich ab. »War ja nur ein Angebot.« Dann lief sie die Treppen hinunter.

»Und pünktlich um zehn Uhr ist Zapfenstreich«, rief Gabriele ihr hinterher. »*Pacta sunt servanda!*«

»Ich kenne meine Verträge!«, kam es prompt zurück.

Wenige Minuten später hörten sie Wolfgang von unten: »Wo bleibt ihr denn? Ich warte.«

»Das gibt es doch nicht!«, sagte Gabriele. »Das macht er nur, um bei dir einen guten Eindruck zu schinden. Mich hat er manchmal Stunde um Stunde warten lassen. Kuno, wie isses mit dir? Komm doch einfach mit, dann muss Hannah nicht alles zweimal erzählen.«

»Ei, isch bin noch net stadtfein«, sagte der Kneipenwirt, »vielleicht komm isch nach. Ich weiß ja, wo Italien liescht.«

Auf dem Weg in Richtung Bahnhof, Wolfgang ging eingehakt zwischen den beiden Huneus-Schwestern, kam die Sprache wieder auf die fingierte Entführung.

»Was haben denn die Zeitungen darüber geschrieben?«, wollte Hannah wissen.

»Die Zeitungen?«, fragte Gabriele.

»Die werden das doch ausgeschlachtet haben«, sagte Hannah. »Erst stehe ich auf einem Fahndungsplakat, und dann soll ich entführt worden sein. Womöglich noch von den eigenen Genossen ...«

»Hätte ja sein können«, unterbrach sie Wolfgang, »es hat Fälle gegeben, da wurde mit dem Lösegeld die Kriegskasse der RAF gefüllt.«

»Und die Medien?«, wiederholte Hannah ihre Frage.

Gabriele antwortete, in den Medien habe niemals etwas über die Entführung gestanden. »Das haben die bewusst herausgehalten, um dein Leben nicht zu gefährden.«

»Und das hat euch nicht stutzig gemacht?« Hannah pfiff durch die Zähne. »Ganz schön naiv, was?«

»Aber wir konnten doch nicht ...«

»In Italien, da wurden Entführungen unter der Hand geregelt. Aber in Deutschland«, sagte Hannah erstaunt. »Bei diesen Medien ... das muss irgendwie gefingert worden sein.«

Bevor sie das Lokal betraten, bat Hannah die beiden, sie mit Emma anzureden. »Das ist besser so. Bis ich mich einigermaßen sicher fühle. Ich hoffe, ihr versteht das.«

– vier –

Im Gänsemarsch gingen drei Generationen Huneus die Wendeltreppe hinauf. Zunächst der Gebückte, dann der Beleibte und zum Schluss Matteng, den seine Mutter in einen Anzug gesteckt hatte. Zur Feier des Tages, wie sie sagte. Der Älteste gab das gemächliche Tempo vor.

Im gläsernen Konferenzraum waren schon alle versammelt. Vier Rechtsanwälte beschäftigte die Kanzlei gegenwärtig, fünf Referendare, vier Sekretärinnen. Vollständig zum Appell angetreten, wie es der Chef angeordnet hatte.

Es war Dienstag, und das hieß Wochenkonferenz, wie stets um 8 Uhr 30.

»Guten Morgen allerseits«, sagte Martin Thomas Huneus und strich über seine gespannte Weste. »Ich möchte Ihnen heute meinen Sohn vorstellen, den hoffnungsvollen Spross unserer Familie. Er steht kurz vor der ersten wichtigen Prüfung seines Lebens: dem Abitur. Das Schriftliche liegt hinter ihm, das Mündliche sollte kein Problem sein. Müßig zu betonen, daß er Klassenprimus ist. Etwas anderes hatten wir nicht von ihm erwartet.«

Strunzbeutel, dachte Matteng, etwas anderes war von dem fetten Frosch nicht zu erwarten gewesen. Gelogen war es außerdem, sein Notendurchschnitt war zwar exzellent, aber es gab einige Mitschüler, die ihn schon längst überholt hatten.

»Ab heute wird er regelmäßig unseren Konferenzen beiwohnen, damit er juristische Morgenluft schnuppern kann. Er hat sich auch bereits entschieden, wo er sein Jurastudium aufnehmen will. Es kommen ja überhaupt nur drei Universitäten infrage, die unseren Ansprüchen genügen.«

Entschieden hast du das, du Frosch! Mir bleibt doch gar keine andere Wahl, so wie du dich in mein Leben einmischst. Matteng wartete auf den Tag, an dem er das Elternhaus verlassen konnte. Dann würde er es ihnen zeigen. Von wegen Klassenprimus. Mit so einem Streber wollte er nicht verwechselt werden.

»Wenn mein Sohn eine Frage hat, möchte ich, daß er von Ihnen, meine Damen und Herren, eine ausführliche Antwort bekommt. Nur in der Praxis kann der Jurist sein Handwerk lernen. So, Martin, nun sag auch mal was.«

Matteng stand auf. Schaute sich wichtig um. Sein Blick blieb am Ausschnitt der jungen Bürovorsteherin hängen. Was hatte die für tolle Titten. »Ja, was soll ich sagen«, begann er zögerlich, »also erst mal guten Morgen allerseits!« Dann setzte er sich wieder hin. Ohne den Ausschnitt aus dem Blick zu verlieren.

Niemand lachte. Die Juristen nickten ihm zu, als sei er schon seit längerem Mitglied dieser dienstäglichen Runde.

»Steht die Leitung nach Barcelona?«, fragte Martin Thomas seine Sekretärin. Sie war nicht viel älter als die Bürovorsteherin, trug ein eng anliegendes, schwarzes Kostüm, das mit ihren blondierten Haaren kontrastierte.

»Moment noch«, rief sie.

»Martin, ab nächster Woche wirst du das übernehmen. Zu Beginn der Konferenz muss die Standleitung funktionieren«, sagte sein Vater.

Standleitung, dachte Matteng, so ein Quatsch. Es war ein Telefon, an das ein Lautsprecher angeschlossen war. Damit sein Onkel an den laufenden Entscheidungen beteiligt werden konnte. Nur zweimal im Jahr kam Don Alfredo in die Hansestadt, um nach dem Rechten zu sehen. Nach dem Tod seiner Frau hatte er seinen Lebensmittelpunkt nach Barcelona verlegt. In die Kanzlei der spanischen Partnersozietät Guerra.

»Hier spricht Alfred Huneus.«

Seine Stimme schallte durch den Raum, untermalt von einigen akustischen Störungen. Mal ein Echo oder ein Pfeifton, geradeso, als hätte die Telefonleitung Tinnitus.

»Kannst du mich hören, Onkel?«, fragte Martin Thomas.

»Ja, sicher.«

»Guten Morgen.«

»Morgen.«

»Wir können dann beginnen.«

»*D'acuerdo!*«

Martin Thomas schaute zu seinem Vater hinüber, der vor sich einen gewaltigen Aktenstapel aufgebaut hatte, hinter dem er kaum hervorlugte. Mit steter Regelmäßigkeit musste er in die Klinik, Bandscheibenvorfälle im Halswirbelbereich. Er ging immer gebückter, war nicht mehr in der Lage, jemandem ins Gesicht zu sehen. Manchmal gab es Tage, da konnte er vor Schmerzen nicht seiner Arbeit nachgehen. Sein Sohn hatte ihn mehrfach aufgefordert, sich gründlich um seine Genesung zu kümmern, aber Thomas Anton hasste Ärzte.

»Ich denke, es ist das Beste, wenn wir gleich *in medias res* gehen«, begann sein Sohn, der nach dem Abgang von Don Alfredo auf dem Platz am Kopfende thronte, den die Firmengründerin Helene Huneus stets eingenommen hatte.

Medias in rebus, dachte Matteng, nun kommen die Rätsel. Wird er es ihnen heute sagen oder nicht? Das wäre das Haupträtsel.

»Prozessbeginn in Sachen Gildemeister ist in rund vier Wochen. Wir müssen uns eine Strategie zurechtlegen. Ich hatte ja schon mal ein Konzept entworfen, welche Linie wir fahren werden. Aber es scheint mir angebracht, noch einmal grundsätzlich über dieses Mandat nachzudenken.«

Nun wird es spannend. Matteng beugte sich vor. Schaute zum Kopfende hinüber. Dort sitzt der fette Frosch. Aber springt er auch?

»Was heißt grundsätzlich?«, tönte es aus Barcelona.

»Onkel Alfred, ich meine, wir haben in Sachen Gildemeister sehr viel unternommen und sind jetzt da gelandet, wo wir niemals hinwollten. Die Pleite kostet auch uns eine Menge Geld, aber das wirst du ja schon selbst errechnet haben.«

Seit Jahrzehnten vertrat die Kanzlei Huneus den Weinimporteur Gildemeister in allen rechtlichen Belangen. Selbst kleinere Verkehrssachen wurden von ihnen geregelt. Thomas Huneus, Mattengs Urgroßvater, war mit dem Firmenchef Gerhard Gildemeister aufs Engste befreundet gewesen. Zwei Schlachtrösser, wie sie sich immer gerne bezeichnet hatten. Gildemeister war ein Jahr nach dem Selbstmord des Firmenchefs gestorben. Es hatte eine Beerdigungsfeier für die Rotweinnase gegeben, wie sie in der Hansestadt ihresgleichen suchte. In manchem Jahr hatte die rechtliche Vertretung des Weinhandels mehr als fünfzehn Prozent der Umsätze der Kanzlei ausgemacht. Die Pleite war ein herber Verlust. Auch für die Hunnen.

»Ich denke, wir sind es dem Hause schuldig ...«, setzte Thomas Anton an. Weiter kam er nicht. Sein Sohn beeilte sich zu sagen, daß niemand hier daran dächte, den Mandanten in den Regen zu stellen.

Feigling, dachte Matteng, was ist der Frosch doch nur für ein Feigling. Gerade hat er angesetzt, und zack ... ist er danebengesprungen. Matteng hatte ein Gespräch zwischen seinem Vater und seiner Mutter Brigitte belauscht, in dem er ihr klar gemacht hatte, daß die Verteidigung Arnold Gildemeisters nichts bringe. Pleitiers zu verteidigen habe immer den Beigeschmack von gemeinsamen Leichen-im-Keller, die Reputation der Kanzlei könne durchaus Schaden nehmen. Sollen sich doch andere Verteidiger die Finger daran verbrennen. »Der Arnold hat mehr Dreck am Stecken, als Gülle auf einen Lastwagen geht.« Diesen Satz erinnerte Matteng genau.

»Ich will ja nur, daß wir zu einer gemeinsamen Linie kommen. Es steht außer Frage, daß unseren Mandanten keinerlei Schuld an dieser Pleite trifft. Das hat ihm alles dieser omnipotente Ossi eingebrockt. Wie konnte er dem nur so blind vertrauen? Ich möchte nicht wissen, was er von den Krediten alles abgezweigt hat. Ich hab der Staatsanwaltschaft geraten, mal eine Hausdurchsuchung in Rostock und im Wochenendhaus dieses Aufsteigers zu machen. Wahrscheinlich gibt es dort goldene Wasserhähne und altes Meißner Porzellan in Hülle und Fülle.«

Matteng merkte, wie sich sein Vater aufregte. Das tat er immer, wenn ihm ein vorgefasster Plan misslang.

»Traust du dir denn die Verteidigung zu?« Diesmal war die Stimme aus Barcelona von ein paar Takten Äther-Musik untermalt.

»Was willst du damit sagen, Onkel Alfred?«

»So oft hast du noch nicht im Gerichtssaal gestanden«, scherzte Don Alfredo. »Um genau zu sein, sicher seit deiner Referendarzeit nicht mehr.«

Gut gefragt, das muss man dem alten Lebemann lassen, er stellt die richtigen Fragen. Matteng hegte einen ähnlichen Verdacht. Der Frosch hat Schiss vor dem Auftritt vor Gericht.

»Ich bin für alles gerüstet. Die Staatsanwältin ist eine harte Nuss, aber die kann ich knacken. Die Anklage ist nicht das Papier wert, auf dem sie steht.«

»Sei dir da nicht so sicher ...«, warf sein Vater ein.

»Ich weiß, was ich kann!«, schnitt Martin Thomas ihm das Wort ab.

»Der von dir Beschuldigte ist tot«, kam es aus Barcelona.

»Hat sich seiner Verantwortung entzogen«, konterte Martin Thomas. »Was durchaus ein Pluspunkt für meine Verteidigung sein wird. Hat sich selbst gerichtet, um seiner gerechten Strafe zu entgehen. So sehe ich das. Und darin wird mir der Richter gewiss folgen.«

»Aber du wirst ihn nicht ins Kreuzverhör nehmen können«, setzte Don Alfredo nach. »Alles, was wir haben, sind Schriftstücke. Das kann manchmal ziemlich haarig werden.«

Obwohl er nicht eine Seite der umfangreichen Akte gelesen hat, dachte Matteng, setzt er seinem Neffen ganz schön zu. Was bleibt dem Frosch übrig, als dicke Backen zu machen, wie man in der Hansestadt zu sagen pflegte.

»Auf den Schriftstücken steht die Unterschrift dieses omnipotenten Ossis, der hat die Kredite eingeheimst, der hat die Verträge unterschrieben, der hatte Vollmacht und hat die Firma gegen die Wand gefahren. Das war doch eine einmalige Chance, die Arnold da anpacken wollte. Er hätte ein Imperium aufgebaut, wie es die Firmengeschichte der Gildemeisters noch nicht erlebt hat. Hätte sogar seinen Bruder überflügelt ...«

»Der ja keineswegs mit dieser raschen Expansion im Osten einverstanden war«, warf einer der Rechtsanwälte ein.

»Ich bitte doch darum, mich nicht zu unterbrechen«, fuhr ihn Martin Thomas an. »Sein älterer Bruder hat erst gejammert, als der Bankrott unausweichlich war. Da war es längst zu spät für Sentimentalitäten.«

»Du wirst Punkt für Punkt entkräften müssen, was dieser Tote in Rostock zu Protokoll gegeben hat. Darauf basiert die Anklage.« Thomas Anton klopfte auf den Aktenstapel vor sich.

»Wir arbeiten dran, Vater. Mach dir deswegen keine Sorgen, wir arbeiten dran. Dieser Ossi hat gelogen wie gedruckt. Ich bin mir ganz sicher, daß wir das alles entkräften können.«

»War halt nur dumm«, kam es von Don Alfredo, »daß die Staatsanwältin unseren Mandanten erwischt hat, als er Beweismaterial ins Klo spülen wollte. Das macht einen schlechten Fuß.«

Ach, dachte Matteng, von diesem Detail hatte er noch nichts gehört. Warum hat das der Frosch zu Hause niemals erwähnt?

»Ob das Beweismaterial ...«

»Belastungsmaterial«, übertönte Alfred ihn via Telefon.

»Ob das beweiskräftiges Material gewesen ist, kann die Staatsanwaltschaft zwar wortreich behaupten, aber ob sie das hart kriegt, wollen wir doch erst mal abwarten.«

Noch eine Stunde berieten die Rechtsanwälte die Strategie im Verfahren gegen Arnold Gildemeister. Immer wieder spürte Matteng, daß sein Vater viel lieber einen eleganten Rückzieher gemacht hätte, als sich in die Niederungen der Verteidigung zu begeben. Gleichermaßen interessierte den angehenden Juristen der großzügige Ausschnitt der Bürovorsteherin. Matteng hatte die alte Giesecke noch erlebt. Ein Drachen, ein böser, grauer Drachen. Sie schwang die Knute über allen angestellten Juristen in der Kanzlei. Kaum hatte sich Alfred nach Barcelona abgesetzt, nachdem er seinem fünf Jahre älteren Bruder gezeigt hatte, wer der eigentliche Herr in der Kanzlei war, und Martin Thomas die Leitung der alltäglichen Geschäfte übernommen, war die Giesecke aufs Altenteil geschoben und junge, hauptsächlich weibliche Kräfte eingestellt worden. Meist solche, die sich vorteilhaft zu kleiden wussten.

Kurz vor Ende der Konferenz sagte einer der Rechtsanwälte: »Aus gut unterrichteten Kreisen verlautet, daß Ihre Schwester wieder im Lande ist, Herr Huneus.«

»War sie je fort?«, fragte Martin Thomas, ohne von seinen Unterlagen aufzublicken.

Matteng hatte Gabriele nur ein einziges Mal gesehen. Da war er vier Jahre alt gewesen. Die Beerdigung seines geliebten Urgroßvaters, die im stillen Familienkreis stattfand. Auch ein Herrgott kann mal sterben, aber daß er sich umgebracht hatte ... niemals durfte darüber gesprochen werden, nicht ein Wort, und niemals durfte Kontakt zu diesen van Bergens aufgenommen werden. Sippenhaft. Kontaktsperre. Auf immer. Und auf ewig.

»Ich meine Ihre jüngere Schwester Hannah«, fuhr der Rechtsanwalt fort, »sie ist gesehen worden ...«

»Ich habe keine jüngere Schwester«, herrschte Martin Thomas ihn an. »Merken Sie sich das!«

»Ich dachte nur, es sei von Interesse, Herr Huneus.«

»Behalten Sie Ihre Gedanken für sich.«

Der Frosch hat eine jüngere Schwester, dachte Matteng. Sieh mal an, die ist mir bisher verschwiegen worden.

»Na, dann wollen wir mal an die Arbeit.« Mit diesen Worten beendete Martin Thomas stets die Sitzung. »Ich erwarte von den Fortschritten täglich unterrichtet zu werden.«

»Ich auch«, kam es aus Barcelona. »Und nimm die Gildemeistersache nicht auf die leichte Schulter, da kannst du dir schnell einen Bruch heben. *Hasta luego!*«

Die Bürovorsteherin legte das Telefon auf. Mit grazilen Fingern berührte sie das moderne Tastengerät, daß Matteng ganz anders wurde. Wie an einem Gummiseil gezogen folgte er ihr. In ihr Büro. In die Aktenablage. In ihre Mittagspause. Ständig hatte er neue Fragen auf Lager. In weitere Besprechungen. In den Feierabend. Erst als sie von ihrem Freund gegen siebzehn Uhr abgeholt wurde, ließ Matteng von ihr ab.

»Und? Wie war dein erster Arbeitstag?«, fragte sein Vater auf dem Nachhauseweg. Er kutschierte drei Generationen Huneus zurück in die Villa an der Marcusallee.

»Kann nicht klagen, sagte der Jurist und verarmte zusehends«, antwortete sein Sohn.

Der Gebückte, der im Fond des Wagens saß, lachte mit. Obwohl er diesen Juristenwitz selbst schon tausendmal erzählt hatte.

Wolfgang van Bergen klopfte an die Tür, deren geriffeltes Glasfenster von innen mit einem Rollo verhängt war. Hatte nicht hier sein Vater gewirkt? Oder war es ein Zimmer weiter gewesen? Die Amtsstuben im Gerichtsgebäude sahen sich nicht nur von außen zum Verwechseln ähnlich.

»Herein!« Eine forsche Stimme.

Wolfgang öffnete behutsam die Tür.

Staatsanwältin Kniemeyer blickte über den Brillenrand. »Oh, hoher Besuch! Treten Sie doch näher, Herr van Bergen, damit ich Sie in ganzer Größe bewundern kann.«

Wie gut ist es, ein gewisses Ansehen zu haben, dachte Wolfgang, das wird mein Vorhaben wesentlich erleichtern.

Es war der Brief von Frau Hörmann, der ihn in Bewegung setzte. Auf vielen, eng beschriebenen Seiten hatte sie minutiös rekonstruiert, wie ihr Mann in die Sache hineingeschlittert war. Wie er versucht hatte, Arnold Gildemeister die teuren Werbeideen auszureden. Jeden Tag ein Weinfest. Die Weinkönigin aus Rheinland-Pfalz auf Tournee durch die neuen Länder. Ganzseitige Anzeigen in den Zeitungen: »Wein gehört zum Leben – wenn Sie unseren Wein trinken, gehören auch Sie dazu.« Wie verzweifelt Peter Hörmann war, als er merkte, daß die Talfahrt immer schneller ging. Die hochpreisigen Weine blieben liegen, die teuren Accessoires wurden Ladenhüter, nur die Schnäppchen fanden Absatz, allerdings längst nicht in solchen Größenordnungen, wie Gildemeister es prognostiziert hatte. Kaum Umsatz, nur Kosten. Am meisten hatte Wolfgang der Satz beeindruckt: »Wenn Sie glauben, daß mein Mann sein und unser Leben leichtfertig verspielt hat, dann irren Sie sich. Er hat alles immer persönlich genommen, für ihn ist diese Pleite seine persönliche Lebenskatastrophe gewesen.«

Die junge Staatsanwältin reichte Wolfgang die Hand. »Herr Kollege, was kann ich für Sie tun? Werden wir mal im Gerichtssaal die Klingen kreuzen? Ich fände das ganz aufregend.«

»Warum nicht«, erwiderte Wolfgang mit einem Lächeln. »Vielleicht ergibt sich ja bald eine Möglichkeit, wenn auch etwas anders, als Sie es sich vorstellen.«

»Sie machen mich neugierig!« Sie wies ihm einen Stuhl an, der vor ihrem Schreibtisch stand. Das ist das Zimmer meines Vaters gewesen, dachte Wolfgang. Jetzt erkannte er es wieder. Der halbblinde Spiegel über dem Handwaschbecken, an dem die rechte obere Ecke fehlte, war noch nicht ersetzt worden.

»Ich interessiere mich für den Vorgang Gildemeister, da sind Sie doch federführend.«

»So ist es.«

»Würden Sie mir Akteneinsicht gewähren?«

Die Staatsanwältin lehnte sich zurück. Strich ihre Haare aus dem Gesicht, öffnete die geschminkten Lippen zu einem schmalen Spalt. »Wollen Sie den Mann verteidigen? Haben Sie das nötig?«

»Wo denken Sie hin?«

Frau Kniemeyer lachte. »Dann bleibt Ihnen die Akteneinsicht verwehrt. Das wissen Sie doch selbst, oder?«

Wolfgang nickte. Noch nicht so schnell alles verraten, dachte er. Lass sie ein bisschen zappeln.

»Für wann ist denn die Verhandlung terminiert?«

»Mal nachschauen.« Mit flinkem Griff zog die Staatsanwältin ihren Kalender hervor und nannte ihm das Datum.

»Das ist ja noch was hin«, sagte Wolfgang und schwieg.

Frau Kniemeyer setzte die Lesebrille ab.

»Sie wissen, daß Herr Gildemeister einen Verteidiger hat?«

»Ich gehe davon aus.«

»Können Sie sich denken, wer es ist?«

»Schon.«

»Aber genau wissen Sie es nicht.«

»Nicht so ganz.«

Hase und Igel, dachte Wolfgang. Er liebte diese Spielchen. Sagst du mir was, sag ich dir nix.

»Oder hat man Sie engagiert, weil man im Hause Gildemeister glaubt, mit so einem Newcomer Schiffbruch zu erleiden?«

»Noch nicht!«

Die Staatsanwältin beugte sich nach vorne. »Sie wollen Akteneinsicht, richtig?«

»Ja.«

»Und weswegen?«

»Weil ich über eine Nebenklage nachdenke.«

»Das überrascht mich aber wirklich, Herr van Bergen.« Die Staatsanwältin stand auf. Drehte sich zum Fenster und tat so, als wolle sie den Ausblick auf das Untersuchungsgefängnis genießen.

»Ich dachte mir, daß Sie damit am wenigsten gerechnet hätten.«

»Kann man wohl sagen.«

Hier hat mein Vater die meisten Jahre seines Lebens verbracht, in dieser Amtsstube, zwischen diesen gammeligen Regalen, an diesem stets zu kleinen Schreibtisch, auf dem durchgesessenen Stuhl. Als man ihn gesucht hatte, weil er zu seiner eigenen Pensionierungsfeier nicht erschienen war, fanden ihn die Kollegen völlig verwirrt am Boden, umringt von Aktenstapeln. Er hatte alle Ordner auf die gleiche Höhe gebracht. 77 Zentimeter.

»Von wem geht denn die Nebenklage aus?«, fragte die Staatsanwältin, ohne sich umzudrehen.

»Das würde ich gerne noch etwas im Dunkeln lassen!«, antwortete Wolfgang geschwind.

»Ihr gutes Recht, Herr Kollege. Aber, es wird Sie nicht überraschen, daß ich mir denken kann, wer es ist.«

»Genau wissen Sie es aber nicht.«

»Nicht so ganz!«, erwiderte Frau Kniemeyer.

Mit dieser Juristin von zwei verschiedenen Punkten aus aufs selbe Ziel hinzuarbeiten, wäre mal eine ganz neue Erfahrung, dachte Wolfgang. Er musste nur noch einen Grund finden, in das Verfahren hineinzukommen. Da reichte selbst der Brief von Frau Hörmann nicht aus. Er musste etwas Substanzielles finden, etwas, was bisher nicht angeklagt war.

»Machen wir es so«, nun drehte sich die Staatsanwältin um, »Sie reichen Ihr Begehr schriftlich ein, und ich prüfe es, sagen wir, schnell und wohlwollend. Was halten Sie davon?«

»Das klingt gut«, beeilte sich Wolfgang zu sagen.

»Aber nur unter einer Bedingung, Sie sagen mir, wer die Nebenklage einreichen will. Ich muss doch wissen, womit ich es zu tun bekomme. Halt!« Sie streckte ihren Zeigefinger aus: »Sagen Sie nichts. Es ist die Frau des Geschäftsführers. Stimmt's?«

Wolfgang nickte. Und kniff die Lippen zusammen.

Sie kam um den Schreibtisch herum, stellte sich vor den Strafverteidiger und lächelte ihn an. »Dann werden wir ja ein gutes Stück des Weges zusammen gehen.«

»So ist es!«, kam es von Wolfgang. Auch er lächelte jetzt. »Wer aus der Kanzlei Huneus wird denn den Angeklagten verteidigen?«

Tit for tat, mal sehen, ob sie darauf eingeht.

»Raten Sie mal!«

»Ich kenne die nicht alle mit Namen. Der Briefkopf ist ja länger als das Vaterunser.«

»Keine Vermutung?«

»Die beiden Senioren werden es sicher nicht sein. Ist dieser Alfred nicht überhaupt ständig außer Landes? Und der erste Sohn vom alten Huneus ...«

»Den Alten haben Sie noch gekannt, oder?«

Wolfgang schnaubte durch die Nase. »Was heißt gekannt? Den habe ich jahrelang erleiden müssen.«

»Erzählen Sie.«

»Nicht jetzt. Dazu fehlt mir die Zeit. Also, wer ist es?«

Die Staatsanwältin stellte sich auf die Zehenspitzen.

»Es ist ein völliger *Newcomer* in unseren Gefilden. Martin Thomas Huneus möchte die Verteidigung persönlich übernehmen, auch wenn er sich zwei Kollegen aus der Kanzlei an die Seite stellen wird.«

»Das überrascht mich nun aber wirklich, Frau Staatsanwältin. Der hat doch noch nie die Verteidigerbank gedrückt.«

»Macht die Sache nicht gerade angenehmer. Schwer auszurechnen, so ein Mann. Das Mindeste, was ich bisher von ihm sagen kann, er ist ein schwerer Choleriker. Unsere ersten Begegnungen sind durchaus kontrovers verlaufen, um mich mal vorsichtig auszudrücken.«

Nicht zu fassen, Gabrieles Bruder als Verteidiger, das wird

ein Fest werden. Jetzt, wo Hannah wieder da ist, konnte er sich ein schöneres Spektakel gar nicht vorstellen.

»Sie bekommen mein Schriftliches noch heute Nachmittag.« Wolfgang reichte der Staatsanwältin Kniemeyer die Hand.

»Sie haben es aber eilig, Herr van Bergen.«

Als Wolfgang vor der Tür stand, fragte er sich, warum dieses Glasfenster immer verhängt war. Auch sein Vater hatte dieses mausgraue Rollo nie geöffnet. Waren Amtsstuben nur sicher, wenn man sie den Augen der Öffentlichkeit entzog?

– fünf –

Die Alten fressen fetten Speck
Und kotzen uns Verbote
Lasst euch nicht verarschen!
Lasst euch nicht verarschen!
Lasst euch nicht verarschen!

Hannah saß im Bunker und war begeistert. Immer wieder blickte sie zu Kevin hinüber. Er prügelte auf die Trommeln ein, wirbelte den Schlagstock durch die Luft, fing ihn auf und trommelte unverdrossen weiter. Rolli, der Sänger, stand am Mikrofon und schrie den Text. Das kam gut. Besonders der Song »Die Alten« hatte es Hannah angetan. Sie stampfte mit dem Fuß den Rhythmus. Klatschte mit den Händen. Der Song hatte Power. Bewegte zuckend ihren Körper. Die Ketten klirrten am Ledergürtel.

Der Übungsraum im Luftschutzbunker, den Rock- und Punkbands benutzen konnten, war ungeheizt. Trotzdem trugen die vier Musiker auf dem grell beleuchteten Podest nur zerrissene T-Shirts und Jeans, in die sie Löcher hineingeschnitten hatten. Ihr Repertoire umfasste acht Songs, reichte für eine Dreiviertelstunde Auftritt. Alle paar Wochen kam ein Song dazu, den Rolli oder Kevin mitbrachten. Sie waren die *leader-of-the-pack*, wie sie sich nannten. Die Gitarristen hatten den Musikunterricht am Konservatorium umfunktioniert. Statt klassischer Gitarre übten sie nun dissonante Riffs.

Hannah war die einzige Zuhörerin. Darum hatte sie lange kämpfen müssen. Kevin hätte nichts dagegen gehabt, aber die anderen wollten sich nicht blamieren, wie sie sagten.

Demnächst bekam die Band, die sich den Namen »The hard ones« gegeben hatte, ihren ersten öffentlichen Auftritt.

> *Die Alten saufen unsern Wein*
> *Und pissen uns ins Leben*
> *Glaubt doch nicht einfach jeden Scheiß!*
> *Glaubt doch nicht einfach jeden Scheiß!*
> *Glaubt doch nicht einfach jeden Scheiß!*

Kostbare dreißig Minuten der Probenzeit waren durch einen heftigen Streit in der Band verloren vergangen. Auftreten oder absagen? Kevin hatte den Gig besorgt und ihnen verschwiegen, bei wem sie auftreten sollten. Nur Datum und Uhrzeit hatte er ihnen eingehämmert. Pünktlich zu erscheinen, war nicht jedem Bandmitglied gegeben. Als Kevin dann den anderen den Ort mitteilte, war es zum Krach gekommen. »Du weißt genau, wer sich da immer rumtreibt«, sagte der Bassgitarrist. »Das sind Faschos, da spiele ich nicht«, hatte Rolli hinzugefügt. »Nur über meine Leiche!« Kevin war sauer: »Ich besorg uns den ersten Gig, wir spielen doch schon seit einem Jahr absolut unterirdisch, und ihr wollt mir die Nummer vermasseln.« Hannah stand zwischen den Fronten. Wie gerne hätte sie Kevin auf der Bühne gesehen. Da gehörte er hin. So wie er auf das Schlagzeug einprügelte. Das mussten auch ihre Freundinnen kapieren, Kevin ist ein Spitzentyp. Aber auf der anderen Seite: Bei Faschos auftreten kam nicht infrage. Niemals, nur über meine Leiche, wie Rolli sagte.

Die beiden *Leader* waren in der letzten Zeit nicht mehr so gut aufeinander zu sprechen. Wenn Rolli *Go* sagte, schrie Kevin: »Stopp!« Wessen Songs waren härter, wessen Outfit abgefahrener, wer hatte die coolere Braut.

Rolli brach ab. Mitten im Song. »Könnt ihr nicht mehr Dampf geben? Hier vorne kommt nichts an.«

»Ich gebe alles«, rief Kevin und haute auf die Snare.

»Dich meine ich nicht!«, schrie Rolli.

»Soll ich mit der Axt auf die Saiten schlagen?«, fragte der Bassgitarrist, der immer zusammenzuckte, wenn Rolli sich auskotzte. Er konnte diesen Arsch bald nicht mehr ab. In der Schule gingen sie sich regelmäßig aus dem Weg. Aber während der Proben ordnete er sich Rolli unter.

Gemeinsam hatten sie sich immer wieder Videos angeschaut, bei denen Musiker am Schluss des Konzerts ihre Instrumente zertrümmert hatten. Rolli besaß eine Sammlung von solchen Auftritten. Ob Pete Townsend, dessen Musik sie verachteten, oder die Sex Pistols, deren Songs sie kopierten – das war die Härte, die sie bringen wollten.

»Das sagst du nur, weil Rolli dir die Tour mit dem Fascho-Gig versaut hat!« Der E-Gitarrist hielt sich sonst immer aus dem Hahnenkampf zwischen Rolli und Kevin zurück. Es hatte keinen Zweck, sich mit den *leaders* anzulegen. Einmal war ein Schlagstock in seine Richtung geflogen und hatte ihn am Hinterkopf verletzt.

»Jetzt den Song von vorne. Mit aller Power! *Go!*«, kommandierte Rolli. Er war zwei Jahre älter als die anderen.

Hannah hielt es nicht mehr auf dem Holzklotz aus. Sie tanzte wie wild durch den kalten Raum.

> *Die Alten springen frei herum*
> *Und engen uns mit Zäunen*
> *Verlasst die goldnen Knäste!*
> *Verlasst die goldnen Knäste!*
> *Verlasst die goldnen Knäste!*

Kurz darauf war Probenschluss. Rolli hatte keine Lust mehr, obwohl sie noch zehn Minuten hätten weiterspielen können.

Rasch packten die beiden Gitarristen ihre Instrumente ein, dann verließen auch sie den Bunker.

»Trifft sich gut, daß wir allein sind«, sagte Kevin. »Ich muss mit dir reden.«

Hannah ging auf ihn zu, um ihn zu umarmen. Sein Gesicht und seine nackten Oberarme glänzten vor Schweiß.

»Wir fahren im Sommer Interrail! Quer durch Europa.« Kevin wehrte Hannah mit dem Handtuch ab. »Haben wir gestern beschlossen.«

»Wer?«

»Die *Hard-ones*!«

»Und ich?«

»Du kommst natürlich mit, logisch!«

Hannah schüttelte den Kopf. »Das wird nicht gehen. Nicht in diesem Jahr. Ich habe einen Vertrag ...«

»Jetzt hör mal auf mit diesen blöden Verträgen. Merkst du denn gar nicht, wie dein Vater dich damit knebelt? Vertrag hier, Vertrag da. Er hat dich voll unter Kontrolle. Hannah, *wake up!* Du kannst dir doch nicht ständig von diesem rechten Sack in dein Leben reinquatschen lassen. *It's your life, baby!*«

»Sag mal, Kevin, ist dir nicht gut? Bisher war klar, daß wir beide nächsten Sommer losziehen. Nur wir beide. Aber diesen einen Sommer muss ich noch nach Wangerooge. Das steht schon lange fest. Ich könnte genauso gut von dir verlangen, daß du einfach mitkommst. Meine Eltern hätten bestimmt nichts dagegen.«

»Nach Wangerooge, hähä! Ist ja großartig. Sandburgen bauen, Möwen über's Ohr hauen. Mit deinen Eltern? Oh, wie gnädig. Meinste echt, ich will mit denen auch noch in Urlaub fahren?«

»Ich fänd's toll. Wir könnten ein paar Wochen …«

»Wer will denn nach Wangerooge, wenn einem ganz Europa zur Verfügung steht?«, unterbrach sie Kevin heftig und schlug mit dem feuchten Handtuch nach ihr. »Verträge sind dazu da, um sie zu brechen. Wann kapierst du das endlich?«

Kevin wandte sich ab, bückte sich und steckte die Schlagstöcke in das Lederetui.

»Bis jetzt hast auch du davon profitiert«, Hannah ließ sich nicht beirren, »von der Kohle, die ich mit meinen Verträgen abgreife, hast du die Raten von deinem High-Hat bezahlt.«

Mit einer heftigen Bewegung richtete sich Kevin auf.

»Komm mir nicht so, Hannah!«, drohte er. »Ich zahl dir alles zurück, sobald ich was auf die Kralle kriege.«

»Wer fährt denn überhaupt mit?« Hannah fragte betont herablassend.

»Pick und Gulag.«

»Und Rolli?«

»Rolli doch nicht. Den lassen wir außen vor. Wer will denn mit dem auf Europatour gehen?«, entrüstete sich Kevin. »Und natürlich die *Girls* von den beiden Saitenheinis. Das wird ne irre Reise. Die anderen sparen schon auf das Ticket. Ist echt erschwinglich.«

»Und wie soll ich es ihnen beibringen?« Hannah kam einen Schritt näher. »Das erlauben die mir nie.«

»Deine Sache«, zischte Kevin, »das musst du händeln. Lüg ihnen irgendwas vor. Freizeit mit dem Turnverein oder irgend so ein Scheiß, da wird dir schon was einfallen.«

»Kevin, wenn es mit dir allein wär, aber so …«

»Was ist an Pick und Gulag faul? Sag mal. Das sind doch starke Typen, oder Spitzentypen, wie du immer sagst. Und deren *Girls* sind auch nicht zu verachten.«

»Es geht nicht, Kevin«, wiederholte Hannah, »die reißen mir den Kopf ab.«

Kevin schrie los: »Du immer mit deiner Übervorsicht, immer schön wegducken. Immer schön brav am Gängelband. Ich glaub, du trägst das Halsband, damit sie dich anschnallen können, wenn es ihnen in den Kram passt. Entweder du kommst mit ...«

»Oder?« Jetzt brüllte auch Hannah.

»Ich kann ja Sandra mal fragen, die macht nich solche Zicken.« Kevin warf das Handtuch auf den Boden und rannte davon. Er riss einen Mikroständer um.

Hannah verschlug es die Sprache.

Ganz starr wurde sie.

Sollte sie ihm hinterher?

Sollte sie ihn rufen?

So sehr sie sich auch anstrengte, es kam kein Ton heraus.

Das Schlagzeug im Licht der Deckenstrahler. Die Reflektionen auf den metallenen Teilen blitzten ihr in die Augen.

Kevin, in ihrem Kopf türmten sich Sätze.

Zu hohen Gebäuden.

Immer höher.

Kevin, warum.

Noch nie hatte er sie so angebrüllt.

Kevin, Kevin.

Das hätte er nicht sagen dürfen. Das mit Sandra. Wie kam er dazu, das zu sagen?

Kevin, du Arsch.

Konnte man die Tätowierung löschen? Dem Adler die Flügel stutzen oder ihn in einen Drachen verwandeln?

Sie würde dieses Zeichen der Freundschaft sofort tilgen lassen. Das Tattoo hatte so schweinewehgetan ... dieser Schmerz war es, der plötzlich ihr in den Sinn kam.

Noch immer konnte sie sich nicht bewegen.

Hinterher oder ziehen lassen?

Ihm gehorchen oder widersprechen?

Was würde geschehen, wenn sie morgen in der Schule zusammen ...

Kevin, verdammt.

Der Abendbrottisch war im Gemeinschaftsraum gedeckt. Kuno hatte mal wieder ganze Hausarbeit geleistet, bevor er in seine Kneipe gegangen war. Drei Platten mit belegten Schnittchen, seine besten Frikadellen und gefüllte Soleier, der Tisch mit Girlanden aus Kronenkorken dekoriert. »Ei, isch hob doch jede Menge Zeit«, hatte er gesagt und nach seinem Spazierstock gegriffen. »Und gute Abbetit tu ich euch wünsche.«

Gabriele öffnete die Flasche Weißwein. Was eigentlich Wolfgangs Aufgabe gewesen wäre, aber der Herr Verteidiger saß wohl mal wieder in einem Flugzeug oder auf der Bahn. Dabei hatte er am Morgen noch ausdrücklich betont, er werde es bis neun Uhr schaffen und rechtzeitig zum Abendessen zurück sein.

»Hannah«, Gabriele zog mit ganzer Kraft den Korkenzieher, »wir fangen an. Ich habe einen mordsmäßigen Hunger.«

Ihre Schwester betrachtete die labbrigen Toastscheiben aus der Chemiefabrik, die Kuno mit französischem Weichkäse, und das Pumpernickelbrot aus dem Backautomaten, das er mit spanischem Serrano-Schinken belegt hatte. Aber sie sagte nichts.

Sah festlich aus, dieser Tisch. Obwohl die Kronenkorkendeko ihr etwas albern vorkam.

Gabriele schenkte ein und prostete ihrer Schwester zu.

»Was hast du heute gemacht?«, fragte sie Hannah.

Soll ich jetzt sagen, ich bin im Kino gewesen? Schon wieder im Kino, das würde bestimmt nicht so gut kommen, dachte Hannah. »Ich hab meine Runden in der Stadt gedreht. Wie immer. Langsam kommt mir alles wieder ganz vertraut vor. Alles so viel kleiner als in Hamburg, mindestens ein Stockwerk niedriger, alles viel bescheidener und auch braver. Gerade so, als hätten sich die Bewohner ein kleines, gemütliches Nest gebaut, das sie niemals wieder verlassen wollen.«

»Ich lebe gerne hier«, sagte Gabriele. Sie griff nach einem Käsebrot. »Und du solltest dir auch überlegen, ob du deine Zelte nicht lieber hier aufschlagen willst.«

Hannah konnte sich nicht entscheiden, womit sie beginnen sollte. Der Schinken sah verlockend aus, wenn auch das Brot darunter zum Würgen war. Sie hatte ihrer Schwester nicht ganz die Wahrheit gesagt. Am Nachmittag verbrachte sie einige Stunden in Wolfgangs Dachkammer. Allein. Sie konnte nicht widerstehen hinaufzugehen. Als sie sich sicher war, daß niemand im Haus war. Das Zimmer mit den schrägen Wänden war ein einziges Chaos. Überall lagen Zeitschriften, Bücher waren übereinander gestapelt, manche Stapel waren zur Seite gerutscht. Zwei Zierpflanzen hatten schon das letale Stadium erreicht. Eine Kladde lag auf dem Schreibtisch. Wolfgangs Privatvergnügen, von dem ihre Schwester mal gesprochen hatte. Nur mal kurz reinschauen und sie dann wieder ganz genau an den Platz legen, wo sie sie weggenommen hatte. Die Stelle merkte sie sich. Hannah schlug die Kladde auf. Am rechten oberen Rand mit grüner Tinte das Datum. Der letzte Eintrag lag mehr als ein Dreivierteljahr zurück. Hannah las sich fest. Eine kurze Geschichte nach der anderen. Eine wüster als die andere. *Sex and crime and rock'n'roll.* Wolfgang tobte sich aus. Erotische Fantasien, Mordgelüste, Derwischtänze. Das hätte sie ihrem Schwager niemals zugetraut.

Hier oben saß er in seiner Wüstenei und schrieb sich ein wildes Leben zusammen. Erst als sie den letzten Eintrag gelesen hatte, legte sie die Kladde wieder an ihren Platz. Danach war sie ins Kino gegangen. Irgendein französischer Film, von dessen Inhalt sie kaum etwas mitbekommen hatte, weil sie die ganze Zeit im Dunkel des Kinosaales an Wolfgang und seine aufgeregten Geschichten dachte.

»Was hast du denn eigentlich vor?« Gabriele nahm das zweite Schnittchen, streute etwas Salz auf die Eierscheiben und biss hinein.

»Keine Ahnung, Gabi. Ich muss ja erst mal ankommen.« Hannah griff nach dem Schinkenbrot, zuckte dann aber wieder zurück.

»Brauchst du eigentlich Geld, Schwesterherz? Da könnten Wolfgang und ich dir ...«

»Auf keinen Fall. Ich hab genug. Das reicht für ein paar Monate. Meine englischen Bäckereltern haben mich ja in Kost und Logis genommen und mir am Anfang 35 Pfund die Woche gezahlt. Auf die Hand und schwarz. Den Lohn haben sie so erhöht, wie die Lebenshaltungskosten gestiegen sind. Ich hab kaum was ausgeben können. Mal in den Pub, um ein *ale* zu trinken. Mal ins Kino nach Leeds. Das war's. All die Jahre lang.«

»Ach so!« Gabriele goss ihr Weißweinglas bis zum Rand voll. »Wolfgang meinte, ob du nicht Lust hättest, ein paar Monate bei ihm zu arbeiten.«

Hannah lachte. »Als was denn? Als Putzfrau? Ich kann nichts anderes als Brot backen ...« Sie hob den Käse von der durchweichten Toastscheibe, »damit werd ich morgen gleich anfangen. So ein Brot ...« Wie zum Beweis brach die Scheibe auseinander und fiel auf das Tischtuch. ›Tschuldigung‹, beeilte sich Hannah zu sagen.

Gabriele nahm ihre Serviette und sammelte die weichen Toaststücke ein. »Wolfgang dachte, du könntest seine Post bearbeiten, die Akten auf Vordermann bringen und ein bisschen Telefonarbeit ... Das wäre doch für den Anfang nicht schlecht, oder? Nur ein paar Stunden am Tag.«

»Ist lieb gemeint«, erwiderte Hannah, »aber durchaus nicht in meinem Sinne. Ich denke noch nach, wie es weitergehen soll. Lasst mir einfach ein bisschen Zeit. Vielleicht nehme ich ja auch Wolfgangs großzügiges Angebot an. Erst mal muss ich ankommen ...«

Jeden Nachmittag ging Hannah ins Kino. Das gab ihrem Tag einen Sinn. Sie liebte es, fast allein im Dunkel zu sitzen und stundenlang Deutsch zu hören. In den meisten Sälen lief Hollywoodscheiß, aber es gab auch ein paar europäische Produktionen, die in Leeds niemals gezeigt wurden.

Die Standuhr schlug. Zehn Schläge.

»Wo bleibt denn deine Namenskusine?« Gabriele hatte sich schon an den Ausdruck gewöhnt, den ihre Schwester geprägt hatte.

»Keine Ahnung«, Hannah verzog das Gesicht. »Kommt gleich nach ihrem Vater, was die Pünktlichkeit angeht?«

Die beiden prosteten sich zu.

»Wann willst du denn nach Hamburg?«, fragte Gabriele.

»Wozu?«

»Um nach deinen Sachen zu sehen. Hast du das nicht selbst gesagt?«

»Meine Sachen? Nach fünfzehn Jahren! Daß ich nicht lache, die werden alle schon längst beerdigt worden sein. Und zu dieser Kuh von Vermieterin gehe ich auf gar keinen Fall.«

Eine halbe Stunde später erschien Wolfgang.

Er umarmte die beiden Schwestern, ließ sich auf seinen Stammplatz fallen und griff sofort zu. »Tut mir Leid. Konnte in Frankfurt doch erst die letzte Maschine erwischen. Ging nicht anders.«

Wolfgang zeigte auf den unbenutzten Teller. »Wo ist Hannah?«

»Auch noch nicht da!«, sagte Gabriele ziemlich erbost über die Verspätung ihres Mannes.

»Das gibt eine Vertragsstrafe«, Wolfgang blinzelte zu seiner Schwägerin hinüber. »Aber das weiß sie ja selbst.«

»Diese blöde Vertragsstrafe kann mir gestohlen bleiben«, sagte Gabriele, »ich würde gerne wissen, was mit ihr ist. Hat sie dir gesagt, wohin sie wollte?«

Ihre Schwester zuckte mit den Schultern. »Irgendwas war mit Kevin, aber genau kann ich das nicht sagen ...«

Sie schaute Wolfgang an. Schreibt solche verwegenen Geschichten und spielt hier den Braven. Entschuldigt sich artig, obwohl er gar nichts für die Verspätung kann.

»Hat Gabi dir schon was von meinem Plan gesagt?« Wolfgang war aufgestanden und holte von der Anrichte einen Aschenbecher.

»Rauchst du wieder?«, fragte Gabriele.

»Nur eine. Nur heute. Zur Feier des Tages.« Wolfgang holte ein Päckchen aus der Tasche und zündete sich eine Zigarette an.

Er hielt Hannah die Schachtel hin.

»Ich bin trocken, seit fünfzehn Jahren. Meine englischen Bäckereltern haben gesagt, in der Backstube wird nicht geraucht. Das schadet dem Brot. Und Ihnen auch, Miss Livingstone.«

»Ich hab heute auf dem Flug eine schöne Karikatur gesehen«, Wolfgang sog den Rauch tief ein. »Die Raucher informieren: Auch die Gesundheitsbehörden können für Ihre Gesundheit schädlich sein!«

Hannah lachte.

Gabriele verzog keine Miene.

Nach einer Weile sagte sie: »Wo bleibt sie nur?«

»Sie wird schon noch kommen, Gabi«, versuchte Hannah ihre Schwester zu beruhigen.

»Arbeitest du für mich?« Wolfgang drückte die Zigarette aus, nahm den Aschenbecher und brachte ihn in die Küche, um ihn dort in den Müllbeutel unter der Spüle auszuleeren.

»Mal sehen. Weiß noch nicht.«, erwiderte Hannah. Wie kommt er nur darauf, mir dieses Angebot zu machen?

»Brauchst du denn gar kein Geld? Ich meine, du kannst hier natürlich ...«

»Hannah hat genügend Kohle aus England mitgebracht«, unterbrach ihn Gabriele.

»*British coal is the best!*« Wieder blinzelte er seiner Schwägerin zu.

Was wird wohl passieren, wenn ich jetzt auf meine letzte Nacht in diesem Haus zu sprechen komme? dachte Hannah. Nur mal so zum Spaß. Auf diesen kleinen Fick im Dachgeschoss. Dann würde das ganze Gebäude einstürzen. Mit nur einem einzigen Satz.

»Ich habe das Angebot aus rein egoistischen Überlegungen gemacht«, begann Wolfgang wieder. »Ich brauche dringend jemand, der mir hilft. Meine Sekretärin hält sich bedeckt. Sie kann nicht genau sagen, wann sie wieder arbeitsfähig ist ...«

»So ganz ohne juristische Vorkenntnisse?«, fragte Hannah. »Das wird doch nicht gehen. Da back ich lieber Brot für euch.«

»Na bitte, wenigstens etwas«, sagte Wolfgang.

Gabriele schaute zur Uhr. Schon Viertel nach elf. Etwas ist passiert!

»Ich darf heute eine Nachtschicht einlegen«, Wolfgang

erhob sich, »das Plädoyer für Rostock muss morgen früh raus, hatte heute leider keine Minute Zeit, um daran zu arbeiten.«

»Bist du denn morgen in der Stadt?«, fragte Gabriele.

»Morgen bin ich da«, Wolfgang strahlte, »aber ich muss rund um die Uhr arbeiten.«

»Na, das ist ja nichts Neues«, winkte Gabriele ab.

»Wenn Hannah kommt, sag ihr, ich will sie sehen, bevor sie ins Bett geht.« Schon hatte Wolfgang den Gemeinschaftsraum verlassen.

Schwer vorzustellen, wie es damals war, als die WG in diesem Raum tobte. Ständig gab es was zu kichern. Heftige Reden, noch heftigere Debatten. Ständig wurde über was gelästert. Immer große und politisch sehr wichtige Vorhaben standen zur Debatte. An arbeiten war da gar nicht zu denken gewesen. Arbeiten war irgendwie bürgerlich, das taten nur die Spießer.

»Soll ich mal beim Notruf anrufen?«, fragte Gabriele leise.

»Das ist doch noch viel zu früh.«

»Ich mach mir aber Sorgen.«

Hannah setzte sich neben ihre Schwester und lehnte ihren Kopf an deren Schulter.

»Zum Zapfenstreich ist Hannah immer da. Manchmal in letzter Sekunde. Aber so was ist noch nie vorgekommen. Sie könnte doch wenigstens anrufen. Wozu gibt es denn Telefone? Uns einfach hier auf glühenden Kohlen sitzen zu lassen ...«

Kurz nach Mitternacht tauchte Hannah auf.

Bleich, überaus bleich.

Sie hielt das Hundehalsband und die Ketten in der Hand, hatte bereits eins ihrer T-Shirts ausgezogen.

Ihre Augen stark gerötet.

»Hannah, was ist in dich gefahren?« Gabriele stand am Treppenabsatz und hielt ihre Tochter fest.

»Wir reden morgen darüber«, schallte es von unten herauf.

»Das wird ein Nachspiel haben.«

Wolfgang schien ebenso darauf gewartet zu haben, daß seine Tochter endlich nach Hause kam.

Hannah van Bergen machte sich los.

Ihre Tante mischte sich ein: »Nun sag schon. Wir wollen doch nur wissen ... Können wir dir helfen?«

Die Punkerin schüttelte den Kopf. Die Lippen übereinander gestülpt. Wehrte mit beiden Händen die Frauen ab.

»Was ist jetzt?« Gabrieles Stimme überschlug sich.

»Bitte!«, fügte ihre Schwester hinzu.

Hannah rannte nach oben. Stolperte.

Schlug auf der Treppe auf.

Rappelte sich wieder hoch und setzte ihre Flucht fort.

»Hannah!«, schrie Gabriele.

»Lass sie«, ging ihre Schwester dazwischen, »beruhige dich, sie ist ja wieder da.«

In diesem Moment kam Wolfgang die Treppe hinauf. »Ist ihr was passiert?«

Seine Schwägerin hinderte ihn daran, weiter nach oben zu laufen. »Was soll ihr denn passiert sein?«

»Sie ist erst fünfzehn, da kann eine Menge passieren. Ich weiß ja nicht, wie das in der englischen Provinz ist, aber hier ...«

»Ich geh zu ihr«, sagte Hannah Huneus, »euer Geschrei kann sie jetzt gar nicht gebrauchen. *That doesn't help at all.*«

– sechs –

Justus van Bergen öffnete behutsam das Garagentor. Da stand das Prachtstück. Rot wie eine Tomate, flach wie ein Windhund, schneller, als die Polizei erlaubte. Gepflegt, Garagenwagen wie neu, Tachostand: 13 000 km. Der Gebrauchtwagenhändler, sein Motto: »Ich kam, ich sah, ich kaufte«, kannte die geheimsten Wünsche des Amtsrichters.

Mit der Hand strich Justus über die frisch polierte Oberfläche. Für diese Ausfahrt hatte er den Alfa frisch wachsen lassen. Wenn es nach ihm ginge, würde er das Verdeck nach hinten klappen und trotz der geringen Außentemperatur offen fahren. Mit 150 Sachen Richtung Hansestadt. Am Sonntagmorgen schliefen die eifrigen Polizisten, die am Straßenrand Geld in öffentliche Kassen blitzten.

Warum war Essa noch nicht da? Sie liebte es, ausführlich zu duschen, nicht zuletzt, weil ihr dauernd fröstelte. Liebte es, sich genüsslich einzucremen und sorgfältig zu kleiden. Manchmal lag der gesamte Inhalt ihres Kleiderschrankes auf dem Bett, bis Essa die richtige Kombination von Bluse, Jackett und Hose gefunden hatte. Warm genug musste ihr immer sein, das war das Wichtigste überhaupt.

Justus hupte. Und erschrak ein wenig. Das italienische Dreiklanghorn in sattem Sound. Noch nie hatte man in Leer so einen Hupton vernommen. In der Garage wurde der satte Ton noch verstärkt. Sollten die Nachbarn doch mal einen Blick auf seine Neuerwerbung werfen. Schließlich hatten sie in den letzten Wochen ziemlich häufig gegafft.

Er sah auf die Uhr. Der Amtsrichter würde alles aus dem Wagen rausholen müssen, wie schön.

Esmeralda kam die Treppe hinunter. Sie trug einen schwarzen Hosenanzug mit feinen hellblauen Streifen, einen sonnengelben Pullover und hochhackige Pumps. Die Halskette und die Ohrringe aus Orangen-Korallen standen ihr ausgezeichnet.

»Wartest du schon?«, fragte sie mit einem Lächeln, das Justus sofort zu Boden warf.

»Ich? Nein! Ich hab ja meinen Wagen.« Er öffnete ihr die Beifahrertür. Jetzt nur noch einsteigen. Dann können wir los. Ein Rennen gegen die Uhr.

Esmeralda roch über alle Maßen gut. Sie wusste genau, welches Parfüm zu welchem Anlass passte. Und das heute ein besonderer Anlass war, das stand ja schon in der Bibel.

Bevor Justus sich auf dem Lederpolster niederließ, blickte er auf die gegenüberliegende Straßenseite. Er hatte mal wieder Recht gehabt. Einige Gardinen waren zur Seite geschoben, um die sonntägliche Ausfahrt des Amtsrichters und seiner Schönheit zu observieren. Zerreißt euch nur das Maul, dachte Justus, mich könnt ihr damit nicht treffen. Weder die Blicke in den Restaurants, auf dem Wochenmarkt oder im Kulturspeicher, wohin er immer gerne ging, noch die Gaffer in den schmalen Gassen von Leer, auch nicht die Voyeure am Bahnhof, nichts konnte Justus aus der Ruhe bringen. Sie dachten doch sowieso alle nur das Gleiche.

Bei seinem letzten Aufenthalt in Havanna hatte er die Mulattin geheiratet, auf dem Standesamt in der Calle N, ganz in der Nähe des Hotelhochhauses *Habana Libre*. Mit den Hochzeitspapieren bekam Esmeralda auch ihre Ausreisegenehmigung. Was gute Kontakte zu den Behörden und ein bisschen Handgeld, in *doláres* natürlich, ausmachen konnten. Die Kubanerin war drei Jahre jünger als Justus. Ihre Familie ließ sie nur ungern zurück. Aber es gab keine andere Lösung, wenn sie zusammenleben wollten. Entweder Kuba oder Deutschland.

Kaum hatte Justus die Autobahn erreicht, schaltete er in den fünften Gang. Der Alfa Romeo machte einen Satz nach vorne und schnellte glücklich vor sich hin.

»Bist du aufgeregt?«, fragte Justus mit lauter Stimme. Das Motorengeräusch bei diesen Drehzahlen war enorm. Als röhrte ein Platzhirsch über die Autobahn.

»Wieso denn, Justo?«, antwortete Esmeralda. Ihre Stimme drang kaum zu ihm durch.

»Du brauchst auch keine Angst zu haben, Essa. Die werden dich ganz freundlich aufnehmen.«

»*Bueno!*«

Sie hatten sich vier Jahre zuvor in einem Tanzlokal an den *Playas del Este* kennen gelernt, wo Justus ein Zimmer im Hotel *Marazul* bewohnte. Die Gruppe *Irakere* spielte von Mitternacht bis zum Sonnenaufgang. Sie tanzten, lachten, tranken. Als die ersten Strahlen sie wärmten, gingen sie an den Strand und schwammen. Weit hinaus. Das Wasser war so mild und trug sie wie auf einer Nussschale.

»Wer kommt denn, Justo?« Esmeralda legte ihre Hand auf seinen rechten Arm.

»Ich hoffe doch alle«, rief er, »auf jeden Fall mein berühmter Bruder. Auf den kannst du dich ganz besonders freuen. Meine Mutter ist ein bisschen vogelig geworden, aber sie ist ganz lieb.«

»Vogelig?« Esmeralda zog die Nase kraus. »Was heißt das?«

»Sie ist manchmal ein bisschen verwirrt.«

Esmeralda hatte ihr Deutsch in Leipzig gelernt. Wenn sie es darauf anlegte, konnte sie sogar ein paar Sätze auf Sächsisch sagen.

»Wird denn auch die Frau deines ... berühmten Bruders da sein?« Sie kniff Justus in den Arm.

»Auf jeden Fall wird sie da sein. Familientreffen heißt doch, daß alle sich freinehmen. Das ist in Kuba nicht anders.«

»Unsere Familien treffen sich fast täglich, nicht nur einmal im Jahr, *mi querido*.«

Mathilde van Bergen, Justus' Mutter, hatte ihren Lieben einen Brief geschrieben. Warum nicht wieder die schöne Tradition aufnehmen? An einem Sonntag im Frühling. Warum nicht wieder zusammen sein und feiern wie in früheren Jahren? Allerdings ohne das Familienfoto. Warum nicht gemeinsam ein paar Stunden miteinander verbringen? »Bitte, macht mir die Freude und kommt alle. Es würde mich freuen, eure Mathilde v. B.«

Sie hatten Oldenburg passiert, als es zu regnen anfing.

»Tut mir Leid, Essa. Ich hatte so gehofft, daß wir heute mal ein bisschen blauen Himmel sehen.«

»Ich hab ja gar nichts gegen Regen«, sagte Esmeralda, »aber muss er denn immer so kalt sein?« Sie lachte. Und es kam Justus so vor, als wolle sie mit ihrem Lachen den Regen verscheuchen.

Justus van Bergen war seiner Linie treu geblieben. Schon während des Studiums in Marburg hatte er sich entschieden: Ich will Richter werden. Keine andere Position in der Justizwelt würde besser zu ihm passen. Er wollte kein bärbeißiger Staatsanwalt werden, der immer nur auf das Gesetzbuch schielte, noch weniger ein windiger Rechtsanwalt, schon gar kein Strafverteidiger, wie sein älterer Bruder. Auch wenn er Wolfgang um seine Reputation durchaus beneidete. Sein guter Ruf war selbst den Kollegen in Leer bekannt. Immer wieder war es vorgekommen, daß man Justus fragte, ob er etwa mit dem bekannten Strafverteidiger verwandt sei.

Esmeralda zog ihre Hand zurück. »Wirst du ihn denn heute fragen, Justo?«

»Wen?«, wollte Justus wissen.

»Na, deinen Bruder?«

»Ach so. Mal sehen, ob es passt.«

»Bitte, tu mir den Gefallen.«

Esmeralda hatte Justus mit in den Unterricht genommen. Eine *escuela primaria* an der Avenida Quinta, im vornehmen Viertel Miramar von La Habana. Er konnte sich gar nicht satt sehen an den Kindergesichtern in allen Hautfarben, an den strahlenden Augen. Die Sechsjährigen saßen in rot-weißen Schuluniformen mit blauen Halstüchern auf ihren Stühlchen, meldeten sich wie verrückt, standen auf, wenn sie eine Antwort gaben. Es brach ihm das Herz, Esmeralda aus diesem von ihr so geliebten Beruf ins ferne Deutschland zu entführen. Er wollte alles daransetzen, ihr im ostfriesischen Leer eine Stelle zu verschaffen. Schon gab sie einige Stunden Nachhilfe in Spanisch. Allerdings bei wenig begeisterungsfähigen Oberstufenschülern.

Kurz nach zwölf erreichten sie die Stadtgrenze. Weniger als ein Viertelstündchen zu spät.

»Sind wir die Letzten?«, fragte Justus seine Mutter, die ihnen die Haustür öffnete. Sie trug ein schwarzes, hoch geschlossenes Kleid. Fast wie seine Großmutter Teresa Aida.

»Ihr seid die Ersten. Kommt rein. Es ist ja ein fürchterliches Wetter heute.«

»Darf ich dir Essa ... Esmeralda vorstellen?«

Mathilde van Bergen riss die Augen auf.

»Ist sie das?«

»Das ist sie, Mutter.«

»Treten Sie ein, junge Frau. Mein Haus gehört ganz Ihnen.«

Esmeralda umarmte die alte Dame, deren Haar leicht violett gefärbt war. Küsste sie auf beide Wangen. Mathilde ließ es geschehen.

»Schön, daß ihr da seid«, rief sie aus.

Als Mathilde mit ihrem Sohn in der Küche stand, Justus musste ihr helfen, die Weinflaschen zu öffnen, sagte sie: »Du kommst nach deinem Großvater. Der liebte auch das Exotische. Aber wohin hat er uns damit gebracht?«

»Das ist doch schon so lange her.«

»Aber ich kann es nicht verwinden, Justus. Ich kann es einfach nicht verwinden.«

Im nächsten Jahr stand ihr achtzigster Geburtstag an. Justus hatte sich vorgenommen, seiner Mutter ein wundervolles Fest zu bereiten. Mathilde lebte allein in dem dreistöckigen Haus. Die beiden oberen Stockwerke habe sie geschlossen, sagte sie am Telefon. Die Beletage sei altersgerecht, die fünf Treppenstufen bis zum Eingang könne sie ohne Probleme bewältigen. Einmal die Woche telefonierte sie mit ihren beiden Söhnen. Bat sie ein ums andere Mal, sie doch häufiger zu besuchen. Nur Gabriele schaute regelmäßig bei ihr vorbei.

»Schade«, sagte Mathilde, »ich wäre so gerne bei eurer Hochzeit dabei gewesen.«

»Wir haben beide ganz fest an Sie gedacht.« Esmeralda schaute auf die lange Tafel. »Von Justos Seite war ja niemand gekommen.«

»Der lange Flug«, kam es von Mathilde, »den hätte ich bestimmt nicht verkraftet. Ich bin ja niemals aus Deutschland rausgekommen. Einmal bin ich geflogen, nach München. Es hat ziemlich geschaukelt da oben. Das war schon alles.«

»Wir können ja heute auf unsere Hochzeit anstoßen«, sagte Justus.

Esmeralda bückte sich, um die Namen auf den Tischkärtchen am Kopfende zu lesen.

Friedrich van Bergen, Teresa Aida Montez, las sie.

Das war also die Frau, von der Justus immer wieder erzählt hatte. Die Chilenin, die Tochter des Konsuls, der elegante Wirbelwind, der an der Seite seines Großvaters Friedrich die hanseatische Justizwelt in Aufregung versetzt hatte.

Sie entdeckte die schwarzen Kreuzchen hinter den Namen. Mit dem Datum des Todesjahres versehen.

Esmeralda wagte kaum aufzusehen. Die meisten der handgeschriebenen Tischkärtchen trugen dieses Mal.

Armin und Elfriede, gestorben 1991 und 1989. Karl und Hermine, beide 1988 gestorben. Eberhard, war das nicht der Name von Wolfgangs Vater gewesen? Gestorben 1979.

»Ach ja«, sagte Mathilde, »dein Onkel Ulrich lässt sich entschuldigen. Sie können nicht kommen. Leider.«

»Warum denn nicht?« Auch Justus besah sich die Tischkärtchen. Er fühlte, wie Essas Hand in seine glitt. Die lange Tafel der Verblichenen. Teller, Besteck, Messerbänkchen, alles ordentlich an seinem Platz.

»Ulrich und Elisabeth sind gerade in Kanada«, sagte seine Mutter, die sich ans Kopfende des mit frischem Grün geschmückten Tisches gesetzt hatte.

»Und die Chilenen?«, fragte Esmeralda.

»Leider nein«, bedauerte ihre Schwiegermutter, »Ursula wird dieses Jahr 70, das wollte sie lieber zu Hause groß feiern. Unsere Chilenen kommen ja seit dem Tod von Teresa sowieso nur noch alle drei Jahre. Victoriano wollte die Älteste schicken, die arbeitet momentan in Paris, aber Juana hat gestern abgesagt. Irgendein wichtiger Termin mit ihrem neuen Arbeitgeber. Schade.«

»Ich hatte mich so darauf gefreut, sie kennen zu lernen.«

Esmeralda sah Justus an. Der hob die Schultern. Er sagte kein Wort.

»Kommen Sie, junge Frau, ich möchte Ihnen etwas zeigen.« Mühsam erhob sich Mathilde, ging mit langsamen Schritten auf Esmeralda zu und griff nach ihrer Hand. Die Mulattin spürte den kühlen Schweiß in ihrer Handfläche.

Im Wintergarten stand ein Rollstuhl. Fein säuberlich darüber gelegt eine Wolldecke.

»Hier hat sie immer gesessen. Das war der Platz von Teresa Aida. Sie brauchte die Wärme für ihre Knochen. Sie war sehr streng zu mir, aber ich habe sie dennoch geachtet. War gewiss nicht immer leicht. Aber um des lieben Friedens willen habe ich oft meine Worte hinuntergeschluckt.«

Das Nächste, was Esmeralda zu sehen bekam, waren die verstaubten Schachfiguren, die auf einem kleinen Marmorbrett aufgebaut waren. »Seine letzte Partie«, erklärte Mathilde, »ich habe alles so gelassen. Friedrich liebte das Königsspiel. Mit wem hat er nicht alles Schach gespielt? Aber er hat nicht immer gewonnen.«

Dann war die Schreibmaschine ihres Mannes an der Reihe. Eine alte Adler. Das Farbband war abgenutzt, die Buchstabenhebel hatten kleine Krater darin hinterlassen.

»Sind wir zu spät? Habt ihr schon angefangen?« Ulrike van Bergen ging schnell auf Mathilde zu, nahm die Lederkappe vom Kopf. »Ist das dein Schlitten da draußen, Justus?« Drückte ihrer Mutter zur Begrüßung einen Kuss auf die Wange. »Wir sind in einen Stau geraten. Irgendein Bierwagen ist umgekippt. Tut uns Leid, wir sind rechtzeitig los.«

Hinter Ulrike war Detti ins Wohnzimmer getreten. Auch sie hatte die braune Lederkappe abgesetzt. Sie gab allen die Hand. Blieb vor Esmeralda stehen. Sah sie lange an. Was für eine karibische Schönheit, wenn man noch mal jung wäre ...

»Willkommen in unserem Leben!«, sagte sie mit etwas heiserer Stimme.

»Können wir mal mit deinem Schlitten eine Runde fahren?«, sagte Ulrike, »den müssen wir ausprobieren.«

»Ich darf zuerst ans Steuer«, übertönte Detti sie.

»Das losen wir aus«, erwiderte Ulrike.

Justus zeigte auf die Neuankömmlinge. »Von den beiden hab ich das Laster.« Die Frauen hatten ihren Modeladen in Hannoversch-Münden günstig verkaufen können und lebten von dem Erlös in Amsterdam. In einer kleinen Wohnung an der Heerengracht. Mit ihrem neuen BMW gondelten sie häufig durch die Gegend.

»Seid ihr denn offen gefahren?«, wollte Justus wissen.

»Was denn sonst!«, kam es von Ulrike. »Wer mit'em Cabrio nicht offen fährt, ist das Cabrio nicht wert.«

»Bei den Temperaturen?«, fragte Esmeralda.

»Andere Temperaturen kriegen wir um diese Jahreszeit nicht«, antwortete Detti. »Ich würde auch lieber mit dem Cabrio durch Kuba fahren, aber wie kommen wir beiden alten Schachteln über den Teich? War die Hochzeit denn schön?«

»Ich habe Bilder mitgebracht.« Justus zeigte stumm auf die vielen Tischkärtchen. »Bekommt ihr nachher zu sehen.«

»Und die anderen?«, fragte Ulrike.

»Wolfgang verspätet sich doch immer«, sagte Mathilde.

»Wer verspätet sich?« Alle drehten sich zur Tür.

Es dauerte eine Weile, bis sie geöffnet wurde.

Wolfgang hatte seine Anwaltsrobe angelegt, das Barett auf dem Kopf. »Im Namen des Volkes ergeht folgendes Urteil: Die Familie van Bergen trifft sich viel zu selten, deswegen muss sie ein Jahr lang in Haft genommen werden ...«

Weiter kam er nicht. Weil alle lachen mussten.

»Und deine Gabriele?« Mathilde nahm ihrem Sohn die Kopfbedeckung ab, bevor sie ihn umarmte.

»Kommt später«, sagte Wolfgang knapp. Und fügte leise hinzu: »Wenn überhaupt.«

»Darf ich dir meine Frau vorstellen?« Justus hielt Esmeralda am Arm. »Das ist sie.«

»Endlich«, Wolfgang hob die Augenbrauen. »Ich hab schon so viel von Ihnen gehört. Manchmal glaubte ich, Sie seien bloß ein Fantasiegebilde meines kleinen Bruders.«

»Und ich erst«, sagte Esmeralda, »was ich von Ihnen alles gehört habe. Es vergeht kein Tag, an dem er nicht von Ihnen spricht.«

»Justus, lass das! Ich bin doch kein ...«

»Na?«, forderte ihn der Nachkömmling heraus. Zwischen den beiden Brüdern lagen sechzehn Jahre.

»Kein Promi«, vollendete Wolfgang seinen Satz.

»Pa, da müsstest du mal meine Kollegen in Leer hören. Die kennen alle deinen Namen. Obwohl nicht alle deine Auftritte schätzen ...«

»Na ja, in Leer«, scherzte Wolfgang. Er wandte sich an Esmeralda: »Ich glaube, wir sollten uns duzen. Das macht man bei uns so.«

»In Kuba hab ich nie jemanden gesiezt«, sagte Esmeralda. Ihr Lächeln, dieses feine, warme Lächeln, wenn sich die Wangen hoben und die Lippen ein wenig die weißen Zähne freigaben, ließ auch Wolfgang zu Boden gehen.

»Warum hast du denn deine Hannah nicht mitgebracht?«, fragte seine Mutter. »Oder glaubst du, ich hätte wegen ihres Aufzugs eine Bemerkung gemacht? Ich kann mich ganz gut zurückhalten.«

»Nein«, Wolfgang wehrte die Frage ab, »nein, nein. Sie kann nicht kommen.«

»Was ist denn mit deiner Tochter?«, wollte Justus sofort wissen.

»Keine Ahnung. Gabriele sagt, sie brütet was aus.«

Mathilde fragte, ob sie krank sei. Irgendwas Schlimmes?

»Nein, das nicht. Aber seit Gabrieles Schwester wieder da ist ...«

»Die Terroristin?«, ging Justus dazwischen.

»Halt dich zurück«, fuhr Wolfgang ihn an. »Hannah war keine Terroristin. Sie hat Filme gemacht, in Hamburg, beim NDR ...«

»Sie war lange zur Fahndung ausgeschrieben. Ich sehe noch das Bild auf dem RAF-Plakat vor mir, Wolfgang. Da kannst du mir nichts anderes erzählen, nur weil du sie mal vor Gericht rausgepaukt hast ...«

»Jetzt ist sie jedenfalls wieder da und lebt eine Weile bei uns«, unterbrach ihn sein älterer Bruder barsch.

»Dann hättest du doch wenigstens sie mitbringen können. Schließlich gehört sie ja auch zur Familie«, sagte Mathilde, »ihr müsst mir nachher helfen, das Essen zu verteilen. Der schöne Kartoffelsalat ...«

Mathilde weinte.

Ganz unvermittelt.

Am Ende der langen Tafel saß sie ganz allein.

Ulrike war die Erste, die sich um sie bemühte.

Wenig später standen alle bei Mathilde. Bildeten einen Halbkreis um die alte Dame.

»Es geht schon wieder. Ich meine ... früher ... unsere Familienfeiern ... wenn alle hier versammelt waren ... als Friedrich noch, und Eberhard ...«, sie blickte zu Esmeralda, »das war mein Mann, müssen Sie wissen ... was hatten wir für Spaß zusammen. Er hat seine wohlverdiente Pension nur ein Jahr genießen können.«

Justus hatte seiner Frau von den sich jährlich wiederholenden Familientreffen erzählt. Wenn sie alle im Garten für das Foto Aufstellung nehmen mussten. Jeder der Familienangehörigen stets an der gleichen Stelle. Daß sein Vater ihn mal einsperrte, weil er sich ein Buch mit Fotos von leicht bekleideten Frauen angeschaut hatte. Ganz harmlos. Wie der alte Herr, den seine Schwiegertochter immer den Alten Fritz genannt hatte, in einem Anfall von Raserei die Familienfotos und Gemälde, die in der geräumigen Diele aufgehängt waren, zerstörte. Damals, als der Zerfall des Stammes van Bergen seinen Anfang nahm. Fast jedes Jahr eine Beerdigung, in einem Jahr waren es sogar drei gewesen. Karl und Hermine und ihr Sohn Friedhelm waren bei einem Busunglück im Salzkammergut ums Leben gekommen.

Während des Essens wurde kaum gesprochen. Es gab eine Vorsuppe, eine klare Hühnerbrühe mit Einlagen von Eierstich und Leberklößchen, danach gemischten Braten mit Leipziger Allerlei und zum Nachtisch Vanillepudding mit heißen Kirschen.

Irgendwann fragte Esmeralda, ob es denn immer so ruhig im Stamm van Bergen zugehe. »In Kuba vergisst man über dem Gequatsche meistens völlig das Essen.«

»Woher sprichst du so gut deutsch?«, wollte Wolfgang wissen.

»Ich war in der DDR, als sie noch diesen Namen trug. Dort hab ich eine ganz faule Kugel geschoben, so sagt man doch, oder?« Sie lächelte. »Ich hatte mein Diplom als Lehrerin mit Auszeichnung bestanden. Die Landesbesten durften sich um einen Platz im Ausland bewerben. Ich hatte Glück.«

»Warst du in der Partei?«

»In der SED?«, fragte Esmeralda zurück.

»Nein, in Kuba, meine ich.«

»Ohne Parteibuch hätten die mich niemals rausgelassen. Ich hab die ganze Karriere durchlaufen, von der Grundeinheit der jungen Pioniere bis zum Vorsitz in einem CDR-Büro in *Habana vieja*.«

»Und heute?«

»Wolfgang, soll das ein Verhör werden?«, ging Justus dazwischen.

»Lass ihn doch«, kam es von Esmeralda, »ich hab nichts zu verbergen. Ich bin immer noch in der Partei. Was mir aber immer schwerer fällt, bei diesem *maximo líder* kann man das wohl verstehen.«

»Müsst ihr über Politik reden?«, unterbrach sie Mathilde.

»Entschuldige, Mutter, wir hören sofort damit auf.« Wolfgang wandte sich wieder Esmeralda zu. »Wie hast du ihn genannt?«

»*Maximo líder*, damit ist bei uns Fidel gemeint. Na ja, der Alte wird immer störrischer. Und jetzt in der *período especial* muss er mit der Wahrheit rausrücken. Unserm Land ist der Sozialismus ja vom großen Bruder Sowjetunion finanziert worden. Eine bittere Wahrheit für meine Landsleute. Auch wenn es immer um den Zucker gegangen ist.«

»Und Rohöl natürlich, das hat die UdSSR weit unter dem Weltmarktpreis an Fidel geliefert«, fügte Justus an.

Ulrike machte ein trauriges Gesicht. »Kuba hat mich schon immer gereizt, aber jetzt sind wir Schachteln wohl zu alt! Obwohl, man müsste mal darüber nachdenken ...«

»Was mich viel mehr interessiert«, kam es von Detti, »wie habt ihr beiden euch denn kennen gelernt? Die hohe Politik ist ja mehr was für die da oben.« Ihr Daumen zeigte zur Zimmerdecke.

Und dann erzählten Justus und Esmeralda über den Beginn

ihrer Liebe, die vielen Briefe, über die Telefonate, die manchmal abrupt unterbrochen wurden, über die Reisen im Land, besonders gerne waren sie in der Provinz Pinar del Rio gewesen. Über die Schwierigkeiten mit den Formularen für die Hochzeit und die Ausreise. Nur über das Handgeld in *doláres*, die letztendlich zu deren Genehmigung geführt hatten, schwiegen sie beide.

»Wir gehen jetzt in den Garten und machen ein paar Fotos.« Wolfgang hielt eine Taschenkamera hoch. »Die habe ich extra für diesen Anlass erworben.«

Mathilde war nicht einverstanden. Das würde doch zu sehr ...

Aber als die anderen sie darum eindringlich baten, willigte sie ein.

»Und nachher schauen wir die Bilder von deiner Hochzeit an, Justus«, sagte Detti. »Ich möchte deine Braut in ihrem feinsten Kleid sehen.«

»Nachher brausen wir erst mal mit seinem Alfa los«, widersprach ihre Freundin Ulrike.

»Nachher«, kam es von Wolfgang, »muss ich los. Ich habe jede Menge Arbeit auf dem Schreibtisch liegen.«

»So früh schon?« Die Stimme von Mathilde war ganz leise. »Kannst du denn nicht mal bei Gabriele anrufen, daß sie wenigstens für ein paar Stündchen zu uns kommt?«

Wolfgang ging ans Telefon. Noch immer stand es an der Garderobe unter dem Spiegel.

Er ließ es lange klingeln. Aber niemand nahm ab.

»Schade«, sagte Mathilde, »die anderen hätten Gabriele ja bestimmt auch gerne wiedergesehen.«

»Und ob«, rief Ulrike.

Sie gingen in den Garten.

Es hatte aufgehört zu regnen.

Mathilde musste sich in die Mitte stellen, wie es ihre chilenische Schwiegermutter immer getan hatte.

Reihum machten sie Fotos, auf denen jeweils eines der sechs Familienmitglieder fehlte.

»Frag ihn doch einfach, Justo.« Esmeralda stieß ihren Ehemann in die Seite.

»Das passt jetzt nicht, Essa. Ich ruf ihn in den nächsten Tagen an.«

Esmeralda ging zu Wolfgang, der schon seine Aktentasche unter dem Arm trug: »Sag mal, Schwager, könntest du dir vorstellen, Patenonkel von unserem ersten Kind zu werden?«

»Ist es ... bist du schwanger?«, fragte Wolfgang.

»Noch nicht.« Esmeralda sah ihn an. Diese smaragdgrünen Augen leuchteten verführerisch.

»Wer könnte so einem Lächeln widerstehen«, er berührte mit dem Zeigefinger ihre rechte Wange, »gerne. Das mach ich gerne. Sagt mir Bescheid, wenn es so weit ist. Ich werde zur Stelle sein.«

Dann verabschiedete er sich von seiner Mutter und versprach ihr, daß Gabriele in den nächsten Tagen vorbeischauen werde.

Mathilde blickte ihn an. Ganz tapfer.

– sieben –

Martin Thomas Huneus erkannte die Handschrift seiner Mutter auf einem Briefumschlag mit grellrotem Rahmen.

Er schlitzte den Brief auf.

Die Einladung war auf weißem Schmirgelpapier gedruckt.

Meine letzte Vernissage, stand da. Der Name des Künstlers sagte ihm nichts.

Wenn es die Letzte ist, muss ich wohl kommen. Seit Jahren hatte er es vermieden, den Einladungen seiner Mutter Folge zu leisten. Aber sie schickte unverdrossen ihre originellen Karten. Mal mit Goldbuchstaben, mal auf Löschpapier, mal in Hieroglyphen, mal auf dickem Karton. Einmal hatte sie einen dunkelgelben Kunststoff bedrucken lassen und dazu geschrieben, nach der Lektüre solle man ihn ins Wasser legen. Das Material sog sich voll, und es entstand ein Badezimmerschwamm. Sechsmal im Jahr präsentierte Karoline Huneus Arbeiten von Künstlern. Länger als in jeder anderen Galerie hingen die Bilder zur Ansicht. Selbst dann, wenn sie verkauft waren. Das sprach sich unter den Malerinnen und Konzeptkünstlern herum. Weit über die Grenzen der Republik hinaus. Sogar ein Künstler aus Tirana hatte bereits in der Galerie am Wall ausgestellt.

Auf dem Tischkalender trug Martin Thomas den Termin ein. Matteng sollte ihn begleiten. Auch das vermerkte er.

Der Rechtsanwalt hatte für diesen Vormittag den älteren der beiden Gildemeistersöhne bestellt. Dringende Aussprache erwünscht. Er musste ihn an die Kandare nehmen. Seine Aussage würde im Prozess besonderes Gewicht haben.

»Ist er noch nicht da?« Martin Thomas hielt den Knopf der Sprechtaste gedrückt.

»Bis jetzt noch nicht, Herr Huneus«, kam die prompte Antwort. Weiblich, jung, ausgesprochen angenehm.

»Schicken Sie ihn rauf, sobald er da ist.«

»Wenn möglich schon vorher«, antwortete die Bürovorsteherin.

Der Rechtsanwalt spazierte im Glaskasten, der im sechsten Stock über den Büros thronte, auf und ab. Mal blickte er in die Wallanlagen, die sich gegenüber dem Kanzleigebäude befanden, mal über die Altstadt hinweg bis hinüber zum Dom. Ein überdimensionaler Wintergarten mit dicken Glaswänden, die jedem Orkan standgehalten hatten, die gewagte Konstruktion eines erfahrenen Architekten. Was für eine gute Idee seines Großvaters war es gewesen, sich dieses in der Stadt einzigartige Büro zu gönnen, das zugleich als Konferenzraum der Sozietät genutzt wurde. Von hier aus konnten die Fäden gesponnen werden. Bis nach Rom, bis nach Barcelona, wo Don Alfredo, weit ab vom Schuss, sein Wesen trieb. Martin Thomas war es recht, daß sein Onkel auf Distanz blieb.

Das Telefon klingelte.

Er sagt bestimmt wieder ab, dachte Martin Thomas, es wäre das dritte Mal, daß der Gildemeistersohn ihn versetzte.

»Brock hier!«

Martin Thomas hielt den Hörer vom Ohr weg. »Was wollen Sie denn?«

»Einen Termin!«

»Ich hab keinen Termin für Sie. Heute nicht, morgen nicht, und bis zum Ende des Jahrtausends auch nicht.«

Heinrich Brock war ein hartnäckiger Mann, der seine Interessen zu wahren wusste. Wer sich mit ihm anlegte, konnte schnell ins Hintertreffen geraten.

»Verstehen Sie mich nicht falsch«, sagte Brock. »Es wäre in Ihrem eigenen Interesse.«

»Das lassen Sie mal meine Sorge sein. Ich kann mich ganz gut um meine Interessen kümmern.«

»Ich sage nur: Gildemeister. Geben Sie mir einen Termin, dann erfahren Sie mehr.«

Martin Thomas hasste diesen Mann, der früher der Partner in der Huneus-Kanzlei gewesen war. Brock hatte sie alle erpresst. Mit seinem Wissen. Penibel hatte er Material gesammelt. Als es zum Krach kam, stand Brock mit seinem Zettelkasten da. Jede kleinste Unregelmäßigkeit war notiert. Mit Fakt und Datum. Manche von diesen illegalen Praktiken besaßen die Sprengkraft einer Bombe. Monatelang wurde um die Abfindung gefeilscht. Was sein Vater federführend zu bewerkstelligen hatte. »Wir haben ihn mit Geld zugeschissen!« So nannte Onkel Alfred den erfolgreichen Ausgang der Verhandlungen. Endlich war man den Erpresser los. Er wurde aus dem Familienverband ausgeschlossen. Ein für alle Mal. Immerhin handelte es sich um den Mann seiner Tante Hildegard, die vor zwei Jahren verstorben war.

»Wie viel?«, fragte Martin Thomas.

»Oh, so direkt«, antwortete Heinrich Brock. »Das dürfen Sie entscheiden, wenn ich Ihnen geholfen habe.«

»Sagen Sie es lieber gleich, Brock. Dann haben wir es hinter uns.«

»Sie wissen ja, daß ich damals die ganzen Verträge mit den Gildemeisters ausgehandelt habe.«

»Das ist lange her. Kommen Sie zum Geld!«

»Die Schieflage ist vor vielen Jahren entstanden. Wenn der Alte seine Söhne gleich behandelt hätte ...«

»Ich weiß das alles. Dafür zahle ich nicht eine müde Mark.«

Martin Thomas war versucht, den Hörer aufzulegen.

»Sie hatten eine geheime Abmachung. Mehr sage ich nicht.«

»Was für eine Abmachung?«

»Geben Sie mir einen Termin, dann erfahren Sie mehr. Und dann reden wir auch über die Prozente.«

Brock unterbrach das Telefongespräch.

Martin Thomas Huneus würde nicht umhinkönnen, er musste den verhassten, früheren Partner zu Rate ziehen, so gerne er ihm einen Zementblock an die Füße gehängt hätte.

Eine Arbeitsgruppe aus erfahrenen Rechtsanwälten in der Sozietät bereitete die Verteidigung des Arnold Gildemeister vor. Sie hatte alle Verträge zwischen dem Firmeninhaber Gerhard Gildemeister, damals Alleinhaftender in der OHG, einer reinen Personengesellschaft, und seinen Söhnen durchgesehen. Für die Nachfolge war ein neues Rechtskonstrukt gewählt worden: Die Gerhard Gildemeister und Söhne GmbH. Gesellschafter waren der älteste Sohn Gerhard mit einem Anteil von drei Vierteln und sein Vater mit einem Viertel. Ausdrücklich wurde im Gesellschaftsvertrag vereinbart, daß im Falle des Todes des Vaters sein Anteil auf den jüngeren Sohn Arnold übergeht.

Die üblichen Usancen. Wozu noch ein Geheimvertrag?

Gerhard Gildemeister senior wollte, daß Arnold, sein Zweitgeborener, mit einem Hang zum exquisiten Leben, nicht zuviel Einfluss auf die Geschäfte erhielt. Was sollte daran verkehrt gewesen sein?

Martin Thomas drückte auf die Sprechanlage. »Geben Sie diesem Erpresser einen Termin. Am besten gleich morgen. Dann werde ich ihm gründlich das Maul stopfen.«

»Darf ich dabei Mäuschen spielen?«, fragte die Bürovorsteherin.

»Sie sind mir eine schöne Voyeurin!«

Eine halbe Stunde später war der Junior aus dem bankrotten Weinhandel da. Gerhard Gildemeister der Zweite.

Sie begrüßten sich sehr distanziert.

»Nehmen Sie doch Platz. Noch sind einige Stühle frei.«

»Sie hatten mir ein Gespräch unter vier Augen zugesagt.« Gildemeister jun. blieb stehen.

»Wir haben eine kleine Arbeitsgruppe für die Verteidigung ...«

»Dann mache ich sofort kehrt. Entweder wir beide oder gar nichts.«

Gerhard Gildemeister jun. war nur noch gelegentlich in der Hansestadt anzutreffen. Im Frühling zog es ihn nach Sizilien, wo die Familie seit langem eine Villa besaß, die Sommer verbrachte er auf dem Segelschiff in skandinavischen Gewässern.

»Wenn Sie es wünschen.« Martin Thomas schickte die Rechtsanwälte in ihre Büros zurück. »Bitte nehmen Sie doch endlich Platz.« Er setzte sich in den Lehnstuhl am Kopfende des Konferenztisches. »Haben Sie sich schon entschieden?«, fragte Martin Thomas ohne Umschweife.

»Nein«, antwortete Gildemeister, »dann wäre ich gar nicht erst gekommen.«

»Sie wissen, daß Ihre Aussage im Prozess gegen Ihren Bruder von besonderer Bedeutung sein wird.«

Der Rechtsanwalt schielte zu dem fast Gleichaltrigen hinüber. Früher ein Krösus, jetzt ein Wohlhabender. Rechtzeitig hatte der älteste Sohn einen Großteil seines Vermögens in die steuerfreundlichen Zonen außerhalb der Republik verlegt. Sicher angelegt, mit anständigen Steigerungsraten, fern vom Zugriff des heimischen Fiskus.

»Ich kann die Aussage verweigern«, sagte er.

»Natürlich können Sie das«, Martin Thomas setzte die Lesebrille auf, »aber was würde das für einen Eindruck auf das

Gericht machen? Ein Bruder, der seinem Bruder nicht beistehen will. Und erst die Presse, mein lieber Scholli, die wird sich natürlich mokieren ...«

»Herr Huneus, was würden Sie denn an meiner Stelle unternehmen? Dieser Hasardeur vernichtet mein Imperium, und ich soll ihm den guten Leumund machen.«

Gerhard Gildemeister jun. war ein hoch gewachsener Schmalhans mit blondem Seitenscheitel. Sein dunkelgrauer Anzug mit Krawatte und passendem Einstecktuch ließen ihn wie einen seriösen Kaufmann erscheinen.

»Sie könnten zumindest aussagen, daß Sie das Geschäftsgebaren diesen omnipotenten Ossis ...«

»Der interessiert doch überhaupt nicht«, unterbrach ihn Gildemeister barsch. »Das war ein *upstart*, hatte keine Ahnung vom Geschäft. Woher denn auch? Der wusste gar nicht, wo der Händler den Profit holt. Dieser Mann hat sich zu Recht die Kugel gegeben. Wenn Sie mich fragen, das hätte ich an seiner Stelle auch getan.«

Martin Thomas hoffte immer noch, daß er den Junior in seine Strategie einbauen konnte.

»Dieser Hörmann hat alle Verträge der Ost...«

Gildemeister lachte schallend. »Ein Strohmann, Herr Rechtsanwalt, nichts als ein Strohmann. Sie wissen doch selbst, wie so was geht. Verträge abzuzeichnen, dazu war der gerade gut genug. Die Wahrheit ist: Mein Bruder hat jemanden zum Rackern gebraucht und ihm dafür ein viel zu großzügiges Salär eingeräumt.«

Martin Thomas zeigte auf den Aktenstapel. »Haben Sie die Anklageschrift gelesen?«

»Wozu?«

»Wollen Sie denn gar nicht wissen, was Ihrem Bruder vorgeworfen wird?«

»Nicht die Bohne. Der hat sich da reingeritten, und Sie werden ihn wieder rausreiten. Davon gehe ich doch aus. Und wenn gar nichts hilft, wird er bis zur Verjährung seiner Strafe in der Schweiz sein Domizil aufschlagen. Wäre nicht das erste Mal, daß jemand damit durchkommt.«

»Ach«, sagte Martin Thomas, »da sagen Sie mir etwas Neues!«

»Dann hat unser Gespräch heute ja doch einen Wert für Sie.«

Gildemeister jun. nahm das Einstecktüchlein aus der Brusttasche und roch daran. Es hatte Ähnlichkeit mit einem spitzenbesetzten Damenslip.

»Sie könnten Ihrem Herzen nicht doch einen Stoß geben, um Ihrem Bruder zu helfen, nur dieses eine Mal?«

»Jetzt machen Sie mal einen Punkt, Herr Huneus! Ich denke, Sie haben eine erfolgreiche Verteidigungsstrategie aufgebaut. So ist das bisher bei mir angekommen. Arnold wird vielleicht ein bisschen abgestraft, aber was soll's denn ... und außerdem: Wenn ich ihm schon einen Stoß geben sollte, dann doch lieber den vom Eiffelturm. Den hat Arnold wirklich verdient. Ich kann vor Gericht aussagen, was ich weiß, aber dann ist Windstärke zehn, dafür kann ich Ihnen garantieren.«

»Soll das eine Drohung sein?«

»Nein«, wehrte Gildemeister jun. ab, »warum sollte ich Ihnen drohen? Wir sitzen doch in einem Boot, oder etwa nicht?«

»Wir sitzen in einem Boot«, wiederholte der Rechtsanwalt beinahe mechanisch.

»Ich werde mich neutral verhalten. Das ist der Schweiz immer gut bekommen.«

»Und Luxemburg, Liechtenstein und Monaco auch«, fügte Martin Thomas an.

»Wenn Sie so wollen.« Gerhard Gildemeister jun. wandte sich zum Gehen.

»Eine Frage noch«, rief Martin Thomas. »Gab es eigentlich geheime Abmachungen zwischen Ihrem verstorbenen Vater und Ihnen, von denen wir Kenntnis haben sollten? Ich möchte vor Gericht keine unangenehmen Überraschungen erleben.«

Ohne sich noch einmal umzudrehen, antwortete der seines Weinimperiums beraubte Spross der angesehenen hanseatischen Familie: »Niemals haben wir etwas im Geheimen vertraglich vereinbart. Dafür war immer Ihr Haus zuständig. So etwas haben wir Gildemeisters wahrlich nicht nötig! Schreiben Sie sich das auf einen Merkzettel, Herr Huneus! Ein für alle Mal.«

Zehn Monate mit Bewährung. Im Rostocker Gerichtssaal brandete Beifall auf, ein paar Buhrufe gab es auch.

Van Than Trie drehte sich zu Wolfgang van Bergen um: »Damit hatte ich gerechnet.«

»Ich nicht!«, sagte sein Verteidiger. Er war ziemlich enttäuscht von diesem Strafmaß.

Noch vor Beginn der Urteilsverkündigung war Frau Hörmann zu ihm gekommen. Sie wollte wissen, wie sich der Rechtsanwalt entschieden habe. »Positiv«, war Wolfgangs knappe Antwort gewesen. »Bitte, lassen Sie uns nachher reden. Wir werden genügend Zeit haben.«

Der Vorsitzende Richter Fischbach ermahnte die Zuhörer, sich jeder Beifallsbekundung zu enthalten. Dann verlas er stehend die Begründung seines Urteils.

Der angeklagte Vietnamese habe nicht in Notwehr gehandelt, auch wenn es zunächst den Anschein gehabt habe. Die drei Angreifer hätten nicht damit rechnen können, auf einen Karate-Experten zu treffen. Der Angeklagte habe gewusst, daß seine Hände schwer verletzen können. Die drei Rostocker hätten ihm nur einen Denkzettel verpassen wollen. Dennoch sei die Strafe eher milde ausgefallen, weil der Vietnamese sich während des Verfahrens so vorbildlich verhalten habe. Auch die Leumundszeugen hätten ihm ein gutes Zeugnis ausgestellt. Das Urteil solle ihm eine Lehre sein ...

Wolfgang kannte diese Eiertänze seit Jahren. Mal hin, mal her, mal hü, mal hott, als wolle der Richter den Mann zum Tode begnadigen. Dieser Fischbach war ein Hamburger Würstchen. Wollte es sich wohl mit den neuen Verhältnissen nicht verderben. Er hätte doch juristisch würdigen müssen, daß sein Mandant in Notwehr handelte. Oder wollte er Van Than Trie unterstellen, er hätte sich mit den drei Glatzen auch angelegt, wenn sie friedlich an seinem Zigarettenkiosk vorbeigekommen wären?

»Wir gehen in die Revision, Herr Vorsitzender!«, sagte Wolfgang mit lauter Stimme, als Fischbach den Angeklagten um eine Stellungnahme zum Urteil bat.

Ein Buh-Sturm setzte ein.

»Bewahren Sie Ruhe!«, kam es vom Richtertisch. »Das ist hier kein Volksvergnügen.«

Wolfgang dachte an seinen ersten Spießrutenlauf. Heute würde es bestimmt wieder so werden.

»Ich hab Bewährung gekriegt«, fuhr Van Than Trie seinen Verteidiger an. »Das ist doch das Wichtigste.«

»Später«, flüsterte Wolfgang, »ich erkläre Ihnen das später.«

Sein Blick ging in die hinterste Reihe, wo Frau Hörmann saß. Er wollte ihr den Inhalt der möglichen Nebenklage erläutern und dann den Mittagszug nehmen. Gegen fünf könnte er wieder in seiner Kanzlei sein. Er musste unbedingt mit seiner Tochter Hannah reden.

Als die Prozessbeteiligten und die Zuhörer den Saal verlassen hatten, sagte Wolfgang zu seinem Mandanten, das Urteil stehe auf sehr wackligen Füßen. »Warten wir mal die schriftliche Begründung ab. Ich denke, wir haben in der nächsten Instanz gute Chancen zu gewinnen. Oder wollen Sie das Urteil tatsächlich hinnehmen? Sie waren doch das Opfer!«

»Ich will die nächste Instanz nicht abwarten, Herr Rechtsanwalt. Das dauert mir zu lange«, sagte Van Than Trie, »mein Bruder hat einen Kiosk in der Nähe von Stuttgart gekauft. Wir ziehen nächste Woche um. Meine Frau und meine Kinder sind hier nicht mehr sicher genug. Die können nämlich kein Karate.«

Das ist ein Argument, dachte Wolfgang. »Ihre Entscheidung, ganz allein Ihre Entscheidung. Wenn Sie nicht wollen, werde ich natürlich nicht tätig werden. Aber jetzt haben Sie auch noch die Kosten des Verfahrens zu übernehmen.«

»Die zahlt meine Familie«, sagte der Vietnamese ungerührt.

Wolfgang verabschiedete sich von seinem Mandanten, der ihm ausdrücklich für seine Hilfe dankte, vor Ort habe sich ja kein Jurist bereit gefunden, ihn zu verteidigen.

»Wo können wir reden?«, fragte Frau Hörmann, als sie den Gerichtssaal verließen.

»Halt«, rief der hagere Justizwachmann, »ich habe noch Post für Sie!« Mit einem Bückling überreichte er dem Verteidiger den Brief. Wolfgang konnte sich denken, wer ihm geschrieben hatte.

Er riss das Kuvert auf.

DAS IST NICHT IHR GELD
UND DAS WISSEN SIE GENAU
TELEFONZELLE BAHNHOFSVORPLATZ 14 UHR

Werde ich wohl einen späteren Zug nehmen müssen, dachte Wolfgang und steckte das Kuvert ein.

Er ging mit Frau Hörmann in die Gerichtskantine. Vielleicht hatten sich die Glatzen bis dahin verzogen, um die Verurteilung zu feiern. Wolfgang hatte keine Lust auf ein weiteres Versteckspiel. In der Kantine berieten sich Verteidiger mit ihren Mandanten, hier waren Juristen in der Überzahl, die sicher kein Interesse am Belauschen anderer Fälle hatten, hier saßen Richter und Staatsanwälte und warteten auf den nächsten Termin.

Wolfgang holte zwei Tassen Kaffee und nahm ein Stück Trockenkuchen.

Schweigend saßen sie sich gegenüber.

Frau Hörmann nestelte an ihrer Handtasche, blickte an Wolfgang vorbei, als müsse sie unerwünschte Mithörer ausmachen.

Wolfgang mümmelte den Marmorkuchen. Er hatte mit einem Freispruch im Fall des Vietnamesen gerechnet. Das wurmte ihn jetzt. Einem Freispruch Erster Klasse. Und den hätte sein Mandant auch bekommen, wenn er vor einem hanseatischen Gericht gestanden hätte. Rostock war doch auch eine Hansestadt. Führten die neuen Autokennzeichnen nicht ebenfalls das H vor den Buchstaben der Stadt? Vielleicht besann sich sein Mandant ja noch. Wenn ihm erst mal klar wurde, daß diese Strafe in seine Akte wanderte und vielleicht zu Problemen mit der Ausländerbehörde führen konnte. Baden-Württemberg, wohin er zu ziehen gedachte, war da keineswegs so liberal, wie es sich Van Than Trie erträumte.

»So, nun zu Ihnen.« Wolfgang wischte sich mit der Serviette die Lippen ab. »Ich will Ihnen nicht allzu große Hoffnung machen, aber ich weiß, wie wir in das Verfahren hereinkommen.«

Frau Hörmann sah ihn ernst an.

»Ich habe die Unterlagen studiert und ein Zeitungsinterview mit Arnold Gildemeister gefunden, das er kurz vor dem Bankrott ...«

»Kenne ich«, unterbrach ihn Frau Hörmann, »das war die reinste Unverschämtheit.«

»Sie haben die juristische Möglichkeit, das Ganze wegen Verleumdung, auch noch nach dem Tod Ihres Mannes, im Wege der Nebenklage zu verfolgen. Wenn Sie wollen, kann ich Ihnen auch noch die Paragrafen nennen ...«

»Nicht nötig«, wieder unterbrach sie ihn, »die würden mir sowieso nichts sagen.«

»Es müssen Tatsachen behauptet und verbreitet worden sein, die eine Verleumdung darstellen. Vor Jahren hat es mal in Berlin ein Verfahren gegen einen Journalisten der *taz* gegeben, der sich in einem Zeitungskommentar gehässig über den Tod von Franz-Joseph Strauß ausgelassen hatte. Irgendwie hatte er zu sehr frohlockt, daß der bayrische Rechtsausleger nun endlich das Zeitliche gesegnet hat. Das Verfahren wurde von dessen Sohn Max angestrengt ...«

»Ist er erfolgreich damit gewesen?«

»Nein«, Wolfgang sah auf den Boden seiner leeren Kaffeetasse, »die Sache war verjährt, bevor Anklage erhoben wurde.«

»Aber dann ...«

»Das trifft bei uns nicht zu. Arnold Gildemeister hat das Interview ja kurz vor dem Tode Ihres Mannes gegeben.«

»Er hat Peter einen Brief geschrieben, in dem er ihn äußerst scharf angegriffen hat. Er sei ein Versager, er habe ihn bewusst getäuscht, er hätte rechtzeitig die Notbremse ziehen müssen. Von den Gepflogenheiten eines marktwirtschaftlichen Handelns hätte er überhaupt keine Ahnung. Ob er denn nicht wenigstens einmal an seine Familie gedacht habe ...«

»Wo ist der Brief?« Wolfgang schaute auf die Uhr. Bald würde er sich von Frau Hörmann verabschieden müssen.

»Den wollte ich Ihnen erst geben, wenn Sie meine Vertretung übernehmen. Vorher hätte es ja nichts gebracht.«

Mit diesen Worten öffnete sie die Handtasche und zog eine Fotokopie des vierseitigen Briefes heraus.

Wolfgang überflog den Inhalt. »Wenn er das öffentlich behauptet hätte, stünden wir besser da. Mit dem, was ich Ihnen gerade vorgeschlagen habe, kommen wir in das Verfahren, um die moralische Mitschuld Gildemeisters am Tod Ihres Mannes rauszuarbeiten, aber strafrechtlich wird das möglicherweise keine Konsequenzen haben. Und privatrechtlich dürfte wohl überhaupt nichts herauszuholen sein.«

»Hauptsache, ich bin dabei«, sagte Frau Hörmann. »Ich will diesem Mann vor Gericht gegenübertreten.«

Die Narbe in ihrem Gesicht, die sich über die eingefallene, rechte Wange zog, hatte sich gerötet. War sie entzündet?

Kurz vor 14 Uhr erreichte Wolfgang den Hauptbahnhof. Am liebsten wäre er sofort abgefahren.

Die Telefonzelle auf dem Bahnhofsvorplatz war nicht gerade ein geeigneter Treffpunkt, aber so hatte es in dem Brief gestanden. Vielleicht wollte der Verfasser ja mit ihm um die Ecke gehen, wie es vor ihm schon andere DDR-Bürger gemacht hatten. Wenn er sich in Ostberlin mit den Archivaren oder Historikern getroffen hatte, um Material über die Zwangsarbeiter von ihnen zu bekommen. Immer wieder an einem anderen Ort. Manche waren mit ihm um die Ecke gegangen und hatten sich als Gorbatschow-Freunde offenbart. Seit Ende der 80er gab es geheime Studien der Staatssicherheit, die der SED-Führung bescheinigten, daß sie auf Dauer nicht mit dem Langmut der Bevölkerung rechnen konnte. Überall gärte es. Schon lange, bevor es zur Wende kam.

14 Uhr. Niemand zu sehen.

Sonst waren sie doch immer überpünktlich gewesen.

Das Telefon klingelte.

Irritiert schaute Wolfgang in die Zelle.

Niemand da.

Er öffnete die Glastür, sah die Schrift: »Ausländer raus!« über dem grauen Apparat und nahm den Hörer ab.

»Ja«, sagte er.

»Herr van Bergen?«

»Ja.«

»Gut, daß Sie rangegangen sind.«

»Mit wem spreche ich?«

»Das können Sie sich doch denken.«

»Ich kann mir vieles denken, aber ich will es wissen.«

»Das wäre jetzt ungünstig ...«

»Ich rede nicht weiter, wenn Sie mir nicht sagen, mit wem ich es zu tun habe.«

»Lassen wir doch die Spielchen. Sie wissen genau, um was es geht.«

»Sie sagen mir Ihren Namen oder ...«

Wolfgang hängte ein.

Er hatte die Stimme erkannt. So weit konnte der Anrufer sich nicht verstellen. Aber wenn er nicht mal seinen Namen sagte, war Wolfgang zu keinem Gespräch bereit. Außerdem musste erst mal geprüft werden, wie es mit der Rechtsnachfolge stand. Konnte ja jeder kommen und behaupten, er habe Anspruch auf das Geld.

Die Summe war keineswegs gering. Es handelte sich immerhin um 15 Millionen Dollar.

– acht –

Die Vorbereitungsgruppe »3. Oktober« traf sich im Hinterzimmer von Kunos ehemaliger Kneipe. »Geschlossene Gesellschaft« hatte sein Nachfolger Rolf auf einen Zettel an der Tür geschrieben. »Ei, ihr wollt doch bestimmt net gestört werdde.« Kuno hätte niemals an einen anderen als an einen Hessen verpachtet.

Hannah van Bergen traute ihren Augen nicht. Auf der anderen Seite des blank geschrubbten Holztisches saß der Sohn des Verräters. Was hatte der hier zu suchen? Wollte er sich als U-Boot betätigen? Am liebsten wäre sie aufgestanden und hätte ihn vor den anderen bloßgestellt. Nur wenige Male war sie Matteng begegnet. Bei einer Vernissage am Wall, wohin ihre Mutter sie mitgeschleppt hatte. Zufällig am Uni-See.

»Im Senat überlegen sie doch glatt, alle Demonstrationen zu verbieten«, sagte Uwe, »sie sind sich zwar nicht ganz einig. Dann müssten wir unsere Pläne völlig neu überdenken.«

Uwe war der Sprecher der kleinen Vorbereitungsgruppe. Seit dem klar war, daß die nächste Einheitsfeier in der Hansestadt stattfinden würde, hatte es wieder Auftrieb in der seit langem vor sich hin dämmernden Bewegung gegeben. Überall tagten Stadtteilgruppen in Hinterzimmern. Wie damals in den Zeiten des Anti-AKW-Kampfes.

»Ich kann mal versuchen herauszufinden, was die Polizei vorhat«, sagte Matteng, obwohl er nicht auf der Rednerliste stand.

»Wie willst du das denn machen? Hingehen? Fragen? Sagen Sie mal, Herr Bulle, was läuft denn so am 3. Oktober?«

Das war Manfred, er hatte immer so einen sarkastischen Ton drauf, der Hannah ganz besonders gefiel.

Matteng ließ sich nicht aus der Ruhe bringen, er könnte über seine alten Herrschaften ein paar Kontakte anwärmen. »Mehr will ich aber vorerst nicht dazu sagen.«

Sabine warf ein, wenn die Demos tatsächlich verboten werden sollten, könnten sie die Sache vergessen: »Glaubt ihr denn, es gibt mehr als ein paar hundert Leute, die dann noch auf die Straße gehen?«

Gisela erwiderte: »Gerade dann, Sabine, gerade dann. Wenn die das verbieten, werden sich uns jede Menge anschließen. Ein Demoverbot am Einheitstag, wo gibt's denn so was?«

»Bei uns«, johlte Gerald, »das gibt es nur bei uns!«

Man traute den Spezialdemokraten, die seit Gründung der Bundesrepublik das Sagen in der Hansestadt hatten, inzwischen alles zu. Lange Zeit hatten sich führende Köpfe der SPD gegen die Volkszählung gewehrt, als die Sache dann anders entschieden wurde, meldete sich der Bürgermeister der Stadt als erster Volkszähler.

Hannah schaute immer wieder zu Matteng hinüber, der sie schon die ganze Zeit ansah. Versuchte er sich zu vergewissern, daß dort tatsächlich seine Kusine saß? Die aus dem verhassten Stamm van Bergen.

Hermann meldete sich: »Wir werden ein Vermittlungsproblem kriegen. Ist doch die Frage, wann die das Verbot bekannt geben werden.«

Rainer wollte wissen, was genau ein Vermittlungsproblem sei.

»Die haben die Medien, wir nicht mal genug Geld, um Flugblätter zu drucken. Das zum Beispiel ist ein Vermittlungsproblem.«

Rainer dankte für die Aufklärung.

Uwe führte zwar eine Rednerliste, aber niemand hielt sich daran. Dazu war ihnen die Neuigkeit vom möglichen Verbot aller Demonstrationen am 3. Oktober zu sehr in die Parade gefahren.

Jürgen 1 und Jürgen 2 schwiegen. Sie waren eher von der bedächtigen Sorte. Der eine handelte mit Spielen, der andere mit Literatur.

Hannah überlegte sich, ob sie nach der Sitzung Matteng einfach ansprechen sollte. Wie kam jemand aus der Huneus-Sippe dazu, hier mitzumachen? Dabei gehörte sie ja selbst zu dieser Sippe.

Yoshi meldete sich. Er war Musiker. »Wir könnten eine Band zusammenstellen, die immer, wenn die Polizei auf uns losgeht, das Deutschlandlied intoniert. Alle drei Strophen. Dann stehen die stramm und dürfen sich nicht rühren.«

Gelächter. Auf beiden Seiten des Tisches. Hannah sah, daß Matteng sich etwas notierte.

»Gute Idee, Yoshi«, rief Joachim. »Das sollten wir auf jeden Fall machen. Die Nationalhymne macht sie platt.«

Harald hatte die Brille abgesetzt und rieb sich die Augäpfel. Er war der Einzige in der kleinen Gruppe, der schon häufiger an Demonstrationen teilgenommen hatte. Gab es überhaupt eine Demo, die er jemals ausgelassen hatte? »Demonstrationsverbot heißt, die werden das auch durchsetzen. Im Keim den Protest ersticken, was weiß ich. Es wird empfindliche Strafen geben für Leute, die das Verbot nicht beachten. Darüber sollte sich jeder hier klar sein.«

»Trotzdem marschieren wir«, kam es von Alexander.

»Du Miesmacher«, tönte Christoph.

»Ich will damit nicht sagen, wir sollten uns zurückhalten«, verteidigte sich Harald, »aber es muss jedem bewusst sein, was die Folgen sein werden. Ende der Anmerkung.«

Hannah zuckte ein wenig zusammen. So wie Harald würde ihr Vater auch reden. Obwohl der selbst an Demos teilgenommen hatte, wie er ihr immer mal wieder aufs Butterbrot schmierte. Besonders, wenn sie ihm vorgeworfen hatte, wie behäbig er geworden sei. Nachgerade ein politischer Schlaffi.

Walter sah zu Hannah hinüber. Mit seinen sanften Augen versuchte er, die Jüngste in der Runde zu beeindrucken. Er schwieg ganz romantisch.

»Wir müssen Kontakt zu anderen Gruppen aufnehmen«, sagte Stefan, »damit wir hier nicht allein vor uns hin brokeln.«

»Ei, des Hannahche, isch hob gehört, daß du in meim Laden bist. Derf isch dir einen einschenke.« Der achtzigjährige Kuno tauchte in der Tür auf. »Aber nix Alkoholisches, gell!«

Hannah winkte ab. Das war voll peinlich, daß der olle Kuno sie hier von versammelter Mannschaft ansprach.

Wolfgang, der zwei Jahre in USA gelebt hatte, wollte wissen, ob man denn damit rechnen müsse, verhaftet zu werden.

»Kann schon sein, Wolfgang«, erwiderte Harald. »Kommt ganz drauf an, welche Linie die Polizei fährt. Wenn's hart auf hart kommt, sind wir dran. Das ist so sicher wie der Artikel zur Versammlungsfreiheit, der schon im Grundgesetz versenkt worden ist.«

Rainer schüttelte den Kopf: »So schlimm wird es nicht kommen. Die werden weiträumig …«

»Ganz weiträumig«, ging Bernd dazwischen. Er war erst in der letzten Sitzung dazugekommen.

»Von mir aus ganz weiträumig absperren, damit den angereisten Großkopfeten nicht die schöne Einheitsfeier gestört wird. Solange werden wir von den Einsatzkräften in Schach gehalten.«

»Die werden bestimmt Truppen des Bundesgrenzschutzes anfordern«, warf Matteng ein.

Vielleicht habe ich mich doch getäuscht, dachte Hannah. Dieser Cousin ist gar nicht so verkehrt, nur weil sein Vater so ein Ekelpaket sein soll.

Thomas fragte, wann Schluss sei, er müsse noch auf den Bus.

Hannah sah auf die Uhr. Erschrak. »Ich muss auch los.« Obwohl sie wusste, daß ihre Eltern wahrscheinlich wieder nicht zu Hause waren, der Zapfenstreich war ein ehernes Lebensgesetz. Zehn Uhr. Basta. Auch kein Vertun. Es gibt eine Vertragsstrafe, wenn du nicht pünktlich bist. Hannah hatte diese Uhrzeit so verinnerlicht, als werde Zuspätkommen mit dem Knast geahndet.

»Soll ich dich fahren?«, fragte Matteng.

Hannah zögerte kurz, dann willigte sie ein. Sie zahlte an der Theke die Cola.

Als sie in Mattengs klapprigem Opel Corsa saßen, sagte Matteng: »Stimmt es eigentlich, daß unsere Tante wieder aufgetaucht ist? Ich hab da so was läuten hören.«

»Welche Tante?«

»Na, die Frau, nach der du benannt worden bist.« Matteng startete den Wagen.

»Hannah?«

»Wen sonst sollte ich meinen?«

»Ich glaube, sie möchte nicht, daß es alle erfahren.«

»Ach«, kam es von Matteng, »deswegen diese ganze Heimlichtuerei. Mein Vater hat doch allen Ernstes behauptet, er habe keine jüngere Schwester.«

»Ist dein Vater wirklich so ein Arsch, wie meine Mutter immer behauptet?« Hannah kicherte. Hatte sie sich nicht ein bisschen weit vorgewagt mit diesem Satz? Mir doch egal.

»Der Frosch ist fett und jeden Tag froscht er mehr herum.«

Nun kicherte auch Matteng. »Aber du darfst mich nicht verraten. Auch nicht, daß ich heute bei diesem Meeting gewesen bin. Das würde fatale Folgen haben. Der Frosch denkt immer noch, ich würde mal in seine Fußstapfen treten. Dabei sind die voller Scheiße.«

Hannah war sich jetzt ganz sicher, daß sie Matteng falsch eingeschätzt hatte. Der konnte sich taktisch zurücknehmen, geschickt durchlavieren, ohne aufzufallen, aber so wie er jetzt redet, hat er bei seinen Eltern wohl noch nie geredet, dachte Hannah.

Sie fuhren durch die sich widersprechenden Einbahnstraßen im Viertel. Von der Verkehrsplanung waren sie so ausgeschildert, daß Stadtfremde nach einigem Herumirren glauben mussten, sie seien geradewegs in ein Labyrinth geraten.

»Hast du eine Ahnung, warum unsere Alten sich so hassen?«, fragte Hannah nach einer Weile. »Ich weiß nur, daß sie sich schon als Kinder nicht ausstehen konnten. Meine Mutter nennt deinen Vater seit Urzeiten nur den Verräter, wohl weil er sie ständig verpetzt hat. Und auch unsere Tante sieht das genauso.«

»Kann schon sein«, erwiderte Matteng. »Solange sie mich in Ruhe lassen, ist mir das alles egal. Jetzt noch das Abi, zu Hause ausziehen, und dann beginnt die Freiheit. Als Erstes mache ich mal eine Reise.«

Wohin, wollte Hannah wissen.

Auf den Balkan, nach Südamerika, nach Sibirien, in die Rockys. Ganz gleich, Hauptsache: nix wie weg.

»Kriegst du denn die Kohle dafür von deinen Alten?« Auch Hannah hatte schon daran gedacht, nach der Schule nicht gleich mit dem Studium anzufangen. Warum sollte sie überhaupt studieren? Mit arbeitslosen Akademikern könne man die Straße pflastern, hatte ihr Vater gesagt und dennoch darauf bestanden, daß sie nach dem Abi ein Studium beginnt. Mit Kevin auf Reisen gehen, aber nur dann, wenn der Typ mal wieder die volle Besinnung erlangte. Momentan konnte sie nicht an ihn rankommen. Ob Sandra das nicht auch bald merkte ...

»Ich hab da so ein System, Kohle für mich abzuzweigen, ohne daß die das merken. Für'n halbes Jahr müsste es reichen, dann sehen wir weiter.«

Hannah schaute auf die Uhr. Schon zwei Minuten über der Zeit.

»Wenn du wissen willst«, setzte Matteng wieder an und schnitt rasant die Kurve, »warum sich unsere Altvordern so hassen ... Dein Vater hat meinen Uropa auf dem Gewissen. Den mochte ich ziemlich gut leiden.«

Hannah fuhr herum. »Wie meinste das denn?«

»Er hat ihn umgebracht!«

»Den Herrgott?«

Matteng musste scharf abbremsen, weil ein Fahrradfahrer mit hohem Tempo die Straße überquerte. In dunklem Trainingsanzug. Ohne Licht, wie sich das im Viertel gehörte. »Genau den!«

»Du hast einen an der Waffel, Matteng.« Zum ersten Mal hatte sie den Namen ihres Cousins ausgesprochen. »Oder willste dich jetzt bloß wichtig machen?«

Das war die Hochnäsigkeit der Sippe, von der ihre Mutter immer gesprochen hatte. Die Hunnen sind was Besseres, denken sie jedenfalls. Sie sind immer die Sieger. Huneus heißt zu Deutsch: überheblich und voller Dünkel.

»Dein Vater hat ihn auf dem Gewissen. Wenn der ihm damals diesen Journalisten nicht auf den Hals gehetzt hätte, hätte er sich nicht umgebracht.«

»Wieso umgebracht?«, entfuhr es Hannah. »Mir ist immer

gesagt worden, er sei an dem Tag, an dem ich geboren wurde, an einem Herzversagen gestorben.«

Hannah spürte ein leichtes Vibrieren in der Magengegend. Nicht jetzt, dachte sie, bitte nicht jetzt.

»Das ist die offizielle Version, Hannah. Aber ich ...« Matteng machte eine Pause. »Ich habe ihn hängen sehen.«

»Deinen Urgroßvater?« Er war ebenso ihr Urgroßvater gewesen, streng genommen.

»Er hing auf dem Dachboden. Das Bild werde ich nie vergessen. An einem Seil. Hatte sich selbst aufgeknüpft. Die Festgäste wurden nach Hause geschickt. Ganz leise verließen sie unser Haus.«

Die Finger ihrer rechten Hand, was war mit ihnen geschehen? Sie gehorchten ihr nicht mehr. Bitte nicht jetzt, bitte ... nicht vor den Augen meines Cousins.

Der Opel Corsa hielt vor Hannahs Haus.

Hannah öffnete ganz schnell die Wagentür. Nicht jetzt, dachte sie, nicht hier.

»Wie ist sie denn so, unsere Tante?«, fragte Matteng und reichte ihr die Hand.

»Cool, sie ist echt cool.« Mehr bekam sie nicht heraus. Hannah schaffte es gerade noch, das eiserne Türchen zum Vorgarten aufzudrücken. »Danke und tschüss«, rief sie.

Kaum war der Wagen abgefahren, sackte sie in sich zusammen.

Am ganzen Körper zittrig.

Sie wollte um Hilfe rufen. Kein Ton kam heraus.

Hannah lag auf dem Treppenabsatz.

Kälte, eine ungeheure Kälte hatte sie erfasst.

Wie lange wird es diesmal dauern, dachte sie. Hoffentlich hat Matteng nichts mitbekommen. Ma, wo bist du? Hilfe, wo bist du, Ma?

Der Polizeipräsident hielt die Visitenkarte in der Hand. »Wie darf ich Sie ansprechen, Miss oder Misses Livingstone?«

»Miss«, bekam er zur Antwort.

Shall we speak English or do you prefer ...«

»Ich kann ganz gut Deutsch«, sagte Hannah Huneus mit ihrem starken Yorkshire-Akzent.

»Nehmen Sie doch bitte Platz.« Der Polizeipräsident verschwand hinter seinem wuchtigen Schreibtisch. »Der Tee kommt gleich. Sie mögen doch Tee, oder?«

»Doch, doch«, sagte Hannah. Was so eine Visitenkarte ausmachte. Sie hatte sich zwanzig dieser Kärtchen am Schnellprinter im Hauptbahnhof hergestellt. Ihr Produkt sah ganz englisch aus, sogar die Buchstaben BBC waren ihr täuschend echt gelungen. Emma Livingstone, Senior Editor, Foreign Department, BBC London ... Ein kleines Meisterwerk in stahlblau.

»Ich hatte noch nie Besuch von einem ausländischen Sender«, sagte der Polizeipräsident, »im hiesigen Fernsehen bin ich schon ein paar Mal aufgetreten. Haben Sie denn kein Kamerateam dabei?«

Hannah ließ die Frage zunächst unbeantwortet. Sollte sich der oberste Bulle doch erst mal ein bisschen wundern.

Die Sekretärin brachte Tee und beäugte die Besucherin. Englischer Tweed, gute Ware, wenn auch ein bisschen aus der Mode gekommen. Daß solch vornehme Damen beim Fernsehen arbeiteten ... die Reporter des heimischen Senders liefen eher wie Hippies rum.

Gebert goss sich Kaffee aus einer Thermoskanne ein.

»Was kann ich für Sie tun, Miss Livingstone?« Wieder schaute er auf die Visitenkarte, dann strahlte er sie an, als wolle er ihr einen Antrag machen. Hier und gleich, auf der Stelle, ich Präsident, du Fernsehen, wie wär's?

Hannah hatte seit ihrer ersten Konfrontation mit diesem Berufszweig, sie wurde damals aus dem Unterricht heraus verhaftet, eine feste Meinung, die ihr nicht mal in England abhanden gekommen war. Immer wenn sie einen Sergeant oder Constabler sah, stellten sich ihr die Nackenhaare hoch. Daran konnte sie gar nichts ändern. Und wenn sie einer anraunzte, raunzte sie zurück. Bei jeder Runde des Wortwechsels heftiger werdend.

»Wir planen eine Zwei-Stunden-Dokumentation mit dem Titel: *15 Jahre nach dem deutschen Herbst*«, begann Hannah in gehobenem Ton, »Die bleierne Zeit in *Germany*, wie ist es weitergegangen? Was ist daraus geworden? Wo halten sich die Terroristen versteckt?«

»So was interessiert englische Zuschauer?«, Gebert zeigte sich erstaunt, »das hätte ich nicht für möglich gehalten, Miss Livingstone.«

»Wir Briten interessieren uns sehr für deutsche Verhältnisse«, fügte Hannah hinzu.

Der Teebeutel hatte das Verbrauchsdatum schon von der anderen Seite gesehen. Bullen tranken Kaffee, basta.

»Und was wäre meine Rolle dabei?«, fragte Gebert.

Hannah hatte sich von Gabriele den Namen des Mannes geben lassen, der damals die SoKo Hannah Huneus geleitet hatte. Als sie entführt worden sein sollte. Polizeidirektor Gebert. Nun war er auf der obersten Sprosse der Karriereleiter angekommen und zeigte ein Lächeln, mit dem man Schmutzränder auf Tischdecken entfernen konnte.

»Überlegen Sie mal«, sagte Hannah. Einem Bullen was zu überlegen geben, tolle Rolle, dachte sie. »Sie können sich doch bestimmt an die Zeit erinnern?«

Gebert nickte. Einmal, zweimal. Beim dritten Mal sagte er: »Ich kann mich an jede Zeit gut erinnern. An jede Zeit.«

Hat angebissen, dachte Hannah. Will ins Fernsehen, dachte sie auch. Macht jetzt den liberalen Max. Gleich wird er sagen: Manches haben wir damals wohl polizeiseitlich ein bisschen übertrieben ...

»Gab es da besondere Vorkommnisse? Ich meine solche, an die Sie sich besonders erinnern können.«

Der Polizeipräsident hob beide Hände. Das hat er seinem Vorgänger abgeschaut. Was ist wohl aus dem geworden? Pensioniert? Wahrscheinlich schon lange im verdienten Ruhestand. Meiser hieß er. Hannah und er hatten sich im Gerichtssaal gegenübergestanden. Er als Zeuge, sie als Angeklagte.

»In der Hansestadt gab es nur wenige Terroristen, obwohl ... wenn ich genau nachdenke, wir hatten ein paar Fälle ... da müsste ich mir mal die Akten kommen lassen ...«

»Das wäre hilfreich«, sagte Hannah, »dann könnten Sie sich vielleicht noch besser erinnern.«

Gebert nickte wieder. Ein Nickmensch. Ein Abnickmensch. Einer, der bis zur obersten Sprosse alles abgenickt hat.

»Bernie Sachse.« Hannah fixierte ihr polizeiliches Gegenüber. Sie wagte sich einen großen Schritt vor.

»Ach, den Namen kennen Sie, Miss Livingstone?« Gebert nickte. Überaus anerkennend.

»Gute Recherche«, erwiderte Hannah. »Wir haben in London die besten *Researchers* der Welt. Dafür ist unsere BBC bekannt.«

»Bernie Sachse«, Gebert nahm einen Schluck Kaffee, »ich weiß nicht, ob wir etwas über den haben. Aber das lässt sich leicht herausfinden.«

Über die Sprechanlage wies er seine Sekretärin an: »Lassen Sie alles stehen und liegen. Das hier eilt. Bernie Sachse, Terrorist, sagen wir mal 1977/78.« Er wandte sich an Hannah: »Wissen Sie denn auch, was aus ihm geworden ist?«

Sie schüttelte den Kopf. »Nein, keine Ahnung. Aber vielleicht können wir ihn ja gemeinsam aufstöbern.«

Sie hatte sich eine Strategie zurechtgelegt, den damaligen SoKo-Leiter einzuspinnen. Ganz langsam das Netz enger werden lassen, bis sie zu der entscheidenden Frage kam: Wie war das damals mit der Entführung der Hannah Huneus?

Erst mal in Sicherheit wiegen, die Eitelkeit kitzeln, einen auf gemeinsam machen und dann ... *wait and see.*

»Ich darf Ihnen die Akten natürlich nicht zeigen, Miss Livingstone«, sagte der Polizeipräsident und setzte für die Mitteilung eine amtliche Miene auf. Auch Gebert war selbstredend in der gleichen Partei wie der Erste Bürgermeister, wie Krankenhausdirektoren, Fußballvereinsvorständler, Schulräte, Sportbezirksleiter, Gewerkschaftsvorsitzende, Stadtteilbürgermeister, Amtmänner und Chefsekretärinnen, Versicherungsdirektoren, Bauamtsleiter und frisch geküre Posteninhaber jedweder Spielart. Die Spezialdemokraten funktionierten stets wie ein Flaschenzug: Eine Flasche zog die andere mit nach oben.

»Ich will auch keine Akten abfilmen«, sagte Hannah, »das wäre wirklich Schulfernsehen.«

Einige Male hatte Gabriele sie gefragt, warum sie nicht einfach versuche, wieder beim NDR zu arbeiten. Sie könne natürlich weiter bei ihnen wohnen, Platz genug sei ja da, aber jetzt, wo alles verjährt sei, was Hannah jemals auf dem Kerbholz gehabt habe, könne sie doch mal nachfragen. »Vielleicht ist ja sogar dein alter Liebhaber noch da!«, hatte Gabriele gesagt und auf diesen Redakteur angespielt, der Hannah, die sich damals Karla Kaltenburg nannte, immer wieder Projekte zugeschanzt hatte.

Es dauerte kaum fünf Minuten, bis die Sekretärin einen dünnen, grünlichen Aktenhefter brachte.

»Das ging ja schnell«, lobte sie ihr Chef. Die Sekretärin besah sich die englische Journalistin. Irgendetwas schien mit ihr nicht zu stimmen. Sie hatte den angebotenen Tee kaum angerührt. Aber danach fragen wollte sie nun auch wieder nicht. Das erschien ihr nicht gerade höflich zu sein.

Gebert schlug den Ordner auf.

»Ah, ja. Da ist er ja. Sachse, Bernie ...« und leierte ein paar Personaldaten herunter. Fahndungsersuchen. Datum. Zur Fahndung ausgeschrieben. Datum, Fahndungserfolg. Negativ.

»Der soll mal der Freund einer gewissen Hannah Huneus gewesen sein. Sagt Ihnen der Name auch etwas?« Gebert schaute über die Akte hinweg. Als könne er von seinem Gegenüber die Lottozahlen vom kommenden Wochenende erfahren.

»Nein«, sagte sie, »der Name sagt mir nichts.« Hannah atmete tief durch. So schnell zum Ziel zu kommen, hatte sie nicht hoffen dürfen.

Gebert lehnte sich zurück.

»Das wär mal ein Fall, also ...« Er schlug den Hefter zu und schob ihn von sich weg.

»Wie meinen Sie das?«, fragte Hannah. »Was für ein Fall wäre das ...«

Nun hab ich ihn am Köder und kann ihn langsam aus dem trüben Wasser ziehen, dachte sie.

»Hannah Huneus war auch eine Terroristin. In der gleichen Zeit wie dieser Sachse. Stand auch zur Fahndung ausgeschrieben. Tauchte dann ab. Ward einfach nicht mehr gesehen. Soll aber im Untergrund weiterhin aktiv gewesen sein. Wirklich nie gehört, den Namen?« Gebert faltete die Hände. »So gut sind Ihre *Researchers* also doch nicht.«

»Was wurde ihr denn vorgeworfen? War sie an einem Attentat beteiligt? Irgendein Sprengkommando der RAF ...«

»Das entzieht sich jetzt meiner Kenntnis, außerdem ...«, Gebert unterbrach sich, »außerdem ist die Geschichte noch brisant.«

Hannah erschrak. Ließ sich aber nichts anmerken.

»*What does that mean?*«

Gebert sah an die Decke, dann aus dem Fenster, dann zur Tür, endlich gelangte sein Blick wieder zu der Journalistin.

»Sie wurde damals entführt!«

»Eine Terroristin ist entführt worden?« Hannah blies die Backen auf. »Das wäre tatsächlich eine Geschichte für uns!«

»Sehen Sie«, Gebert lehnte sich zurück, »da hat sich Ihr Kommen doch schon gelohnt.«

»Von wem ist diese Frau denn entführt worden?« Nun war Hannah bei der Frage angelangt, um die es ihr ging. Die sorgfältige Verkleidung mitsamt der blonden Langhaarperücke, die bleiche Schminke und der violettrote Lippenstift, die gefälschte Visitenkarte des ausländischen Senders und das keineswegs gespielte Interesse an einem Fahndungsgebiet, zu dem der damalige Einsatzleiter etwas zu erzählen wusste.

»Tja«, sagte Gebert, »da muss ich mich vorher oben versichern.«

»Wie versichern? Gibt es in Deutschland für so eine Auskunft eine Versicherung? Sozusagen Münchener Rück für Geheimnisträger?«

Gebert schien äußerst belustigt. »Sie kennen sich ja wirklich gut in unserem Land aus.«

Hannah merkte, daß sie zu weit gegangen war. Hoffentlich wurde Gebert nicht misstrauisch.

»Miss Livingstone, ich mach das für Sie. Das kriegen wir hin. Ich hole mir da eine Genehmigung«, Gebert sandte ein Gebet zum Erzheiligen im Kölner Amt, »und dann werde ich Ihnen eine Story präsentieren, die sich gewaschen hat.«

Hannah versuchte einen Hebeltrick, ob er ihr nicht wenigstens einen kleinen Fingerzeig geben könne, wer diese Terroristin Huneus damals entführt habe.

»Nichts zu machen«, sagte der Polizeipräsident und schaute auf seine Armbanduhr. »Was wollen Sie mit der halben Wahrheit, wenn ich Ihnen in ein paar Tagen die ganze präsentieren kann? Aber dann müssen Sie auch mit dem Kamerateam zur Stelle sein. Dann wird hier ein Brillant-Feuerwerk gezündet, wie wir auf meiner Etage zu sagen pflegen.«

»Den Ausdruck habe ich noch nie gehört.« Hannah stand auf. Bedankte sich.

»Wo kann ich Sie erreichen?« Gebert war ebenfalls aufgestanden.

»Ich melde mich bei Ihnen. Momentan bin ich überall und nirgends. Bis zum Ende des Monats muss ich meinen Drehplan zusammenhaben.«

»Melden Sie sich, Miss Livingstone! Wie gesagt, ich werde mein Möglichstes tun.«

Hannah Huneus wusste, daß sie dieses Büro nie wieder betreten durfte. Nicht mal unter dieser so perfekten Tarnkappe.

– neun –

Was für ein Wunderwerk der Küchentechnik. Warum habe ich mir nicht längst diese *macchina* angeschafft. Ein italienisches Produkt, das sogar spanische Kaffeespezialitäten im Programm hatte. Ein Knopfdruck. *Café cortado*. Ein anderer Knopf. *Café con leche*. In der Hauptsache natürlich italienische Kaffee-Genüsse. Als Krönung: *Café coretto*, der kleine Schwarze mit dem Schuss Brandy. Allerdings musste man den Brandy in einen eigens dafür vorgesehenen Behälter einfüllen. Die Firma aus Mailand hatte ganze Arbeit geleistet. Das Design war überraschend schnörkellos, nur die Größe der Maschine etwas überdimensioniert. Sie nahm die Hälfte des Küchentisches ein. Für einen Zögerer war es sicher schwer, jeden Morgen zwischen all diesen verschiedenen Kaffeezubereitungen auszuwählen.

Don Alfredo hatte damit keine Mühe. Der Morgen begann stets mit einem großen *Café con leche*. Er holte sich die Zeitung und ging wieder ins Bett. Er liebte es, *El País* zu lesen. Genau das richtige Format, um in bequemer Lage mit aufeinander getürmten Kopfkissen im Rücken die Lektüre zu genießen. Was für eine Zeitung, was für intelligente Artikel und Kommentare. Einer seiner Lieblingsautoren, Manuel Vazquez Montalban, schrieb immer montags. Auf der letzten Seite.

Einen Tag später musste Don Alfredo seinen gewohnten Rhythmus verschieben. Um mindestens zwei Stunden. So lange dauerte die dienstägliche Konferenz, die er am Telefon mitverfolgen konnte und in die er, wenn nötig, auch eingriff. Die Rechtsanwälte in der Sozietät Huneus dachten natürlich, er sitze um diese Zeit bereits in der Büro-Etage des *abogado Guerra*. Er hatte seinen spanischen Kollegen nie erzählt, daß man in der Hansestadt die Wochenkonferenz bereits Punkt 8 Uhr 30 begann. Das hätte zu lang anhaltendem Spott geführt.

Don Alfredo nahm einen Schluck Kaffee, lobte ein weiteres Mal die italienische Kaffeekunst, legte die Morgenzeitung so hin, daß er während des Telefonats ein bisschen darin blättern konnte. Gleich würde es klingeln. Der Apparat stand auf dem Nachttisch. Sogar ein kleiner Zettel lag bereit. Falls es etwas zu notieren gab. Was aber selten vorkam.

Sein Vater hatte diese Konferenzen eingeführt, um auf dem Laufenden gehalten zu werden. Seine Söhne und Mitarbeiter mussten Bericht erstatten, er gab Direktiven aus, legte Verhandlungsziele fest und forderte Erfolge ein. Der Herrgott hatte die Zügel stets fest in der Hand gehalten, und seine Bürovorsteherin, die unvermeidliche Giesecke, hatte streng darüber gewacht, daß niemand aus dem Geschirr lief. Als dann der Alte die Kanzlei nur noch von seiner Villa aus regierte, war sie die beste Zuträgerin. Sie petzte, was das Zeug hielt. Nicht selten waren Alfred und sie aneinander geraten. Nicht nur, wenn es um die von ihr stets kritisch beäugten Spesenabrechnungen ging.

Enrica schlief um diese Uhrzeit noch. Vor Mittag war nie mit ihr zu rechnen. Das hatte sie sich ausbedungen. Eine Regelung, die Alfred durchaus recht war. Schließlich brauchte er den Vormittag für sein eigenes Wohlbefinden. Enrica träumte sicher von dem Urlaub in Mexiko, den sie demnächst antreten wollten. Mont Albán, Palenque, Chichen Itza. Orte, die sie aufsuchen wollten. Jeder Name ein Versprechen. Azteken, Mayas, Tolteken, Olmeken, und wie die indianischen Stämme alle hießen. Seit ihrem Studium interessierte sich Enrica dafür. Sie hatte auf Alfredos Kosten zunächst in Rom, später in Madrid und Barcelona studiert. Sprach fünf Sprachen perfekt. Don Alfredo liebte es, in den Nachmittagsstunden an ihrem Arm auf den Ramblas zu wandeln. Es gab keinen Spanier, der sich nicht nach diesem Paar umdrehte.

Das Telefon.

»Hörst du mich, Onkel Alfred?«

»Ganz gut.«

»Guten Morgen allerseits.«

»Morgen.«

Don Alfredo blickte auf die Zeitung, während die Nachfolgerin der Giesecke die Mandate aufzählte, die in der letzten Woche hereingekommen waren, die Anzahl der Gesamtmandate vortrug und dann, Alfred Huneus hatte es schon vorhergesehen, mal wieder die zu beachtenden Fristen durcheinander brachte. Anscheinend hatte ihr immer noch niemand gesagt, daß der Eingangsstempel auf einem amtlichen Schriftstück nicht die Frist des jeweiligen Falles anzeigte.

»Wir hatten in der letzten Woche eine unangenehme Sache, Alfred.«

»Unangenehme Sachen kommen vor.«

»Heinrich Brock war hier.«

»Den hast du reingelassen? Da muss ich mich aber sehr wundern.«

Dann berichtete Martin Thomas den im Konferenzraum Anwesenden und seinem Onkel in Barcelona, daß der frühere Partner ganz unverblümt die Kanzlei habe erpressen wollen. »Er bezog sich auf geheime Verträge zwischen Gerhard Gildemeister sen. und seinen beiden Söhnen, die nur er kennt. Für unsere Verteidigung von Arnold Gildemeister müssen wir ...« Alfred schnitt seinem Neffen das Wort ab und fragte, wie viel Brock wolle. »15 % von unseren Einkünften aus dem Fall.« Endlich gab es mal etwas, das Don Alfredo interessierte. Diesem Brock, der sie so unendlich viel Abfindung gekostet hatte, mal einen einzuschenken, das wäre ganz nach seinem Geschmack. Aber davon sagte er vorerst nichts.

»Wir sind noch zu keinem richtigen Ergebnis gekommen. Auch dein Bruder weiß keinen Rat.«

»Kauf ja nicht die Katze im Sack. Dieser Brock ist in der Lage, dir altes Papier zum Höchstpreis anzudrehen.«

»Wieso mir?«

»Ich wollte dich nur warnen, mein lieber Neffe. Der Brock ist ein alter Rosstäuscher.«

Alfred hatte eigenhändig dafür gesorgt, daß sein Schwager, der ungeliebte »Arbeitsjurist« und Notar, nach dem Tod seines Vaters aus der Sozietät entfernt wurde. Wenngleich seine Mandate gutes Geld einbrachten. Aber die trockene Art, wie Brock die anderen auflaufen ließ, dieser verachtende Blick, den er ihnen über den Konferenztisch schickte, das war einfach nicht mehr auszuhalten gewesen. Nun grollte er natürlich und versuchte, wieder ins Geschäft zu kommen. Soviel Alfred wusste, hatte Brock keine neue Kanzlei gefunden oder sich gar selbstständig gemacht.

Alfred nahm einen Schluck Kaffee und schob ein weiteres Kissen hinter seinen Rücken.

»Willst du ihm selbst mal den Kopf waschen, Onkel Alfred?«

»Schon möglich.«

»Würde uns sehr helfen. Wirklich.«

»Vielleicht schaue ich in den nächsten Tagen mal vorbei.«

So hatte Alfred seinen Neffen noch nie winseln gehört. Daß Martin Thomas ihn um etwas bat, war in diesem Jahrhundert noch nicht vorgekommen. Aber Alfred kannte auch den Grund: Die Verteidigung des Arnold Gildemeister rückte näher, und das machte dem Fettkloß zu schaffen. Alfred bezweifelte, daß er der Aufgabe gewachsen war. Er würde sich die Blamage seines Lebens einfangen.

Die anderen Tagesordnungspunkte interessierten Alfred nicht sonderlich. Er blätterte in *El País,* las in der vielseitigen Kulturbeilage, studierte die Wetterkarte, auch die für Mexiko, dachte an seine wundervolle Enrica.

Was war das für eine Aufregung gewesen, als sie eines Tages ohne Vorankündigung in der Kanzlei erschienen war. Eine 15-jährige italienische Schönheit, die allen den Kopf verdrehte. Nur mit großem Geschick war es ihm gelungen, sie ohne viel Fragerei aus dem Gebäude zu lotsen. Im Taxi fuhren sie nach Worpswede, wo ihn niemand erkannte. Die *Signorina* wollte sich mit ihrem Freund Pietro auf seine Kosten in Rom ein schönes Leben machen. *Dolce far niente.* Er hatte sie kurzerhand mit nach Barcelona genommen und für ein paar Tage bei Maria Lourdes untergebracht, die damals von ihm schwanger war. Was für eine Konfusion! Alfred lächelte über sein Geschick. Das sollte ihm mal jemand nachmachen. Von alledem hatte seine Frau Gertrud nichts mitbekommen.

»Dein Bruder möchte dich noch kurz sprechen«, vernahm er am anderen Ende der Leitung.

Nanu, dachte Alfred, was wollte denn der Gebückte von ihm? Wie lange hatten sie beide kein Wort mehr miteinander gewechselt? Obwohl es jeden Dienstag diese Standleitung gab.

»Alfred, hör mal, wenn du gedenkst zu kommen, dann richte es doch so ein, daß du am Wochenende da bist. Karoline feiert ihre letzte Vernissage, die würde sich riesig freuen, wenn du als Überraschungsgast auftauchen würdest. Kannst du es einrichten?«

Don Alfredo überlegte nicht lange und sagte zu. Enrica würde sicher nichts dagegen haben, daß er für ein paar Tage nach Deutschland fuhr, um wichtige Geschäfte zu regeln. Das kannte sie ja.

Die Konferenz war beendet, und Alfred konnte endlich zu seinem gewohnten Rhythmus zurückfinden. Erst am späten Nachmittag, nach einer ausführlichen Siesta, tauchte er in der Kanzlei der spanischen Kollegen auf, ließ sich kurz ins Bild setzen, gab ein paar Hinweise und verabschiedete sich bald wieder. Man soll arbeitende Juristen nicht allzu lange von ihren Pflichten abhalten.

Nach der Lektüre der Zeitung duschte Alfredo, wählte sorgsam je nach Wetterlage einen Anzug aus, nahm einen Spazierstock von der Garderobe, er hatte inzwischen eine beachtliche Sammlung von ausgefallenen Stöcken aus aller Welt, und begab sich nach draußen.

Mal ging er nach rechts bis zum Mercat Bocqueria, wo er eintauchte zwischen den Ständen mit Gemüsen, Fleisch und Fisch, um im hintersten Eck einen Café solo zu trinken oder ein Gläschen Fino. Mal ging er nach links, spazierte die Rambla hinunter bis zu den Jardins de Walter Benjamin.

Es war gar nicht einfach gewesen, Maria Lourdes und ihr gemeinsames Kind zufrieden zu stellen. Erst als sich die temperamentvolle Spanierin einen Liebhaber zulegte und Don Alfredo davon Wind bekam, willigte sie in eine Trennung ein. Dabei waren sie nie verheiratet gewesen. Nach dem Tod seiner Frau Gertrud vor drei Jahren wollte er sich nicht mehr vermählen. Mit seinen 68 Jahren hätte ihm das zwar gut angestanden. Aber wie viel schöner war es, mit Enrica zusammenzuleben. Die 30-Jährige, er sie nannte den römischen Wirbelwind, war ein ganz anderes Kaliber. Sie hatte ihren

Freund Pietro schon nach zwei Jahren satt gehabt. Gut, daß Alfred sie an langer Leine laufen ließ. So konnten manche Probleme am besten gelöst werden. Alle paar Monate traf er sich mit Enrica in Barcelona. Von Jahr zu Jahr wurde sie aufregender. Als Alfred ihr vorschlug, an der Plaza Pí ein großes Haus zu kaufen, wo jeder seinen eigenen Hausstand haben könnte, war Enrica sofort einverstanden gewesen. Natürlich durfte nie jemand etwas von ihrem kleinen Geheimnis erfahren. Das hatten sie sich gegenseitig geschworen. Und daran hielten sie sich auch. In beiderseitigem Interesse.

Seine vier Kinder aus der Ehe mit Gertrud gingen ihre eigenen Wege. Lehrer, Sozialarbeiter. Beatchen war Buchhändlerin geworden und hatte ihn einmal in Spanien besucht. Sie war nicht ganz so schön geraten wie Enrica, aber Alfred hatte es gefallen, daß die beiden jungen Frauen sich gut miteinander verstanden. Enrica hatte es allerdings unterlassen, Beate ihren Club zu zeigen. Das hätte sie vielleicht missverstehen können. Peter, Herbert und Heinrich schickten zu Weihnachten Karten und ließen es damit gut sein. Ob sie Verständnis dafür gehabt hätten, daß ihr Vater mit dem römischen Wirbelwind lebte, war nie geklärt worden. Wahrscheinlich hatte auch Beatchen nicht durchschaut, wie die Verhältnisse in dem großzügigen Stadthaus an der Plaza Pí wirklich waren.

Kurz nach eins kehrte Alfred zurück, warf einen Blick in die Post, hörte den Anrufbeantworter ab, pfiff ein kurzes Signal.

»*Io sono pronta fra pochi minuti*«, schallte es aus der oberen Etage. Alfred war gespannt, in welchem Kostüm sie heute auftrat. Enrica liebte die ausgefallenen Auftritte. Und irgendwie gehörte das ja auch zu ihrem Beruf dazu. Blickpunkt sein, ein Hingucker, im Mittelpunkt stehen. Und dabei stets die Contenance wahren und vor allem: die Diskretion. Ohne Diskretion lief in Enricas Leben überhaupt nichts. Mal ein verstecktes Billet, mal ein verstohlener Blick, mal ein fallen gelassenes Taschentuch, um einen schnellen Kontakt herzustellen. Die Männer kamen immer wieder auf neue Ideen, sich ihr zu nähern, um Zutritt zu dem exquisiten Club zu erhalten.

»Welche Sprache?« Enrica trug ein schulterfreies zimtfarbenes Kleid, hatte ihre vollen, schwarzen Haare mit glänzenden Spangen geschmückt. An beiden Armen Dutzende Goldreifen.

»Heute ist Deutsch dran!« Alfred reichte ihr den Arm.

»Gut, dann gehen wir im Can Culleretes essen!«

So stolzierten die beiden zum nächsten Taxistand. Alfred hielt Enrica die Tür auf, wartete, bis sie ihre langen Beine in den Fußraum gehievt hatte, sagte dem Fahrer, wohin die Fahrt ging, und setzte sich auf die andere Seite der Rückbank.

Enrica roch himmlisch. So riechen Engel, wenn sie zur Erde gesandt werden.

»Ein bisschen lang geworden, letzte Nacht«, sagte Enrica mit sonorer Stimme. Obwohl sie seit ein paar Monaten das Rauchen aufgegeben hatte, klangen ihre Worte, als habe sie eine Schachtel französischer Filterloser inhaliert. Alfredo hatte es sich abgewöhnt zu fragen, wann sie nach Hause gekommen sei. Auf diese Frage werde sie ihm keine Antwort mehr geben, hatte Enrica ihm unmissverständlich mitgeteilt.

»Ich muss in den nächsten Tagen nach Deutschland«, Alfred wollte diese Nachricht noch vor dem Essen loswerden, »eine unangenehme Sache. Aber ich werde Anfang der Woche zurück sein.«

»Du brauchst dich nicht beeilen, mein Lieber. Hauptsache, du bist rechtzeitig da, wenn unser Flieger nach Cancún abhebt. Auf das Abenteuer in Mexiko würde ich ungern verzichten. Äußerst ungern. *Sicuro.*«

Gab es überhaupt ein Abenteuer, auf das diese Frau verzichten würde? Sie hatte eine lange Liste zusammengestellt, welche Kulturen fremder Völker sie noch in Augenschein nehmen wollte. Alfred war etwas schwindlig geworden, als er die Liste zu Gesicht bekam. Er hätte mindestens hundertzehn werden müssen, um all diese Reisen mitzumachen. Dabei reiste er ausgesprochen gern. Unterwegs sein war für ihn flüssiges Leben, nicht am Platz festsitzen, wie manche seiner Familienmitglieder. Sein fünf Jahre älterer Bruder war niemals aus Mitteleuropa herausgekommen.

»*Certo, nemmeno io*«, gab Alfred zurück, der auf keinen Fall auf das mexikanische Abenteuer verzichten wollte. Es kam immer wieder vor, daß sie mitten im Gespräch die Sprache wechselten. Alfred sprach fließend spanisch, passabel englisch und konnte in Französisch stottern. In der Oberstufe hatte der Studienrat Jean-Paul Sartre als Lektüre durchgenommen. Die schmutzigen Hände. Später hatte Alfred italienisch hinzugelernt. Damals, als er in Rom, im *studio legale* des Rechtsanwaltes Guilini, zu tun hatte und mit Rosanna zusammenlebte. Mindestens einmal im Monat war er in Rom gewesen. *Signore Alfredo, il tedesco nostro,* unter dem Namen kannte man ihn im Restaurant Pierluigi. *Professore,* so nannte ihn der Chef des kleinen Hotels an der Piazza Bologna, der ihm Deckung gewährte und lästige Nachfragen abfing. Die internationalen Kooperationen der Anwaltskanzlei Huneus, Huneus, Huneus und Partner waren Alfreds Ressort. Eine Aufgabe, die er mit Bravour und Engagement löste. Selbst der Herrgott ahnte nichts von seinen römischen Eskapaden. Damals war Signore Alfredo auch ein Experte in italienischen Espressosorten geworden. Es gab da Unterschiede, von denen der deutsche Filterkaffee nur träumen konnte. Der Rechtsanwalt konnte lange Vorträge darüber halten. Ebenso über die *cucina italiana,* die natürlich am besten von Mamma hergestellt wurde. Gleich welcher Küche sie vorstand.

Das »Can Culleretes« lag im Barrio Gótico, in der Calle Quintana Nummer 5, zwischen der Calle de la Bocqueria und der Calle Ferran.

Das ehrwürdige Restaurant war wie immer voll besetzt, aber für Don Alfredo und seine entzückende Begleitung fand sich immer ein Plätzchen. Selbst wenn der Besitzer seinen eigenen Tisch dafür hergeben musste.

Manuel Quinto war schließlich einer der Stammgäste Enricas und diese Ehre wollte er sich nicht verscherzen.

Sie bestellten ein Fischmenu, von dem Enrica die Schnecken und Meerestiere stibitzte, während Don Alfredo sich den beiden Hauptgängen widmete. *Merluza a la Vasca* und *atun en salsa roja.* Dazu tranken sie eine Flasche *Piper Heidsieck* oder, wenn die nicht kühl genug war, einen Weißen aus der Gegend von Cadíz.

»Hast du heute Abend Ehrengäste?«, fragte Alfred.

»Bei uns verkehren nur Ehrengäste, mein Lieber«, antwortete Enrica und nahm ein Schlückchen Champagner.

Sie betrieb ihr vornehmes Haus seit fünf Jahren. Vor wenigen Monaten hatten sie ein kleines Fest gefeiert. Nur die engsten Stammgäste. Und Don Alfredo selbstredend. Ein wunderbares kleines Fest, zu dem sie einen Gitarristen und eine Flamenco-Tänzerin eingeladen hatten, einen römischen Tenor, in den Enrica mal verliebt gewesen war, sowie den norwegischen Geiger Nils Økland, von dessen Kompositionen Alfred nie genug hören konnte. Die Stammgäste waren außer sich vor Begeisterung. Wo bekam man so ein Programm geboten? Und das in einem Etablissement, in dem auch die fleischlichen Freuden nicht zu kurz kamen. »Sollte einer mein Haus mal ein Bordell nennen, werde ich ihn eigenhändig erwürgen«, hatte Enrica zu Don Alfredo gesagt. Und er hatte keinen Zweifel, daß die Römerin dies in die Tat umsetzen würde.

Manuel Quinto kam an ihren Tisch, brachte einen vorzüglichen *Urujo* mit und schenkte großzügig ein. »Wir haben heute Abend einen französischen Minister zu Gast, *querida Enrica,* meinen Sie, ich dürfte ihn später noch mitbringen?«

Sie sah, wie wichtig dem Restaurantbesitzer diese Angelegenheit zu sein schien.

Erst zögerte sie, das gehörte nun mal dazu, dann sagte sie: »Wenn er sich zu benehmen weiß, bringen Sie ihn mit. Aber nur dann!« Enrica hob ihren schmalen Zeigefinger und drohte spielerisch damit. Ein hauchfeines Lächeln begleitete diese Geste.

»Ich werde heute Abend nicht da sein können«, sagte Alfredo, »ich muss mich auf dringende Geschäfte in Deutschland vorbereiten. Aber ich denke, auf mich werdet ihr verzichten können.«

»Aber nein, Don Alfredo«, beeilte sich Manuel Quinto zu sagen, »ohne Sie wäre unser Club doch nicht das, was er darstellt.«

Nach der ausführlichen Siesta, Alfred kannte die Bezeichnung für dieses so geliebte Mittagsschläfchen in allen Sprachen, die ihm zur Verfügung standen, trafen sich Enrica und er zu einem Kaffee in der Küche.

Seine Tochter hatte sich umgezogen. Sie trug einen Jogging-Anzug in elegantem Anthrazit.

»Wie immer?«, fragte Alfred.

»*Sicuro.*«

Enrica trank nachmittags nie etwas anderes als *latte macchiato*. Auch an diese Spezialität hatte die Firma aus Mailand gedacht. Alfred nahm einen, manchmal zwei Espressi, um wieder wach zu werden.

»Ich glaube, ich habe die beiden letzten Wörter zusammen.« Enrica holte einen Zettel hervor.

»Was hältst du von *figlio di mignotta* und *n'cule a soreta?*« Sie lachte, und es klang, als würde sie eine Verwünschung ausstoßen.

»Also, *figlio di mignotta*, o. k., aber das andere Wort, nein, das ist mir zu ordinär. Wenn das jemand versteht, Enrica.« Ein neapolitanisches Schimpfwort, irgendetwas mit Hintern und kleiner Schwester.

»Es versteht schon keiner«, sagte Enrica. »Aber wenn du nicht willst, Papá, du hast das bessere Gespür für so etwas.«

Selten nannte sie ihn Papá. Niemals in der Öffentlichkeit, das war so abgemacht, aber auch zu Hause an der Plaza Pí nicht. Keiner der Stammgäste ihres Clubs wäre je auf die Idee gekommen, daß Enrica von Don Alfredo abstammen könnte.

Ab und zu traten die beiden als Duett auf. Irgendeine bekannte Melodie, zu der sie einen neuen Text schrieben. Auf »New York, New York« sangen sie »My Lord, My Lord«, ein katholisches Gebet an eine bigotte Nation. Oder sie verballhornten einen bekannten Text mit einer unpassenden Musik. Die Gäste liebten es, Vertrautes in neuem Gewand zu erleben.

Dieses Mal ging es um die Arie »*La donna è mobile*« aus Verdis »Rigoletto«. Der Text, den Alfredo und Enrica entwarfen, bestand ausschließlich aus italienischen Schimpfworten. Von denen gab es Legionen. In jeder Provinz wurde anders geschimpft, verdammt, verflucht, lächerlich oder verächtlich gemacht. Am besten waren die Neapolitaner. Sie waren die Könige des Spottgesangs.

»Sitze da, wo die Spötter sitzen!« Mit diesem Satz wollte Don Alfredo den ersten Psalm aus dem Alten Testament parodieren, wenn er ihr neues Lied im Club ankündigte. So fing es an:

Stronzo di merda
Merdaiolo
Cazzo di cane
Vafanculo.

Oh mamma puta
Oh papà nudo
Oh fica nera
Tralalera.

Sie hatten ihren Hauspianisten Mark schon angewiesen, sich die Noten zu besorgen, damit sie bald mit den Proben beginnen konnten.

Manchmal gab Alfredo im kleinen Kreis zum Besten, daß seine Karriere als Sänger im Domchor der Hansestadt begonnen hatte. Kirchliche Gesänge, fromme Lieder. Seine Zuhörer fassten dies als köstliche Anekdote auf, die sicher nicht der Wahrheit entsprach. *Non è vero ma ben trovato.*

– zehn –

»Gute Neuigkeiten, Herr van Bergen!«
»Neuigkeiten sind immer gut, verehrte Kollegin. Es sei denn, sie sind schwarz!«
»Hohlbein wird Ihre Nebenklage zulassen. Habe ich gestern im Flurfunk aufgeschnappt.«
»Das ist wirklich eine gute Neuigkeit, verehrte Staatsanwältin.«
»Sie haben neulich bei unserem ersten Zusammentreffen etwas angedeutet, das mich seit Tagen beschäftigt ...«
»Ich wusste gar nicht, daß ich Kolleginnen noch auf Tage beschäftigen kann.«
»Seien Sie nicht so eingebildet, Herr van Bergen.«
»Ich bin nicht eingebildet, Frau Kniemeyer. Sie haben mich angerufen, um mir mitzuteilen, daß ich ...«
»Kann es sein, daß Sie den Verteidiger in der Sache Gildemeister nicht ausstehen können?«
»Was sollte das mit dem Verfahren zu tun haben?«
»Gar nichts. Ich höre nur dauernd von Kollegen ...«
»Geben Sie nie etwas auf das Gerede von Kollegen, die sind nur neidisch oder zynisch, Sie können sich auswählen, welches von beiden.«
»Aber warum verspricht mir jeder, dem ich von Ihrer Nebenklage erzählt habe, einen heißen Tanz im Gerichtssaal? Das wird doch wohl einen Grund haben.«
»Ich kenne keinen, Frau Kniemeyer.«
»Jetzt lassen Sie die albernen Spielchen, Herr Rechtsanwalt. Ich kann doch zwei und zwei zusammenrechnen.«
»Macht vier! Richtig?«

»Sie sind verheiratet mit der Schwester dieses Herrn Huneus.«

»Das haben Sie also herausgefunden.«

»Sie haben aber keinen Umgang mit ihm.«

»Korrekt.«

»Sie wollen auch keinen Umgang mit ihm haben. Weder Sie noch Ihre Frau.«

»Im Gerichtssaal wird sich das nicht vermeiden lassen.«

»Demnach kriegen wir also doch einen heißen Tanz, Herr van Bergen?«

»Das liegt ganz an Ihnen, Frau Staatsanwältin. Sie kennen den Inhalt meiner Nebenklage, und es freut mich zu hören, daß sie Chance auf eine Zulassung hat. Dann sehen wir weiter.«

»Wie weit?«

»Wie gesagt, das kommt auf Sie an.«

»Hegen Sie etwa die Absicht, sich an diesem Mann zu rächen? Man hat mir erzählt, daß Sie zu Ihrem Schwiegervater und dem alten Huneus nie ein gutes Verhältnis gehabt haben. Sie sollen sich ja sogar richtiggehend gefetzt haben.«

»Auch korrekt.«

»Wollen Sie dem Verteidiger aus dem verhassten Hause einen einschenken, um es mal salopp zu formulieren?«

»Ich muss schon sagen, Ihre Fragen sind von einer solchen Offenheit, daß ich mir langsam überlegen muss, was Sie damit bezwecken.«

»Ich möchte mich nur darauf einstellen können.«

»Worauf?«

»Überraschungen gehören nicht zu meinen Hobbys. Und im Gerichtssaal …«

»Und ich dachte schon, Sie wollten ein bisschen mit mir flirten.«

»Seien Sie nicht so eingebildet, Herr van Bergen, ich muss doch bitten ...«

»Moment, Sie stellen mir lauter persönliche, ja sogar indiskrete Fragen, da darf es doch wohl erlaubt sein, Vermutungen zu äußern.«

»Ich habe nur gefragt, was ich in dem Verfahren an persönlichem Familienzwist zu erwarten habe.«

»Ich bin Rechtsanwalt, Frau Kniemeyer. Familienzwist, wie Sie sagen, lasse ich grundsätzlich außen vor.«

»Da wären Sie der Erste, den ich von Ihrer Zunft kennen lernen darf. Aber wir werden das ja überprüfen können.«

»Ich bitte sogar darum, verehrte Staatsanwältin.«

»Was soll denn dieses Gesäusele? Ich glaube, S i e wollen mit mir flirten. Sie sind verheiratet.«

»Das eine hat mit dem anderen nichts zu tun.«

»Raus mit der Sprache: Was haben Sie vor?«

»Ich? Nichts! Und um ganz ehrlich zu sein, ich hatte nicht mal damit gerechnet, daß meine Nebenklage zugelassen wird.«

»Noch sind es Gerüchte vom Flurfunk, Herr Kollege.«

»Ich habe nichts gehört, hundertprozentig nichts gehört. Und von Ihnen schon gar nicht, Frau Kniemeyer.«

»Das wäre mir recht, Herr van Bergen. Sie wollen meine Neugier in Sachen Familie wohl nicht befriedigen, oder?«

»Mir ist dieser Huneus so egal wie anderen Leuten Nachbars Katze. Mehr ist dazu nicht zu sagen.«

»Die Katze des Nachbarn, die hätte ich gerne mal abgemurkst. Besonders in Vollmondnächten, wenn ich nicht schlafen kann.«

»Mondsüchtig, Frau Kniemeyer? Da haben wir ja noch etwas gemeinsam.«

»Sie auch?«

»Auch Juristen dürfen mondsüchtig sein. Ich habe schon alle Gesetzestexte deswegen gewälzt, keine Verordnung auf unserem nächtlichen Spezialgebiet. Obwohl bestimmt eines Tages ein Gesetzgeber auf die Idee kommt, man könnte die Mondsucht besteuern, um die leeren Staatskassen aufzufüllen.«

»Nichts für ungut, Herr Kollege.«

»Ich freue mich, Hand in Hand mit Ihnen zu arbeiten, Frau Kniemeyer.«

»Wie meinen Sie das denn nun wieder, Herr van Bergen?«

Als Gabriele die Galerie betrat, stieß sie als Erstes auf ihren Onkel Alfred. Im senfgelben Anzug mit den dazu passenden Schuhen, eine gold glänzende Krawatte umgebunden. Wie ein neureicher Scheich.

»Damit hatte ich nicht gerechnet, daß du hier bist. Extra aus Spanien eingeflogen?« Gabriele umarmte ihn lange.

»Es ist die letzte Vernissage deiner Mutter, da darf ich nicht fehlen. Wo ist dein Mann?« Alfred beugte sich nach links und dann wieder nach rechts, tat so, als würde er Wolfgang hinter Gabrieles Rücken vermuten.

»Hat zu tun, wie immer.«

»Und deine Tochter? Die würde diesen langweiligen Kreis von ...«, er kam ganz nah an Gabrieles Ohr, »Hanseaten aufmischen. Es gibt hier nicht einen, mit dem ich mich unterhalten möchte.«

So wie du aussiehst, dachte Gabriele, halten dich die Leute für einen Fasan. In der Hansestadt war blau immer noch eine gewagte Farbe. Dunkelblau trug man, wenn es feierlich wurde. Ansonsten grau. In allen Schattierungen. Nicht mal mit einem kleinen Schuss ins Grüne, wie es ein Komiker formulierte.

»Ich hol dir was zu trinken.«

Schon war Alfred verschwunden. Gabriele sah ihren Bruder. Das Schwergewicht war in jeder Menge gut auszumachen. Neben ihm stand sein Sohn, dessen weizenblonder Haarschopf etwas angegilbt war. Nur die Frau seines Bruders konnte sie nicht entdecken. Ansonsten die stadtbekannten Rotweinnasen, die immer kamen, wenn es etwas kostenfrei zu schnabulieren gab. Daß Karoline Huneus sie zur Kunst überreden wollte, nahmen sie dabei billigend in Kauf.

»Schön, daß du gekommen bist.« Ihre Mutter trug ein eng anliegendes Flanellkostüm mit einem rötlich schimmernden Seidenschal. »Wo ist Wolfgang?«

Soll ich meines Mannes Hüter sein?, dachte Gabriele. »Zu viele Termine«, sagte sie knapp. Und fügte dann hinzu, er lasse sie freundlich grüßen und würde vielleicht später nachkommen.

»Und meine Enkelin Hannah?« Karoline strich ihrer Tochter übers Gesicht.

»Die wollte deine Gäste nicht erschrecken.« Gabriele sah, daß ihr Bruder Martin Thomas sich anschickte, eine Rede zu halten. Mein Gott, auch das noch. Wenn er von etwas überhaupt nichts versteht, dann muss er sich immer ausmähren.

Nach und nach verstummten die Gespräche, weil jemand mit einer Gabel an sein Sektglas klopfte. Bis es zerbrach.

»Liebe Mutter, verehrte Anwesende. Ich möchte es mir nicht nehmen lassen, dem heutigen Anlass gemäß, einen Toast auf die Frau auszubringen, die es seit mehr als dreißig Jahren verstanden hat, Kunst in dieser Stadt zum Gesprächsthema zu machen. Ihr ist es zu verdanken, daß wir, gemeinhin nennt man uns Banausen, Bilder sehen gelernt und uns über moderne Kunstobjekte die Köpfe heiß geredet haben. Fast immer waren ihre Ausstellungen von Erfolg gekrönt, aber nicht immer ist es ihr gelungen, uns künstlerisch auf Trab zu bringen. Doch stets hat sie sich ehrlich darum bemüht. Und was kann man Besseres von einer Unternehmung sagen, die wie im wirklichen Leben stets Risiken und Nebenwirkungen birgt. Auf dich, Mutter!«

Martin Thomas hob sein Glas.

»Auf dich, Mutter!«, echote es in der Galerie.

Gabriele schaute verwirrt in die Menge. Waren das hier alles ihre Kinder? Ganz schön fruchtbar, diese Karoline Huneus.

»Hat schon schlechter geredet«, stichelte Alfred, der sich mit zwei Gläsern Champagner bewaffnet einen Weg durch das Gedränge bahnte.

Er stieß mit seiner Nichte an. »Warum besuchst du uns nicht mal in Barcelona? Gleich bei mir in der Nähe gibt es ein kleines Hotel, sehr angenehm. Wir könnten uns ein paar schöne Tage machen.«

»Danke für die Einladung, Alfred. Ich muss erst mal Hannah durchs Abitur bringen, dann kommen wieder bessere Zeiten. Momentan macht sie mir viele Sorgen.«

Bevor Alfred nachfragen konnte, was sie damit meine, begann der Direktor der Kunsthalle mit seiner Einführung zu den ausgestellten Bildern.

»Male dein Gesicht vor der Geburt, so lautet der Titel eines der Bilder von Norbert Schwontkowski. Und was für ein Gesicht ist das? Eine Totenmaske. Ein *alien*. Die Augen erinnern an ein Bambi. Der Maler gibt uns Rätsel auf. Und das ist gut so. Einmal hat er gesagt: Ich arbeite daran, den Bildgedanken so anzuschärfen, daß von ihm im besten Falle so etwas wie eine immer währende Plötzlichkeit ausgeht.«

Bisher war es Gabriele nicht gelungen, auch nur in die Nähe eines Bildes zu kommen, so dicht standen die Gäste nebeneinander.

»Siebter Versuch, die Welt zu verstehen«, hörte sie einen der Gäste sagen. »Wenn ich dieses Bild ansehe, möchte ich die anderen sechs Versuche erst gar nicht kennen lernen.« Er wandte sich ab und gab den Blick frei.

Ein gebückter, weiß angestrichener Mann schaute in ein dunkles Loch, in dem sich sein Ebenbild spiegelte.

Gabriele gefiel das Bild. Vielleicht sollte ich es für Wolfgang kaufen. Versuch die Welt zu verstehen. Es würde zu ihm passen.

»Es ist die vorgebliche Naivität seiner Bilder, die uns in Atem hält. Dieses scheinbar Einfache, das allzu leicht Verständliche, das uns erschreckt, wenn wir dem Maler und uns auf die Schliche kommen. Norbert Schwontkowski ist ein Genie der gegenständlichen Abstraktion. Sollte Ihnen das wie ein Widerspruch erscheinen, meine Damen und Herren, schauen Sie sich die Bilder zum zweiten Mal an. Und ein drittes und viertes Mal. Immer entdecken Sie neue Dimensionen, auch in den Farbschichten, die unter dem Dargestellten liegen. Schwontkowski zeigt uns Fassade und Inneres in einem. Bei einem Bild zählt der Maler seine Materialien auf: Gemisch aus Kreide, Antifouling, Kupferfarbe, Leinöl, Eisenchlorid, Terpentinöl, Wasser, Tee, bis das Bild eine leicht rosa Tönung annimmt und dann einem Urgrund gleicht.«

Gabriele sah ihren Vater, der in seiner gebückten Haltung kleiner als die Umstehenden war.

»Wie geht's dir?« Gabriele gab ihm die Hand.

»Den Umständen entsprechend«, erwiderte Thomas Anton.

»Arbeitest du noch?«

»Was sollte ich sonst tun?«

»Aber wenn Karoline nun aufhört?«

»Damit hab ich nichts zu schaffen.« Mit großer Anstrengung versuchte er, den Kopf anzuheben. »Nie etwas zu schaffen gehabt.«

In diesem Augenblick sah Gabriele jemand die Galerie betreten.

Hannah, das kann doch nicht wahr sein. Sie trug einen Hut, der in Ascot den ersten Preis gemacht hätte. Ein grasgrünes, hochgeschlossenes Kostüm und lange, schwarze Handschuhe. Wolfgang und ich dürfen sie nicht verraten, und jetzt taucht Hannah bei der Familie auf.

Gabriele spürte, daß ihr Puls schneller ging.

Ein kurzer Blickwechsel zwischen den Schwestern genügte. Gabriele hatte sofort verstanden. Nicht ansprechen, mich jetzt nicht ansprechen.

»Mr. Schwontkowski, I presume.«

Der Maler, der im schwarzen Anzug und schwarzem Hemd auftrat, reichte ihr die Hand.

»Sorry, I am a bit late, but the plane couldn't land for some reasons. Good to see you in person.«

Sofort hatte sich eine Traube um die beiden gebildet. Woher kannte Hannah den Maler? Der hatte doch bestimmt noch nie in England ausgestellt. Was sollte dieses Possenspiel?

Hannah ließ sich von Schwontkowski die Bilder zeigen.

»Malen ist Auftauchen an einem anderen Ort, hat Franz Marc einmal gesagt, und ich versuche, mich selbst an einem anderen Ort auftauchen zu lassen.«

Selbstportrait als blinder Pilger, las Hannah den Titel des Bildes, der auf ein kleines Kärtchen gedruckt war. Ein roter Fes, darunter ein dunkelfarbiger Mann mit Lockenkopf, der Hintergrund eine hellockerfarbene Fläche. Wer hatte dem Mann den Kopf abgeschlagen und ihn zur Schau gestellt?

Hannah sprach die ganze Zeit englisch. Reines Yorkshire. Niemand würde auf die Idee kommen, wer sich hier eingeschmuggelt hatte. Sie tat so, als sei sie extra aus London herübergekommen, um mit dem Maler über seine neuesten Bilder und eine Ausstellung in ihrer Galerie zu reden.

Sie muss sich ziemlich sicher fühlen, dachte Gabriele. Daß weder ihr Bruder, noch Onkel Alfred, ja nicht mal ihre Eltern Hannah erkannten, wollte Gabriele nicht in den Sinn. Oder hatte sie vor, an diesem Abend ihr Inkognito zu lüpfen?

»Ich möchte Ihnen nicht zu viel versprechen, meine Damen und Herren«, noch einmal erhob der Direktor seine Stimme. »Norbert Schwontkowski wird eines Tages auch bei uns in der Kunsthalle ausstellen. Darauf gebe ich Ihnen schon heute eine Garantie. Denken Sie an meine Worte, wenn Sie eins seiner fantastischen Bilder erwerben.«

Nach und nach leerte sich die Galerie. Plötzlich war auch Hannah verschwunden. Ebenso der Maler.

Alfred tuschelte mit seinem Bruder. Martin Thomas hielt seinem Sohn Matteng eine Standpauke, warum er nicht wenigstens ein paar freundliche Sätze über seine Großmutter gesagt habe. Karoline war umringt von ihren Stammkunden, die nicht aufhörten, ihr zu versichern, wie sehr man sie in Zukunft vermissen werde. Fast jeden Nachmittag gab es in der Galerie ein Treffen für Champagnerbrüder und -schwestern. Es wurde ausführlich geklatscht, welcher Senator mit welcher Sekretärin unter welcher Decke steckte, es wurde jeder Skandal, jedes Skandälchen durchgehechelt. »Wir sind eben nur eine provinzielle Großstadt, auch was die Affären betrifft«, bedauerten sich die einen. »Wir sind nicht mehr als ein Oberzentrum fürs platte Land«, kam es von anderen. Nicht mal zu einem handfesten Skandal, der bundesweit Schlagzeilen machte, reichte es. Nun sollten die trinkfesten Nachmittage ein Ende haben. Nicht auszudenken, wie man diese Leere füllen konnte.

»Karoline, das kannst du uns nicht antun«, sagte eine Frau, die sich stets als erste Busenfreundin der Galeristin bezeichnete, »und auch dir nicht.«

»Besser ein Ende mit Schrecken«, erwiderte Karoline, »den Rest kennt ihr ja.«

Gabriele machte die Runde, verabschiedete sich von ihrer Familie. Wo ist denn nur Hannah abgeblieben?

»Kanntest du diese Frau aus London?«, fragte Gabriele ihre Mutter.

»Nein, nie gesehen, diese Dame. Sah ja recht adrett aus. Muss wohl eine Kollegin von mir sein. Eine ... ehemalige Kollegin, wie ich ja ab heute besser sagen muss.«

Als Gabriele nach Hause radelte, dachte sie an ihre Tochter. Sie hatten sich am Nachmittag gestritten, weil sie partout nicht zur Vernissage mitkommen wollte. »Sie würde sich so freuen«, hatte Gabriele immer wieder betont. »In dem Aufzug fall ich doch nur blöd auf«, erwiderte ihre Tochter. Sie könne sich doch ausnahmsweise mal etwas Normales anziehen. Gabriele hatte bewusst vermieden, etwas Anständiges zu sagen. Das war immer der Ausdruck ihrer Mutter gewesen. »Ich hab keinen Bock auf Leute momentan«, hatte Hannah gesagt. »Keinen Bock, ich hab keinen Bock«, Gabriele war laut geworden, als sie die Worte ihrer Tochter wiederholte. Hannah war einfach davongerannt und bis kurz vor acht nicht wieder erschienen.

»Und wie war das Fest?«, rief Wolfgang aus seiner Kanzlei, als Gabriele die Haustür hinter sich abgeschlossen hatte. »Hab ich was verpasst?«

»Ja«, Gabriele, ging die Treppe hinauf. »Die Bilder sind

wundervoll. Ich glaube, ich werde dir eins zum Geburtstag schenken.«

»Du bist ein Goldstück«, hörte sie noch.

In der Küche stieß sie auf Kuno.

»Ist Hannah noch nicht da?«, fragte Gabriele.

»Ei, welsche Hannah? Mer ham seit geraumer Zeit zwei von denne.«

»Meine Tochter.«

»Die ist im Bett und schläft. Scho lang.«

Gabriele war erleichtert.

»Und meine Schwester?«

»Die ist noch net aufgekreuzt. Die war ja dodschick, als sie hier raus is. Wollte die zu nem Kostümball?«

Gabriele lachte.

»So etwas Ähnlichem.«

Als sie sich umdrehte, stand Hannah Huneus in der Tür. Sie hatte die Tarnung abgelegt und erschien in Jeans und einem T-Shirt mit der Aufschrift: *99% is shit.*

»Hannah, was ...«, stotterte Gabriele.

»War wirklich nett, mal alle wieder zu sehen«, unterbrach ihre Schwester sie. »Mein lieber Schieber, unser Bruder ist aber in die Breite gegangen. Man könnte ihn glatt für einen japanischen Sumo-Ringer im Ausgehanzug halten. Unsere Mutter macht eine gute Figur. Wenn wir mit über 70 noch so aussehen. Toll! Alfred wie immer ein Leuchtturm, speziell seine güldene Krawatte. Mit dem hatte ich gar nicht gerechnet. Unser Vater braucht bestimmt einen Handspiegel, um uns zu erkennen. Ich hab mir sein Gesicht nicht anschauen können, obwohl ich mich ein paar Mal umgedreht habe.«

»Ganz schön risky, was?« Gabriele holte sich ein Glas aus dem Küchenschrank und goss sich einen Orangensaft ein.

»Wie man es nimmt«, sagte Hannah, »ich fand nichts dabei. Wenn mich einer erkannt hätte, wäre es auch nicht schlimm gewesen.«

»Wusste denn der Maler ...«

»Mit dem hatte ich das von vorneherein abgekaspert. Der fand das Spielchen lustig. Ich hab ihm auch gleich gesagt, warum ich da reinplatzen will.«

»Schwontkowski weiß, wer du wirklich bist?« Gabriele war ein bisschen sauer. Die ganze Zeit mussten sie sich bedeckt halten, um Hannah auf keinen Fall zu verraten, und nun ...

»Ich wollte ihn nicht hinters Licht führen, Gabi. Dazu gefällt er mir viel zu gut.«

»Ach, höre ich da ...«

»Du hörst gar nix!«, Hannah hielt den rechten Zeigefinger an den Daumen gedrückt und wedelte damit vor Gabrieles Gesicht, »nicht so viel ist da dran, was du zu hören glaubst.« Hannah lachte. »Wir fahren am kommenden Wochenende für zwei Tage nach Dänemark. Er kennt da ein paar schöne Strände.«

»Vielleicht e bissi kalt um die Jahreszeit«, mischte sich Kuno ein.

Hannah hielt die Einladungskarte hoch. »Als ich die auf deinem Schreibtisch gesehen habe, dachte ich, eine gute Gelegenheit, alle auf einem Haufen anzuschauen. Ist doch gut gegangen, Gabi. Keine besonderen Vorkommnisse.«

»Mein Puls ging wie verrückt«, erwiderte ihre Schwester, »ich dachte, man würde mir etwas anmerken.«

»Ich hab direkt vor meiner Mutter gestanden«, sagte Hannah, »direkt vor ihr. Sie hat mich nicht erkannt.«

»25 Johr sind halt a lang Zeit, Hannahche.« Kuno trank sein Bier aus und verabschiedete sich. »Der aal Sack muss in die Kist'.«

Eine Viertelstunde später kam Wolfgang in die Küche. »Wird hier noch getagt?« Er holte sich eine halb volle Weißweinflasche aus dem Kühlschrank.

Immer noch aufgeregt erzählte Gabriele von Hannahs Auftritt in der Galerie.

»Dann war die Familie ja mal wieder zusammen«, Wolfgang schaukelte die Flasche in der Luft, »auch wenn es nicht alle mitbekommen haben.« Er hob die Schultern. »Muss mal wieder eine Nachtschicht einlegen.«

Er ließ die beiden Schwestern allein zurück.

»Wie lange willst du denn noch als Engländerin herumlaufen?« Gabriele legte ihre Kostümjacke ab und hängte sie über den Stuhl.

»So lange, bis ich herausgefunden habe, was es mit meiner angeblichen Entführung auf sich hat. Meinst du, mir würde jemand auch nur etwas sagen, wenn er weiß, wer ich wirklich bin?«

»Aber dieser Gebert hat doch schon nix gesagt, obwohl du ...«

»Ich habe ihn bisher telefonisch nicht erreichen können, aber vielleicht lässt er ja doch noch die Katze aus dem Sack. Ich muss nur höllisch aufpassen, daß er mir nicht vorzeitig auf die Schliche kommt. Außerdem hatte er ja damals einen Vorgesetzten ...«

»Du willst doch wohl nicht«, ging Gabriele dazwischen.

»Warum nicht?«, erwiderte Hannah gelassen. »Wenn mich nicht mal meine Familie mehr erkennt, warum sollte dann der Meiser etwas ahnen.«

»Hannah, der ist Polizeipräsident gewesen. Du hast doch erlebt, wie er mit dir umgesprungen ist. Ein ganz harter Knochen.«

»Mach dir keine Sorgen, Gabi. Ich kenne die Gefahr und

liebe das Risiko. Der Mann ist pensioniert. Wenn ich bei dem als Reporterin der BBC auftauche ...«

Gabriele schüttelte den Kopf. »Ich würde das nicht bringen.«

Zum wiederholten Male bewunderte sie ihre kleine Schwester. Hannah hatte mehr Kraft als sie, war stets entschlossener gewesen, hatte zugepackt, während Gabriele noch zauderte. Ließ sich selbst von aussichtslosen Unternehmungen nicht abbringen, auch wenn sie wusste, daß sie scheitern konnte.

»Hier seid ihr!« Gabrieles Tochter hatte gerötete Augen. Schlang ihre Arme um Hannah. »Ich hab geträumt, ich werde in zwei Stücke gerissen. Mittendurch. Hat schweineweh getan. Zwei glatzköpfige Typen haben mich auseinander gerissen.«

Ihre Tante strich ihr über den Kopf. »Beruhig dich Hannah, wir sind ja bei dir.«

»Ich konnte mich nicht bewegen. Lag im Bett wie tot. Die haben mich einfach auseinander ...« Weiter kam sie nicht, weil sie ein Weinkrampf schüttelte.

»Wir können uns doch gütlich einigen, Herr van Bergen.«

»Ich wüsste nicht, wie.«

»Wir hatten Sie immer für einen intelligenten Mann gehalten, mit dem man offen reden kann.«

»Und warum tun Sie es dann nicht, Herr Borg?«

»Ich hab Ihnen gesagt, mit wem Sie es zu tun haben. Wir wissen beide, um was es uns geht ...«

»Um was es Ihnen geht, Herr Borg.«

»Ihnen doch auch, Herr Rechtsanwalt.«

»Ich sehe überhaupt keine Veranlassung, tätig zu werden, solange die Rechtsnachfolge nicht eindeutig geklärt ist.«

»Sie wollen also die ganze Summe für sich?«

»Herr Borg, wenn Sie weiterhin solche Invektiven von sich geben, beende ich das Gespräch sofort.«

»Entschuldigung, das nehme ich zurück. Mit dem Ausdruck des größten Bedauerns.«

»Akzeptiert.«

»Herr van Bergen, wir wissen beide, daß es ziemlich lange dauern wird, bis die Rechtsnachfolge geklärt ist.«

»Das ist unstrittig. Kann sein, daß wir beide das nicht mehr erleben.«

»Sehen Sie, davon spreche ich. Also, was wird nun mit dem Geld? Soll es auf dem Konto vermodern?«

»Das würde ich nicht vermodern nennen, Herr Borg. Es vermehrt sich. Darin sind die Schweizer ganz geschickt.«

»Und das soll in alle Ewigkeit so weitergehen?«

»Wir können daran überhaupt nichts machen. Das entscheidet sich auf höchster Ebene.«

»Irgendwann?«

»Ja, irgendwann.«

»Wir schlagen Ihnen eine Drittelung vor.«

»Wie meinen Sie das?«

»Fünf Millionen für Sie. Das ist unser Angebot!«

»Sehen Sie, Herr Borg, ich bin Jurist und kein Koofmich, der in solchen Kategorien denkt. Selbst wenn Sie mir die Hälfte der Summe anböten, würde ich nicht zustimmen.«

»Das käme nicht infrage.«

»Sie bräuchten es erst gar nicht zu versuchen. Ich habe damals meine Zustimmung zu dem Transfer gegeben, weil das ein ganz gewöhnlicher Vorgang war: Ein Konto in der Schweiz eröffnen, ein Nummernkonto versteht sich, die nötigen Papiere besorgen und treuhänderisch tätig werden. Niemand konnte damit rechnen, daß die DDR von der Landkarte verschwindet.«

»So kommen wir nicht weiter, Herr van Bergen. Ihnen gehört das Geld nicht, und das wissen Sie auch!«

»Wollen Sie mich zu einem Rechtsbruch anstiften? Soll das eine kleine Falle sein? Jurist vergreift sich an fremdem Vermögen, kassiert so mir nichts dir nichts fünf Millionen Dollar und macht sich ein schönes Leben in Florida. Hatten Sie daran gedacht?«

»Sie brauchen gar nicht ironisch zu werden, Herr Rechtsanwalt. Als wir Ihnen damals den Auftrag gegeben haben, für uns tätig zu werden, ging es darum, eine bestimmte Summe für die Zukunft festzulegen, damit sie nicht, im Falle eines Falles …«

»Halten Sie mich nicht für so naiv, daß ich mir das nicht hätte denken können. Harte Währung in der Schweiz bunkern, oder sagen wir es genauer: Devisen außer Landes bringen, um sich irgendwann mal daran zu bereichern.«

»Das ist wirklich zu hart formuliert.«

»Warum sollte ich es weicher formulieren? Doch dann kam die Wende, alles wurde auf den Kopf gestellt. Sie und Ihre Genossen verloren plötzlich ihren Einfluss …«

»Das konnte keiner vorausahnen.«

»Sehen Sie! Damit sind wir wieder beim Anfang. Sie wollen sich das Geld oder einen Teil davon unter den Nagel reißen, um es mal wieder hart zu formulieren. Und möchten mich als einzig Zeichnungsberechtigten großzügig an diesem Betrug teilhaben lassen …«

»Herr van Bergen, ich bitte Sie, das ist nicht fair.«

»Ich kann es nicht anders betrachten.«

»Eine Frage noch: Wann werden Sie den Behörden melden, daß diese gewisse Summe auf einem Konto in der Schweiz lagert?«

»Das steht vorerst nicht an, Herr Borg.«

»Dann möchte ich mich, auch im Namen meiner Genossen, für das Gespräch bedanken, Herr van Bergen. Sie hören wieder von uns.«

»Hoffentlich nicht so bald.«

– elf –

Geschwind ging Alfred Huneus die Wendeltreppe hinauf. Er wollte das Gespräch hinter sich bringen und dann rechtzeitig am Flughafen sein. 14 Uhr Frankfurt, 15 Uhr 50 Barcelona. Dann war wieder alles im Lot. Die zwei Tage bei der Familie reichten völlig, um ihm ins Gedächtnis zu rufen, warum er der Hansestadt den Rücken gekehrt hatte. Tagtäglich mit diesen Langweilern zu tun zu haben, war eine arge Pein.

»Ist er noch nicht da?«, fragte Alfred seinen Neffen, ohne eine Begrüßung vorauszuschicken.

»Ist im Anmarsch«, erwiderte Martin Thomas. »Wir sollten schnell mal absprechen, wie wir vorgehen wollen.«

»Das brauchen wir nicht«, sagte Alfred bestimmt. »Ich mach das schon. Der ist schneller unter Wasser, als er Amen sagen kann.«

»Aber Alfred ...«

»Nichts da. Deswegen bin ich extra hergekommen. Mit diesem Brock wirst du nun mal nicht fertig.«

Alfred stand neben dem wuchtigen Schreibtisch, an dem schon sein Vater gethront hatte. Daß nun dieser nichtsnutzige Martin Thomas dort saß ...

»Es geht doch um meinen Mandanten Arnold Gildemeister. Ich muss ihn verteidigen. Nicht du. Das ist mein ...«

»Pass mal auf, mein Lieber. Du hast am Telefon deutlich gesagt, daß ihr nicht wüsstet, wie man mit Brock umgehen soll. Ich weiß es. Am besten du gehst zwei Stunden irgendwo kaffeesieren, und dann hab ich ihm die Luft abgedrückt.«

»Aber ...«

»Nun mach schon. Ich möchte, daß der Kerl überrascht ist, wenn er plötzlich auf mich trifft. In der Überraschung liegt der Sieg. *Viva la sorpresa!*«

Mit diesen Worten schubste er seinen Neffen an der Schulter. Martin Thomas erhob sich widerwillig.

Alfred nahm auf dem gepolsterten Sessel Platz. Ganz warm, der dunkelbraune Ledersitz.

»Nun hau schon ab!«, fuhr er seinen Neffen an. »Sonst vermasselst du mir die Attacke.«

Als er allein in dem gläsernen Kasten saß, dachte Alfred an seinen Vater. Wie der mit harter Hand die Kanzlei regiert hatte. Keine Widerworte. Alles preußisch genau. Er legte bei allen Mandaten die Linie fest, die anderen Rechtsanwälte, speziell seine Söhne, waren ausführende Organe. Nichts weiter als Lakaien seiner Majestät. Solange seine Großmutter Helene noch gelebt hatte, konnten die Söhne auf ein bisschen Milde hoffen, aber nachdem sie kurz vor ihrem hundertsten Geburtstag gestorben war, wurde das Regiment noch schärfer.

Das Ölgemälde, das die Firmengründerin zeigte, prangte über der Aktenablage im rückwärtigen Teil des Konferenzraums.

Hier hätte ich gesessen und meine Tage vorbeiziehen sehen. Ostentativ gähnte Alfred. Ihn amüsierte der Gedanke.

Sein älterer Bruder hatte den Kampf um die Vorherrschaft in der Kanzlei nur mit halber Kraft geführt. Eigentlich gab er ihn schon auf, bevor er richtig angefangen hatte. Aber nicht sein Bruder Thomas Anton war der Grund, daß Alfred es vorzog, in Barcelona zu leben. Sein Entschluss stand seit dem Tag fest, an dem sein Neffe in die Sozietät aufgenommen wurde. Mit diesem Schaumschläger jeden Tag zusammenzutreffen, verursachte ihm Magenschmerzen. Übelkeit. Schluckbeschwerden. Daß sich Martin Thomas eines Tages unumschränkt hier austoben wird, war nicht zu verhindern. Vielleicht fällt mir ja doch noch etwas ein, um ihn in die Wüste zu schicken. Am besten in die Wüste auf dem Mars.

»Er ist da«, quäkte die Gegensprechanlage.

»Schicken Sie ihn rauf«, sagte Alfred.

Wie viele Jahre hatte Heinrich Brock eigentlich an der Seite der Familie Huneus gearbeitet? Es mussten fast dreißig gewesen sein. Als er um die Hand seiner zwei Jahre jüngeren Schwester Hildegard angehalten hatte, war er vom Alten nur akzeptiert worden, weil er ein so überaus eifriger Jurist war. Beste Referenzen, Staatsexamen *summa cum laude*, nur lobende Worte von allen Seiten. Dreißig Jahre, so lange hatte er diesen Schwager ertragen müssen, der nur durch seine Arbeitswut bestach. Eine überaus mittelmäßige Erscheinung, dieser Beamtenjurist.

Heinrich Brock erstarrte.

»Alfred?«

»Komm her, wir haben was zu bereden.«

»Aber ...«

»Nichts aber. Du hast uns was angeboten. Darüber wird jetzt verhandelt. Setz dich.«

Alfred hatte keinen Plan. Er wollte improvisieren. Schließlich kannte er diesen Mann, der ihm regungslos gegenüberstand, lange genug, um dessen Schwachstellen nutzen zu können.

»Ich dachte ...«

»Du sollst nicht denken, wir müssen reden. Setz dich!«

Gleich von Anfang klar machen, wer das Spiel beherrscht und wer das Nachsehen haben wird.

»Martin Thomas wollte ...«

»Der hat einen Termin, irgendwo im Ruhrgebiet. Ganz

dringend. Deswegen bin ich hier. Nun setz dich schon hin.«
Ein Termin im Ruhrgebiet, damit hatte sich sein Bruder immer entschuldigt, wenn es brenzlig wurde, wenn der Senior ihn am Wickel hatte, weil er mal wieder dessen Anordnungen nicht ausgeführt hatte. Oder wenn er seiner Tochter Gabriele immer noch nicht ins Gewissen geredet hatte, nun endlich diesem unsäglichen Wolfgang van Bergen den Laufpass zu geben.

Alfred machte keinerlei Anstalten, den überraschten Brock zu begrüßen. Kein Handschlag mit dem Gegner. Klare Verhältnisse schaffen.

»Weißt du denn ...«

»Ich bin völlig im Bilde. Wir haben alles durchgesprochen. Schließlich«, Alfred sah zum Bild seiner Großmutter hinüber, »bin noch immer ich der Chef dieser Kanzlei und nicht mein Neffe. Wenn du dich nicht gleich setzt, lass ich dir einen Stuhl bringen.«

Alfred beugte sich vor, als wolle er über die Gegensprechanlage die Bürovorsteherin auffordern ...

Schnell setzte sich Heinrich Brock an den Konferenztisch. Auf den Platz, auf dem er dreißig Jahre lang hinter einem Berg von Akten und Heftern, Fotokopien und Schriftstücken, aufgeschlagenen juristischen Büchern und Bänden mit höchstrichterlichen Entscheidungen gesessen hatte.

»Du willst also Geld, Heinrich«, fuhr Alfred ihn an. »Ist ja nichts Neues von deiner Seite. Das sind wir gewohnt.«

»Aber ich möchte nicht mit dir ...«

»Wir beide verhandeln. Hier und heute. Damit das ein für alle Mal klar ist.«

»Ich habe mit deinem Neffen ...«

»Mein Neffe steht nicht zur Verfügung.«

Brock erhob sich, als wollte er das Weite suchen.

»Findest du 15 Prozent nicht reichlich überzogen? Aber«, wieder sah Alfred zu Helene hinüber, sie hätte ihn bewundert, wie er mit dem früheren Sozius umsprang, »du kannst sie bekommen. Ich habe schon eine Vereinbarung aufsetzen lassen. Nur: Das ist ein Geschäft auf Gegenseitigkeit, du sagst, um was es geht – wir unterzeichnen den Vertrag und ab dafür.«

Alfred sah in das verdutzte Gesicht seines früheren Partners. Schon hatte er ihn an der Angel, war ganz einfach gewesen.

»Was soll das …«

»Pass auf, es ist doch ganz einfach. Wenn die Information, die du uns verkaufen willst, für die Verteidigung dieses Tunichtguts aus dem Hause Gildemeister wirklich so wichtig ist, muss die selbstverständlich bezahlt werden. So weit einverstanden?«

Heinrich Brock nickte.

»Dann setz dich wieder hin.«

Brock setzte sich.

Wie war das damals gewesen, als sich dieser angeheiratete Schwager mit dem Senior angelegt hatte? Es ging um den Kuhhandel wegen der Baugenehmigung des gläsernen Konferenzraumes auf dem ehrwürdigen Haus am Wall. Sein Vater hatte sie gegen die kostenlose Vertretung des Leiters des Bauordnungsamtes in einer Rechtssache eingetauscht. Brock war dahintergekommen und hatte den Senior zur Rede gestellt. Seitdem wurde er von seinem Schwiegervater wieder gesiezt.

Alfred zog ein Stück Papier aus der Schreibtischschublade und legte es vor sich hin. Mit beiden Händen strich er darüber.

»Hier. Alles vorbereitet. Sie bekommen 15 Prozent Beteiligung an unseren Einnahmen aus der Verteidigung und nun ...«

»Ich bin nicht bereit ...«

»Sagen Sie mal, Herr Brock, für wen halten Sie uns eigentlich? Für miese Winkeladvokaten, die man über den Tisch ziehen kann? Oder für blauäugige Anfänger, denen man die Katze im Sack verkaufen kann und sich dabei noch großartig vorkommt?«

Alfred schaute kurz auf das Papier, das er aus dem Schreibtisch geholt hatte. Ein Vertragsentwurf in einer längst abgeschlossenen Erbschaftssache.

»Mit Ihnen verhandele ich nicht ...«

»Sie werden mit niemand anderem hier verhandeln. Dafür sorge ich eigenhändig.«

Alfred hielt den Vertragsentwurf hoch. »Warum sagen Sie nicht einfach, was für geheime Abmachungen die Gildemeisters getroffen haben, und wir werden uns handelseinig?«

»Ich sage gar nichts ...«

Alfred erhob sich. Ganz langsam. Für diesen Tag hatte er seinen ältesten Anzug angezogen, mit dem würde er in Barcelona durchfallen. Enrica würde ihm den vom Leib reißen, so ein schäbiges Tuch und dann auch noch in blaugrau mit roten Pünktchen.

»Dann sage ich Ihnen was, Herr Brock. Es gibt gar keine Abmachungen, die wir nicht kennen. Das sind alles Hirngespinste von Ihnen, um uns das Leben madig zu machen. Was es gibt, wissen wir. Und darüber hinaus gibt es nichts. So, und nun machen Sie, daß Sie rauskommen!«

Brock war so erschüttert von diesen Worten, daß seine Wangen zitterten. Angeschlagen, ausgezählt, dachte Alfred.

»Und ich will Ihnen noch was sagen: Der alte Gildemeister wusste genau, was er an seinem zweiten Sohn hatte. Nämlich nichts, was seinem Geschäft zuträglich hätte sein können. Arnold war ein Leichtfuß, der alles Geld, das ihm in die Finger kam, in unsinnigen Luxus steckte. Gerhard Gildemeister hat Luxus stets verabscheut. Für einen Hanseaten wie ihn waren Luxus und Verschwendung völlig indiskutabel. Deswegen hat er mit seinen beiden Söhnen vereinbart, daß Arnold nur dann Kapital von der GmbH erhalten kann, wenn er eine eigene Handelsfirma gründet, um dort tätig zu sein. Der alte Gildemeister wollte ihn dadurch ins Geschirr zwingen und dafür sorgen, daß die Firma nach seinem Tode nicht aufs Spiel gesetzt wurde, weil sein Söhnchen den Luxus der täglichen Arbeit vorzog. So, Herr Brock, sollten Sie jetzt noch etwas haben, was darüber hinaus von Bedeutung ist, sagen Sie es auf der Stelle.«

Alfred schaute gezielt an seinem früheren Partner vorbei.

Ein Schuss ins Schwarze. Getroffen. Zu Boden gegangen. Spontane Einfälle. Sind immer die besten.

Keine zehn Minuten hatte er für den Knock-out gebraucht.

Alfred wartete. Er bemerkte, daß Heinrich Brock sich bemühte zu erkennen, was auf dem Papier geschrieben stand. Aber dafür saß er zu weit entfernt.

»Ich warte«, sagte er.

Keine Reaktion.

Die beiden saßen sich stumm gegenüber.

Brock hatte stets die Verträge mit dem alten Gildemeister gemacht, immerhin gab es ständig Ärger mit den Söhnen, wer welchen Teil vom internationalen Weinhandel in eigener Regie führen durfte. Nachdem einer der drei Söhne bei einem Motorradunfall ums Leben gekommen war, entbrannte der Streit erneut. Gerhard Gildemeister jun. gegen Arnold Gildemeister, die beiden Prinzen. In der Kanzlei Huneus wurden die Entwicklungen beim Weinhändler immer penibel registriert, auch wenn die Hunnen in diesem Streit allenfalls vermitteln konnten.

»Tja«, Alfred ließ den alten Vertragsentwurf wieder in der Schublade verschwinden, »das habe ich ja wohl umsonst diktiert. Es ist besser, Sie gehen jetzt, Herr Brock. Zwischen uns ist alles geklärt.«

Als sein Schwager schon an der Tür war, rief Alfred: »Tschüss, Heinrich. War kein Vergnügen, dich wieder zu sehen. *Nunca mas!*«

Brock knallte die Eichentür zu.

Irgendwo hat der Alte doch immer seinen Cognac versteckt, dachte Alfred und machte sich auf die Suche. Dieses Gesöff, das er in seinen letzten Jahren so liebte. Es wurde dadurch auch nicht schlechter, daß es in einer dunklen Ecke über viele Jahre lagerte.

Privatissime T.H. stand auf dem Aktenordner, den Alfred aus dem Regal zog. Niemand schien gewagt zu haben, dahinter nachzusehen. *Gran Ducque de Alba*, den hab ich ihm doch noch mitgebracht, dachte Alfred. Leider gab es kein Glas, nicht mal ein Wasserglas. Unmöglich kann ich aus der Flasche trinken, nicht diesen fantastischen Brandy.

»Könnten Sie mir bitte ein Glas Wasser bringen!« Alfred drückte den Knopf von der Gegensprechanlage. Er wartete die Antwort nicht ab. Die Brandyflasche verbarg er im Schreibtisch.

Ein Lächeln ging über sein Gesicht. Was für ein leichter Sieg. Brock hatte einen Bluff versucht, so viel stand für ihn fest. Nur weil er damals immer die Verhandlungen mit den Gildemeisters übernommen hat, glaubt er, noch einen Pfeil im Köcher zu haben. Irrtum, Herr Brock, Pfeile haben nur die im Köcher, die damit auch ins Schwarze treffen können. Andere sind wertlos.

Die junge Sekretärin, die ihm das Wasserglas brachte, sagte, der Herr sei ja ziemlich von der Rolle gewesen, als er die Kanzlei verließ.

»Ein Schwindler, in jedweder Hinsicht.« Alfred strahlte die Frau an. Wie alt mochte sie sein? Nicht mehr als 25. Eines musste er seinem Neffen lassen, in der Auswahl seiner Mitarbeiterinnen zeigte er Geschmack.

»Kann ich sonst noch etwas für Sie tun?« Auch die Stimme war durchaus angenehm. Junge weibliche Stimmen verfügten stets über einen erotischen Unterton.

»Leisten Sie mir ein bisschen Gesellschaft«, sagte Alfred. »Wenn Sie uns noch ein Glas holen, dann schenke ich Ihnen einen Brandy ein, wie Sie ihn noch nie gekostet haben.«

»Um diese Uhrzeit, Herr Huneus!«, entfuhr es der Sekretärin.

»Das muss ja nicht jeder hier im Hause erfahren.«

Kurz darauf stießen sie an.

Dann ließ sich Alfred erzählen. Tansu hieß sie. Kam aus einer deutsch-türkischen Familie. Hatte das Abitur mit einer glatten Eins gemacht. Schulbeste. Ehrgeizig. Und dazu gut aussehend.

Ab und zu stellte Alfred eine Frage, damit der Redefluss nicht unterbrochen wurde. Es war so angenehm, dieser Stimme zuzuhören. Wie eine Melodie, die leicht hin- und herschwang, mal dort mit einem hohen Ton brillierte, mal da eine kurze, spannungsvolle Pause einlegte. Dann wieder in eine leichte Aufgeregtheit verfiel. Immer ein bisschen zu voreilig. Er hätte ihr stundenlang lauschen können.

Das Telefon ging.

»Lassen Sie es klingeln!« Alfred Huneus machte eine abweisende Handbewegung.

»Das dürfen wir nicht«, kam es von der Sekretärin, »das hat uns ...«

»Sie haben ja Recht!« Alfred nahm den Hörer selbst ab.

Es war Martin Thomas, der seine private Nummer anrief. Er wollte wissen, wie es gelaufen sei.

»Zu unserer Zufriedenheit«, sagte Alfred knapp und schaute wieder zu dem jungen Geschöpf, das nur noch zwei Handbreit neben ihm saß.

»Ich habe eine überaus schlechte Nachricht«, begann Martin Thomas, »du musst noch hier bleiben.«

»Worum geht's?« Alfred hob leicht die Schultern, zuckte mit den Augenlidern. Wie schade, daß dieses kleine Tête-à-Tête unterbrochen war.

»Wir müssen ganz neu ... eine völlig veränderte Lage ... Es gibt in Sachen Gildemeister eine Nebenklage«, Martin Thomas überschlug sich, »da ist etwas hinzugekommen.«

Hat mich dieser Brock reingelegt, schoss es Alfred durch den Kopf. Das hätte ich ihm nicht zugetraut.

»Ich bin in einer Dreiviertelstunde zurück, dann können wir die Sache durchsprechen.«

Alfred verspürte nicht die geringste Lust, seinen Flug zu verschieben. Abends wollte er mit Enrica in den Club. Eine kleine Wiedersehensfeier mit einem speziellen Programm.

»Um was geht es denn bei der Nebenklage?«, fragte er.

»Das sag ich dir gleich.«

»Sag es jetzt«, fuhr Alfred seinen Neffen an.

Die junge Sekretärin hatte sich erhoben. Wie ausgesprochen schade, sie wäre ein Grund gewesen, doch noch einen Tag länger zu bleiben. Schon war sie aus der Tür.

»Bei der Nebenklage geht es um Verleumdung. Die Frau des omnipotenten Ossis hat sie eingereicht.«

»Das ist doch absolut lächerlich!« Alfred war erleichtert. Ein solcher Angriff konnte leicht abgewehrt werden.

»Sie wird von diesem van Bergen vertreten.«

»Ach«, sagte Alfred.

El no tienes cojones, dachte Alfred, mein Neffe trägt keinen Hintern in der Hose. Das hab ich immer gewusst. Vor dem Zusammentreffen mit Wolfgang van Bergen ist ihm schon jetzt angst und bange.

»Dann wünsch ich viel Vergnügen, mein Lieber. Lass dich von dem nicht ins Bockshorn jagen. Aber im Ernst, mit so einer Nebenklage solltest du fertig werden. Nimm dir einen unserer Anwälte und sprich es mit ihm durch. *Hasta luego!*«

Eine halbe Stunde später stand Alfred am Abflugschalter der Lufthansa. Er hatte es gerade noch geschafft, sich zu Hause umzuziehen, rechtzeitig mit dem Taxi zum Flughafen zu gelangen und kurz vor dem letzten Aufruf einzuchecken.

Er würde in Barcelona einiges zu erzählen haben.

Schade nur, daß er nicht bei dem Prozess dabei sein konnte. Zu der Zeit würden Enrica und er auf den Spuren prähistorischer Kulturen in Mexiko weilen. Bei den Mayas sollen ja ziemlich grausame Riten geherrscht haben, dachte Alfred, als er aus dem Flugzeug einen letzten Blick auf die Hansestadt warf.

Fahrrad oder Straßenbahn, das ist die Frage. Unentschlossen stand Hannah van Bergen im Keller. Erst mal den Hinterreifen aufpumpen. Ach was, das reicht noch. Oder doch schnell mal pumpen?

Der Treffpunkt der Vorbereitungsgruppe »3. Oktober« lag im Westen der Hansestadt. Bequem mit der Linie 3 zu erreichen, stand im Flugblatt. Was heißt hier bequem? Erstens kostet es Geld, zweitens mindestens eine Dreiviertelstunde Zeit, um dorthin zu kommen. Also doch Fahrrad.

Hannah besah sich das Hinterrad. Du musst pumpen, daran kommst du nicht vorbei.

Sie hatte Kevin gefragt, ob er mitkomme. Nein, keine Zeit, wir müssen proben. Ob denn der Gig bei den Faschos noch aktuell sei? Komm mir nicht so, verdammt, was geht dich das an? So oft Hannah auch versuchte, die Sache mit Kevin wieder gerade zu ziehen, so oft ließ er sie abblitzen. Als wäre nie was zwischen ihnen gewesen. Als hätten sie sich nicht beide den farbigen Adler über den Hintern tätowieren lassen. Ob er denn am 3. Oktober zu Hause sitzen und sich den Scheiß im Fernsehen ansehen wolle? Der Einheitsbrei ist noch weit weg, hatte Kevin gesagt, noch ganz weit weg. Vorher fahren wir Interrail durch Europa. Noch sei ein Platz frei ...

Hannah wusste, daß ihre Eltern den Trip niemals erlauben würden. Fragen zwecklos. Abgelehnt. Es gab diesen Vertrag. Nicht vor dem 16. Geburtstag. Und der war noch weiter weg als der Einheitsbrei.

Hannah nahm die Pumpe in die Hand, schraubte das Ventil auf.

Zischend fuhr die Luft heraus.

»Scheiße!« Sie warf die Pumpe auf den Boden.

Straßenbahn. Fahre ich eben schwarz. Wird ja nicht gleich ein Sheriff kommen.

Sie hatte mit ihrer Tante darüber gesprochen, ob sie auch bei der Vorbereitungsgruppe mitmischen wolle. Wie sie von ihren Eltern wusste, war Tante Hannah mal eine ganz Radikale gewesen. Eine Terroristin! Obwohl sie das abstritt. Aber sie war sogar auf einem dieser Fahndungsplakate zu sehen gewesen, die sie im Unterricht gezeigt bekamen, als über den deutschen Herbst gesprochen wurde. Die wilde Hannah. Ein frech dreinblickendes Gesicht unter einer lockigen Mähne. Ihre Nichte hatte in der Klasse mit ihr angegeben. Die Namensgleichheit war der Beweis. Sie hatte die Bewunderung ihrer Mitschüler eingeheimst.

Jetzt war die Tante träge. Nein, momentan könne sie sich das nicht vorstellen. Schlapp. Nein, sie müsse erst noch ein paar Dinge klären. Die Tante war müde. Wie müde diese Alten waren. Zu müde, nur auch mal den kleinen Finger zu heben und zu sagen, halt, stopp, ich mach da nicht mehr mit. Die waren einfach demofaul, mit denen konnte man nicht mehr rechnen. Nicht mehr in diesem Leben.

Hannah ging mit schnellen Schritten zum Bahnhof, wo die Straßenbahnen abfuhren. Sie musste sich beeilen, wenn sie rechtzeitig am Treffpunkt sein wollte. Eine Gaststätte mit einem großen Festsaal, hieß es im Flugblatt, dort sollten die verschiedenen 3. Oktober-Initiativen zum ersten Mal zusammenkommen. Verdammt weit draußen. Hätte man nicht einen Saal in der Innenstadt mieten können?

Hannah trat gegen eine Mülltonne.

Vielleicht konnte Matteng sie ja nach Hause bringen. Auch nachts gab es Sheriffs in der Straßenbahn. Zweimal schwarzfahren, ganz schön risky. Diesen Ausdruck hatte sie von ihrer Mutter. Hannah fand ihn gut, benutzte ihn gerne. Ihre Mutter sprach zwar von risky, aber sie selbst lebte dumpf. Arbeiten, Gutachten tippen, wegfahren, arbeiten, Gutachten tippen, weg sein. So ging das seit Jahren. Vier Wochen Urlaub. Wangerooge, das war's dann schon. Ihre Mutter hätte Hannah gar nicht fragen brauchen, ob sie zu dem Treffen mitkommen würde. Zwecklos. Zu müde. Zu schlaff. Zu verbraucht. Irgendwie auch zu hohl im Kopf.

Die Ampel sprang auf rot, als Hannah hinüberging. Nur mit einem heftigen Schlenker konnte der Autofahrer ausweichen.

»Pass doch auf, du ...«, schrie er.

Hannah zeigte ihm den Stinkefinger. Selber Wichser. Rasen durch die Stadt und überfahren wildfremde Menschen.

Matteng hatte es gut. Der konnte bald abhauen. Weltreise, nur weg von zu Hause. Diese Huneus-Bande musste aber auch ein arges Gefängnis sein. Der überfette Frosch von einem Vater, diese Mutter, die gar nicht existent war, keine Meinung, kein Leben, nichts. Da hab ich ja noch Glück gehabt. Hätte mich ja auch treffen können. Als eine von dieser Sippe. Ist schon besser, mit denen keinen Kontakt zu haben.

Ihre Tante war doch tatsächlich bei dem Galerieabend aufgetaucht. Verkleidet. Als englische Lady. Immerhin etwas. Das muss man sich erst mal trauen. Hätte doch glatt auffliegen können.

Wildes Klingeln. Bremsen. Rufen.

Ein Radbote ging zu Boden.

»Kannste nicht auf dem Bürgersteig gehen? Wie alle anderen auch«, schnauzte er Hannah an.

»Auf dem Bürgersteig gehen nur Lahmärsche«, konterte sie und rannte davon.

Die rasen durch die Stadt, als hätten sie dauernd freie Fahrt. Ist doch selber schuld, wenn er hinbrettert.

Hannah sah auf die Uhr an der Apotheke.

Du wirst zu spät sein. Warum hab ich so lange mit dem Fahrrad rumgemacht. Kevin hatte es ihr ein paar Mal aufgepumpt. Irgendwas war mit diesem Scheißhinterrad. Drei Tage im Keller und schon wieder platt. Reifen kann man flicken, hatte ihr Vater gesagt. Als ob der je in seinem Leben einen Reifen geflickt hat. Der redet doch nur. Reifen kann man flicken, ja, prima Idee, dann mach doch, Alter.

Ihr Vater war ein Kapitel für sich. Der redete und redete, wenn er am Tisch saß, noch ein Thema, das ganz, ganz wichtig war, und noch eins. Und dazwischen ein kleiner Streit mit Gabriele.

Glücklicherweise war jetzt die Tante da. Die Zankerei hatte

nachgelassen. Wenigstens etwas. Aber wenn ihr Vater sich was in den Kopf gesetzt hatte, dann ...

Der Hauptbahnhof kam in Sicht.

Wo ging die verdammte 3 denn ab? War es das erste oder das zweite Gleis? Welche Haltestelle? Unschlüssig blieb Hannah stehen.

Die Ampel war rot. Mal wieder. In dieser Scheißstadt war immer alles auf rot. Stopp, halt, kein Durchkommen, schon gar nicht für mich. Anhalten, stehen bleiben, Ermahnungen kassieren. Du musst immer die Papiere bei dir tragen. Sonst gibt's eine Verwarnung. Halt. Stopp. Absteigen. Hier dürfen keine Fahrräder durchfahren. Halt. Stopp. Den Fahrschein bitte.

So sehr sie sich auch bemühte, sie konnte nicht erkennen, wo die Linie 3 losfuhr.

Linie 3, so hatte es auf dem Flugblatt gestanden. Aber in welche Richtung?

Ampel grün. Weiter.

Hannah spürte ein leichtes Zittern.

Linie 3. Fuhr die überhaupt hier ab? Fuhr die nicht ... Oder muss ich die 2 nehmen?

Das Flugblatt lag seelenruhig zu Hause in ihrem Zimmer. Da stand drauf, wie man fahren musste, um zu der Gaststätte zu kommen.

Hannah sah das rot-weiß gestrichene Häuschen der Straßenbahn AG. Fragen oder nicht fragen. Wenn ich frage, wollen die mir einen Fahrschein andrehen. Scheiße, ich will schwarzfahren.

Die Linie 3 kam.

Hannah stand wie angewurzelt vor der offenen Tür.

»Was ist?«, rief der Straßenbahnfahrer hinter seinem Steuer. »Wir können hier nicht ewig warten.«

Wenn ich glaube, es ist die 3, dann wird das bestimmt falsch sein, dachte Hannah. Die 3! Die 3?

Zack, die Tür war zu.

Die 3 ist bestimmt falsch. In welche Richtung? Sie blickte der Straßenbahn nach. Nein, die hätte ich nehmen müssen. Verdammte Scheiße. Aber wenn dich schon der Fahrer anspricht, dann passt er bestimmt auf, ob du deine Fahrkarte entwertest.

Die 2 war die nächste.

Die ist es, dachte Hannah und stieg in den letzten Wagen. Schaute nach hinten. Ihr Puls kam ins Rennen.

Kurz bevor die Tür zuging, sprang sie hinaus.

Die 2, du hast sie ja nicht mehr alle. Die 2, die fährt doch auf den Mond. Hannah, was ist …

Die Bahnhofsuhr zeigte eine ängstliche Stunde. Die beiden schwarzen Finger rührten sich nicht vom Fleck.

Schnell ging ihr Atem. Stoßweise.

Zittrige Beine.

Nach geraumer Zeit, die sie unentschlossen zwischen den beiden Gleisen verbrachte, kam die nächste 3.

Wenn ich glaube, ich muss die 3 nehmen, dann ist das bestimmt falsch, dachte Hannah wieder.

Und blieb stehen.

Als hätte jemand ihre Füße in Zement gegossen.

Tausend Jahre versteinert.

Sie konnte sich nicht rühren.

Ich komm hier nie mehr weg. Nie. Mehr. Weg.

Das Nächste, was sie sah, war das Gesicht ihrer Mutter.

»Sie kommt zu sich«, sagte Gabriele leise. Auch Wolfgang und ihre Tante standen am Bett.

»Hannah, kannst du mich …«

Wie im Nebel. Alles lag im Nebel. Die Straßenbahn fuhr über ihre Beine. Warum spürte sie ihre Beine nicht? Wo sind meine Beine?

Hannah brachte keinen Ton heraus.

Sie spürte die Hand ihrer Mutter am Kopf.

»Jetzt bist du ja zu Hause, Hannah. Wir sind bei dir. Bleib ganz ruhig.« Die Stimme ihrer Mutter. Entfernt, als sitze sie auf einem anderen Planeten.

Wolfgang hielt Hannahs linke Hand.

»Sie haben dich mit dem Krankenwagen hergebracht«, sagte er. »Es ist alles in Ordnung. Du hast Glück gehabt, haben sie uns gesagt.«

»Ich hätte mitkommen sollen«, flüsterte ihre Tante. »Tut mir bestimmt Leid, das nächste Mal komm ich einfach mit.«

Drei Gesichter. Drei Menschen. Keine Beine.

Hannah hob die Bettdecke an.

Erschrak.

Die Beine waren da.

Warum spüre ich meine Beine nicht?

»Kannst du reden?«, fragte ihre Mutter. Sie hatte einen Waschlappen mit Eiswürfeln gefüllt und legte ihn Hannah auf die Stirn.

Ihre Tochter schüttelte ihn weg.

»Streng dich nicht an. Bleib ganz ruhig. Wir gehen hier nicht weg.« Wolfgang streichelte ihre Hand.

Angenehm. Wirklich angenehm. Er hatte eine warme Hand. Ihre war ganz kalt. Eiskalt. Steinkalt.

Jetzt spürte sie die Zehen. Endlich. Ein leises Kribbeln, langsam kam Leben in ihre Beine.

»Ich hätte sie doch schnell hingefahren«, Wolfgang blickte zu den anderen, »wenn Hannah auch nur einen Ton gesagt hätte. Warum legen die so ein Treffen ans Ende der Welt?«

»Soviel ich mitbekommen habe, wollten sich die verschiedenen Initiativen zum ersten Mal zusammensetzen, um das Vorgehen am 3. Oktober zu besprechen.« Gabriele tupfte ihrer Tochter mit einem Eisbeutel den Kopf ab. Ganz leicht, sanft. Wie Regentropfen. Ihre Stirn glühte. 100 Grad. Gleich wird der Kopf platzen.

Was ist passiert? Wieso bin ich zu Hause? Warum stehen die drei an meinem Bett? Muss ich sterben?

Hannah zog leicht die Beine an. Nichts gebrochen, Gott sei Dank.

In der Ferne klingelte ein Telefon.

Niemand ging ran.

Hannah zählte mit. Schon zwölfmal hat es geklingelt. Warum geht keiner ... sonst gehen sie doch immer ran ... wer ist der Erste ... meistens war es für ihren Vater.

Und wenn es Kevin ist?

Der sich nach ihr erkundigen will.

Das Klingeln hörte auf.

Beim 15. Mal.

Hannah blickte von einem zum anderen. Bei ihrer Tante verharrte ihr Blick.

»Du wirst viel Ruhe brauchen«, sagte sie. »Ich bleibe bei dir.«

Sie hatte bereits ihre Reise mit Schwontkowski abgesagt, was der Maler durchaus bedauerte.

»Wir haben dir ein kleines Glöckchen neben das Bett gestellt.« Ihre Tante hob es hoch. »Du brauchst nur zu läuten. Dann bin ich sofort bei dir. Keine Angst, wir stehen das schon durch.«

Sie schüttelte das Glöckchen.

»Nicht, bitte nicht, es ist zu laut«, sagte Hannah mit schwacher Stimme, »das tut schweineweh!«

– zwölf –

Zehn Tage später begann der Prozess gegen Arnold Gildemeister. Noch in letzter Minute hatte Martin Thomas Huneus versucht, den Termin verschieben zu lassen. Sein Antrag wurde abgelehnt.

Wolfgang van Bergen holte seine Mandantin am Bahnhof ab.

»Wir gehen ein paar Schritte zu Fuß, dann können wir uns unterwegs abstimmen«, schlug er vor, nachdem sie sich begrüßt hatten.

Frau Hörmann war einverstanden.

Sie unterquerten den Fly-Over, um in die Innenstadt zu gelangen.

»Damit Sie unsere Rolle im Prozess richtig verstehen«, begann Wolfgang, »wir sind Nebenkläger.«

»Was bedeutet das?«

»Das wollte ich Ihnen gerade erklären. Wir haben auf dem Umweg über die Staatsanwaltschaft die Zulassung beantragt. Darüber wird heute in der Hauptverhandlung entschieden. Wir haben das abzuwarten und dann zu entscheiden, wie es weitergehen soll. Es kann auch sein, daß die Zulassung verweigert wird. Deswegen sollten wir uns ruhig verhalten, bis der Vorsitzende Richter das Wort an uns richtet.«

Frau Hörmann blieb stehen. »Wollen Sie mir denn einen Maulkorb anlegen?«

»Nein, gewiss nicht«, antwortete Wolfgang schnell, »aber wir wollen uns keine unnötigen Verwarnungen einhandeln, sagen wir es mal lieber so. Ich kann verstehen, daß Sie emotional ...«

»Ich bin ganz gefasst, Herr van Bergen«, unterbrach sie ihn,

»ich habe erreicht, was ich wollte. Ich will diesem Schwein in die Augen sehen. Und zwar vor Gericht.«

»Das war es, was ich gemeint habe, Frau Hörmann. Sie benutzen das Wort ›Schwein‹, und das sagt schon alles über Ihren Zustand aus.«

»Aber er ist doch ein Schwein! Mein Mann, meine Kinder ...«

»Hat nicht Arnold Gildemeister umgebracht«, ging Wolfgang dazwischen. »Er steht nicht wegen Mord vor Gericht.«

Sie betraten die Fußgängerzone, in der um diese Uhrzeit noch alle Geschäfte geschlossen waren.

Im Schaufenster eines Juweliers war ein Schild zu lesen: 3. Oktober – Einheitsfeier – auf jeden Fall verkaufsoffen!

Frau Hörmann schwieg.

Wolfgang wollte sie nicht weiter belehren, so sehr er dies für angebracht hielt. Wenn es erforderlich wurde, musste er die Verhandlung unterbrechen lassen. Bei dieser Mandantin konnte er für nichts garantieren.

Wolfgang dachte an seine Tochter Hannah, die heute zum ersten Mal wieder in die Schule gehen sollte. Er war sich nicht sicher, ob die letzten Tage wirklich einen Fortschritt gebracht hatten. Sie wussten noch nicht mal, was genau passiert war. Hannah konnte nur sagen, daß sie zwischen den beiden Bahngleisen erstarrt sei, sich nicht vom Fleck rühren konnte und dann ohnmächtig geworden sei. Dabei berichteten die Sanitäter vom Samariterbund, daß Hannah kurz darauf ein paar Schritte gehen konnte.

Der Hausarzt war ratlos. Was für ein Glück, daß seine Schwägerin bei ihnen lebte. Tag und Nacht war sie für Hannah da. Aber auch sie hatte keine Erklärung.

Gabriele war ebenso ratlos. Als geschulte Psychologin. Das wollte ihm nicht in den Kopf.

Auf dringliches Nachfragen hatte seine Tochter zugegeben,

daß ihr das nicht zum ersten Mal geschehen sei. Ein plötzlicher Stupor?

Und jetzt war es die Angst, die sie beherrschte, die Angst, daß es wieder vorkommen würde. Eine Angst, die man in ihrer Nähe körperlich spüren konnte. Seine Schwägerin begleitete heute Hannah zur Schule. Sie hatte eingewilligt, nachdem sie sich lange dagegen gewehrt hatte. Sie sei doch kein Kleinkind mehr, waren die Worte seiner Tochter gewesen. Hoffentlich ging alles gut.

Vor dem Gerichtsgebäude standen ein paar Dutzend Mitarbeiter des ehemaligen Weinhandels.

Auf Transparenten und Plakaten machten sie Arnold Gildemeister für den Bankrott und den Verlust ihrer Arbeitsplätze verantwortlich.

»Der deutsche Osten – verursacht nur Kosten«, war in schwarz-roten Lettern auf einem Betttuch zu lesen, das an zwei Stangen hochgehalten wurde. Der Portier des renommierten Weinhauses stand in seiner früheren Dienstuniform am Rande der Demonstration.

»Damit hätte ich nicht gerechnet«, sagte Frau Hörmann.

»Womit?«, fragte Wolfgang.

Seine Mandantin gab ihm keine Antwort.

Über die steinernen Treppen gingen sie in den zweiten Stock des Gerichtsgebäudes. Vorbei an den in Stein gehauenen Skulpturen einer bedrohlichen Justiz. Drastische Strafmaßnahmen stellte auch der Fries an der Decke dar. Hand abhacken, Zunge rausreißen, der Strang.

Der Prozess war im zweitgrößten Saal anberaumt. Schon von weitem konnte Wolfgang sehen, daß der Platz nicht ausreichen würde. Stand mal wieder ein Kampf an, einen Prozess in den Schwurgerichtssaal verlegen zu lassen? Anträge. Gegenanträge. Richterliche Entscheidung.

Das würde ein erster Schlagabtausch mit Huneus werden, denn die Partei Gildemeister hatte bestimmt keinerlei Interesse daran, in einem größeren Saal zu verhandeln.

»Was sagen Sie zu dem Prozess?« Ein Reporter hielt Wolfgang das Mikrofon hin.

»Bevor er angefangen hat?« Wolfgang ließ den Journalisten stehen.

Was ihn aber nicht hinderte, die gleiche Frage seiner Mandantin zu stellen.

Frau Hörmann wandte sich ab. »Ich sage gar nichts.«

Scheint meine Lektion verstanden zu haben, dachte Wolfgang befriedigt.

Martin Thomas Huneus und der Angeklagte waren noch nicht erschienen.

»Haben Sie eine Minute Zeit für mich?« Richter Hohlbein winkte Wolfgang herbei.

Im Richterzimmer, das sich gleich neben dem Eingang zum Gerichtssaal 212 befand, wollte Hohlbein ohne Umschweife wissen, in welcher Verfassung die Nebenklägerin sei.

Wolfgang überraschte die Frage nicht. »Ich werde sie schon zurückhalten können.«

»Das wäre meine herzliche Bitte.« Hohlbein streifte sich die schwarze Robe über. »Ich habe durchaus Verständnis dafür, was diese Frau durchgemacht hat, aber im Prozess darf das keine Rolle spielen.«

Wolfgang zog die Stirne kraus. »Na ja, gar keine Rolle? Das fände ich nun aber auch wieder übertrieben. Aber sollten Sie fürchten, daß Sie sich nicht beherrschen kann ... ich kenne die Spielregeln des Verfahrens, lassen Sie mal gut sein.«

»Ich möchte mich jetzt schon dafür bedanken.« Hohlbein entließ den Anwalt mit einem angedeuteten Kopfnicken.

Inzwischen waren der Angeklagte und sein Verteidiger eingetroffen.

Arnold Gildemeister im gedeckten Hanseaten-Blau mit silberner Krawatte. Er schien über den Menschenauflauf amüsiert zu sein. »Die sind doch nicht alle wegen mir gekommen?«, scherzte er.

Martin Thomas Huneus sah in der Robe wie ein holländischer Pope aus – auf einem Bild von Pieter Breugel dem Älteren. Fehlte nur noch die starre, weiße Halskrause in seinem feisten Nacken. Er würdigte Wolfgang keines Blickes.

Zum Schluss kam die Staatsanwältin Kniemeyer. Mit raschen Schritten. Im Gehen streifte sie den Juristenkittel über. Sie begrüßte Wolfgang fast ein wenig zu freundlich. »So hatte ich mir das gewünscht«, fügte sie leise hinzu. Sie kniff ein Auge zu. Auch Frau Hörmann gab sie die Hand, als wollte sie sich mit ihr verschwestern.

»Bitte einzutreten!«, rief die Protokollantin.

Wolfgang sah die beiden Männer sofort. Letzte Reihe. Steif standen sie da. Wie Ölgötzen. Borg erkannte er, sie hatten sich mindestens dreimal in Ostberlin getroffen, den Mann an seiner rechten Seite kannte er nicht. Die geben wohl nie auf. Haben sich extra die Mühe gemacht herzukommen. Ich werde mit ihnen reden müssen. Nur wann? Gewiss nicht in der Mittagspause.

Richter Hohlbein wurde begleitet von zwei Beisitzern und zwei Schöffen, als er den Gerichtssaal betrat.

Er wartete den kurzen Moment der Achtungsbezeugung aller Prozessbeteiligten und des Publikums ab, dann setzte er sich auf seinen Stuhl, in dessen hohe Rückenlehne »Tue Recht!« geschnitzt war.

Mit leiser Stimme sprach er ins Mikrofon, das aus dem hölzernen Tisch ragte.

»Lauter«, kam es von hinten.

»Ich bitte, jeden Zwischenruf zu unterlassen.«

»Aber wenn man doch nichts versteht«, setzte die männliche Stimme nach.

Der Gerichtsdiener wurde geholt. Er probierte ein paar Knöpfe der Anlage aus und erklärte den Schöffen, daß sie nur dann ihr Mikro einzuschalten hätten, wenn sie gefragt würden. »Es darf immer nur ein Kanal zur gleichen Zeit eingeschaltet sein«, erklärte er. Die Schöffen schienen die technische Belehrung verstanden zu haben.

»Haben wir kein Mikrofon?«, fragte Frau Hörmann.

»Nein«, sagte Wolfgang, »aber meine Stimme dringt in diesem Saal auch so durch.«

Ihr Katzentisch befand sich auf der linken Seite, gleich neben der Staatsanwältin.

Richter Hohlbein setzte zum zweiten Mal an.

»Wir kommen zum Verfahren gegen Arnold Gildemeister ...« Feststellung der zur Hauptverhandlung Erschienenen, welche Zeugen sind anwesend, Zeugenbelehrung, Wahrheitspflicht, Entlassung der Zeugen. »Warten Sie, bis Sie hereingerufen werden.«

Dann vernahm Richter Hohlbein den Angeklagten zur Person. Name. Vorname. Geburtsdatum. Familienstand. Beruf.

Zum zweiten Mal wurde aus dem Publikum gerufen, man würde auf den hinteren Plätzen nichts verstehen.

»Frau Staatsanwältin, bitte um Verlesung der Anklageschrift.«

Sabine Kniemeyer erhob sich.

Wolfgang kannte den Text, den die Staatsanwältin verlas. Er konnte die Zeit nutzen. Während die Anklageschrift verlesen wurde, bereitete er sich schon mal auf den nächsten Tag vor. Rekapitulierte, wann er wo zu sein hatte. Zeugenbefragung, Beweiserhebung, Plädoyer. Manchmal konnte die Verlesung mehr als eine Stunde in Anspruch nehmen. Eine Stunde gewonnene Zeit.

Diesmal gelang es ihm nicht. In Gedanken war er bei den beiden Herren in der letzten Reihe, die ihn unverwandt anstarrten. Habe ich Borg am Telefon nicht klar gemacht, daß es nichts weiter zwischen uns zu bereden gibt? Sie mussten warten, was mit der Rechtsnachfolge der DDR in Bezug auf das Vermögen geschehen würde. Auf irgendwelche Spielchen wollte Wolfgang sich nicht einlassen.

»Das stimmt nicht!«, riss ihn seine Mandantin aus seinen Gedanken.

»Was?«

»Da ist eine falsche Behauptung ...«

»Bitte, Frau Hörmann«, Wolfgang legte seine Hand auf ihren rechten Unterarm, »Sie dürfen die Staatsanwältin nicht unterbrechen.«

Am Morgen war in der Lokalzeitung ein Kommentar erschienen, der einer Vorverurteilung des Angeklagten gleichkam.

Geldfieber

Das Schauspiel, das sich uns ab heute im Gerichtssaal 212 bieten wird, entbehrt nicht eines bitteren Untertons. Uns wurden blühende Landschaften versprochen in jenem anderen Teil Deutschlands, der in seiner Geschichte mehrfach umbenannt wurde: erst Sowjetische Besatzungszone, dann Deutsche Demokratische Republik und jetzt: neue Länder, ehemaliges Reichsbahngebiet, wilder Osten?

Wie im Rausch stürzten sich Unternehmer auf die neuen Märkte, schafften lastwagenweise Billigprodukte hinüber. Einige wurden dabei reich, andere gingen Pleite. Wolfsgesetz pur.
Nun stehen wir vor dem Bankrott eines traditionsreichen Weinhauses unserer Stadt. Wer hätte je gedacht, daß wir in Zukunft unsere Weine nicht mehr über die Gildemeisters beziehen können? Der vor einigen Jahren verstorbene Firmenchef hatte mit geübter Hand durch kluge Geschäftspolitik sein Imperium stetig ausgedehnt. Er muss sich nicht nur einmal im Grab umgedreht haben.
Schuld an diesem Bankrott ist das Geldfieber. Ein Zustand, der immer dann einsetzt, wenn sich die Illusion des schnellen Geldes wie eine Seuche ausbreitet. Durch möglichst wenig Arbeit möglichst viel verdienen. Und möglichst schnell dazu. Dann steigt der Puls einiger Menschen in schwindelnde Höhen. Dann werden Luftgeschäfte getätigt und galaktische Spekulationen in Gang gesetzt, dann zeigt sich der Größenwahn einer hypertrophen Marktwirtschaft.
Vier Jahre schon herrscht das Geldfieber in einigen Vorstandsetagen. Auch der Mann, über den ab heute zu Gericht gesessen wird, hat keine Arznei gegen diese Krankheit verpasst bekommen. Sein Vater hätte eine gewusst. Hanseatische Bescheidenheit, bliww bedächtig, min Jung.
Auf der Strecke bleiben einige hundert Existenzen. Die meisten der entlassenen Arbeiter und Angestellten wissen sehr wohl, daß sie nie

wieder einen Platz in der Arbeitswelt finden werden.
Schuld daran ist das Geldfieber des Arnold Gildemeister. Ein Mann, der sich die Taschen nicht voll genug füllen konnte. Und wohl auch nicht schnell genug.

Als Wolfgang am Morgen diesen Kommentar des Journalisten Grünenberg las, war er ziemlich erstaunt gewesen. Hatte der eher konservative Chefredakteur Urlaub gehabt? Die Zeilen klangen wie in den alten Tagen der APO, als selbst in der bürgerlichen Presse ab und zu ein kritisches Wort gewagt wurde. Wolfgang kannte diesen Grünenberg seit langem. Nur die Vorverurteilung konnte er keineswegs billigen. Das war üble Stimmungsmache und hatte mit dem anstehenden Prozess nichts zu tun. Er wollte seiner Mandantin den Kommentar in der Mittagspause zeigen. Sie würde Augen machen.

Nach dem Verlesen der Anklageschrift, was fast zwei Stunden dauerte, vertagte Richter Hohlbein um dreißig Minuten. Füße vertreten, Kaffee trinken in der Kantine. Die Zigarettenraucher trafen sich auf dem Flur, standen rund um den Aschenbecher. Das übliche Ritual. Danach sollte mit frischer Kraft weiterverhandelt werden.

Wolfgang blieb mit seiner Mandantin so lange sitzen, bis sich der Saal geleert hatte. Er verspürte keine Lust, mit den beiden Herren zusammenzutreffen, die sicher nicht die weite Reise unternommen hatten, um Wolfgang zum 25-jährigen Jubiläum seiner Kanzlei zu gratulieren. Die kleine Feier unter Freunden und Kollegen, die er schon terminiert hatte, musste er absagen. Der Zustand seiner Tochter Hannah war so beunruhigend, daß niemandem im Hause van Bergen zum Feiern zumute war.

»Werden wir die Anklageschrift nachlesen können?«, fragte Frau Hörmann.

»Die habe ich Ihnen kopiert und schon vor Tagen zuschicken lassen.« Wolfgang blätterte in dem Aktenstapel.

»Ist bei mir nicht angekommen!«, sagte seine Mandantin mit einem gereizten Unterton.

»Dann nehmen Sie mein Exemplar!« Wolfgang reichte ihr die über sechzig Seiten starke Fotokopie.

Sofort vertiefte sich Frau Hörmann in den Text.

Wolfgang sah durch den Türspalt, daß Borg draußen wartete. Lass ihn warten, lass ihn ruhig zappeln. Pause heißt ja nicht, daß man den Gerichtssaal verlassen muss.

Er holte sich einen Apfel aus der Aktentasche und biss hinein. Der lauwarme Kaffee in der Kantine hatte seit Jahren jegliche Anziehungskraft auf ihn verloren.

»Wollen Sie denn gar nicht, Herr Rechtsanwalt ... ich möchte den Saal abschließen«, sagte der Justizwachtmeister.

»Ich habe mit meiner Mandantin zu reden!«, erwiderte Wolfgang.

»Aber nicht hier. So Leid es mir tut. Ich habe auch ein Recht auf Pause.«

»Warten Sie noch eine Minute, bitte.«

Der Justizwachtmeister entfernte sich.

»Frau Hörmann«, Wolfgang tippte seiner Mandantin auf die Schulter, »wir können hier nicht sitzen, wir müssen draußen ...«

»Hab schon verstanden!« Sie legte einen Finger zwischen die Seiten und erhob sich rasch.

Wolfgang ließ sie vorangehen.

Gleich hinter der Tür sprach ihn Borg an. Sie seien gekommen, weil man miteinander reden müsse, flüsterte er, er habe extra einen Rechtsanwalt aus Ostberlin mitgebracht.

»Einen Rechtsanwalt?« Wolfgangs Frage war so laut geraten, daß sich die Umstehenden zu ihnen umdrehten. Was wollte der Fremde von dem stadtbekannten Strafverteidiger?

Borg trat den Rückzug an. Die Reaktion der Zuschauer hatte ihn sichtlich erschreckt. Der Mann an seiner Seite eilte hinter ihm her. Ohne sich noch einmal umzuschauen.

Nach der Frühstückspause begann der Richter mit dem Antrag auf Zulassung der Nebenklage. Die Sache sei positiv entschieden. Der Richter nickte Wolfgang zu.

»Wird dazu das Wort gewünscht?« Hohlbein blickte rasch zur Bank der Verteidigung.

Nun gilt es, dachte Wolfgang. Ihr könnt die Sache ganz schön in die Länge ziehen, wenn ihr wollt.

»Keine Einwände!« Martin Thomas Huneus sagte das so gönnerhaft, daß sich eine Hundertschaft damit den morgendlichen Kaffee süßen konnte.

Wolfgang war verblüfft, ließ sich aber nichts anmerken. Die Hunnen schienen sich überaus sicher zu sein. Schade, ich hätte gerne schon mal die Klingen gekreuzt.

Die Befragung des Angeklagten.

Richter Hohlbein legte den Kopf ein wenig schief. »Ich möchte mir gerne erst mal ein Bild machen, wie es zur Gründung des Weinkontors Gildemeister Ost GmbH & Co. KG gekommen ist. War das Ihre Idee?«

Arnold Gildemeister lehnte sich zurück. Lächelte und sagte, er ziehe es vor, daß sein Rechtsanwalt für ihn antworte.

»Das ist Ihr gutes Recht, Herr Gildemeister. Aber meine Fragen zu diesem Zeitpunkt richten sich ja eher auf Allgemeines. Wir möchten den Geschäftsverlauf verstehen, und deswegen beantworten bitte Sie zunächst meine Fragen.«

Er habe sich mit seinen Anwälten darauf geeinigt, daß sie alle Fragen beantworten sollen, kam es von dem Angeklagten. Wenn es erforderlich sei, werde er sich schon bemerkbar machen.

Wolfgang glaubte, sich verhört zu haben. Wollte der Angeklagte den Vorsitzenden verärgern, bevor der Prozess überhaupt angefangen hatte? Ein denkbar schlechter Start. Er blickte zu dem holländischen Popen hinüber. Dem Spross der ehrwürdigen Hunnen-Sippe. Ihm würde der ganze Schatz in den Schoß fallen, wenn sein Onkel und sein Vater das Zeitliche segneten. Und die großzügige Villa dazu.

»Herr Verteidiger, dann bitte ich Sie, meine Fragen zu beantworten.«

»Welche Frage bitte, Herr Vorsitzender?« Der Jüngste der vier Rechtsanwälte hatte sich erhoben.

»Moment«, sagte Hohlbein sichtlich verärgert, »so geht das nicht! Ich will wissen, mit wem ich hier meine Fragen klären kann. Und ich garantiere Ihnen, ich habe eine ganze Menge Fragen. Also, Herr Huneus, wie steht es?«

Nun erhob sich auch Martin Thomas. Wolfgang hatte einige Male zu ihm hinübergeblickt. Keine Reaktion. Starr schaute er an ihm vorbei. Sie waren sich nicht oft begegnet. Das letzte Mal vor mehr als fünfzehn Jahren. In der Galerie am Wall, als sich die Entführer von Hannah telefonisch gemeldet hatten. Damals zog er mitsamt seiner Frau Brigitte und seinem Sohn Matteng unter Protest davon. Er wollte nicht mit seiner Schwester Gabriele in einem Raum sein und schon gar nicht mit diesem unerträglichen van Bergen.

»Herr Vorsitzender, wir haben eine gewisse Arbeitsteilung bei der Verteidigung unseres Mandanten vereinbart. Stellen Sie Ihre Fragen, und einer von uns wird sie beantworten.«

»Das wäre ja noch schöner!«, entfuhr es Hohlbein.

»Aber so steht es in der Strafprozessordnung«, sagte einer der anderen drei Anwälte.

Recht hat er, dachte Wolfgang. Die vier Affen da drüben scheinen sich gleich zu Beginn mit dem Richter anlegen zu wollen. Das kann ja heiter werden. Wolfgang freute sich auf den Prozess, was in den letzten Jahren nicht mehr so oft vorgekommen war.

Er sah zur jungen Staatsanwältin, die sichtlich erregt das Geplänkel verfolgte.

»Wer von Ihnen beantwortet Fragen zum Geschäftsverlauf?«, sagte Hohlbein genervt.

»Das kommt auf die Frage an!«, erwiderte Martin Thomas, »ganz allein auf die Frage.«

»Herr Huneus, ich weiß nicht, ob Sie sich mit den Gepflogenheiten des prozessualen Geschehens auskennen.«

Das ist die wunde Stelle, dachte Wolfgang, das ist genau die wunde Stelle, die wird Hohlbein noch häufiger blutig kratzen. Bestimmt war auch dem Vorsitzenden Richter nicht entgangen, daß Martin Thomas Huneus zum letzten Mal während seiner Referendarszeit an einer Strafverhandlung teilgenommen hatte. Eine Kanzlei dieser Größenordnung verhandelte zumeist in den eigenen Räumen, machte Verträge, sicherte Pfründe, ließ auch vor Gericht verteidigen. Die Firmengründer und der Alleinerbe waren nie selbst dort aufgetreten.

Eine geschlagene Dreiviertelstunde ging das Hickhack weiter. Die Verteidiger beharrten auf dem Standpunkt, sich nicht in ihre Arbeit hineinreden zu lassen. Hohlbein wollte klare Absprachen. »Sonst geht das all die Tage so weiter.« Anträge. Abgelehnt. Weitere Anträge. Abgelehnt.

Dann vertagte Hohlbein.

Für alle überraschend.

Noch vor der Mittagspause.

Er wird sich die Hunnen kommen lassen und das mit ihnen

hinter verschlossenen Türen klären wollen, dachte Wolfgang. Aber dieser Huneus schlägt sich nicht schlecht. Im Formalkrieg hält er die Stellung.

Frau Hörmann war überaus enttäuscht. »Ich hatte gedacht, hier wird verhandelt.«

»Tja«, erwiderte Wolfgang, »das ist die Verhandlung. Die Verteidiger schießen Sperrfeuer, um ins Rennen zu kommen. Würde ich übrigens auch tun …«

»Wie bitte?« Frau Hörmann sah ihren Verteidiger verblüfft an.

»Ich meine, wenn ich jemand zu verteidigen habe, muss ich sehen, wo ich bleibe. Die Verteidigung hat sich eine Strategie zurechtgelegt, die will sie sich vom Richter nicht kaputtmachen lassen. Nicht in diesem frühen Stadium des Verfahrens.«

Frau Hörmann schnappte sich ihre Tasche, verstaute die Anklageschrift darin. »Sie brauchen mich nicht zum Bahnhof zu bringen«, sagte sie mit ruhiger Stimme, »ich kenne den Weg. Und ein paar Schritte zu Fuß tun mir bestimmt gut.«

Wolfgang verabschiedete sich von ihr. Sie werde rechtzeitig zum nächsten Termin erscheinen, sagte Frau Hörmann.

Noch nie hatte Wolfgang van Bergen an einem Eröffnungstag so wenig zu tun gehabt. Als Vertreter einer Nebenklage musste man auf seinen Einsatz warten können.

Er sah auf die Uhr. Ein paar Stunden Zeit gewonnen, um in der Kanzlei mal wieder Klarschiff zu machen.

Wolfgang setzte sich in seinen Wagen, den er hinter dem Gerichtsgebäude geparkt hatte.

Wie es wohl Hannah in der Schule erging? Sie hatten geprobt, was sie den Mitschülern erzählen sollte. Plötzlich ohnmächtig geworden. Noch mal Glück gehabt. Beinahe beide

Beine verloren. Ein Krankenwagen war schnell zur Stelle. Hannah hatte zunächst gesagt, sie werde sowieso von niemandem auf ihr Fehlen angesprochen werden. Aber als ihr Vater meinte, ein paar Sätze solle sie auf Lager haben, nur für den Fall des Falles, hatte sie ihm die Formulierungen nachgesprochen. Hannah sah heute Morgen ganz manierlich aus, als sie mit seiner Schwägerin das Haus verließ.

Kaum hatte Wolfgang den Wagen vor seinem Haus geparkt, standen die beiden Ossis auch schon an der Fahrertür. Es half nichts, er musste sie hineinbitten.

»Kommen Sie mit. Auf der Straße redet es sich schlecht!«, sagte er missgelaunt. Borg wollte ihm die Hand geben, aber Wolfgang verweigerte die Geste. Die Treppenstufen nahm er im Doppelpack.

Er konnte sich gut an einen Abend in Westberlin erinnern. Ein paar Wochen nach dem Mauerfall. Borg war ein Feinschmecker, der besonders die asiatische Küche liebte. Wolfgang lud ihn zum Japaner in der Kantstraße ein. Borg bestellte jede Menge Köstlichkeiten und rührte sie kaum an. Die ganze Zeit redete er, wie er zur Stasi gekommen sei, was die Stasi falsch gemacht habe, wie Leid ihm das alles tue, und dann wieder von vorne. Wolfgang brachte ihn drei Stunden später wieder nach Ostberlin zurück. Nicht zu seiner Haustür, um Gottes willen, nein, ein paar Ecken weiter. Als er ihn später auf diesen seltsamen Abend ansprach, sagte Borg, er habe so viel geredet, weil er fest geglaubt habe, er werde in Westberlin von der Polizei festgenommen. »Das hat man uns so eingebläut. Ich dachte, Sie hätten mir eine Falle gebaut. Ich habe jede Minute damit gerechnet, daß die Tür des Restaurants aufgeht und die Polizisten kommen, um mich zu verhaften.« Seit jenem Abend ging Wolfgang davon aus, daß dieser Mann gewiss nicht Borg hieß.

»Darf ich Ihnen Herrn Kutscher vorstellen?«, sagte Borg. »Er ist ein Kollege von Ihnen.«

»Sein richtiger Name?« Wolfgang versuchte einen Scherz.

»Kutscher, Rechtsanwalt!«, schnarrte der untersetzte Mann.

»Nehmen Sie Platz, meine Herren. Um es gleich zu sagen, meine Zeit ist begrenzt. Kommen Sie sofort zur Sache.«

Borg und der Rechtsanwalt sahen sich an.

Dann ergriff Kutscher das Wort.

»Wir wollen nicht drum herum reden, Herr Kollege …«

»Ob wir Kollegen sind«, ging Wolfgang dazwischen, »wird sich erst noch erweisen.«

»Herr Borg hat mir den Fall geschildert.«

»Das erstaunt mich aber.« Wolfgang glaubte dem Mann kein Wort. Bisher hatte Borg immer um größte Geheimhaltung gebeten.

»Es geht darum, die in der Schweiz gelagerte Summe den rechtmäßigen Besitzern wieder zuzuführen.«

»So weit stimme ich mit Ihnen überein.« Wolfgang nahm einen gespitzten Bleistift in die Hand. Er stammte noch aus den Beständen seines Vaters. Der Oberstaatsanwalt Eberhard van Bergen hatte ein ganzes Bataillon dieser grünen Bleistifte angeschafft. In dem stets gleichen Härtegrad.

»Herr Borg meint, es wäre nun der Zeitpunkt gekommen, diese Rückführung in Gang zu setzen …«

»Sehen Sie, Herr Kutscher, da stimmen wir nicht überein. Herr Borg ist zwar einer von denen gewesen, die dabei waren, als ich beauftragt wurde, die Summe treuhänderisch zu verwalten, so lange bis …«

Wolfgang unterbrach sich.

Stand auf.

Ging hinüber zu Borg. Fasste mit raschem Griff in die Innentasche seiner Jacke.

»Wie sollen wir denn da vertrauensvoll zusammenarbeiten?« Mit der rechten Hand zog er ein Minitonbandgerät heraus. »Das bleibt als Beweisstück hier.«

Wolfgang öffnete den Tresor und legte das Gerät ins unterste Fach. Daß die sich diese lächerlichen Tricks immer noch nicht abgewöhnt haben, dachte er.

Die beiden Männer waren so verblüfft, daß sie erst wenige Minuten später wieder den Mund aufmachten.

Derweil erklärte ihnen Wolfgang seinen Standpunkt. Das Geld bleibe so lange in der Schweiz liegen, bis sich ein Rechtsnachfolger gefunden habe, der sich auch legitimieren könne. Das sei ja wohl bei Herrn Borg nicht der Fall, oder ob es sich eventuell um seine Dollarmillionen gehandelt habe? »Ich rühre das Geld auch nicht an, meine Herren, davon dürfen Sie getrost ausgehen. Es wird also nicht weniger werden in der Zwischenzeit, bis die Rechtslage endgültig geklärt ist.«

Kutscher holte tief Luft, schüttelte den Kopf.

»Herr Kollege, ich muss Sie darauf hinweisen, daß Sie sich strafbar machen, wenn Sie weiterhin so handeln.«

Wolfgang lachte. »Wollen Sie mir drohen? Was für ein Jurist sind Sie denn? Ich habe als Treuhänder dafür zu sorgen, daß das Geld in die richtigen Hände kommt. Was man von der Treuhand-Behörde ja wohl nicht sagen kann, wie man tagtäglich in den Gazetten zu lesen bekommt.«

Kutscher setzte nach: »Sie hätten das gebunkerte Geld längst melden müssen.«

»Wem denn?« Wolfgang faltete die Hände. »Der dicken Birne aus der Pfalz oder dem Bundesrechnungshof?«

»Das wird sich prüfen lassen.«

»Bitte sehr!« Wolfgang stand auf. »Das wäre ganz in meinem Interesse. Umso schneller bin ich dieses Geschäft los.

Dann könnte ich auch endlich meine mir zugesagten, aber nie ausgezahlten Gebühren erheben. Lassen Sie das prüfen, Herr Kutscher, dann treffen wir uns wieder.« Wolfgang ging um den Schreibtisch herum.

»Ich bringe Sie noch raus.«

Borg weigerte sich aufzustehen.

Beinahe hätte Wolfgang ihn am Kragen hochgezogen.

Nun haben sie extra diesen langen Anlauf genommen und sind neben der Sandkiste gelandet, dachte er vergnügt. Was für ein Pech. Dieser Kutscher ist alles andere als ein Rechtsanwalt, so viel stand fest. Wahrscheinlich ein Kumpel aus der alten Seilschaft, der für ein kleines Handgeld hier den Juristen mimen soll.

Wolfgang baute sich vor Borg auf. »Kann ich noch etwas für Sie tun?«

Borg schluckte.

Er sah den Rechtsanwalt nicht an.

Schaute unablässig in Richtung Tresor.

»Können wir das nicht unbürokratisch regeln? Ich meine, wir haben doch früher ganz anderen Umgang miteinander gepflegt. In wie vielen Fällen habe ich Ihnen Akten in Sachen Zwangsarbeiter besorgt. Es muss doch einen anderen Weg geben ...«

»Sie meinen einen ungesetzlichen«, unterbrach ihn Wolfgang heftig. »Ein bürokratischer Weg kennt zumeist Vorschriften, was ja bei Ihnen wohl noch nicht durchgedrungen zu sein scheint. Herr Kutscher, klären Sie Ihren Mandanten auf, wenn Sie sich dazu in der Lage fühlen. Mir scheint es trotz gewisser Anstrengungen nicht gelingen zu wollen.«

»Es dauert ihm zu lange«, fügte Kutscher an. Er wischte sich mit einem roséfarbenen Taschentuch über Wangen und Nase.

»Vor der Wende konnte es Ihnen nicht schnell genug gehen, das Geld außer Landes zu bringen«, konterte Wolfgang. »Und jetzt hinaus, meine Herren. In dieser Kanzlei befindet sich sehr viel Arbeit, die Sie mir gewiss nicht abnehmen werden.«

– dreizehn –

Nur zögerlich willigte Karoline Huneus in den Plan ihrer Tochter ein. »Das tue ich nur dir zuliebe. Ich kenne die Frau doch gar nicht.« Erst nach mehreren längeren Telefonaten hatte die ehemalige Galeristin zugestimmt. »Recht ist mir das nicht.« Immer wieder hatte sie Ausflüchte gesucht.

All die Jahre war Gabrieles Beziehung zu ihrer Mutter eher distanziert gewesen. Jetzt brauchte sie ihre Hilfe.

Als Gabriele den Wagen startete, betrachtete sie ihre Mutter von der Seite. Sie war überaus angespannt, verzog aber keine Miene. Für ihre 73 Jahre sieht sie wirklich blendend aus. Als ihr Mann sie gefragt hatte, wohin die beiden fahren wollten, sagte Karoline: »Das würde dich sowieso nicht interessieren.«

Sie fuhren schweigend durch die Stadt, die an diesem Morgen von einer milden Sonne beschienen wurde.

»Was versprichst du dir denn davon?«, sagte Karoline. »Ich meine, wir sind doch beide nicht mehr die Jüngsten.«

»Es geht nicht um euch, Ma, das habe ich dir doch schon am Telefon erklärt.«

»Aber was können wir denn dabei ausrichten?«, fragte Karoline. Gabriele spürte, daß sie am liebsten ihre Zusage rückgängig gemacht hätte und umgekehrt wäre.

»Das weiß ich auch nicht, aber wenn wir drei ...« Gabriele ließ den Satz unvollendet. Sie musste sich auf den Verkehr konzentrieren.

Als die beiden Hannahs am frühen Morgen das Haus verlassen hatten, Gabriele war dankbar, daß sich ihre Schwester so liebevoll um ihre Tochter kümmerte, hatte sie sofort Karoline angerufen. »Heute, heute muss es sein! Ich hole dich gleich ab. In einer halben Stunde komme ich, bitte, tu mir den Gefallen.«

Sie erreichten den Stern. Einen Kreisverkehr, von dem Straßen in fünf verschiedene Richtungen abgingen.

»Lass es uns abblasen, Gabriele, bitte, ich sehe wirklich keinen Sinn darin.«

»Du hast es mir versprochen, Ma. Wir müssen uns zusammensetzen. Hannah zuliebe bitte ich dich darum. Lass es uns doch wenigstens versuchen.«

Gabriele hatte seit dem unerwarteten Auftreten ihrer Schwester Hannah bei der Vernissage in der Galerie am Wall ein flaues Gefühl im Magen. Hätte sie nicht längst ihre Mutter einweihen müssen, daß ihre jüngere Tochter wieder im Lande war? Sie musste sich doch betrogen fühlen. Hintergangen. Von ihren beiden Töchtern. Nicht nur von Hannah, die sie seit 25 Jahren nicht mehr gesehen hatte. Und deren erstes Verschwinden ihr so völlig gleichgültig gewesen war. »Ich habe schon lange aufgehört, mir Sorgen zu machen. Da hätte ich viel zu tun, wenn ich mir ständig Sorgen um euch machen wollte.« Das waren ihre bitteren Worte gewesen, damals in der Galerie, und an diese eiskalt formulierten Sätze konnte sich Gabriele gut erinnern. Wie Eisspitzen in ihrer Haut.

Sie fuhren am Bürgerpark entlang. Gabriele wagte es nicht, zu Karoline hinüberzuschauen. Würde sie wirklich im letzten Moment kneifen?

Als Wolfgang am Morgen gesagt hatte, er werde nachher ihrem Bruder im Gerichtssaal gegenüberstehen, bat sie ihn um Nachsicht. »Ich weiß, daß du das kannst, Wolfgang. Behandele ihn nicht von oben herab. Wir haben jetzt wirklich andere Sorgen.« Wolfgang hatte versprochen, sich nicht mit dem Verteidiger anzulegen. So schwer ihm das falle.

Gabriele stoppte den Wagen. Ein freier Parkplatz auf der gegenüberliegenden Seite des Hauses.

»Na prima! Das ist doch ein gutes Zeichen!«, rief sie überschwänglich, als sie den Wagen parkte.

Ihre Mutter machte keine Anstalten auszusteigen.

»Wir sind da, Ma!«

»Das kann ich mir denken. Aber es fällt mir wirklich schwer, Gabi. Du musst auch mich verstehen.«

»Tu es uns zuliebe. Bitte!« Jetzt flehte Gabriele sie an.

Da sah sie schon ihre Schwiegermutter vor dem Haus stehen. Sie hielt die Hände an beiden Seiten des dunklen Kleides, als übe sie strammstehen.

Niemals sind sie sich begegnet, dachte Gabriele. Nicht vor der Hochzeit. Nicht nach der Hochzeit. Nicht bei der Geburt von Hannah, die immerhin beider Enkelin war. Nicht bei ihrer Einschulung. Niemals.

Mathilde van Bergen kam ihnen entgegen. »Ich habe Sie schon erwartet«, sagte sie und blickte dabei Karoline Huneus an.

Sie reichte ihr die Hand und machte eine kaum merkliche Verbeugung.

Gleich werden sie sich gegenseitig ihre Namen nennen, dachte Gabriele, auch wenn sie genau wissen, wen sie vor sich haben.

Den Plan, ihre beiden Mütter zusammenzubringen, hatte sie schon lange gefasst. Bevor die Krankheit ihrer Tochter ausgebrochen war. Die Einsamkeit Mathildes, ihre geröteten Augen, wenn sie sich verabschiedeten, die immer wieder geäußerte Bitte, sie nicht zu vergessen. All das hatte sie zu diesem Schritt veranlasst. Warum sollten sich die beiden Oldies, wie ihre Tochter Hannah despektierlich zu sagen pflegte, nicht gelegentlich treffen. Die Ex-Galeristin und die Ex-Apothekerin.

Die Kaffeetafel war perfekt gedeckt. Das Sonntagsporzellan, die große, bauchige Kanne mit dem zartblauen Muster, eine Malakofftorte, die Wolfgang so gerne aß.

Um diese Uhrzeit kann ich noch keinen Kuchen essen, dachte Gabriele. Aber sie ließ sich ein Stück auf den Teller legen.

»Ich denke, ich zeige Ihnen das Haus später«, sagte Mathilde, »trinken wir erst mal einen Kaffee und hören unserer Tochter zu. Schließlich bittet sie uns ja um Hilfe.«

Wie schnell es ihr gelingt, das Eis aufzutauen, dachte Gabriele. Nicht immer war Mathilde so zugänglich gewesen.

Karoline saß mit angewinkelten Beinen auf halbem Po an der Vorderkante des Sessels und teilte mit der Gabel Miniportionen von der mächtigen Torte ab, um sie bedächtig in den Mund zu führen.

Gesagt hatte sie nach der Begrüßung noch nichts. Zu fremd schien ihr diese Begegnung zu sein.

Gabriele nahm sich ein Herz und erzählte von Hannahs Zustand. »Es ist ja nicht das erste Mal gewesen, wie wir jetzt wissen.« Hannah habe diese Erstarrung schon häufiger erlebt. »Das geschieht, wenn sie allein ist. Ganz plötzlich überfällt es sie.« Sie könne gar nichts dagegen machen. »Zum ersten Mal soll es passiert sein, als sie allein im Bunker war.«

»In einem Bunker?«, fragten die beiden Frauen kurz hintereinander.

Gabriele berichtete von der Auseinandersetzung mit Kevin. Ihrem Freund. »Na ja, ich glaube eher, daß er jetzt ihr Exfreund ist.« Er habe sie verlassen, sie sei allein in diesem eiskalten Bunker gewesen, wo die Musiker üben dürften, und dann ... »Ich hätte da auch Angst gehabt.« Aber damals habe Hannah ihnen kein Wort erzählt. »Wahrscheinlich hat sie sich geschämt.«

»Warum sollte sie sich geschämt haben?«, fragte Karoline. »Meine Enkelin muss sich doch nicht deswegen schämen.«

Gabriele war so erstaunt über diese Bemerkung, daß sie sich verschluckte. Mathilde schlug ihr sanft auf den Rücken.

Als sie wieder sprechen konnte, sagte Gabriele: »Ich meine, Hannah hat sich geschämt, daß sie verlassen wurde. Vielleicht wollte sie uns davon nichts sagen. Immerhin hat sie bei jeder Gelegenheit von diesem Typ geschwärmt. Und wie sie geschwärmt hat.«

»Aber daher können diese Anfälle von, wie hast du gesagt, Erstarrung nicht rühren, Gabi.«

Mathilde schenkte Kaffee nach. Vielleicht sei es ein Mangel an Mineralstoffen, Magnesium zum Beispiel, sagte sie. »Ich war ja früher mal Apothekerin, wissen Sie?«

In diesem Augenblick ging es Gabriele durch den Kopf, wieso nur ihre Tochter von diesen Symptomen betroffen war und sie selbst noch nie etwas Ähnliches gespürt hatte. Oder bin ich als Nächste dran?

»Wohnen Sie in diesem Haus alleine?«, fragte Karoline.

»Seitdem der Tod die Hand nach unserer Familie ausgestreckt hat. Erst mein Mann, dann mein Großvater und seine Frau ... Wolfgang und Justus, meine Söhne, waren ja schon ausgezogen ...«

Gabriele sah, daß Mathilde ihre Tränen nicht zurückhalten konnte. Sie nahm ein Taschentuch, hob die Brille an, um sie wegzuwischen.

Eine Zeit lang herrschte Schweigen.

Gabriele wusste nicht, wie sie wieder auf Hannah zu sprechen kommen sollte. Es ist nur eine einfache Frage gewesen, dachte sie, nur eine einfache Frage.

»Haben Sie denn nie daran gedacht, in ein Altenheim umzuziehen? Es gibt ja ganz wundervolle Einrichtungen. Ich habe mich schon mal erkundigt. Und ich glaube, ich bin noch ein paar Jahre jünger als sie.«

»Danke für das Kompliment!«, sagte Mathilde. Sie lachte verlegen.

»Das war nicht böse gemeint«, beeilte sich Karoline zu sagen. »Ich wollte nur ...«

»Keine Bange, ich habe das schon verstanden«, unterbrach sie Mathilde. »Ein Altersheim kommt nicht infrage, nein, gewiss nicht. Solange ich noch auf eigenen Beinen stehen kann.«

»Aber so allein, in so einem großen Haus? Fürchten Sie sich denn überhaupt nicht?«

»Wenn mich die mir noch Verbliebenen häufiger besuchen würden ... wir hatten mal ein Frauenkränzchen, die Angeheirateten, die Schwägerinnen, was hatten wir für einen Spaß, wenn wir uns über unsere männlichen Paragrafenreiter lustig machten. Karl stand immer da, als habe er ein Ausrufezeichen verschluckt, und Ulrich, der Weltreisende, hatte ständig einen Juristenwitz auf Lager. Mein Justus ist nach dem geschlagen. Und nach seinem Großvater.«

Gut, daß Mathilde jetzt ins Erzählen kommt, dachte Gabriele erleichtert. Ihre Mutter hörte gespannt zu. Gab gelegentlich ein Bonmot aus der Hunnen-Kanzlei hinzu. »Mein Schwiegervater wurde ja insgeheim der Herrgott genannt, aber das werden Sie bestimmt wissen.« Mathilde schüttelte den Kopf und sah ihre Schwiegertochter dabei an.

Keine Sorge, dachte Gabriele, ich werde dich doch nicht verraten. Wie oft hatten sie in diesem Haus über den preußischen Starrsinn des Herrgottes gelästert.

Die zwei Stunden vergingen im Flug. Als seien die beiden Damen schon miteinander bekannt.

Sie berieten, was für ihre Enkelin zu tun sei. Ein Spezialist muss her. Darin waren sie sich schnell einig.

Karoline wollte gleich anschließend im Freundeskreis herumtelefonieren. »Ich kenne einige Chefärzte, die haben bei mir gerne Kunst eingekauft.« Mathilde wollte sich bei Ärzten umhören. Als ehemalige Apothekerin würde sie noch über ein paar Kontakte verfügen.

Als die beiden Frauen sich verabschiedeten, lud Karoline zum Gegenbesuch ein. »Am besten am Dienstagmorgen, so gegen zehn. Einverstanden?«

Mathilde war so gerührt, daß sie nichts erwidern konnte, sondern immerzu nickte.

Im Auto war Gabriele einen Moment lang versucht, das Inkognito ihrer Schwester zu lüften. Aber ohne Hannah zu fragen, wollte sie diesen Schritt nun doch nicht unternehmen.

»Du weißt, warum ich deine Schwiegermutter gerade am Dienstagmorgen eingeladen habe?«, fragte Karoline.

»Wer weiß das nicht«, erwiderte Gabriele.

Dann lachten sie beide.

Hannah Huneus gab reichlich Trinkgeld. Der Taxifahrer wünschte ihr in perfektem Englisch einen schönen Tag. Sie hatte ihre Nichte in die Schule gebracht, eine Zeit lang gewartet, bis sie von Mitschülern umringt war, und dann einen weiteren Anlauf genommen.

Man trifft sich immer zweimal im Leben, dachte Hannah, als sie aus dem Taxi stieg.

Das Haus des Polizeipräsidenten Meiser, der im Telefonbuch noch immer diesen Titel unter seinem Namen führte, lag an einem kleinen Fluss, der sich braun und träge durch eine sumpfige Wiese schlängelte. »Sie sind mir bereits avisiert worden, Miss Livingstone«, hatte Meiser am Telefon gesagt, »kommen Sie ruhig. Mal sehen, was ich für Sie tun kann.«

Hannah trat durch das Gartentor und sah, daß sie schon erwartet wurde. Meiser hielt die Arme vor dem Brustkorb verschränkt. Wie ein Zerberus stand er vor seiner eigenen Haustür.

Sie stoppte ihre Schritte.

Wartete darauf, daß Meiser sie hereinbat.

Aber nichts dergleichen geschah.

Dieser Oberbulle war es gewesen, der veranlasst hatte, daß Hannah aus dem Unterricht verhaftet und zu einem Verhör abgeführt wurde. Ziemlich ruppig. Es ging nicht ohne Blessuren ab. Später hatten sie sich im Gerichtssaal gegenübergestanden.

Sich gegenseitig beäugend.

Wer wird dieses Mal obsiegen?, dachte Hannah und reichte Meiser ihre Visitenkarte.

Der Ex-Polizeipräsident nahm sie in die Hand, würdigte sie aber keines Blickes.

»Sie können sich doch wohl ausweisen, Miss Livingstone?«

»*Why should that be necessary?*«

»Alte Polizistengewohnheit.« Meiser streckte die andere Hand aus.

Lass ihn ein bisschen zappeln, dachte Hannah. Er kommt sich wahrscheinlich großartig dabei vor. Ausweiskontrolle vor der eigenen Haustür. Er hätte seine alte Polizei-Uniform anziehen sollen, das würde gut zu diesem Spielchen passen.

»Sie werden doch irgendeinen Ausweis dabeihaben. Oder ist das in England nicht Vorschrift?« Meiser hielt die Visitenkarte hoch. »So einen Wisch kann man leicht fälschen. In jedem Kaufhaus steht dafür ein Drucker. Es soll sogar einen am Bahnhof geben.«

Hannah ging davon aus, daß Gebert seinen früheren Chef

informiert hatte. Als sie den Polizeipräsidenten endlich erreichte, sagte er nur, leider habe er in Sachen der Entführung Huneus keine Aussagegenehmigung erhalten. Tue ihm Leid. Ganz bestimmt. Vor der Kamera dürfe er nichts sagen. Es gab also Menschen, die selbst einen Polizeipräsidenten hindern konnten, eine wahrheitsgemäße Aussage zu machen. Obwohl diese Geschichte schon so lange zurücklag und aus einer ganz anderen Zeit zu sein schien.

Hannah kramte in ihrer Handtasche. Betont langsam. Legte Lippenstift und Haarbürste auf den Gehweg.

Wo war nur das gute Stück?

Meiser schaute ihr vom Treppenabsatz zu. Acht Stufen erhöht. Hierarchie beachten! Das war immer sein Grundsatz gewesen. Auch damals, als er seinen Polizeibeamten befohlen hatte, auf die Demonstranten bei der Straßenbahnbesetzung einzuknüppeln.

Meiser besah sich den britischen Pass.

»Ist eine reine Vorsichtsmaßnahme«, sagte er mit schnarrender Stimme, »könnte ja jeder kommen und sich bei mir einschleichen wollen. Nichts für ungut, Miss Livingstone.«

Er gab ihr den Pass zurück und ließ sie eintreten.

Im Wohnzimmer mit Blick in den Garten hatte er schon den Kaffeetisch gedeckt. Murmelte etwas von: meine Frau, leider, hätte Sie auch gerne, aber Sie wissen ja, wie Frauen so sind ...

»Sie nehmen wohl einen Tee, denke ich.«

Hannah nickte.

Umständlich goss Meiser ihre Tasse voll, randvoll. Sie dampfte wie eine Lok von *British Rail*.

Der frühere Polizeipräsident hatte gegen Hannah Huneus Anzeige wegen übler Nachrede erstattet. Damals war sie für die Schülerzeitung »Spektrum« presserechtlich verantwortlich gewesen. Und in der inkriminierten Ausgabe stand ein Satz, der Meiser überhaupt nicht behagte. »Bei einer Orgie im Hause des Polizeipräsidenten ist in der Silvesternacht jemand zu Tode gekommen, und das hat bisher in keiner Zeitung gestanden.« Vor Gericht hatte Hannah den Wahrheitsbeweis für diese Behauptung antreten müssen.

»Ich bin so weit im Bilde«, begann Meiser, »mein Nachfolger hat mir schon Bericht erstattet. Aber ich würde schon noch mal gerne von Ihnen hören, um was es der BBC wirklich geht.«

Meiser stopfte sich seine Pfeife, lehnte sich zurück und erteilte seinem Gast großzügig das Wort.

Hannah kam auf die geplante Zwei-Stunden-Dokumentation und den Fall Huneus zu sprechen. Die entführte Terroristin. »Das wäre eine Geschichte ganz nach Geschmack unserer Zuschauer.«

»Haben englische Zuschauer denn Geschmack?« Meiser paffte drei olympische Ringe. »Von den deutschen kann man das nicht sagen.«

»Herr Gebert deutete an, daß er wisse, wer diese Huneus entführt habe. Weiß er das wirklich?«

Hannah wollte direkt zum Zentrum vorstoßen. Keinen langen Umweg machen.

»Er weiß es.«

»Und Sie wissen es auch?«, stieß Hannah nach.

»Ich weiß es auch.«

»Wer war es?«

»Langsam, Miss Livingstone, ganz langsam. Wir müssen erst darüber verhandeln, was Sie mit meiner Aussage veranstalten wollen.«

Meisers Rauchkolben hatte aufgegeben. Verdutzt schaute er in die Asche, nahm ein überlanges Streichholz vom Tisch und entzündete die Pfeife erneut. Mit diesem Streichholz hätte man das ganze Haus in Brand stecken können.

»Wir wollen es senden, was sonst, Herr Polizeipräsident?« Hannah spürte sofort, daß die Nennung seines Titels Wirkung zeigte.

»Aber nur dann, wenn ich den Wortlaut kontrollieren kann.«

»Wie meinen Sie das?«

»Ich will die endgültige Fassung des Filmes sehen und dann entscheiden, ob das, was dort von mir wiedergegeben wird, auch den Tatsachen entspricht. Ich habe oft genug erfahren müssen, daß Menschen Ihres Berufsstandes Aussagen, die ich gemacht habe, später in einem ganz anderen Lichte erscheinen ließen.«

»Bei der BBC ist so was unmöglich!« Hannah schüttelte den Kopf und sah Meiser unverdrossen an. »Wir sind bekanntermaßen die seriöseste Anstalt der Welt.«

»Jedenfalls haben Sie diesen Ruf. Aber überprüfen kann ich das von hier aus natürlich nicht.«

Hannah beugte sich nach vorne.

»Machen wir es so: Sobald wir die Schnittfassung des Features fertig haben, lass ich Ihnen ein Video schicken. Das können Sie in aller Ruhe anschauen und dann das Okay geben. Aber ich sage jetzt schon voraus, Sie werden sich fair von uns behandelt fühlen.«

Faire Behandlung war nicht gerade Meisers Stärke gewesen. Der alte Militärkopp hatte als Polizeipräsident autoritär durchgegriffen. Polizisten vom Dienst suspendieren lassen, die seiner Meinung nach unbotmäßig waren. Reviere eigenmächtig umorganisiert. Kollegen in den Regen gestellt. Im Polizeihaus atmete man auf, als Meiser endlich in Pension gegangen war. Hannah hatte noch gut in Erinnerung, wie er vor Gericht auftrat und selbst den Vorsitzenden Richter in die Schranken wies. Ihr Schwager Wolfgang hatte Meiser nachgerade vorgeführt. In jener Silvesternacht seien seine Gäste zu betrunken gewesen, um mitzukriegen, daß einer beim Sturz über das Geländer zu Tode gekommen war.

»Gut, dann machen wir es so, wie Sie es vorschlagen. Aber ich will das schriftlich von Ihnen, Miss Livingstone.«

»In Englisch oder in Deutsch?«

»In Deutsch wäre mir lieber. Englisch habe ich aufgrund der Kriegswirren nicht lernen können.«

»*No problem*«, sagte Hannah. Nahm einen kleinen Stift aus der Handtasche und notierte sich etwas auf einem Blöckchen, das sie im *Smith Bookshop* in Leeds gekauft hatte. Dann sah sie auf, ohne etwas zu sagen.

Meiser hatte die Pfeife beiseite gelegt.

So, Herr Oberbulle, nun muss Butter bei die Fische.

»Am besten wäre es, wenn diese schriftliche Zusage vom Intendanten Ihres Hauses unterschrieben wäre. Das ist eine reine Vorsichtsmaßnahme. Sie, entschuldigen Sie diese mögliche Verdächtigung, könnten mir ja jeden Brief schicken. Aber ...«

»*No problem*«, wiederholte Hannah. Auf ihren Block schrieb sie: Vollidiot. Noch nie hatte irgendein Fernsehdirektor der Welt eine solche Zusage persönlich unterschrieben. Mal was von freier Presse gehört, Grundrechte, irgendwas in der Art?

Aber sie schwieg.

»Noch Tee?«, fragte Meiser.

Hannah nickte.

Die Kanne war leer.

»Ich kann noch neuen aufsetzen, Miss Livingstone.«

»Nicht nötig«, lehnte Hannah ab.

Sagt er's oder sagt er's nicht, *that's the question*.

Meiser erhob sich zu voller Größe, stellte sich ans Fenster und blickte in den Garten. Er verschränkte seine Arme hinter dem Rücken. Hannah konnte die Lederstücke sehen, die auf die Ellbogen des blassgrünen Jacketts aufgenäht waren. Wie bei meinem Großvater. Auch der Herrgott stand manchmal am Fenster, drehte mir meist den Rücken zu, wenn er etwas Wichtiges mitzuteilen gedachte.

Hannah wartete.

Nichts geschah.

Meiser wollte doch nicht erst dieses unsinnige Papier haben, bevor sie etwas von ihm erfuhr?

»Am besten«, begann der Ex-Polizeipräsident, der die siebzig weit überschritten hatte, »lassen Sie sich die ganze Geschichte vom jungen Huneus erzählen. Der war ihr Bruder. Der kennt den gesamten Sachverhalt.«

Hannah hätte beinahe einen Lachanfall bekommen. Nur mit Mühe hielt sie sich zurück. Der Verräter, als ob der mir jemals auch nur ein Jota erzählen würde.

»Wieso wurde gerade der eingeweiht?«, fragte sie mit lauter Stimme. »Und in was?«, setzte sie hinzu.

»Gut gebrüllt, Löwin!« Obwohl er ihr immer noch den Rücken zukehrte, konnte Hannah sehen, daß er über seinen eigenen Scherz lachte.

»Fragen Sie ihn, Miss Livingstone. Der junge Huneus weiß über alles Bescheid.«

Ein Ausfallschritt. Attacke. Entweder er sagt was ...

»Herr Polizeipräsident, es kommt mir so vor, als wollten Sie mich hinters Licht führen. Erst soll ich Ihnen eine schriftliche Zusage von höchster Stelle besorgen und dann soll ich jemand anderen befragen. Ich kenne diesen Mann doch gar nicht«, Hannah hob die Stimme noch weiter, »warum sollte er mich vorlassen?«

Meiser drehte sich immer noch nicht um.

»Gebert hat ihn damals informiert. Das habe ich mir extra noch mal bestätigen lassen.«

»In welcher Hinsicht?«

»Daß die Huneus in die DDR abgetaucht ist. Wie übrigens viele andere Terroristen auch, aber da sage ich Ihnen ja nichts Neues.«

»Ich denke, sie ist entführt worden.«

»Das auch«, antwortete Meiser knapp.

»Von wem?« Hannah erhob sich aus dem gepolsterten Stuhl, dessen Bezug ein wenig durchgescheuert war.

»Es war eine Schein-Entführung!«, erwiderte Meiser. »Diese Huneus ist gar nicht richtig entführt worden.«

»Aber von wem denn, *for heavens sake?*« Hannah spürte, wie er sie an langer Leine hin- und hertänzeln ließ.

»Die Terroristen haben so getan, als würden sie diese Huneus entführen, damit sie sich bei Nacht und Nebel absetzen konnte. Sie haben ein kleines Feuerchen entfacht, damit die Sicherheitsbehörden dorthin schauten. So hatte sie freie Bahn für das Abtauchen. Das ganze war ein bloßes Täuschungsmanöver.«

Er drehte sich jetzt um und sah sie herausfordernd an.

»Das ist nicht Ihr Ernst, Herr Polizeipräsident«, sagte Hannah etwas spöttisch.

Sie sah, wie er die Lippen aufeinander presste. Ein verräterisches Wort in seinen Ausführungen hatte Hannah auf der Stelle registriert.

»Aber so war es«, bekam sie zur Antwort. »Der Gebert darf Ihnen das nicht sagen, weil er noch in Amt und Würden ist. Auch wenn es schon so lange her ist ...«

»Die Terroristen haben Politiker entführt, Bankdirektoren erschossen, Kasernen gesprengt, aber daß sie einen aus den eigenen Reihen entführt haben sollen, das kann ich nicht glauben«, unterbrach ihn Hannah. Für wen hielt Meiser sie eigentlich? Für eine dumme Pute, die sich mit dieser lächerlichen Erklärung abspeisen ließ?

»Das ist doch wirklich eine tolle Geschichte für Sie, ich meine für die BBC?« Nun strahlte der frühere Polizeipräsident.

»Das ist wirklich eine tolle Geschichte«, sagte Hannah. »Wenn Sie mir das im Interview bestätigen könnten ...«

»Wenn ich die schriftliche Bestätigung von Ihrem Intendanten erhalte, daß ich ...«

»*No problem*«, sagte Hannah zum dritten Mal.

Sie ließ sich von Meiser ein Taxi rufen.

»Wohin soll die Fahrt gehen?«, fragte der Polizeipräsident, bevor er den Anruf tätigte.

»Zum Bahnhof. Ich muss heute noch dringend nach Köln.«

»Zu wem wollen Sie da?« Es klang wie bei einer polizeilichen Einvernahme.

»Wir Journalistinnen haben auch unsere kleinen Geheimnisse, Herr Meiser.«

»Entschuldigung, ich wollte wirklich nicht indiskret werden, Miss Livingstone.«

Als sie ins Taxi einstieg, erinnerte er sie an die Zusage. »Nicht vergessen!«, rief er und drohte ihr mit dem Zeigefinger. »Ich brauche da etwas Schriftliches von oberster Stelle.«

Die Sicherheitsbehörden, dachte Hannah, warum bin ich nicht früher darauf gekommen. Es waren die Sicherheitsbehörden, die dieses Feuerchen entfacht haben, um wieder auf meine Spur zu kommen. Sie haben Entführer gespielt, weil sie hofften, ich würde mich bei der Familie melden.

Wenn es sich tatsächlich so verhielt, wie Meiser ihr vorgegaukelt hatte, dann hätte Gebert das ohne zu zögern sagen können.

Dafür brauchte er keine Aussagegenehmigung. Von wem auch? Vom Innenministerium oder vielleicht vom Papst?

– vierzehn –

Kuno schaute auf den Abendbrottisch. »Ei, isch mach mich jetzt fott.« Weder Gabriele noch Wolfgang hielten ihn zurück. Nicht an diesem Abend.

Wolfgang hatte eine Flasche Weißwein geöffnet und schenkte sich das Glas voll.

»Mir nur halb.« Gabriele zeigte, wie viel Wein sie eingeschenkt haben wollte.

»Ist Hannah oben?«, fragte Wolfgang.

»Ja«, erwiderte seine Frau.

»Dann hol sie doch bitte. Wir wollen essen.« Während Gabriele den Gemeinschaftsraum verließ, nahm Wolfgang einen großen Schluck aus seinem Glas.

Irgendwann muss ich es ihr sagen, dachte er. Noch hatte er keine Gelegenheit dazu gefunden. Sie sollte es auf keinen Fall aus der Presse erfahren.

»Und? Wie seh' ich aus?« Seine Schwägerin drehte sich einmal um sich selbst. Die neue Frisur war nicht zu übersehen. Streichholzkurz, pechschwarz. Ein Igel auf Brautschau.

»Du siehst von Tag zu Tag besser aus.« Wolfgang wollte ihr einschenken, aber Hannah hielt die Hand darüber. »Ein Joint wär' mir lieber.«

Wolfgang lachte. »Aber nicht in Gegenwart deiner Nichte, bitte. Gabi holt sie gerade, dann können wir anfangen.«

»So ein privater Hausmann ist nicht schlecht«, Hannah zeigte auf den Abendbrottisch, »wenn Kuno nicht so alt wäre ...«

»Er hat mich letzte Woche doch tatsächlich gefragt, ob wir ihn, weil du nun wieder bei uns wohnst, weiter behalten würden. Echt, er hat gesagt, behalten würden. Dabei hat niemand auch nur die kleinste Andeutung gemacht, daß er hier nicht mehr erwünscht ist.«

»Störe ich euch?« Hannah setzte sich auf die andere Seite des Tisches, genau Wolfgang gegenüber.

»Wieso denn?«, fragte er.

»Es hätte ja sein können ... für immer will ich ja auch nicht hier wohnen.« Sie schaute zu Wolfgang hinüber, der schon das zweite Glas leerte. »Ich war heute bei Meiser.«

»Bei Meiser?«, echote ihr Schwager. »Bist du noch ganz bei Trost, Hannah?«

»Der alte Oberbulle wohnt nicht schlecht. Bezieht wahrscheinlich ne dicke Pension ...«

»Wenn der dich enttarnt, gnade dir Justiz. Ich habe keine Ahnung, was dir blühen kann, aber der lässt nicht mit sich spaßen.«

»Ich hab ihm meinen englischen Pass zeigen müssen. *Mrs Livingstone, you understand?*«

Wolfgang schüttelte den Kopf, drehte das Weinglas in der Hand. »Hat er was rausgelassen?«

»Ich weiß jetzt, wie es gelaufen ist.«

Wolfgang schnappte sich ein Schinkenbrot. Bei seiner Mutter Mathilde hätte es dafür was auf die Finger gegeben.

»Es waren die Sicherheitsbehörden. Verstehst du?«, sagte Hannah.

»Kein Wort!«

»Die haben meine Entführung inszeniert, um wieder auf meine Spur zu kommen. Als ich abgetaucht bin, müssen die ziemlich ratlos gewesen sein. Und da kam jemand auf die Idee ...«

»Das ist eine Räuberpistole, Hannah, die hast du dir ausgedacht. Der Meiser hat dir das gewiss nicht erzählt. Nie und nimmer, selbst nicht einer englischen Journalistin gegenüber ...«

»Es kann nicht anders gewesen sein. Fragt sich nur, ob es der Verfassungsschutz oder der BND war ...«, beharrte Hannah.

Die Tür ging auf.

Ihr Gespräch verstummte.

»Hier ist sie!« Gabriele führte ihre Tochter in den Raum.

Sie war kalkweiß, tiefe Ränder unter den Augen.

»Es geht ihr nicht besonders«, fügte Gabriele leise hinzu, »sie will auch nichts essen. Aber ... wir haben uns darauf geeinigt, daß sie wenigstens dabeisitzt.«

Sie brachte Hannah an ihren Platz.

»Lass mich«, sagte sie, »ich weiß, wo ich zu sitzen habe.« Sie schaute zu ihrer Namenskusine. »Schöne Frisur hast du. Gefällt mir. Echt supi.«

»Hat gerade noch geklappt«, erwiderte ihre Tante, »die wollten mir den Termin nicht freihalten. Aber ich brauchte endlich mal wieder einen neuen Kopf.«

»Schwesterherz, lass mal gut sein. Wir sind nicht hier, um über deine neue Frisur zu reden«, sagte Gabriele.

»Denke ich auch«, fügte Wolfgang an.

»Ich find sie prima«, sagte seine Tochter. »So eine hätte ich auch gerne, Mama. Dann würden die mich vielleicht in Ruhe lassen.«

Gabriele nahm sich ein Schinkenbrot. Kunos beste Wahl, das hatte er auch immer in seiner Kneipe serviert. Pumpernickel mit hauchdünn geschnittenem westfälischem Schinken.

Hannah suchte eine Vollkornschnitte. Eigentlich hatte sie schon längst Brot backen wollen, aber nur einmal Zeit dazu gefunden. Seit es ihrer Nichte so schlecht ging, war dieses Vorhaben in Vergessenheit geraten.

»Ich habe heute mit deinen Großmüttern zusammengesessen«, begann Gabriele das Gespräch und blickte zu ihrer Tochter hinüber. Lange wird Hannah nicht am Tisch sitzen bleiben, dachte sie.

»Mit wem?«, fragte Wolfgang.

»Mit unseren Müttern.«

»Warst du in der Villa?«

»Ich habe Karoline abgeholt, und dann sind wir zu deiner Mutter gefahren.«

»Ich fass es nicht«, Wolfgang setzte das Weinglas ab, »du hast die beiden zusammengebracht, ohne mir was davon zu sagen.«

»Wir haben gemeinsam überlegt, wie wir dir helfen können.« Gabriele legte ihrer Tochter die Hand auf den Arm. »Du solltest einem Spezialisten vorgestellt werden. Das meinen auch deine Großmütter.«

»Was für Spezialisten?«, fragte Hannah.

»Psychologen, Therapeuten ...«

»So jemand wie du?«, rief ihre Tochter.

»Hannah, ich bin dafür nicht ausgebildet. Gerichtsgutachter können dir gar nicht helfen, so sehr ich es möchte.«

»Ich gehe zu keinem Arzt, Mama. Ich lass mich nicht ausfragen. Ich will ...« Hannah stand auf. »Ich will ...«

»Beruhige dich«, bat ihre Tante. »Hör dir doch wenigstens mal an, was deine Eltern zu sagen haben. Bitte, setz dich wieder. Du siehst doch, daß sie sich bemühen.«

Hannah blieb stehen.

Sagte kein Wort.

Einen Moment lang waren alle stumm.

Als hätte ein Windhauch die Gespräche mit sich gerissen.

»Wenn deine Mutter sich aufrafft, die beiden alten Damen

um Rat zu fragen, die sich noch nie begegnet sind ...« Wolfgang war der Erste, der die Stille durchbrach.

»Das sind eure Geschichten«, ging seine Tochter dazwischen, »ganz allein eure Geschichten. Ich hab damit nichts zu tun. Was sollen denn die Oldies schon raten? Ham doch selbst nie die Probleme bewältigen können, und wenn ... dann muss ein Spezialist her ... glaubt ihr wirklich, es gibt einen Spezialisten, der mir sagen kann, warum ich plötzlich zu einer Steinsäule werde? So ganz ohne Vorwarnung.«

Hannah hatte sich in Wut geredet. Sie stampfte mit dem Fuß auf, während sie weitersprach. »Ich geh zu keinem Arzt. Ich lass mich nicht ausfragen. Schon gar nicht von einem so wie dir, Mama. Mit mir nicht. Mit mir nicht.«

»Hannah, bitte«, ihre Tante trat neben sie, legte den Arm um ihre Schulter, »niemand tut hier was gegen deinen Willen. Bestimmt. Dafür gebe ich dir mein Wort. Wir beide ...«

»Nur weil wir den gleichen Namen haben«, unterbrach sie ihre Nichte mit lauter Stimme und stieß ihre Tante weg, »haben wir noch nicht die gleiche Scheiße am Kochen.«

»Manchmal habe ich so ein nervöses Zucken, das hast du doch schon mal selbst erlebt«, Hannah trat wieder neben ihre Nichte.

»Das ist was ganz anderes. Das ist ... nichts dagegen!«, bekam sie zu hören.

»Aber es war früher viel schlimmer, viel schlimmer. Ich habe auch erst lernen müssen, damit klarzukommen. Ich hab dir doch davon erzählt, was passiert, wenn es bei mir einsetzt. Hat Jahre gedauert, aber nun weiß ich damit umzugehen.«

Hannah schüttelte heftig den Kopf. »Ein nervöser Tick, den hat unser Mathelehrer auch, das ist ... gar nichts!«

Ihre Stimme wurde schrill.

Gabriele und Wolfgang schauten sich an.

Heute werde ich es Gabi nicht sagen, dachte er. Vielleicht sollte ich erst in die Schweiz fahren.

»Ich geh nicht zum Arzt. Und schon gar nicht zu einem eurer Spezialisten.« Nun brüllte Hannah. »Ich lass mich nicht ausfragen. Von niemand. Auch nicht von euch!«

Sie stieß sich vom Tisch ab, die Gläser schwankten bedenklich. Mit schnellen Schritten ging sie zur Tür.

»Bitte«, ihre Tante versuchte, sie zurückzuholen, »wir wollen doch nur überlegen, entscheiden musst du selbst ...«

»Ich habe mich entschieden.«

Dann war Hannah aus dem Zimmer.

Wieder gab es einen Moment der Stille.

Gabriele starrte zur Tür.

Wolfgang war unschlüssig, ob er noch etwas essen sollte.

Seine Schwägerin stand am Tisch.

»Ich hatte so gehofft, daß wir heute Abend einen Schritt weiterkommen!«, sagte Gabriele. »Ich kann das nicht länger mit ansehen.«

Sie weinte.

Hannah kam um den Tisch herum und setzte sich neben ihre Schwester. Strich über ihren Kopf, versuchte sie zu trösten.

»Sie merkt einfach nicht, in was für einer Gefahr sie sich befindet.« Gabriele wischte sich die Tränen weg. »Daß ich ihr nicht helfen kann, ist schlimm genug, aber daß Hannah sich nicht helfen lassen will ...« Sie unterbrach sich.

»Gegen ihren Willen kannst du sowieso nichts machen.« Wolfgang tupfte sich mit der Serviette den Mund ab. »Sie hat nun mal ihren eigenen Kopf, Gabi. Wär' ja nicht das erste Mal ... und einen Vertrag in dieser Richtung.«

»Du mit deinen verdammten Verträgen!« Gabriele schrie ihn unvermittelt an. »Immer alles schön regeln, glatt bügeln, aushandeln ... Schluss jetzt mit diesen Verträgen, du siehst doch, wohin uns das gebracht hat.«

»Bisher hat es ...«

»Was für einen verdammten Vertrag willst du denn jetzt aufsetzen? Sag es, los, sag es. Wenn du zum Arzt gehst, Hannah, schenke ich dir eine Reise um die Welt. Oder was? Oder ein goldenes Schloss? Irgend so einen Mist. Ist es das, was du dir vorstellst? Hannah ist in Gefahr. Kapierst du das denn nicht?«

»Komm, Gabi«, sagte ihre Schwester, »Wolfgang weiß doch auch nicht weiter. Wir müssen einen Weg finden ...«

»Es gibt keinen Weg, wenn meine Tochter nicht bereit ist, sich helfen zu lassen.«

»Hat sie eigentlich was gesagt, wie es heute in der Schule gelaufen ist?«, fragte Wolfgang.

»Fürchterlich«, erwiderte Gabriele. »Ganz fürchterlich. Alle haben sie bedrängt, was denn los sei. Warum sie so lange gefehlt habe. Warum sie keinen Besuch haben wollte. Was denn mit Kevin sei. Die Fragerei hat sie schier zur Verzweiflung gebracht. Auch die Lehrer. Vor versammelter Klasse. Und, geht es jetzt wieder, Hannah? Sie musste auch noch vor der ganzen Klasse Auskunft geben. Beinah wär' sie abgehauen.«

»Aber hat sie denen erzählt, was wirklich mit ihr los ist?«, wollte Wolfgang wissen.

»Wo denkst du hin? Hannah hat so getan, als hätte sie eine ansteckende Krankheit gehabt. Lungenentzündung. So was in der Richtung. Aber sie muss wohl mal einer Freundin was von diesem Abend im Bunker erzählt haben. Und die hat es den anderen gepetzt. Das hat sie ganz schön in die Bredouille gebracht. Am liebsten wäre sie nach der ersten Stunde gleich wieder nach Hause gerannt. Aber sie wusste nicht, was nun richtig ist. Abhauen oder standhalten. Konnte sich nicht entscheiden. Wollte weggehen und wollte bleiben, hat sie mir vorhin oben gebeichtet. Morgen will sie erst mal zu Hause bleiben.«

»Finde ich richtig«, kam es von ihrer Schwester. »Ich bin da. Wir können einen Spaziergang machen. Ich versuche mal herauszufinden, wie sie sich das vorstellt ... glaubt ja nicht, Hannah geht das nicht nach. Die ist doch in ihrer eigenen Haut fremd.«

»Ich habe mich auch umgehört«, sagte Wolfgang.

»Bei wem hast du dich ... umgehört?«, fragte Gabriele.

»Bei Münckmann.«

»Was hast du dem erzählt?«

»Ich hab Münckmann gesagt, es gehe um eine entfernte Verwandte, in der Nähe von Schleswig. Er hat gesagt, in so einem Fall gibt es nur eins: Raten Sie den Eltern, ihr Kind ein paar Monate ins Ausland zu schicken. Sie kann selbst wählen, wohin sie will. Einfach mal raus. Tapetenwechsel. Und wenn die Eltern jemanden haben, den sie mitschicken können, umso besser. Jemand, dem das Kind vertraut, sollte sie begleiten. Aber nicht die Eltern. Hannah, könntest du dir vorstellen, ein paar Monate mit deiner Nichte nach England ...«

Wolfgang ließ den Satz unvollendet. Er sah zu den beiden Schwestern hinüber, die eng nebeneinander saßen.

»Dann wärst du das Problem los!«, fuhr Gabriele ihn an.

»Der Münckmann, meine Liebe, ist ein Spezialist. Das weißt du genau. Der ist eine Koryphäe auf deinem Gebiet. Du weißt, wie oft ich mit dem als Gutachter zusammengearbeitet habe. Ich hab dem Münckmann die Symptome geschildert. Hatte auch gleich einen ähnlichen Fall parat. Ein Watzlawick-Schüler, so weit kenn ich mich aus.«

»Nach England«, höhnte Gabriele, »nach England. Nicht noch weiter weg? Vielleicht Australien?«

»Gabi, nun lass es gut sein«, versuchte Hannah einzulenken, »Wolfgang hat jemand gefragt, du hast deine Mütter gefragt, jeder macht sich seine Gedanken. Warum fährst du Wolfgang so an?«

»Du verteidigst ihn doch immer«, sagte Gabriele, »Wolfgang ist kein Säulenheiliger. Der ist Jurist, und die halten sich gerne die wirklichen Probleme vom Hals. Die sitzen im Paragrafenwald und feixen rum. Als ob ich meine Tochter in dieser Lage nach England schicken würde ...«

Gabriele hielt inne. England, London, zum Studium nach London, war es nicht so gewesen? Damals, als ihr Großvater sie und Wolfgang um jeden Preis auseinander bringen wollte. Schick sie zum Studium nach London, hatte der Herrgott ihrem Vater befohlen. Hatte er nicht sogar schon Fäden geknüpft, daß irgendwelche Männer sie dort umgarnen sollten? London, England, Ausland, nur weg von zu Hause. Damit man die Schande nicht täglich sehen musste.

»Ich weiß nicht, ob es ein guter Vorschlag ist«, erwiderte Wolfgang leise, »aber auf das Urteil vom Münckmann gebe ich was.«

»Wäre er denn bereit, sich Hannah mal anzuschauen?«, fragte Gabriele.

»Wenn sie dazu bereit ist ... gewiss. Das kriege ich hin.«

»Sie ist nicht dazu bereit«, mischte sich Gabrieles Schwester ein. »Sie ist keineswegs dazu bereit. So einen Schritt traut sie sich nicht.«

»Ich hab so eine Angst um sie«, Gabrieles Stimme zitterte, »so eine Angst.«

Ins Ausland schicken. Niemals. In dieser Situation. Eher würde ich meinen Beruf an den Nagel hängen, um für Hannah da zu sein. Wer ist schon dieser Münckmann, diese Koryphäe? Auch nur ein mediengeiler Kollege, der ständig in Talkshows Ratschläge in Psychofragen gibt. Nach der Wiedervereinigung hatte seine Karriere geboomt. Was denken die Ossis, was denken die Wessis. Familienzusammenführung und Krisenbewältigung. Hoffnungen und Enttäuschungen, Traumata ohne Ende. Eine Nation auf der Couch. So wollte es Münckmann am liebsten. Damit alle auf ihn schauten.

»Kann Hannah denn einfach so fehlen?«, fragte Wolfgang, »ich meine, das geht doch nicht ... sie wird sitzen bleiben und die Klasse wiederholen müssen ...«

»Ist das so wichtig jetzt?«, unterbrach ihn seine Frau. »Sie muss erst wieder auf die Beine kommen, sie muss Kraft sammeln, da ist mir die Schule völlig egal. Wenn so was wie heute Morgen noch ein paar Mal passiert, geht sie gar nicht mehr hin. Das muss ein richtiges Spießrutenlaufen gewesen sein. Stimmt es, daß Kevin dich in die Wüste geschickt hat? Liebeskummer, was? Und deswegen darfst du zu Hause bleiben? Richtig geätzt hätten sie in der Pause, hat Hannah mir erzählt. Die sind mit ihr umgesprungen, als hätte Hannah sie attackiert. Wie eine Aussätzige wurde sie behandelt. Klassenkeile, so nannte man das früher.«

»Hast du denn mal mit den Lehrern gesprochen?«, fragte Wolfgang.

»Wann denn? Wann denn bitte? Ich könnte dich das genauso fragen«, antwortete Gabriele gereizt.

Ihre Schwester stand auf.

»Lasst mich in den nächsten Tagen mal versuchen, an Hannah heranzukommen. Ich bin da nicht so involviert, vielleicht gelingt es mir ja … so geht es jedenfalls nicht weiter.«

»Wo willst du hin?«, fragte Gabriele.

»Ich gehe auf mein Zimmer. War heute ein heftiger Tag. Mehr kann ich nicht mehr ab.«

Als sie den Gemeinschaftsraum verlassen hatte, fragte Gabriele, ob irgendetwas mit ihrer jüngeren Schwester gewesen sei.

»Hannah war heute bei Meiser!« Wolfgang schenkte sich wieder ein Glas Wein ein. »Sie kann es nicht lassen.«

»Wegen dieser blöden Entführungsgeschichte? Wenn Meiser rauskriegt, wer sie wirklich ist …«

»Das hab ich ihr auch gesagt. Mich wundert sowieso, daß sie bisher noch nicht enttarnt wurde. Hat sie diesem Maler tatsächlich gesagt, daß sie eine aus der Huneus-Sippe ist?«

Gabriele nickte.

»Es wird nicht mehr lange dauern, bald weiß es die ganze Stadt. Und dann kann Hannah was erleben. Die haben alle noch emotionalen Nachholbedarf, sie in den Bau zu schicken.«

»Das glaube ich nicht«, erwiderte Gabriele. »Der Schwontkowski hat sich ein bisschen in sie verkuckt. Hat schon zweimal hier angerufen und immer nach Miss Livingstone gefragt. Der wird bestimmt den Mund halten. Außer uns hier weiß es niemand. Aber daß Hannah einfach so zu Meiser geht? Vielleicht will sie enttarnt werden. Der wird sie hinhängen, wenn er die kleinste Gelegenheit dazu bekommt.«

»Schon wegen der Geschichte von damals«, sagte Wolfgang.

»So wie du ihn damals im Gerichtssaal hast auflaufen lassen, ganz bestimmt.«

Gabriele hob ihr Glas, prostete Wolfgang zu.

Es war Wolfgangs erster Auftritt vor Gericht gewesen. Ein überraschender Freispruch für Hannah Huneus.

»Hat Meiser denn was zur Sache ausgesagt?«, fragte Gabriele.

»Nein, natürlich nicht. Aber deine Schwester hat eine Theorie, war ja nicht anders zu erwarten. Der Verfassungsschutz hätte diese Schein-Entführung in Gang gesetzt.«

»Mit welchem Ziel?«

»Ihre Spur wiederzufinden«, antwortete Wolfgang.

»Was ist daran so abwegig?«

»Das ist eine blöde Verschwörungstheorie, Gabi, mehr nicht. So hat deine Schwester immer gedacht und so denkt sie auch heute noch. Sie hat zwar Brot backen gelernt, aber politisch ist sie noch genauso naiv wie damals.«

»Wenn du sie da mal nicht unterschätzt«, sagte Gabriele. »Eins ist ja wohl unumstritten: Hannah ist nicht entführt worden. Auch wenn wir dabei waren, als die Entführer in der Galerie angerufen haben. Es war ein Täuschungsmanöver, warum nicht vom Verfassungsschutz? Damals war alles möglich.«

Wolfgang wiegte den Kopf hin und her, sagte aber nichts. Jetzt seine Frau einzuweihen, war ausgeschlossen. Aber vor der Schweizreise musste er es ihr sagen.

»Wie hat sich denn der Verräter geschlagen?« Gabriele faltete ihre Serviette zusammen.

»Welcher Verräter?«

»Mein hoch geschätzter Bruder. Du hattest doch heute mit ihm das Vergnügen.«

»Nicht schlecht. Ein bisschen fettig, aber gar nicht schlecht. Die Hunnen haben sich eine Strategie der verteilten Rollen ausgeheckt, mit der muss der Vorsitzende Hohlbein erst mal klarkommen. Und was das Größte ist, dein Oberbruder hatte tatsächlich keine Einwände gegen meine Nebenklage.«

»Hat er nicht gegiftet?«

»Hat er nicht. Dabei war ich so gut munitioniert. Ich hatte mich schon auf ein schönes Gefecht mit ihm gefreut. Die Nebenklage enthält einen wichtigen Aspekt des zu behandelnden Vorgangs, nein, die Nebenklage ist substanziell nichts Neues, doch, die Verleumdung des toten Hörmann ist bisher nicht angeklagt, nein, der Vorwurf steckt doch in der Anklage wegen Betrugs und so weiter, und so weiter, aber es kam nicht dazu. Hohlbein fragt, wird dazu das Wort gewünscht, dein Oberbruder sagt: keine Einwände. Hätte ich nicht erwartet. Ich war baff.«

»Und deine Mandantin?« Gabriele begann, die Teller aufeinander zu stapeln.

»Das wird ein hartes Stück Arbeit, die im Zaum zu halten. Hohlbein hat mich vor Beginn noch zu sich gerufen und ausdrücklich drum gebeten, darauf zu achten, daß sie nicht emotional ausrastet ...«

»Ist sie ruhig geblieben?«

»Mit Mühe, Gabi. Nur mit Mühe. Sie hat während der Verlesung der Anklageschrift gerufen, das stimme so nicht ... dabei ist die Staatsanwältin auf unserer Seite, was aber Frau Hörmann noch nicht kapiert zu haben scheint.«

»Könnt ihr nicht ein bisschen leiser reden.« Ihre Tochter stand in der Tür. »Man versteht oben jedes Wort.«

Gabriele und Wolfgang erschraken. Fühlten sich ertappt.

»Ich gehe nicht nach England«, sagte Hannah. »Ich lass mich von euch nicht abschieben. Auch nicht mit meiner Tante. Schlagt euch das aus dem Kopf, und zwar ganz schnell. Bevor ich die Ratten loslasse.«

Wolfgang war so perplex, daß er sich an dem Satz verschluckte, den er Hannah erwidern wollte.

»Komm mal her«, bat Gabriele, »es sieht vielleicht für dich so aus, als wüssten wir, was nun zu tun sei, aber ...« Sie hielt inne. Streckte die Hand nach Hannah aus. »Wir beraten, verstehst du, wir beraten. Das heißt, wir sind selbst ratlos. Uns geht es nicht anders als dir. Wir wissen nur, daß es so nicht weitergehen kann. Mehr wissen wir auch nicht.«

»Aber es geht doch weiter, Mama«, sagte Hannah, und es klang überaus verzagt.

»Das nächste Mal kann es sein, daß du nicht so viel Glück hast. Und dann ...« Wolfgang beendete den Satz nicht.

Da steht meine 15-jährige Tochter, und ihr Leben läuft aus dem Ruder, dachte er.

»Wär' es denn so schlimm?«, fragte Hannah.

»Was?«

»Wenn mich die Straßenbahn überfahren hätte ...«

»Hannah!«, rief Gabriele, »Hannah, bitte, das kannst du nicht ...«

»Vielleicht wäre es besser so, einfach unter die Gleise, unter die Erde, finito. Manchmal denke ich so.«

Wolfgang stand auf, ging auf seine Tochter zu. »Wir kriegen das schon wieder hin.« Er nahm sie in den Arm. Spürte das Hundehalsband, das in seine Hand piekte. »Wir lassen dich nicht allein. England, mein Gott, das war doch nur so eine Idee ... tut mir Leid. Tut mir wirklich Leid.«

Eine Zeit lang standen Vater und Tochter ganz eng beieinander.

Gabriele rührte sich nicht.

Wann hat er sie das letzte Mal in den Arm genommen, dachte sie. Seit Hannah zur Punkerin geworden war, und das lag nun einige Zeit zurück. Ich fass doch keinen Hund an, auch wenn er auf zwei Beinen steht, hatte Wolfgang mal gesagt.

»Willst du dich nicht zu uns setzen?«, fragte Gabriele nach einer Weile. Ganz vorsichtig.

»Ich wüsste nicht, was wir zu bereden hätten. Übrigens gehe ich morgen wieder in die Schule. Nicht, daß die denken, ich hätte wirklich einen Dachschaden oder so was.« Hannah lachte laut auf, wie angestachelt.

Kurz bevor sie den Gemeinschaftraum verließ, drehte sie sich noch mal um. »Ihr macht euch zu viele Sorgen. Ich bin es doch, die damit fertig werden muss, nicht ihr.«

Heftig zog sie die Tür hinter sich zu.

»Ich glaube, sie packt es«, Wolfgang setzte sich wieder auf seinen Platz, »daß sie morgen wieder in die Höhle des Löwen geht, ist ein gutes Zeichen. Findest du nicht?«

»Vorhin hat sie noch gesagt, sie will nie wieder hingehen«, gab Gabriele zu bedenken.

»Aber jetzt ...« Wolfgang stieß mit seinem Weinglas an Gabrieles Glas.

»Du trinkst zu viel!« Sie prostete ihm zu.

»Ab nächster Woche mache ich zwei Monate in Abstinenz. Keinen Tropfen Alkohol.«

»Is nich wahr?«

»Du wirst es erleben. Hat mir Bernhard empfohlen. Der hat gesagt, wenn du in Frieden 60 werden willst, musst du deiner Leber jedes Jahr eine Pause gönnen. Wie heißt es bei den Beatles: *Give liver a chance!*«

»Ei, wer will der Leber ne Schangse gebbe?« Kuno tauchte auf. »Ihr hobt ja nix gesse.« Er fischte sich ein Lachsbrötchen aus der Mitte der Platte und stopfte es sich in den Mund. Dann sprach er weiter: »Sach mal, Wolfgang, kennst du so zwei Herre, die sich heut ausführlich nach dir erkunnicht hawwe?. Die sprache en knallharte Dialekt. Isch glaww, die sind von dribbe.«

Wolfgang fuhr zusammen. »Wer hat sich nach mir erkundigt?«

Die beiden hätten in seiner früheren Kneipe jeden der Stammgäste befragt, ob sie Wolfgang van Bergen persönlich kennen würden. »Als machte die ne Umfrach.« Leider sei er so beschäftigt gewesen, daß er sich nicht selbst hätte darum kümmern können. »Mer muss de junge Mensche ja zeiche, wie en sibben Minutte Pils gezapft werdde muss, gell.« Irgendwann seien die beiden Herren verschwunden. Hätten aber ordnungsgemäß die Zeche bezahlt. »Und dann sin se fott.« Noch lange hätten die Gäste in der Kneipe darüber spekuliert, was denn das für zwei komische Vögel gewesen wären.

Wolfgang bat Kuno, die beiden zu beschreiben.

Borg und Kutscher. Kein Zweifel. Warum gingen die in seine Stammkneipe und fragten die Leute aus?

»Kennst du sie wirklich nicht?«, wollte Gabriele wissen.

Wolfgang zuckte mit den Schultern. Sagte nichts.

»Geht Hannah zu so nem Seelenklempner?«, fragte Kuno.

»Wie bitte?«, fuhr Gabriele ihn an.

»Tschuldigung, des is mir nur so nausgeflutscht. Isch wollt doch nur wisse, was jetzt is, gell.«

»Hab schon verstanden, Kuno.« Gabriele spitzte die Lippen. »Sie will sich von uns zu keinem Spezialisten schleifen lassen.«

»Sie hot Angst«, sagte Kuno nach einer Weile. »Ganz klar, die hot Angst. Dät isch aach hawwe. Mer weiß ja net, was dabei so rauskimmt.«

Er ließ seine Hand über den beiden Platten kreisen, wie ein Adler, der seine Beute auf freiem Feld zu erspähen sucht, und nahm sich ein Schnittchen, das er am Nachmittag belegt hatte.

Eine Scheibe Graubrot mit rot-weißer Salami und grünen Gürkchen im Rautenmuster.

So hatte auch Gabrieles Schwiegermutter ihr Lieblingsschnittchen immer belegt. Nur die farbigen Spießchen fehlten.

— fünfzehn —

»Ich weiß gar nicht, wie ich Sie ansprechen soll?«

»Ich bin der Vorsitzende Richter.«

»Soll ich sagen Herr Vorsitzender?«

»Sagen Sie Herr Richter. Den Vorsitzenden können Sie sich sparen.«

»Danke für die Belehrung.«

»Da nich für. Herr Vogel, Sie sind der Chef der Kreditabteilung im Bankhaus Nooteboom und Co. Wie war Ihre erste Reaktion, als Sie von dem Konzept der Firma Gildemeister gehört haben, in den deutschen Osten zu expandieren?«

»Ich will Ihnen ganz ehrlich sagen, ich war begeistert. Eine fantastische Geschäftsidee, eine Marktlücke sondergleichen, ein ausgereiftes Stufenmodell – so etwas bekommt man nur selten vorgelegt.«

»Herr Vogel, gehe ich recht in der Annahme, daß Sie damals, das war im Jahr 91, schon lange Beziehungen zur Firma Gildemeister unterhielten?«

»Ich habe mich präpariert: Es sind genau 33 Jahre, so lange dauern unsere Geschäftsbeziehungen.«

»Seit wann kennen Sie die Geschäftsinhaber persönlich?«

»Kurz nachdem ich die Kreditabteilung übernahm, ist der Senior verstorben. Aber ich habe ihn natürlich vorher persönlich mehrfach getroffen. Ein sehr kluger, weltgewandter Mann, der immer für gute Stimmung und gute Abschlüsse gesorgt hat. Unsere Bank hat ihn einige Male mit notwendigen Zwischenfinanzierungen unterstützt, selbstredend. Es hat nie irgendwelche Probleme mit der Begleichung gegeben.«

»Können Sie beziffern, in welcher Höhe diese früheren Kredite gewesen sind, Herr Vogel?«

»Ich habe mir den ganzen Vorgang Gildemeister herausgezogen, die Kreditsummen beliefen sich mal auf zweihunderttausend, mal auf vierhunderttausend, Herr Richter.«

»Kam Ihnen da die Höhe des 1991 von Ihrer Bank angeforderten Kredits von 1,2 Millionen nicht ein wenig zu hoch vor?«

»Keineswegs, Herr Richter, keineswegs. Bei diesem ausgereiften Konzept mussten wir zuschlagen. Das war ja ein Expansionsmodell mit großer Zukunft. Stellen Sie sich doch mal vor, jede mittlere und größere Stadt in der ehemaligen DDR hätte einen Weinladen Gildemeister bekommen – was für eine riesige Kette wäre das geworden? Auch der Abverkauf von erheblichen Lagerbeständen war ja eine geniale Idee. Und dabei war das nur als Nebeneffekt vorgesehen.«

»Sie bewilligen als ersten Kredit 1,2 Millionen, und wenn ich richtig gerechnet habe, kommen dann im Laufe der nächsten 13 Monate noch mal *roundabout* zwei Millionen hinzu.«

»Das stimmt, Herr Richter. Die gesamte kreditierte Summe beläuft sich auf 3,4 Millionen DM.«

»Auch da waren Sie noch von dem Konzept des Angeklagten überzeugt, Herr Vogel?«

»Absolut! Die Ergebnisse waren ja fabelhaft. Die ersten Läden eröffnet, die ersten PR-Kampagnen, alles tadellos ... das hätte immer so weitergehen können.«

»Wie wir wissen, ist es nicht so weitergegangen, Herr Vogel.«

»Was wir von unserer Seite sehr bedauern. Diese Bemerkung werden Sie mir wohl durchaus zugestehen.«

»Was ist denn Ihrer Meinung nach geschehen, daß es zu diesem Kollaps, diesem Bankrott gekommen ist?«

»Um es Ihnen ganz ehrlich zu sagen, Herr Vorsitzender,

letzten Endes können wir das auch nicht erklären. Wir haben schon manche Firma gesehen, die sich verspekuliert hat, ich möchte da nicht in die Details gehen, aber im Falle Gildemeister ... Es ist ja im Geschäftsleben immer so, daß es unvorhersehbare Zufälle gibt ...«

»Könnten Sie das etwas deutlicher sagen, Herr Vogel?«

»Es gibt plötzliche Einbrüche, überraschende Verluste, der Verbraucher ist nicht genau ausrechenbar. Und speziell der im Osten nicht. Für uns jedenfalls nicht.«

»Ihre Bank hat dann irgendwann mal Stopp gesagt.«

»Wir mussten das tun, Herr Richter. Auch im Interesse der Firma Gildemeister.«

»Können Sie mir das erklären, Herr Vogel?«

»Wir mussten von einer weiteren Bewilligung der Kredite absehen, weil aufgrund der unvorhersehbaren Entwicklungen keine Gegenwerte mehr zur Verfügung standen. Die Firma war hoffnungslos überschuldet, die Geschäfte im Osten stagnierten. Da mussten wir die Notbremse ziehen.«

»Haben Sie den Angeklagten rechtzeitig davon unterrichtet?«

»Mehrfach. Immer in schriftlicher Form. Einmal haben wir ein Auge zugedrückt und eine Frist noch mal um drei Wochen verlängert, aber das ist auch wirklich die letzte Galgenfrist gewesen. Dann mussten wir handeln, um unsere Bank nicht in Gefahr zu bringen.«

»Wie hat der Angeklagte darauf reagiert, Herr Vogel?«

»Sehr professionell, muss ich sagen, sehr professionell. Er wusste, daß sein Konzept theoretisch hervorragend war, aber leider in der Praxis nicht gegriffen hat.«

»Nun ist die Firma, sagen wir es mal volkstümlich, pleite. Und auch Ihre Geschäftsbeziehungen neigen sich dem Ende zu, Herr Vogel.«

»Was ich, wie gesagt, außerordentlich bedauere. Noch sind

übrigens die Geschäftsbeziehungen nicht zu Ende, da steht noch die Begleichung der Kredite aus, Herr Richter.«

»Ich bin ja nun ein Laie in wirtschaftlichen Fragen: Ist Ihnen Ähnliches in Ihrem Berufsleben schon mal passiert?«

»Mehr als einmal, Herr Richter. Wo Geschäfte gemacht werden, sitzt die mögliche Pleite, wie Sie sagen, immer mit am Tisch.«

»Das heißt auch im Falle Gildemeister haben Sie damit gerechnet, Herr Vogel?«

»Nein, im Falle Gildemeister nie!«

»Keine weiteren Fragen. Frau Staatsanwältin, Ihr Zeuge.«

Als Wolfgang am zweiten Verhandlungstag seine Mandantin vor dem Gerichtssaal 212 traf, sagte sie: »Wird heute verhandelt oder wird es auch wieder nur so ein Geplänkel unter Juristen?«

»Heute beginnt die Beweisaufnahme«, antwortete Wolfgang knapp. Er verzichtete ein weiteres Mal darauf hinzuweisen, daß ihre Rolle auch weiterhin nur die von Beobachtern sei. Zwar hatte er ein Fragerecht, aber erst wenn die anderen Prozessbeteiligten ihre Fragen gestellt hatten.

»Da haben wir Sie ganz schön überrascht«, rief Martin Thomas Huneus ihm zu, als Wolfgang mit seiner Mandantin den Gerichtssaal betrat.

Er fuhr herum. Hat der Verräter sich doch tatsächlich zu einer Bemerkung herabgelassen.

»Juristen rechnen immer mit allem, aber meistens mit dem Schlimmsten«, erwiderte Wolfgang. Er blieb stehen, bereit zu einem kleinen Wortgefecht.

»Dann machen Sie sich auf etwas gefasst!«, sagte Martin Thomas. »Wenn es nur das Schlimmste ist, mit dem Sie rechnen, könnten Sie uns womöglich unterschätzen.«

»Wer wollte je Hunnen unterschätzen?« Wolfgang hatte mit Absicht diesen Spottnamen gebraucht. Die Sache noch ein bisschen anfetten, kann ja nie schaden.

»Geben Sie es doch zu, Herr van Bergen. Sie haben damit gerechnet, daß wir schwere Geschütze gegen die Nebenklage ins Feld führen würden.« Martin Thomas stülpte sich die Robe über.

»Ich gebe gar nichts zu«, sagte Wolfgang, der wartete, bis der Kopf des Kollegen wieder sichtbar wurde. »Wer etwas zugibt, hat meist das Nachsehen.«

»Dann lassen Sie es eben.« Huneus wandte sich Arnold Gildemeister zu, der in seiner Anklagebank saß und so tat, als würde er dem Wortwechsel nicht zuhören.

»Kennen Sie den?«, fragte Frau Hörmann.

»Leider nur zu gut«, antwortete Wolfgang.

»Aber Sie mögen ihn nicht gerade?«

»Unser Verhältnis hat schon lange seinen Kältetiefpunkt erreicht.«

»Ich dachte, eine Krähe hackt der anderen ...«

»Bei Juristen gilt das nicht, Frau Hörmann.«

Sie hatten ihren Katzentisch erreicht.

»Werden Sie heute angreifen?«, fragte ein junger Reporter. Schon war Wolfgang mit Frau Hörmann abgelichtet worden.

»Wie meinen Sie das?« Wolfgang winkte ab.

»Herr van Bergen, von Ihnen sind wir doch ganz andere Auftritte gewohnt. Sie werden diesem Angeklagten doch nicht durchgehen lassen, Hunderte von Arbeitern und Angestellten durch sein Roulettspiel auf die Straße gesetzt zu haben.«

Der Reporter hatte einen dicken Schreibblock dabei. Er wollte ein druckreifes Zitat für seinen Artikel. Wie oft hatte Wolfgang sich hinreißen lassen, noch während des Verfahrens einen markigen Spruch zu diktieren. Man konnte später immer noch abstreiten, das je so gesagt zu haben. Er blickte auf seine Mandantin.

»Gehen Sie davon aus, daß dieser Angeklagte nicht ungeschoren davonkommen wird. Nicht zuletzt deswegen sind auch wir hier.«

Der Rächer der Enterbten, so hieß diese Rolle, die Wolfgang mehr als einmal gespielt hatte. Und er spielte sie durchaus gerne.

»Wie können Sie da so sicher sein?«, fragte der Reporter, der den Satz Wolfgangs stenografiert hatte.

»Erfahrung«, erwiderte Wolfgang, »langjährige Erfahrung. Fragen Sie mich noch mal, wenn wir das Urteil in Händen haben.«

Als die Staatsanwältin begann, ihre Fragen zu stellen, schrieb Frau Hörmann Stichpunkte auf die fotokopierte Anklageschrift.

»Herr Vogel, nach dem, was Sie bisher ausgesagt haben, entsteht bei mir das Bild, daß die Bank für den Niedergang der Firma Gildemeister mitverantwortlich ist.«

»Da täuschen Sie sich aber gewaltig, Frau Staatsanwalt.«

»Wenn Sie den Kreditrahmen nicht plötzlich verengt, sondern der Firma längere Zeit gegeben hätten ...«

»Ich weiß nicht, wie viel Sie vom Kreditwesen verstehen.«

»Wir können das ruhig besprechen, Herr Vogel, kein Grund zur Aufregung.«

»Sie haben mich hierher zitiert, um etwas zu dem Fall auszusagen, und als Erstes werde ich von Ihnen beleidigt.«

»Ich wollte Sie keineswegs beleidigen. Bitte lassen Sie mich das ein wenig ausführen. Sie haben gesagt, irgendwann mussten Sie eine weitere Kreditvergabe ablehnen, weil keine Gegenwerte mehr vorhanden waren. So weit richtig?«

»So weit richtig, Frau Staatsanwalt.«

»Aus ähnlich gelagerten Verfahren weiß ich, daß es da einen Spielraum gibt. Gab es den im Falle Gildemeister nicht?«

»Ich kann dazu nur sagen, daß ich mich nachdrücklich darum bemüht habe, aber bei meinem Chef kein Gehör gefunden habe.«

»Als Leiter der Kreditabteilung? Waren Sie nicht federführend in der Sache tätig?«

»Ich bin nur weisungsbefugt. Wenn Herr Nooteboom sagt, wir geben keinen weiteren Kredit, dann kann ich gar nichts machen. Da sind mir die Hände gebunden.«

»Sie hätten noch frisches Geld nachgeschossen, wie es in Ihrer Branche heißt?«

»Darüber möchte ich mich nicht äußern, Frau Staatsanwalt.«

»Was waren denn die Beweggründe Ihres Chefs, Herr Vogel?«

»Da müssen Sie ihn schon selber fragen. Ich möchte da nichts Falsches sagen.«

»Sie haben hier eindrücklich berichtet, wie begeistert Sie von dem Konzept des Angeklagten waren. Kamen da niemals Zweifel auf, es könne doch nicht gelingen?«

»Nach der Papierform ist das eins der besten Geschäftskonzepte gewesen, das mir in meiner über 30-jährigen Laufbahn vorgelegt worden ist. Wenn unsere Partner immer in solchen Kategorien geplant und gehandelt hätten, würde unsere deutsche Wirtschaft ganz anders dastehen.«

»Kommen wir mal zu einem anderen Punkt. Was machte der Geschäftsführer der Gildemeister Ost GmbH & Co. KG Herr Hörmann auf Sie für einen Eindruck?«

»Einen guten.«

»Können Sie das näher beschreiben?«

»So oft sind wir uns nicht begegnet.«

»Wie oft sind Sie sich denn begegnet, Herr Vogel?«

»Nicht so oft.«

»Könnten Sie das genauer beziffern?«

»Also, wir haben einige Male miteinander telefoniert!«

»Wie oft?«

»Ich will versuchen, mich zu erinnern. Ich glaube, es war, warten Sie, also mindestens einmal.«

»Worum ging es in dem Gespräch, Herr Vogel?«

»Das kann ich so genau nicht mehr sagen.«

»Bitte, das wäre wichtig zu wissen.«

»Es gab irgendwie eine Nachfrage, und ich konnte Herrn Gildemeister nicht direkt erreichen. Herr Hörmann war am Apparat und hat mir dann Arnold Gildemeister gegeben.«

»Er hat das Telefon weitergereicht. War es so?«

»Wir haben ein paar persönliche Worte miteinander ausgetauscht. Er sprach ja einen etwas schwerfälligen Dialekt.«

»Persönliche Worte, Herr Vogel?«

»Persönliche Worte. Fragen Sie mich nicht nach dem Wortlaut, den habe ich bestimmt vergessen.«

»Dieser Herr Hörmann hat sämtliche Kredite abgezeichnet, ohne daß Sie ihn je gesehen haben.«

»Hörmann war der Geschäftsführer. Das ist seine Aufgabe, Frau Staatsanwalt.«

»Aber verhandelt haben Sie mit Arnold Gildemeister?«

»Weil wir uns so lange kannten! Die Unterschrift auf den Kreditanträgen muss aber der Geschäftsführer leisten.«

»Haben Sie die Unterschrift je auf ihre Echtheit geprüft, Herr Vogel?«

»Worauf wollen Sie hinaus?«

»Ich will auf gar nichts hinaus. Ich stelle nur ganz einfache Fragen. Haben Sie die Unterschrift des Herrn Hörmann geprüft?«

»Wozu sollte ich das tun? Herr Gildemeister ist unserer Bank seit Jahrzehnten bekannt, wenn er mir die unterschriebenen Verträge gebracht hat, warum sollte ich daran zweifeln?«

»Herr Vogel, wann haben Sie zum ersten Mal davon gehört, daß Herr Gildemeister Kredite benutzt hat, um Engpässe in der hier ansässigen Firma zu überbrücken?«

»Davon habe ich erst sehr spät gehört.«

»Wann genau?«

»Warten Sie, das war ... ich glaube, zunächst hat es Herr Nooteboom erfahren. Aber legen Sie mich nicht darauf fest.«

»Und von wem haben Sie es gehört?«

»Es muss aus dem Hause Gildemeister gekommen sein. Irgendjemand hat meinen Chef informiert. Wahrscheinlich aus reiner Fürsorge.«

»Inwiefern Fürsorge, Herr Vogel?«

»Na ja, wir geben Geld, um dieses fantastische Konzept im Osten in die Tat umsetzen zu lassen, und ein Teil unseres Kredites wird abgezeigt, um aufgelaufene Verbindlichkeiten hier vor Ort zu erledigen ... so hatten wir ja nicht gewettet, Frau Staatsanwalt.«

»Und was haben Sie getan, nachdem Sie Kenntnis von dieser Unregelmäßigkeit bekamen, Herr Vogel?«

»Ich weiß, daß sehr bald ein Gespräch auf höchster Ebene zwischen Herrn Nooteboom und den beiden Gildemeisters anberaumt wurde.«

»Sind Sie anschließend von dem Inhalt dieses Gespräches informiert worden?«

»Nur in groben Zügen, Frau Staatsanwalt. Das war ja plötzlich Chefsache geworden.«

»Wann fiel die Entscheidung, keine weiteren Kredite zu geben? Vor oder nach diesem Gespräch?«

»Ich glaube, die ist schon vorher gefallen. Wir sahen uns getäuscht, so wenig ich mir das jemals hätte vorstellen können.«

»Getäuscht? Inwiefern, Herr Vogel?«

»Wie ich bereits sagte, die Kredite waren augenscheinlich zweckentfremdet worden.«

»Spätestens da mussten Ihnen aber doch Zweifel an dem Geschäftsgebaren des Angeklagten gekommen sein?«

»Da schon, Frau Staatsanwalt. Zu dem Zeitpunkt war mir aber das Heft des Handelns bereits aus der Hand genommen worden.«

»Haben Sie auch davon gehört, daß von der Gildemeister Ost GmbH & Co. KG eine Zeit lang keine Lohnsteuer und Sozialabgaben abgeführt wurden?«

»Ja, davon habe ich gehört. Das kam noch sehr viel später. Da war die Firma schon in den Brunnen gefallen.«

»Eine letzte Frage, Herr Vogel: Sehen Sie sich in der Mitverantwortung für diesen Bankrott?«

Richter Hohlbein schaltete sich ein. Er wies den Zeugen darauf hin, daß er keine Aussage machen müsse, die ihn selbst belasten könne.

»Keine weiteren Fragen«, sagte Staatsanwältin Kniemeyer, nicht ohne Wolfgang einen triumphierenden Blick zuzuwerfen.

Frühstückspause.

Wolfgang blieb mit seiner Mandantin im Gerichtssaal sitzen. Diesmal wollte er sich nicht vertreiben lassen. Auch nicht von dem Justizwachtmeister, der so sehr um seine Pause bemüht war.

Er spürte ihre Aufregung. Sie musste reden.

»Mein Mann hat immer gesagt, die Bank spielt doch nur so lange mit, wie sie abgesichert ist. Die kennen doch das Wort

Risiko gar nicht. Das hat er dem Gildemeister auch immer gesagt. Aber der hat ihn zurückgewiesen, das seien DDR-Märchen, er habe von der Marktwirtschaft keine Ahnung. Mein Mann hat ihm das nicht geglaubt. Und er hatte ja auch Recht. Auch die Hausbank dreht einem den Geldhahn zu, wenn ihre Gelder am nötigsten gebraucht werden.«

Wolfgang notierte sich das Wort »DDR-Märchen«.

»Als Gildemeister meinem Mann befahl, die Lohnsteuer- und Sozialausgaben erst mal zurückzuhalten, wusste Peter, daß dies illegal war, insoweit hatte er sich schon kundig gemacht. Aber wenn einer aus dem Westen kommt und sagt, das machen hier alle so ... was sollte mein Mann dem entgegenhalten? Peter war doch in solchen Dingen ein blutiger Laie. Er hat nächtelang nicht schlafen können ... nächtelang hat er sich im Bett gewälzt, weil er wusste, die Karre sitzt tief im Dreck ... aber der Gildemeister hat ihn immer beruhigen wollen ... nein, nein, Peter, mach dir keine Sorgen, wir werden den Dampfer schon wieder flott kriegen ... stellen Sie sich das mal vor, über drei Millionen Schulden ... das kann man doch gar nicht zurückzahlen.«

Wolfgang gelang es nicht, sich auf die stockend vorgebrachten Sätze seiner Mandantin zu konzentrieren. Er dachte an seine Tochter Hannah. Dringender Handlungsbedarf. Sie mussten sich mit einem Spezialisten beraten. Wenn Gabriele und er die Sache einfach nur laufen ließen ...

»Hören Sie mir überhaupt zu?«, vernahm er die Stimme seiner Mandantin.

»Jedes Wort.« Wolfgang nahm seinen Stift wieder in die Hand.

»Sie müssen diesen Bankmenschen unbedingt darauf festnageln, daß er nie mit meinem Mann einen persönlichen Kontakt gesucht hat. Dabei war er doch der Geschäftsführer.

Als wenn Peter gar nicht für ihn existierte ... Wenn dieser Herr Vogel sich mit Peter zusammengesetzt hätte, vielleicht hätten sie einen Weg gefunden, den Gildemeister auszubremsen ... aber nein, die beiden steckten unter einer Decke und hatten den Sündenbock damals schon ausgemacht.«

Frau Hörmann nahm ein Taschentuch aus ihrer Jacketttasche und schnäuzte sich die Nase.

»Wissen Sie, wie der Herr Verteidiger meinen Mann nennt?«, fragte Frau Hörmann.

Wolfgang schüttelte den Kopf.

»Den omnipotenten Ossi! Dabei hatte mein Mann überhaupt keine Macht. Der war nur zum Abzeichnen der Verträge eingestellt.«

Die Protokollantin rief Zuschauer und Prozessbeteiligte in den Saal, die Verhandlung werde fortgesetzt.

»Herr Vogel, meine Fragen beschränken sich auf einen einzigen Bereich. Haben Sie sich je von meinem Mandanten getäuscht gefühlt?«

»Nie, Herr Huneus, niemals.«

»Ich denke, Sie als erfahrener Banker werden doch das Risiko dieser Unternehmung abgeschätzt haben.«

»Jedes Geschäft, und ich sage ausdrücklich, jedes Geschäft beinhaltet ein Risiko. Aber die Idee, in der ehemaligen DDR eine Kette von Weinläden zu errichten, in einem Land, in dem es so etwas in dem Maße nie gegeben hat, worin sollte da ein Risiko bestehen? Das hat übrigens auch Herr Nooteboom so gesehen. Darin waren wir uns immer einig.«

»Worin besteht die Abschätzung des Risikos bei so einem Konzept?«

»In erster Linie darin, ob die Gewinnerwartungen realistisch sind. Es geht um Renditen, um Kapitalrückläufe, und in zweiter Linie, jedenfalls ist das in diesen Höhen nachrangig, um die Absicherung unserer Ansprüche. Wir wollen ja den wirtschaftlichen Impetus nicht behindern. Wenn jemand schlüssig darlegt, wie er sich die Expansion seines Betriebs vorstellt, sind wir die Letzten, die nach Heller und Pfennig fragen, was die monetäre Absicherung betrifft. Außerdem: In all den Jahren ist die Firma Gildemeister ja niemals in Liquiditätsschwierigkeiten gekommen. So etwas ist immer ausschlaggebend bei einer Kreditvergabe.«

»Herr Vogel, Sie wissen, daß meinem Mandanten schwere Vorwürfe gemacht werden, bezüglich betrügerischer Absichten speziell zu Lasten Ihrer Bank. Sie sind ja wohl ein kompetenter Kenner der Materie, der sich nicht so leicht aufs Glatteis führen lässt, wie sehen Sie Herrn Gildemeister denn heutzutage?«

»Als einen ehrenwerten Mann, wenn ich mich mal so ausdrücken darf. Nach wie vor sehr ehrenwert. Die Gildemeisters konnten nicht ahnen, welche Entwicklung der Geschäftsgang nehmen würde. Nichts deutete am Anfang darauf hin, daß sich Engpässe im Absatz der Weine und der Accessoires ergeben könnten. Der Start war fulminant, ich möchte fast sagen, überaus fulminant. Lesen Sie doch bloß mal die Artikel nach, die über Herrn Gildemeister geschrieben wurden. Norddeutscher Unternehmer des Jahres, geniale Ideen der Vermarktung, ein Pionier auf seinem Gebiet. Man nannte ihn ja sogar einen modernen Wein-Gott. Was wurde nicht alles über Arnold Gildemeister geschrieben. Auch Herr Nooteboom hat das gelesen und mir gesagt, da haben wir einen Goldfisch im Teich. Herr Huneus, ich kann nur sagen, es waren ausschließlich die nicht vorhersehbaren Entwicklungen, die für dieses Ende verantwortlich zu machen sind.«

»Die Staatsanwaltschaft wirft meinem Mandanten betrügerische Absichten vor. Teilen Sie diese Meinung, Herr Vogel?«

»Wenn ich diese Meinung teilen würde, hätten wir viel früher die Notbremse gezogen. Das war alles klug durchdacht, klug eingefädelt und ... es hätte ja auch klappen können.«

»Herr Vogel, kommen wir mal zu diesem Geschäftsführer namens Hörmann. Wie sehen Sie dessen Rolle?«

»Ich habe ihn ja nie persönlich kennen gelernt, aber nach Aussagen von Herrn Gildemeister hatten wir es zunächst mit einem tapferen Mitstreiter zu tun, vielleicht in marktwirtschaftlichen Belangen noch ein wenig zu unbedarft, aber ansonsten ...«

»Die Verträge mit Ihnen sowie die Verträge mit Vermietern und Angestellten wurden ja von ihm unterzeichnet. Das heißt, er hatte ein gewisses Maß an Verantwortung.«

»Was heißt ein gewisses Maß, Herr Huneus? Er hatte alle Fäden in der Hand. Er hat vorgegaukelt, daß er über die notwendigen Kenntnisse und Beziehungen in der DDR, der ehemaligen DDR, verfüge, um diesen wunderbaren Plan in die Realität umzusetzen.«

»Aber die hatte er nicht!«

»So ist es, Herr Huneus. Die hatte er keineswegs. Er ist derjenige, der Arnold Gildemeister getäuscht hat. Wenn hier überhaupt von betrügerischen Absichten gesprochen werden kann, dann ist dieser Herr an erster Stelle zu nennen.«

»Keine weiteren Fragen, Herr Vorsitzender.«

Bei den letzten Worten des Leiters der Kreditabteilung versuchte Wolfgang den Blick seiner Mandantin zu erhaschen.

»Sie brauchen sich keine Sorgen zu machen«, flüsterte sie ihm zu. »Ich kenne inzwischen meine Rolle.«

»Herr van Bergen«, rief Richter Hohlbein, »haben Sie Fragen an den Zeugen?«

Wolfgang stand auf. Räusperte sich und nahm Martin Thomas Huneus ins Visier. Hat der Verräter gar nicht gemerkt, welche Steilvorlage er mir gerade geliefert hat?

»Herr Vogel, fassen wir mal zusammen: Sie haben das Konzept der Expansion in den Osten als hervorragend bezeichnet. Sie haben gleichzeitig von den Risiken des Geschäftslebens gesprochen. Sie haben dem Angeklagten ein sehr gutes Zeugnis ausgestellt. Sie können sich letztendlich nicht erklären, wieso die Firma Gildemeister Bankrott gegangen ist. Sie schieben die Verantwortung auf den Geschäftsführer Herrn Hörmann. Erklären Sie mir bitte, wie Sie dessen Qualifikation überprüft haben.«

»Ich verstehe Ihre Frage nicht, Herr van Bergen.«

»Ich kann sie gerne noch mal wiederholen. Haben Sie die Befähigung des Mannes nachgeprüft, der diesen so ausgezeichneten Plan vor Ort in die Tat umsetzen sollte?«

»Ich habe mich auf das Wort unseres langjährigen Geschäftspartners Gildemeister verlassen.«

»Es wäre aber doch ein Leichtes gewesen, um ein Gespräch zu dritt nachzusuchen, Herr Vogel.«

»Das war nicht nötig. Wir waren ja alle sehr beschäftigt. Ich habe nicht nur mit diesem Kredit zu tun.«

»Ich will Ihre Arbeitsbelastung nicht infrage stellen, sondern nur für das Protokoll festhalten lassen, daß die kreditgebende Bank es nicht für nötig gehalten hat, den tatsächlichen Geschäftspartner in Augenschein zu nehmen.«

»Was hätte das denn bringen sollen, Herr van Bergen?«

»Vielleicht hätte ein solches Gespräch den Konkurs abwenden können. Nicht mehr und nicht weniger. Nach Aussagen meiner Mandantin war ihr Mann nämlich gänzlich anderer Ansicht, in welchem Tempo die Expansion vorgenommen werden sollte.«

»Der hatte doch von den geschäftlichen Gepflogenheiten im Westen gar keine Ahnung.«

»Woher wissen Sie das, Herr Vogel? Wenn Sie doch nie mit Herrn Hörmann gesprochen haben.«

»Herr Gildemeister hat mir ...«

»Entschuldigen Sie, wenn ich Sie unterbreche, Sie verlassen sich in so einer heiklen Sache auf das Wort eines Dritten?«

»Herr Gildemeister hat mir doch in schönsten Farben von diesem Hörmann berichtet.«

Die Blicke des Zeugen gingen erst zum Angeklagten hinüber, dann zum Richter.

Wolfgang van Bergen ließ sich nicht beirren. »Können Sie dem Gericht sagen, was Herr Gildemeister Ihnen denn über den Geschäftsführer gesagt hat?«

Wolfgang schaute zum Richtertisch.

Hohlbein nickte bestätigend.

»Wenn das gewünscht wird, kann ich das«, sagte der Zeuge.

»Es wird ausdrücklich gewünscht, Herr Vogel«, ließ sich der Vorsitzende vernehmen.

»Als Arnold Gildemeister zu mir kam und von dem Plan erzählte, habe ich ihn gleich gefragt, wie er sich denn die Realisierung vorstelle. Keiner von uns beiden ist jemals drüben gewesen. Und da strahlte er und sagte, über einen Mittelsmann habe er genau die richtige Besetzung für diesen Posten gefunden. Einen gewissen Hörmann. Der habe Betriebswirtschaft studiert, kenne das gesamte Marktgebiet im Osten, sei in der HO stetig die Treppe raufgefallen, habe in jeder Stadt beste *Connections*, wie gesagt, die perfekte Besetzung für diesen Posten. Das kam uns natürlich sehr zupass.«

»Wollten Sie diesen Mann nie selbst kennen lernen, Herr Vogel?«

»Das war nicht nötig, Herr van Bergen. Da reichte mir das Wort von Herrn Gildemeister durchaus.«

»Halten wir fest: Sie haben das Gespräch nicht gesucht, obwohl sich daraus vielleicht wesentliche Weiterungen hätten ergeben können. Meine Mandantin weist ausdrücklich darauf hin, daß ein Gespräch mit ihrem Mann dem Ganzen eine Wendung hätte geben können, denn er hat ...«

»Entschuldigen Sie, wenn ich Sie unterbreche. Das sagt Ihre Mandantin jetzt, wo alles schief gelaufen ist. Hätte Herr Hörmann sich denn nicht mal vertrauensvoll an mich wenden können, wenn er schon solche Bedenken gehabt hat? Wir haben doch immer ein offenes Ohr für unsere Geschäftspartner. Da können Sie jeden in der Branche fragen. Sonst würden wir als Privatbank gar nicht überleben können.«

»Irgendwann hat dann das Verhältnis zwischen dem Angeklagten und seinem Geschäftsführer einen Knacks bekommen. Wann haben Sie davon erfahren?«

»Da kann ich Ihnen leider keinen genauen Zeitpunkt sagen.«

»Aber Sie werden doch gewiss das Interview gelesen haben, in dem der Angeklagte Herrn Hörmann als allein Schuldigen an der ganzen Misere darstellt. Erst in den Himmel gelobt, dann in die Hölle gewünscht. Davon wollen Sie nie etwas mitbekommen haben, Herr Vogel?«

»Das müssen Sie mir schon abnehmen. Als die Sache aus dem Gleis lief, hatte Herr Nooteboom die Sache an sich gezogen.«

»Haben Sie sich denn irgendwann mal über die Familie des Herrn Hörmann informiert?«

»Er ist tot.«

»Das meinte ich nicht. Haben Sie sich früher darüber informiert? Immerhin war das Ihr Geschäftspartner, auch wenn Sie ihn nicht von Angesicht gesehen haben. Ich habe mir sagen lassen, daß normalerweise die familiären Verhältnisse bei der Kreditvergabe immer mit geprüft werden.«

»Ich habe mich voll und ganz auf die Aussagen des Herrn Gildemeister verlassen.«

»Bereuen Sie das heute?«

Der Vorsitzende Richter Hohlbein schaltete sich ein: »Herr van Bergen, diese Frage lasse ich im Interesse des Zeugen nicht zu. Die Frage unterstellt eine Bewertung Ihrerseits, aber das brauche ich Ihnen als erfahrenem Juristen ja wohl nicht zu sagen.«

— sechzehn —

Endlich mal ausschlafen. Die ersten drei Stunden fielen aus. Was für ein Glück. Weder Mathe noch Geo. Wunderbar.

Das Fenster zeigte einen blauen Himmel. Die ersten Sonnenstrahlen warfen Schattengitter auf die Wand.

Hannah überlegte, was sie in den nächsten Stunden machen wollte. Am liebsten aufs Rad steigen. Auf die restlichen drei Stunden Schule kann ich gut verzichten. Fällt doch gar nicht auf, ob ich da bin oder nicht.

Oder liegen bleiben. Einfach mal liegen bleiben. Nichts tun. Den Morgen vergammeln. Die Musik auf volle Lautstärke und dann träumen. Die neue Platte von den Toten Hosen »Kauf mich«, ein irrer Titel, oder »Wünsch dir was«, die volle Dröhnung.

Hannah dachte an den Streit mit Kevin. So ein Arsch, so ein ungeheurer Arsch. Jetzt soll ich schuld sein, daß die Fahrt nicht zustande kommt. Interrail durch Europa, was für ein dämlicher Plan. Auch die Eltern der Mitschüler hatten Einspruch erhoben. 15-jährige gurken durch die Weltgeschichte, seit wann gibt's denn so was? Sagt mal, habt ihr sie nicht alle? In eurem Alter mussten wir abends um zehn spätestens im Bett liegen. Und dieser Arsch von Kevin behauptet, ich hätte ihm das vermasselt.

Hannah versuchte, sich im Bett hochzustemmen.

Sackte zurück.

Das Zittern im Magen.

Ihr Atem ging schneller.

Und schneller.

Ich hab's gewusst. Ich hab es gleich gewusst. Als ich draußen die Sonne sah.

Die Angst überfiel sie.

Diese verdammte Angst.

Und wenn es dir auf dem Rad passiert, hatte ihre Tante gefragt.

Und wenn es dir auf dem Nachhauseweg passiert, ihre Mutter.

Und wenn es dir wieder in der Straßenbahn passiert, die Worte ihres Vaters.

Sie wollen mich zum Nervendoktor schicken. Klapsmühle, Irrenanstalt. Zu einem Spezialisten. Was soll der schon finden? Ein Spezialist kann auch nicht sagen, wann mich die Angst im Würgegriff hat. Die steinkalte Angst. Am schlimmsten die Angst vor dem Moment, bevor es passiert.

Hannah versucht, den rechten Arm zu heben.

Sie gerät in Panik.

Ganz ruhig atmen, hat ihre Tante gesagt.

Wir sind doch bei dir, ihr Vater. Wo war der gerade? In Frankfurt oder Honolulu?

Psychogener Stupor, hat ihre Mutter gesagt. Die Spezialistin, die mir nicht helfen kann. Warum soll ich dann noch zu einem anderen Spezialisten …

»Kuno«, schreit Hannah. »Kuno!« Aus voller Kraft. Wenigstens ist die Stimme nicht weg. »Kuno!«

Das Schattengitter am Fenster. Ist verschwunden. Die Wand überstrahlt in grellem Weiß. Ein weißer Lichtfleck. Blendendes Weiß.

»Kuno!«

Hannah liegt starr. Wie im Gipsbett. Die Gliedmaßen bewegungslos. Der Nacken gespannt. Der Kopf schwer wie Zement.

Wie lange wird es diesmal dauern? Wie lange muss ich hier liegen?

Ihr wird ganz kalt.
Sie kann nicht mal die Decke heraufziehen.
Ihre nackten Schultern steinkalt.
»Ku ...« Mitten im Wort bricht ihr die Stimme weg.
Aus. Das war's.

Als Kuno das Zimmer von Hannah betrat, lag sie mit geöffneten Augen auf dem Bett.

Keine Reaktion. Auch als er mit seinen Händen vor ihrem Gesicht wedelte.

Vom Telefon im zweiten Stock verständigte er den Notarzt.

»Sie stirbt, sie stirbt mir unter den Händen weg«, rief er in die Sprechmuschel.

»Beruhigen Sie sich, mein Herr! Sagen Sie uns die Adresse!«, bekam er zu hören.

Kuno nannte sie, verhedderte sich zweimal bei der Hausnummer. Er rannte zurück in Hannahs Zimmer.

Kuno deckte den freien Oberkörper zu.

Öffnete das Fenster.

Vielleicht würde die Frühlingsluft ihr gut tun.

»Ei, die könne disch net so allei lasse«, sagte Kuno. »Des geht net gut, Hannahche.« Er beugte sich über sie. »Da muss jetzt was geschehe.«

Zehn Minuten später war der Notarztwagen da.

Schon von Ferne hatte Kuno das Lalü-Lala gehört.

Erleichtert lief er die Treppe hinunter, um zu öffnen.

»Was ist denn los?«, rief Fräulein Kipping. Wolfgangs Sekretärin trat aus der Bürotür.

»Hannah, es ist wieder passiert!«, presste Kuno hervor. Der fast Achtzigjährige war völlig außer Puste.

»Ich ruf sofort Wolfgang an. Er muss herkommen.«

»Mache Sie das, bitte. Isch werd damit net fertisch.«

Kuno lehnte sich an die Wand in der Diele. Völlig erschöpft rutschte er langsam zu Boden.

Die Sanitäter sprangen auf ihn zu.

»Des Mädsche liescht obbe«, sagte Kuno. »Im zweite Stock. Mache Sie, los nuff.«

Er sah den beiden Männern im weißen Kittel hinterher.

»Fräulein Kipping, könne Sie denne erkläre, was mit dem Hannahche ist. Isch muss mich erstemol beruhische.«

Mit schnellen Schritten eilte Wolfgangs Sekretärin die steile Treppe hinauf.

Kuno japste nach Luft.

Er starrte die hölzerne Kugel an, die auf der gusseisernen Säule des Treppengeländers saß.

Die könne des Mädsche net allei lasse, dachte er, des is doch lebensgefährlich.

Das Telefon in Wolfgangs Kanzlei klingelte.

Ihm fehlte die Kraft, den Hörer abzunehmen.

Und wenn es die Gabi is …

»Sie bringen Hannah ins Krankenhaus. Notaufnahme.« Fräulein Kipping schluckte, als sie Kuno die Nachricht überbrachte. »Es ist wirklich ganz ernst, haben sie gesagt.«

»Kennt er Sie denn persönlich?«, fragte die Sekretärin am Telefon. Ihre Stimme klang verschnupft.

»Ich denke schon.«

»Dann kommen Sie hoch. Sechster Stock, Zimmer 123. Sie wissen ja den Weg.«

Im Aufzug war sie allein. Um diese Uhrzeit waren die Mitarbeiter des Senders bei der Arbeit. Sie schauten auf die Einschaltquoten vom Vorabend, diskutierten die Aufs und Abs, setzten Serien ab, die nicht den nötigen Marktanteil gebracht hatten, und ergingen sich in Lobeshymnen über das Mittelmaß, das es mal wieder geschafft hatte. Fett schwimmt oben, so lautete die Devise nicht nur bei den Öffentlich-rechtlichen.

»Frau Kaltenburg, jetzt, wo ich Sie sehe, natürlich, entschuldigen Sie, aber Ihr Name hat mir am Telefon nichts mehr gesagt. Ist ja wirklich sehr lange her. Kommen Sie rein«, katzbuckelte die Sekretärin.

Hannah Huneus freute sich, daß sie nicht ganz in Vergessenheit geraten zu sein schien. Diese Sekretärin war immer hilfsbereit gewesen, als sie noch für Christoph gearbeitet hatte. Immerhin hatte Hannah über zehn Fernsehdokumentationen für diesen Redakteur gedreht. Eine hätte beinah einen Preis bekommen, eine andere war Anlass für eine kontroverse Sitzung im Fernsehrat gewesen und hätte dem Redakteur beinahe eine Abmahnung eingetragen.

»Er wird gleich kommen«, sagte die Sekretärin, nachdem sie für Hannah einen Stuhl freigeräumt hatte.

Aus dem Fenster hatte sie einen weiten Blick über Hamburg. Wie oft habe ich hier gestanden und mit Christoph diskutiert, dachte Hannah. Immer ein bisschen zu feige, immer ein bisschen zu ängstlich, aber immer darauf bedacht, im Bett für die Vergabe von Aufträgen belohnt zu werden. Als Liebhaber war er jedoch nie über die Note ausreichend hinausgekommen. Hannah hatte damals ein Männerbuch geführt, in dem Christoph auf dem drittletzten Platz rangierte. Ganz schlechtes *Ranking*.

»Darf ich Ihnen einen Kaffee anbieten?« Frau Stelter hielt eine Tasse hoch.

»Gerne«, erwiderte Hannah.

Wie er wohl aussieht, dachte sie. Vor fünfzehn Jahren machte er noch eine ganz passable Figur. Seine Spottverse über den Fernsehdirektor Piet waren beliebt gewesen, obwohl damals niemand erfahren hatte, von wem sie wirklich stammten. Er klebte die kleinen Zettelchen mit den Zweizeilern auf die Herrentoiletten. So sehr sich Hannah auch bemühte, im Augenblick fiel ihr keiner mehr ein.

»Wahrscheinlich sitzt er im Archiv!« Die Sekretärin stellte Hannah eine Tasse hin und ging ans Telefon. »Ich zitier' Ihn mal herbei. Aber verrate natürlich nichts.« Sie zwinkerte Hannah zu. »Ein bisschen Überraschung tut ihm bestimmt gut.«

Befehlston. Antreten. Aber ein bisschen plötzlich.

Diese Frau schien dem Redakteur was zu sagen zu haben. Ob sie ein Verhältnis miteinander hatten?

Kaum zehn Minuten später tauchte Christoph auf. Sein Haarschopf völlig weiß, das Gesicht im Sonnenstudio gebräunt, sein Anzug tadellos, der Schlips locker umgebunden. Ein schäbiges Rot.

»Karla?«, fragte er unsicher. »Karla?«

Hannah nickte.

»Das gibt es doch nicht! Komm rein!« Der Redakteur öffnete die Tür zu seinem Büro.

Hannah erkannte, daß sich in dieser Redaktionsstube nichts verändert hatte. An den Wänden die gleichen Plakate wie damals, Hollywoodschinken mit Bogart und Bergmann, am Pinbord der Jahresplaner, auf der Fensterbank Trockenblumen in verstaubten Vasen.

»Willst du einen Kaffee? Inge kann uns ...«

Hannah hielt ihre Tasse hoch.

»Karla, Karla. Das kann nicht wahr sein. Wie haben wir dich damals gesucht. Stand ja groß in der Zeitung. Die haben sogar mich gefragt, ob ich wisse, wo du abgeblieben bist. Raus mit der Sprache, wo warst du in all den Jahren?«

Christoph sah sie mit seinen tief liegenden Augen an, als müsse sie ihm nun alle sieben Todsünden beichten.

Hannah sagte, sie sei deswegen abgetaucht, weil man sie bedroht habe. »Kannst du dich noch an unser Film-Projekt mit den RAF-Anwälten erinnern?« Am Anfang sei die Recherche ganz gut gelaufen, aber dann sei sie von unbekannter Seite unter Druck gesetzt worden. Man habe sie verfolgt. Überallhin. Plötzlich sei sie durchgedreht und habe sich in den Wagen gesetzt. »Ich wusste nicht mal, wohin. Bin einfach losgefahren. Hatte nur die Sachen dabei, die ich am Leib trug. Südfrankreich. Dahin hat es mich verschlagen. Die Sonne, das Licht, ein paar Tage ausspannen, mehr wollte ich nicht.« Hannah machte eine Pause, um zu sehen, wie ihre Geschichte wirkte. »Und dann kam die Liebe. *Toujours l'amour*. War eine schöne Zeit mit Pierre, kann ich nicht anders sagen. Jetzt bin ich wieder da.«

Christoph wollte alles wissen. Alles über Pierre. Alles über Marseille. Alles über die gescheiterte Beziehung. Er fragte und fragte. Hannah hatte sich gut vorbereitet. Ihre Legende musste stimmen, wenn sie wieder beim NDR arbeiten wollte.

»Wohnst du denn in Hamburg?« Christoph strich sich die Locke aus der Stirn. Schon damals hatte er diese Handbewegung gemacht, die manche freie Mitarbeiterin durchaus erotisch fand.

»Ich suche noch«, erwiderte Hannah. »Meinst du, ich könnte wieder für dich Filme machen? Ich hätte ein irres Thema.«

Christoph schob seinen Bürostuhl bis zur rückwärtigen Wand. Was das für ein Thema sei.

Hannah berichtete von dem vermeintlichen Entführungsfall Huneus. Der Redakteur hatte nie etwas darüber gehört. »Diese Frau tauchte auf dem Fahndungsplakat der Roten-Armee-Fraktion auf.« Christoph erinnerte sich schwach. »Plötzlich ist diese Huneus entführt worden.« Es habe ein paar Kontakte zwischen den Entführern und der Familie gegeben.

»Dann war der Kontakt abgebrochen. Bis heute kann sich niemand erklären, was da vorgefallen ist.« Der Redakteur verzog das Gesicht. Was denn das für eine wilde Story sei. Eine entführte Terroristin. Davon habe er noch nie gehört.

»Aber, was das Salz in dem Thema ist«, sagte Hannah. »Diese vermeintliche Terroristin ist von den Sicherheitsbehörden entführt worden. Wahrscheinlich vom Verfassungsschutz. Die haben ihre Spur verloren und ein Spielchen inszeniert. In der Hoffnung, diese Huneus wiederzuentdecken. Verfassungsschutz entführt Terroristin.« Auf der Fahrt nach Hamburg hatte Hannah gedacht, du musst das Tafelsilber verhökern, um wieder in den Job zu kommen. Nicht gerade risikofrei, dieses Spiel. Solange man sie beim NDR für die frühere Mitarbeiterin hielt, konnte es gelingen.

Christoph klatschte in die Hände. »Kannst du das auch beweisen, Karla?«

Hannah nickte. »Hundertpro!«

»Das wird nichts«, sagte der Redakteur. »Das ist eine irrwitzige Geschichte, ganz bestimmt sogar. Damals hätten wir die wahrscheinlich gebracht. Aber heute ... Terrorismus, dafür interessiert sich kein Schwein mehr.«

»Komm, Christoph, du hast es doch gar nicht erst versucht!«, ging Hannah ihn an. »Wenn ich dir ein gesalzenes Exposé schreibe ...«

»Lass es, Karla. Spar dir die Zeit. Solche Themen sind toter als tot.« Er fuhr seinen Stuhl wieder an den Schreibtisch heran. »Du glaubst ja nicht, was hier wirklich los ist.« Er strich seine silberweiße Haarlocke aus dem Gesicht. »Wenn ich mit so einem Vorschlag komme, lachen mich die anderen aus, darauf kannst du Gift nehmen.«

»Ich werde den Teufel tun, Christoph. Dann gehe ich eben zu einer anderen Anstalt.«

»Du meinst die Privaten? Da kommst du nicht mal über die Türschwelle. Dafür bist du viel zu alt.«

»Danke für das Kompliment«, zischte Hannah.

»So hab ich das nicht gemeint. Bei den Privaten herrscht der Jugendwahnsinn, das ist eine Abart vom Rinderwahn. Trau keinem über 30! Kannst du dich noch an den Spruch erinnern?«

Das Telefon klingelte.

Christoph stand auf.

»Ja, doch ... natürlich, hab ich nicht vergessen ... sicher, noch diese Woche ... im Moment nicht ... ich hab Besuch ... ja, na ja, gut, wenn du meinst ... will mal sehen ... o.k., ich komme. Lass mir noch ein paar Minuten. Ich komme, kannst dich drauf verlassen, ich komme.«

Christoph legte den Hörer auf. Er schaute zu seiner früheren Mitarbeiterin hinüber und hob segnend die Hände.

»Tut mir Leid, Karla. Du weißt ja, Fernsehen heißt Termine, Sitzungen, Besprechungen, und dann das Ganze wieder von vorne. Aber«, der Redakteur unterbrach sich, »eine Sache möchte ich doch noch wissen, warum hast du damals deine Wohnung so klinisch sauber hinterlassen?«

»Wie meinst du das?«, fragte Hannah, obwohl sie schon von ihrer Schwester davon erfahren hatte.

»In deiner Wohnung war nicht ein Möbelstück mehr vorhanden, kein Bild an der Wand, deine Regale waren verschwunden, die Wände frisch geweißelt. Das muss doch jemand aufgefallen sein. Wie gesagt, klinisch sauber. Auch die Presse hatte damals dafür keinerlei Erklärung. Es kam zu den wildesten Spekulationen.«

Hannah zuckte mit den Schultern: »Keine Ahnung, was meine Wirtin da veranstaltet hat. Ich bin einfach nachts abgehauen. Bevor mir die was anhaben konnten. Ich war so in

Panik, weil ich glaubte, die würden mir die Bude abfackeln. Und dabei wusste ich nicht mal, aus welcher Richtung diese Drohungen stammten.«

Christoph reichte ihr die Hand über den Schreibtisch. »Schön, daß du mal wieder vorbeigekommen bist. Schlag dir das Thema aus dem Kopf, Karla. Das wird nichts. Hier nicht und anderswo auch nicht. Dazu bist du zu lange weg gewesen. Aber wenn's schön war mit diesem, wie hieß er noch, Pierre? Was zählt, ist die Liebe. Stimmt's? Wir beide hatten ja auch ein paar schöne Bettszenen, nicht wahr?«

Hannah hätte ihm am liebsten nachgerufen, was für ein lausiger Liebhaber er gewesen sei, aber schon hatte Christoph das Büro verlassen.

Die Sekretärin steckte den Kopf durch die Tür.

»Wird nichts, was? Das hätte ich Ihnen gleich sagen können, Frau Kaltenburg, aber ich wollte Sie nicht vorschnell enttäuschen.«

Hannah erhob sich langsam von dem durchgesessenen Besucherstuhl. Auch den hatte es damals schon gegeben.

»Hat er Ihnen denn die Wahrheit gesagt?«

Hannah stutzte.

»Christoph hat nicht mehr eine einzige Minute Sendezeit. Auf null ist er. Kein Programm mehr übrig. Ist sozusagen mit vollen Bezügen aufs Altenteil gesetzt worden. Er kommt nur noch zum Zeitunglesen in den Sender. Am liebsten liest er den *Guardian*, stundenlang hockt er im Archiv, manchmal auch *Le Monde*. Danach geht er in die Kantine Mittagessen und mit den Kollegen tratschen und nachmittags ist er dann zu Hause anzutreffen. Bei der Familie. Seine Frau hat mich schon ein paar Mal angerufen, ob man ihren Mann nicht mehr beschäftigen könne. Er nervt auch zu Hause.«

Hannah konnte ein Lachen nicht unterdrücken.

Daß dieser Mann nerven konnte, hatte sie schon früher erfahren.

»Und wo musste er jetzt so dringend hin?«, fragte sie. Wenigstens hatte die Sekretärin ihr einen guten Kaffee eingeschenkt.

»Christoph ist Beauftragter für die Bundes- und Landtagswahlen. Er führt penibel die Kollegenliste. Da wetten über hundert Leute beim NDR, wie die nächste anstehende Wahl ausgeht. Mindesteinsatz: 50 D-Mark. Und Christoph rechnet dann aus, wer der jeweilige Sieger ist. Wahrscheinlich musste er zu einem Kollegen, der sich übervorteilt fühlt. Das kommt immer wieder mal vor. Letzten Sonntag war ja die Wahl in Hessen.«

Hannah bedankte sich für den Einblick in das Leben eines ergrauten Redaktionslinken.

Auf der Fahrt in ihr ehemaliges Stadtviertel dachte sie darüber nach, ob sie nicht tatsächlich bei der BBC anfragen sollte, über die vom Geheimdienst entführte Terroristin Hannah Huneus einen Film zu machen. Genauso, wie sie es bei den Polizeipräsidenten Gebert und Meiser vorgetäuscht hatte. Die Briten würden sich für so ein Thema interessieren. Vorgänge in Deutschland rangierten bei englischen Zuschauern auf der Interessensskala weit oben.

Das Zimmer ganz frisch geweißelt, dachte sie. Im Taxi versuchte sie, sich an den Weg von der Anstalt zu ihrer Wohnung zu erinnern. Andorra, Max Frisch, ich weißele Andorra, hatte die Hauptfigur immer gesagt. Wie hieß er noch? Andri, hieß er nicht Andri?

– siebzehn –

Gabriele Huneus musste auf der Abbiegespur warten, bis eine Lücke im Gegenverkehr entstand. Sie trommelte mit den Fingern aufs Lenkrad. Kurz vor acht Uhr, Berufsverkehr.

»Ich sag da sowieso nichts.« Ihre Tochter hielt sich auf dem Beifahrersitz an die Wagentür gedrückt, in möglichst großer Entfernung zu ihr.

»Hör es dir doch wenigstens mal an, Hannah.« Gabriele trat aufs Gaspedal und zog das Steuer herum. Dicht an dicht standen die Autos. Sie entdeckte eine letzte freie Parkbucht.

Hannah hatte sich für diesen Besuch eine Lederjacke angezogen.

»Willst du nicht aussteigen?«, fragte Gabriele leise.

»Komm ja schon«, erwiderte ihre Tochter.

Beim Gang über den breiten Weg hakte sich Hannah bei ihrer Mutter ein.

Eine Holztreppe führte in den ersten Stock.

»Muss das wirklich sein?«, flüsterte Hannah.

»Wir wollen es wenigstens versuchen«, bekam sie zur Antwort.

Im Krankenhaus hatte man keinerlei körperliche Symptome festgestellt. Einen Tag nach ihrer Einlieferung in die Notaufnahme wurde Hannah wieder nach Hause geschickt. Der Stupor schien eine zeitliche Begrenzung zu haben. Hannahs Laborwerte zeigten keine Anomalitäten.

Gabriele beobachtete ihre Tochter. Zusammengesunken saß Hannah auf dem Plastikstuhl. Am liebsten würde sie ihren Kopf hinter den breiten Kragen der Lederjacke zurückziehen, dachte sie.

In stundenlangen Gesprächen, an denen auch Gabrieles Schwester teilnahm, hatten sie vereinbart, diesen Weg zu beschreiten. Nur widerwillig hatte sich ihre Tochter dazu bereit erklärt. »Wenn es dir nicht passt, Hannah, stehst du auf und gehst«, hatte ihre Mutter versprochen, »niemand wird dir deswegen einen Vorwurf machen.«

Hans Jannowitz öffnete die Tür des Warteraums und bat die beiden Frauen in sein Behandlungszimmer.

Ein hoch gewachsener Mann im Rollkragenpullover. Sein leicht gebückter Gang erinnerte Gabriele an ihren Vater.

»Wie ich sehe, sind wir Kollegen«, sagte er lächelnd zu ihr. »Sie werden bestimmt Verständnis haben, daß ich zunächst mit Ihrer Tochter alleine sprechen möchte.«

»Ist das o.k. für dich?«, fragte Gabriele.

Hannah schaute sie entgeistert an. Hoffentlich rennt sie nicht gleich los, dachte Gabriele. Wenn es dir nicht passt, dann kannst du ...

»Ist o.k.«, antwortete ihre Tochter knapp.

»Dann hol ich dich in fünfzig Minuten wieder ab.« Gabriele strich ihr übers Haar. »Es dauert doch fünfzig Minuten, oder?«

Jannowitz nickte.

Als Gabriele das Behandlungszimmer verlassen hatte, zeigte er Hannah den Stuhl, auf dem sie Platz nehmen konnte.

Einer von den Alten, dachte sie. Er ist einer von den Alten. Sie blickte auf die dunklen Regale, in denen übereinander getürmt Spiele lagen. *Alles Pfusch* konnte sie erkennen, *Mensch-ärger-dich-nicht* und *Scotland Yard*. Auf dem Tisch standen Dinos aus Plastik, Monster in grellen Farben.

Jannowitz hielt einen Schreibblock auf den Knien.

»Darf ich dich duzen?«, fragte er. »Geht das in Ordnung?«

Hannah bewegte nur ganz leicht den Kopf.

»Das ist jetzt eine komische Situation für dich, aber du bist nicht allein. So etwas wie dir passiert auch anderen Menschen.«

Hat Mama ihm schon alles erzählt, dachte sie. Dann kann ich ja gleich wieder gehen. Hannah zog ihre Lederjacke fester um den schmalen Körper. Erst mal abwarten. Ihn kommen lassen. Das hatte sie sich fest vorgenommen. Warum hat er Mama weggeschickt ...

»Du bist in der neunten Klasse?«

»Ja«, antwortete Hannah kaum hörbar.

Irgendetwas hatte dieser Mann, das ihr gefiel. War es seine Stimme? Seine hellen Augen? Sein Haarschnitt war so altmodisch, daß er in ein Museum gehört hätte. Die kreisrunde Brille stammte aus der Prähistorie. Der kleine Schnauzbart war ganz lustig.

»In welche Schule gehst du?«

»Kreutz!«

»Gehst du gerne ins Gymnasium?«

»Kommt drauf an.«

»Aber in Sport bist du gut?«

»Geht so.«

»Und Mathe?«

»Klassenbeste.«

»Sollen wir erst über deinen Alltag reden oder gleich an das Problem herangehen?«

»Mir doch egal!«, antwortete Hannah.

Jannowitz fragte nach Lieblingsfächern, Hobbys, Freunden. Nach ihrer Clique und was sie gerne in den Ferien macht. Hannah antwortete, mal mit einem Wort, mal mit einem halben Satz. Sie saß auf der Vorderkante des Stuhls, hielt die Hände auf die Knie gepresst und sah sich immer wieder in dem Raum um, in den Licht durch hohe, schmale Fenster fiel.

Ab und zu trafen sich ihre Blicke. Manchmal notierte er sich etwas. Wie alt mochte er sein? Er konnte als ihr Großvater durchgehen, wenn sie noch einen gehabt hätte. Der eine war tot, den anderen hatte sie nur wenige Male in ihrem Leben zu Gesicht bekommen.

Seine Stimme war es. Seine dunkle, volltönende Stimme.

»Weißt du eigentlich, warum du hier bist?«, fragte Jannowitz.

»Mir wird manchmal schwindlig«, sagte Hannah. »Kreislaufprobleme hat man im Krankenhaus gesagt.«

»Ich denke, daß auch dein Lebensgefühl manchmal nicht so gut ist.«

Hannah öffnete die Jacke. Der Raum war geheizt, obwohl draußen schon Frühlingstemperaturen herrschten.

»Kannst du mal schildern, wann dieser Schwindel entsteht?«

»Eigentlich geht es mir gut«, sagte Hannah. »Wirklich, mir geht es gut. Wenn das nicht wäre, wär' alles o.k.«

»Kommt dieser Schwindel denn oft vor?«

»Nein, nur ein paar Mal. Wenn das nicht wäre ...«

»Dieser Schwindel, wann setzt er ein?«

»Als ob ich das wüsste.« Hannah rückte ein wenig mehr auf die Sitzfläche des gepolsterten Stuhles.

»Gibt es irgendwelche Anzeichen vorher?«

»Nein!«, antwortete Hannah bestimmt. »Plötzlich ist er da, dann werde ich ganz steif und kalt, so richtig steinkalt. Manchmal hab ich keine Stimme mehr ... die ist einfach weg, ich krieg keinen Ton raus ... und ein paar Stunden später ... als wenn nichts gewesen wäre.«

Hannah war den Tränen nahe.

»Wie lange dauert das?«, fragte Jannowitz.

»Nicht so lange.«

»Eine Stunde, zwei Stunden?«

»Nein, nein, viel kürzer.«

Jannowitz schrieb, während Hannah redete.

»Aber es ist nicht angenehm?«

»Nein«, hauchte Hannah. Und setzte hinzu: »Nein, es ist wirklich nicht angenehm.«

Wenn du wüsstest, wie es ist, dachte sie, wenn du es nur einmal selbst erlebt hättest ...

»Wann ist es dir denn am schlimmsten ergangen?«

Fragen kann er, dachte Hannah, fragen, nichts als fragen. Als ob sie sich diese Fragen nicht alle schon selbst gestellt hätte.

»Neulich hätte ich fast meine Beine verloren!«

»Nanu!« Jannowitz zeigte sich überrascht. »Was ist passiert?«

Bevor Hannah berichtete, legte sie die sperrige Lederjacke ab, auf deren Rücken das Emblem der Toten Hosen zu sehen war.

»Ich wollte zu dem Vorbereitungstreffen für den 3. Oktober. Wir wollen da ne Demo machen. Eigentlich hätte ich mit dem Fahrrad hinfahren können, obwohl das arschweit draußen war, aber der Hinterreifen war platt. Ich bin zum Bahnhof gelaufen. Da stand ich zwischen zwei Gleisen. Plötzlich wird mir schwindlig, völlig schwarz vor Augen, dann muss ich irgendwie ohnmächtig geworden sein.«

»Das kann ich mir nicht vorstellen, Hannah.« Jannowitz legte den Kugelschreiber zur Seite. »Du standest zwischen zwei Gleisen, wie meinst du das?«

»Ich wusste plötzlich nicht mehr, welche Straßenbahn da rausfährt. Die 3 oder die 2. Im letzten Moment bin ich aus der Bahn wieder rausgesprungen, weil ich einfach nicht wusste ...« Sie beendete den Satz nicht. Ihre Stimme zitterte.

Nach einer Weile fragte Jannowitz, ob sie tatsächlich nicht gewusst habe, daß die 3 dorthin fährt.

»Doch, doch«, entfuhr es Hannah, »ich wusste das genau. Aber in dem Moment dachte ich, wenn ich denke ...«

»Du wusstest in dem Augenblick nicht mehr, was du eigentlich ganz sicher weißt. War es so?«

»So in etwa.«

»In diesem Moment war dein ganzes Selbstbewusstsein futsch.«

Hannah weinte leise.

Jetzt nicht heulen, dachte sie, verdammt, warum ist mir dauernd zum Heulen zumute? Soll der denn denken, daß du ne alte Heulerin bist?

»Das fühlt sich scheußlich an, was?«, fragte der Psychologe.

Hannah presste die Lippen aufeinander. Sagte aber nichts.

»Ach übrigens, alles, was wir hier besprechen, bleibt unter uns. Ich werde zwar auch mit deinen Eltern reden, aber sie werden nichts von dem erfahren, was wir beide besprechen. Darauf kannst du dich verlassen, Hannah.«

Sie wischte sich die Tränen weg.

»Hast du dich in letzter Zeit mit jemandem heftig gestritten?«

»Mit Kevin.«

»Wer ist Kevin, dein Freund?«

»Mein Ex.«

»Worum ging es?«

»Er will im Sommer mit Interrail durch Europa düsen und ich darf nicht mit. Aber Kevin will trotzdem los. Die anderen dürfen auch nicht. Jetzt soll ich schuld sein.«

»Woran?«

»Daß das nicht klappt.«

»War dieser Streit mit Kevin vor der Sache mit der Straßenbahn oder nachher?«

»Lange vorher. Bestimmt lange vorher.«

Hannah sah an Jannowitz vorbei. Soll ich jetzt ne Vollbeichte ablegen, oder was? Das hat doch mit dem anderen gar nichts zu tun.

»Ich möchte, daß wir uns wieder sprechen. Was denkst du?«

Hannah sah auf die Uhr. »Schon vorbei.«

Jannowitz nickte.

»Was ist dir lieber: nächste Woche oder erst übernächste Woche?«

Der Psychologe holte seinen Terminkalender.

»Übernächste Woche«, sagte Hannah kaum hörbar.

»Donnerstag, 17 Uhr. Würde dir das passen?«

Hannah zögerte einen Augenblick. Schaute auf die Plastikdinos auf dem runden Tisch, dann sagte sie: »Ja!«

Rasch stand sie auf.

Der Händedruck des Mannes war ganz fest. Seine hellen Augen strahlten Wärme aus. »Bis Donnerstag dann.«

Diese warme, volltönende Stimme gefiel Hannah wirklich gut.

Als sie das Wartezimmer betrat, sprang ihre Mutter auf und sagte: »Na, wie war's?«

Wolfgang öffnete den Wandschrank, den er sich im vergangenen Jahr hatte einbauen lassen. Mit dem Handrücken strich er über die schwarzen Kladden. Die Jahreszahlen auf den Rückendeckeln akkurat. Einige waren bereits verblasst.

Seit dem Studium hatte Wolfgang seine kurzen Texte in diese Kladden geschrieben. Am Anfang waren es die gleichen gewesen, die er im Deutschunterricht benutzen musste, um Besinnungsaufsätze hineinzuschreiben. Während des Studiums in Marburg hatte er DIN-A-4-Kladden bevorzugt.

In der Referendarszeit schrieb er seine Texte unter dem Titel »Fälle und Todesfälle« in unterschiedliche Formate, jede Station seiner Ausbildung bekam ein anderes. Seitdem er sich als Rechtsanwalt niedergelassen hatte, benutzte er nur noch dicke China-Kladden, schwarzer Einband mit roten Ecken.

Wie viele Wochen habe ich schon nichts mehr geschrieben, dachte Wolfgang. Er nahm den Band heraus. Sah auf das Datum und erschrak. In diesem Jahr gab es noch keinen Eintrag.

Er las die letzte Geschichte.

4. Dezember 1992, stand mit grüner Tinte geschrieben, am rechten oberen Rand.

Es ging um einen Mann, der sich in seiner Metzgerei schlachtete. Und welche Lust er dabei empfand. Bei einem Motorradunfall hatte er einen Fuß verloren, war arbeitsunfähig geworden, gab aber seinen Beruf nicht auf, sondern zersägte sich selbst. Wog sich auf der Fleischerwaage, bevor er sich in die Auslage zum Verkauf legte.

Wolfgang schob die Kladde zur Seite.

Seit Monaten war der Faden gerissen.

Seine liebste Beschäftigung lahm gelegt.

Immer, wenn er in einem Fall nicht weiterkam, war er in seine Dachkammer hinaufgestiegen und hatte sich eine Lösung fantasiert. Ohne lange nachzudenken. Eine Geschichte geschrieben. Eine Variante erprobt. Sich dem Zeilenfluss überlassen. Einen Höhenflug konstruiert. War eingetaucht in eine andere Welt. Er brauchte diese Muße, diese Zeit nur für sich. Auch wenn er keine Lösung gefunden hatte, durch die Schreiberei wurde er ruhig. Fast heiter. An grauen Tagen konnte er sich durch das Schreiben durchaus bei Laune halten.

Wie es Hannah wohl geht, dachte er. Gestern kam sie ihm ganz in sich zusammengesunken vor. Als sei sie gerade erst zehn geworden. Verletzlich. Blass. Ihr Händedruck ganz kalt. Hannah hatte kaum gesprochen, obwohl sie bei Stimme war. Es war gut, daß sie jetzt professionelle Hilfe bekam. Wahrscheinlich kann sie das Schuljahr abschreiben. Hauptsache, sie kommt wieder auf die Beine.

Wolfgang stellte die Kladde zurück in den Einbauschrank.

So sehr er es sich gewünscht hatte, ein paar Stunden mit seiner Schreiberei zu verbringen. Er spürte, daß ihm nichts gelingen würde.

Gabriele hatte ungehalten reagiert, als er ihr von seinen treuhänderischen Aufgaben erzählt hatte. Warum er ihr das über all die Jahre verschwiegen habe. Es sei eine ganz gewöhnliche Arbeit für einen Juristen, als Treuhänder eingesetzt zu werden, hatte er ihr entgegengehalten. 15 Millionen Dollar zu verwalten sei eine ganz gewöhnliche Aufgabe? Gabriele nahm ihm das nicht ab. Was er zu tun gedenke? »Ich muss abwarten, Gabi«, sagte Wolfgang, »einfach abwarten. Im Moment ist ja alles still.« Ob er wirklich derart naiv sei, sie habe ihn für realistischer gehalten. »Du glaubst doch nicht, daß diese Leute Ruhe bewahren werden. Die wollen an das Geld.« Das schon, hatte Wolfgang eingewandt, aber sie hätten keinerlei Chance. Er müsse demnächst in die Schweiz fliegen, um sich mit den Bankern eingehend zu beraten. »Aber nicht, solange es deiner Tochter schlecht geht, Wolfgang«, hatte Gabriele gesagt.

Wolfgang verschloss den Schrank und steckte das Schlüsselchen ein.

»Ach, hier bist du!«, sagte Hannah Huneus, »es ist so leer im Haus.«

»Suchst du mich?«, fragte Wolfgang seine Schwägerin.

»Nein, nicht direkt.«

»Was wolltest du dann hier oben?«

»Ich dachte ... Tschuldigung, ich weiß, das hier ist Sperrbezirk, *strictly private, armed response, sorry* ...«

»Hör bitte mit den blöden Sprüchen auf, ja.«

Wolfgang zeigte auf den Hocker, der vor den Einbauschränken stand.

»Du hast noch gar nichts von deinem Besuch beim NDR erzählt. War wohl nix mit dem alten Job, oder?«

Hannah schüttelte den Kopf. »Null Chance, da wieder reinzukommen. Ich hab ja in all den Jahren nur das englische Fernsehen verfolgt, aber hier ... Feigheit vor dem Freund ...«

»Der Freundin«, verbesserte sie Wolfgang.

»Woher weißt du davon?«

»Deine Schwester ist nicht immer so verschwiegen, wie du hoffst, Hannah. Sie hat mir von deinem Leben als Karla Kaltenberg einiges erzählt. Und auch von diesem Redakteur, dessen Namen ich jetzt vergessen habe.«

Hannah schien es gar nicht recht zu sein, auf ihr lange zurückliegendes Verhältnis mit Christoph angesprochen zu werden.

»Das war in meiner polygamen Phase«, sie schlug ein Bein übers andere.

»Wenn es doch genutzt hat«, meinte Wolfgang.

»Hier oben schreibst du also.« Hannah zeigte auf die Einbauschränke und strich an den Kladden entlang. »Alles voller Geheimnisse.«

»Das ist ja wohl meine ganz private ...«

»Natürlich, ich wollte ... ich hab das nicht gewusst«, unterbrach ihn Hannah leise.

»Was hast du nicht gewusst?«

»Ich hab, als ich herkam ... ich bin mal hier oben gewesen ...«

»Neugierig warst du ja nie!« Wolfgang versuchte ein Lachen. Was ihm misslang.

»Ich hab ein paar deiner Geschichten gelesen«, sagte Hannah. In ihrer Stimme lag Überlegenheit.

»Das kann nicht sein!«

»Doch, ganz bestimmt. Ich hab es ja nicht gewusst. Auf deinem Schreibtisch lag dieses dicke schwarze Heft und ich ...«

»Hannah, du hättest mich wenigstens fragen können!«

»Hättest du mir es denn erlaubt?«

»Auf keinen Fall«, entrüstete sich Wolfgang.

»Tut mir Leid«, sagte Hannah, »wenn ich das gewusst hätte ...«

Sie brach ab.

Sah zu Wolfgang hinüber.

Im Schattenriss konnte sie sein Profil sehen.

»Wenn du damals nicht so plötzlich abgehauen wärst ...« Wolfgang ließ den Satz unvollendet.

»Es war ein *one-night-stand*, wenn du darauf hinauswillst«, Hannah machte eine abwehrende Handbewegung, »das war aus der Situation heraus ... hatte keinerlei Bedeutung.«

»Für mich schon, Hannah«, erwiderte Wolfgang, »für mich war es anders.«

»Was willst du damit sagen?«

»Auch wenn es so lange her ist, ich kann mich noch genau an diese Nacht erinnern. Es hat mir tatsächlich was bedeutet. Aber du warst ja plötzlich abgetaucht ...«

»Hast du meiner Schwester ...«

»Wo denkst du hin, Hannah?«, beeilte sich Wolfgang zu sagen.

Augenblicklich trat Stille ein.

Die beiden saßen sich in der Dachkammer gegenüber. Hannah auf dem Hocker, Wolfgang auf seinem barocken

Schreibtischstuhl, dessen Polster mit blauem Samt überzogen war.

»Haben dir meine Geschichten gefallen?«, fragte Wolfgang nach einer Weile.

»Ganz schön heftig, was?« Hannah wiegte den Kopf. »Die Sache mit dem Metzger, der sich lustvoll selbst zerschnippelt, ich muss schon sagen ...« Sie hielt inne.

»Was musst du sagen?«

»Wenn das Leben in seinem Lauf zu eintönig wird ... schreibt sich der Herr Schwager was vom Leib.«

»Das ist doch billig, Hannah. Das meinst du nicht ernst.«

»Warum machst du so ein Geheimnis daraus? Ich hab Gabi gefragt und sie hat mir hoch und heilig erklärt, daß sie tatsächlich noch nie eine deiner Geschichten zu lesen bekommen hat.«

»Das würde ich mir auch verbitten.«

»Eben.«

Hannah legte die Hände auf die Knie.

Wolfgang drehte sich zum Fenster.

Er konnte sich nicht daran erinnern, jemals eine Kladde auf dem Tisch liegen gelassen zu haben. Wie kann Hannah etwas gelesen haben?, dachte er. Die Schlösser der Einbauschränke waren unberührt. Er hätte längst gemerkt, wenn sich jemand daran zu schaffen gemacht hätte.

»Hast du deiner Schwester erzählt, was du gelesen hast?«, fragte er, ohne sich seiner Schwägerin zuzuwenden.

»Nicht so genau«, antwortete Hannah zögerlich, »jedenfalls nicht die erotischen Ausflüge ... sind ja ein bisschen selbstquälerisch, wenn du mich fragst ...«

Wolfgang lehnte sich zurück.

Schon während er Hannah vor Gericht verteidigt hatte, und das lag nun ein Vierteljahrhundert zurück, war sie ihm kraftvoller, entschiedener als ihre Schwester vorgekommen. Hannah ging aufs Ganze, während Gabriele immer wieder bereit war, Rückzieher zu machen, die eigenen Wünsche zurückzustellen, abzuwägen und letztendlich nachzugeben. Damals hatte er seine Mandantin Hannah Huneus bewundert. Wie sie vor Gericht aufgetreten war. Die ließ sich nicht den Mund verbieten. Ihre frechen Bemerkungen, die Richter Obermaier zur Verzweiflung trieben. Wenn Hannah damals nicht mit Bernie in den Untergrund gegangen wäre …

Wolfgang drehte sich rum.

»Ich denke, du solltest mich jetzt allein lassen.«

»Gut«, Hannah sprang auf, »wenn du schreiben willst … natürlich, bin schon weg … Ich wollte sowieso nachher mit Gabi einkaufen gehen.«

»So hab ich das nicht gemeint.«

»Nein?« Hannah stellte sich neben den Schreibtisch.

Sie spürte Wolfgangs Hand auf ihrer.

– achtzehn –

»Herr Nooteboom, Sie haben in der Befragung durch den Vorsitzenden Richter ausgesagt, Ihre Bank hätte keinen nennenswerten Schaden gehabt. Sind drei und etwas Millionen kein nennenswerter Schaden?«

»Ich weiß nicht, wie viel Sie vom Bankgeschäft verstehen, Herr van Bergen.«

»Klären Sie mich auf!«

»Ich habe das in der Richtung gemeint, daß wir immer von Risiken ausgehen, wenn wir uns in dieser Höhe engagieren. Natürlich ist ein Schaden entstanden, aber die Zahl selbst beziffert den Schaden weniger als die Tatsache, daß wir einen langjährigen Kunden verloren haben. Das Haus Gildemeister, und ich möchte ausdrücklich an den verstorbenen Senior erinnern, hat über viele, viele Jahre zu unseren besten Kunden gehört.«

»Entschuldigen Sie, wenn ich da einhake. Jetzt ist ja eine gänzlich andere Situation eingetreten: Gildemeister ist bankrott, Hunderte von Arbeitsplätzen sind verloren, Sie haben sich mit dem Konkursverwalter auseinander zu setzen. Seit wann war das Vertrauensverhältnis zu Gildemeisters zerstört?«

»Ich würde nicht sagen zerstört. Das klingt zu hart. Es kamen uns Bedenken.«

»Wem?«

»Wir sind ja mehrere Gesellschafter. Ich bin zwar der Besitzer der Bank, aber wir heißen immer noch Nooteboom und Co. Und Sie wissen, was das bedeutet, Herr van Bergen.«

»Ihnen kamen Bedenken, welcher Art waren die?«

»Wir hatten den zweiten Kredit für das Ostgeschäft gerne bewilligt, allerdings mit einem Schuldbeitritt, das heißt, daß Arnold Gildemeister im Falle finanzieller Engpässe mit seinem Anteil an der hiesigen Firma haftet. Das ist durchaus üblich.«

»Darf ich daraus entnehmen, daß schon nach der ersten Kreditierung bei Ihnen Bedenken aufgekommen waren?«

»Nein, nein, auf keinen Fall. Aber wir müssen uns absichern. Das war und ist immer meine Geschäftspolitik gewesen.«

»Wann kamen die Bedenken, Herr Nooteboom? Können Sie das genauer beschreiben?«

»Ich las in einer Berliner Zeitung, eigentlich rein zufällig, daß eine ganze Reihe von Westfirmen, die sich im Osten engagierten, eine schlechte Zahlungsmoral aufweist. Sie kommen ihren finanziellen Verpflichtungen nicht nach. Darunter, so schrieb die Zeitung, und das habe man am eigenen Leib zu spüren bekommen, sei eine Weinfirma, die seit Monaten die ganzseitigen Anzeigen nicht bezahlt habe. Man wolle keine Namen nennen. Ich habe ein bisschen recherchiert und musste zu meinem größten Bedauern feststellen, daß es sich um die Firma Gildemeister Ost handelte.«

»Was haben Sie daraufhin unternommen?«

»Ich habe Herrn Gildemeister angerufen. Der hat gesagt, das liege an diesem Geschäftsführer, den er eingestellt habe. Dieser Herr Hörmann habe zugeknöpfte Hosentaschen, so hat er wörtlich gesagt: Er hat zugeknöpfte Hosentaschen, wenn es an die Ausgaben geht. Aber ich solle ganz beruhigt sein, er werde das umgehend erledigen lassen.«

»Ist es erledigt worden, Herr Nooteboom?«

»Das entzieht sich meiner Kenntnis.«

»Können Sie uns bitte berichten, was für einen Eindruck dieser Geschäftsführer aus Rostock machte. Den mit den zugeknöpften Hosentaschen meine ich.«

»Ich habe ihn persönlich nie zu Gesicht bekommen.«

»Aber wäre das nicht im gegenseitigen Interesse gewesen?«

»Dieser Herr aus dem Osten war nur ausführendes Organ. Nicht mehr und nicht weniger.«

»Was hat denn Arnold Gildemeister über ihn erzählt?«

»Zu Beginn war er äußerst euphorisch. Die perfekte Besetzung, ein gewitzter Mann mit lauter frischen Ideen, der zupacken könne und, was ja am wichtigsten bei Gründung einer Firma ist, entscheidungskräftig sei. Arnold Gildemeister konnte sich gar keinen Besseren vorstellen. Aber irgendwann stimmte die Chemie zwischen den beiden nicht mehr. Da fiel der Name Hörmann nur noch in despektierlichem Zusammenhang.«

»Wollten Sie nicht wissen, weswegen es zu diesem Wetterwechsel kam, Herr Nooteboom?«

»Ich habe mal unseren Herrn Vogel gefragt, der war ja als Leiter der Kreditabteilung direkt damit befasst, und der hat nur gesagt, es sei ein Ossi mit einer etwas langsamen Auffassungsgabe. Klar, daß Arnold Gildemeister und der Herr aus dem Osten nicht zusammenpassten.«

»Kommen wir mal zu dem Gespräch, bei dem Sie Herrn Gildemeister mitteilen mussten, daß kein weiteres Geld mehr zugeschossen wird. Wie ist das abgelaufen?«

»Das ist natürlich nie besonders angenehm, Herr van Bergen. Man ist ja zwischen Baum und Borke. Einerseits möchte man einem langjährigen Freund, und ich stehe zu dieser Freundschaft, in jeder erdenklichen Weise helfen, andererseits sind einem die Hände gebunden.«

»Wie darf ich das verstehen?«

»Wir als Eigentümer dürfen niemals die Existenz unserer Bank aufs Spiel setzen! Das ist das oberste Gebot. Sozusagen die Präambel des Bankengrundgesetzes.«

»Wie hat der Angeklagte in diesem Gespräch reagiert?«

»Gut, würde ich sagen, gut. Er hat es mir nicht allzu schwer gemacht. Er hat versucht, die Fristen um ein paar Monate zu verlängern, hat versucht, die geforderte Kreditsumme der dritten Tranche zu verringern, aber ... wie gesagt, mir waren die Hände gebunden.«

»Waren die Würfel denn schon vorher gefallen, Herr Nooteboom?«

»Wie meinen Sie das?«

»Stand die Entscheidung schon vor dem Gespräch mit Herrn Gildemeister fest?«

»Sie stand, Herr van Bergen, sie stand. Wir hatten inzwischen so viel Informationen über Unregelmäßigkeiten der Firma Gildemeister Ost gesammelt, die Sache mit der Lohnsteuer und den Sozialabgaben ist ja äußerst unangenehm, auch die Nicht-Begleichung von ausstehenden Rechnungen, dito, dem mussten wir Einhalt gebieten, um nicht selbst in den Strudel gerissen zu werden.«

»Hat denn der Angeklagte zu diesen Unregelmäßigkeiten Stellung genommen? Als die Staatsanwältin Sie befragt hat, klang das so, als habe er versucht, diese Unregelmäßigkeiten auf seinen Geschäftsführer abzuwälzen. Entspricht das Ihrer Einschätzung?«

»Absolut, Herr van Bergen. Arnold Gildemeister fühlte sich getäuscht. Von einem Mann, dem er sein vollstes Vertrauen geschenkt hat.«

»Sie kennen das Zeitungsinterview, in dem der Angeklagte Herrn Hörmann als Alleinschuldigen an dem Bankrott hinstellt?«

»Ja, kenne ich.«

»Teilen Sie seine Meinung?«

»Nicht ganz, Herr van Bergen, nicht ganz. Einen Vorwurf muss ich, und verzeihe, daß ich das so sage, Arnold, einen

Vorwurf muss ich ihm schon machen: Er hätte diesen Geschäftsführer nicht an so langer Leine laufen lassen dürfen. Das war sträflich. Dazu hatte der Mann nicht genügend Erfahrungen im marktwirtschaftlichen Management. Die kannten ja im Osten immer nur ihre Planwirtschaft, wenn da ein Defizit entstand, wurde es unter den Teppich gekehrt. Die ungeheuerliche Verschuldung der DDR wurde erst aufgedeckt, als sie zusammengebrochen war.«

»Eine letzte Frage: Warum haben Sie Peter Hörmann nicht selbst ins Gebet genommen, als Sie merkten, daß da manches nicht so rund lief?«

»Ich habe das Herrn Vogel überlassen. Er ist mein Mann in Kreditfragen, dreißig Jahre, von der Pike auf gelernt, dem darf man nicht ins Handwerk pfuschen, wenn er sich diesen Hörmann nicht greift ... Er hat ja nicht umsonst bei uns den Spitznamen Greifvogel.«

»Keine weiteren Fragen, Herr Vorsitzender.«

An diesem Verhandlungstag begrüßte Thomas Martin Huneus den Rechtsanwalt der Nebenklägerin mit dem Satz: »Ich hatte Sie mir im Gerichtssaal lebhafter vorgestellt, Herr van Bergen.«

»Wie man sich täuschen kann«, erwiderte Wolfgang. »Sie scheinen aber auch nicht gerade ein rhetorisches Feuerwerk entfachen zu können.«

»Dazu besteht doch nach Lage der Dinge gar kein Anlass, oder sehen Sie meinen Mandanten in Gefahr?«

Angriffslustig blinzelte Huneus den Verteidiger an.

Wolfgang wandte sich ab. Keine Lust auf ein weiteres Wortgefecht mit dem Verräter. Nach jedem Verhandlungstag wurde er von Gabriele und Hannah ausführlich ausgefragt, wie sich denn ihr werter Bruder im Prozess gehalten habe.

Noch gab er sich keine Blöße. Er hielt sich sogar mit Invektiven weitgehend zurück. Wolfgang hatte in seinen langen Jahren in Gerichtssälen die Beobachtung gemacht, daß noch vor Ablauf einer Stunde irgendjemandem die Hutschnur platzte. Gerade so, als hätte der Gott der Gruppendynamik dieses Zeitmaß festgesetzt. Mal war es ein Verteidiger, der aus der Rolle fiel, mal ein Staatsanwalt, der unvermittelt überaus laut wurde, aber auch Richter am Landgericht konnten plötzlich losbrüllen, daß es eine wahre Freude war. Nach 55 Minuten ohne irgendeine Erregung wurde es spannend. Wer würde als Erster sein Gift verspritzen? Ein Theater mit einer berechenbaren Klimax. Männer, die zu lange zuhören mussten. Die lieber selbst redeten. Die sich zurückhalten mussten. Bis sie losplatzten. Irgendwie schienen sich die alten Hasen daran gewöhnt zu haben. Nur selten sagte jemand ein böses Wort, wenn einem Kollegen die Galle übergelaufen war.

Ganz anders dieser Hunne. Er saß da inmitten seiner Kollegen, bräsig, ab und zu ein wenig schläfrig. Kaum an dem Geschehen interessiert. War sich wohl seiner Sache durchaus sicher.

Arnold Gildemeister hatte die bisherigen Verhandlungstage durchgeschwiegen. So als gehe es gar nicht um ihn. Als würde der Prozess nur eine lästige Pflicht sein, die er hinter sich zu bringen hatte. Eine Lappalie. Nichts, was ihn wirklich berührte. Sollen sich die Herren doch darum kümmern, die sich in ihren schwarzen Roben über Nebensächlichkeiten stritten. Was war schon dieses Verfahren für ihn? Doch nur ein Nachklapp zum wirklichen Geschehen. Arnold Gildemeister hatte alles auf den Aufschwung Ost gesetzt und war eingebrochen. In einem Punkt, mutmaßte Wolfgang, brauchte er nichts zu fürchten: Die beiden Gildemeistersöhne hatten ihr Kapital längst in trockenen Tüchern. Liechtenstein, Luxemburg, *luxury*.

Was Wolfgang am meisten wunderte, war der gute Leumund, den die bisherigen Zeugen dem Hasardeur Gildemeister bescheinigten. Sie waren alle gut befreundet, kein Zweifel. Sie wollten einander nicht wehtun, auch gebongt. Sie tänzelten in ihren Aussagen um die Tatsache, daß jemand die Karre in den Dreck gefahren hatte. Das war unbestritten. Aber warum sie so unverbrüchlich zu diesem Betrüger hielten? Da hatte Wolfgang sich getäuscht. Er war gespannt, wie der ältere Bruder des Angeklagten sich einlassen würde. Immerhin war er ebenfalls von dem Bankrott zu Boden gestreckt worden. Gerhard Gildemeister jun. galt nicht gerade als ein Ausbund an Emotionen. Aber diesmal konnte es sein, daß er aus der Rolle fiel.

Frau Hörmann hatte ihm vor Verhandlungsbeginn gesagt, daß sie demnächst aus Rostock wegziehen wolle, sie halte das Spießrutenlaufen nicht aus. Manchmal kämen völlig fremde Menschen an ihre Wohnungstür und wollten wissen, wie denn der Prozess laufe. »Keiner von denen glaubt, daß ich im Westen mit meiner Klage Erfolg haben werde.« Zwar hatte die Ostsee-Zeitung nur in einer kleinen Notiz über die Nebenklage der Frau Hörmann berichtet, aber die Gerüchteküche hielt das Interesse wach. »Meine Nachbarn sagen, davon wird Peter auch nicht wieder lebendig. Ich hätte mir das Geld doch sparen können.« Noch wisse sie nicht, wohin sie ziehen würde. Vielleicht ins Fischland, irgendwohin, wo sie niemand kenne. »Auf keinen Fall in den Westen, Herr van Bergen. Da kriegen mich keine tausend Pferde mehr hin, wenn der Prozess beendet ist.«

Kurz vor der Mittagspause wurde der Sachverständige Dr. Übleis in den Zeugenstand gerufen. Mit heiserer Stimme verlas er sein Gutachten. Gähnende Langeweile, nicht nur im spärlich gewordenen Publikum und auf den gut gefüllten Pressebänken, sondern auch bei den Prozessbeteiligten. Einer der jungen Anwälte auf der Verteidigerbank hielt die Augen geschlossen. Als wisse er im Schlaf, was der Gutachter in mündlichem Vortrag aussagte.

»Herr Professor Dr. Übleis, nach Ihren Ausführungen entsteht der Eindruck, daß mein Mandant keineswegs eine Täuschung begangen hat, indem er Gelder, die für das Ostgeschäft kreditiert waren, im hiesigen Geschäft zur Begleichung von Verbindlichkeiten eingesetzt hat.«

»Das ist der Kern meines Gutachtens, Herr Rechtsanwalt. Wenn es der Mutter schlecht geht, können die Töchter nicht gesund sein. Ein alter Grundsatz wirtschaftlichen Handelns.«

»Wenn Sie in der damaligen Situation für meinen Mandanten als Berater tätig geworden wären, was hätten Sie ihm geraten?«

»Es wäre mir eine Freude gewesen, ihn zu beraten. Um das mal vorneweg zu sagen. Ich habe für mein Gutachten ja nicht nur sein wirklich umwerfendes Konzept unter die Lupe genommen, sondern auch den Geschäftsverlauf minutiös nachgezeichnet. Und da ergibt sich eindeutig: Seine Hausbank hat einen zu kurzen Atem gehabt. Nach meinen Untersuchungen wäre der Weinhandel im anderen Teil Deutschlands auf die Beine gekommen, wie sich übrigens jetzt zeigt, dort wird ja nicht weniger getrunken als im Westen, vergleichsweise, aber so kurz nach der Wende haben die Menschen drüben erst mal das Geld zusammengehalten. Als sie dann die Vorteile unserer Marktwirtschaft erkannt haben, sind sie genauso, und ich versteige mich zu der Aussage, sogar stärker als wir hier, zu freudigen Konsumenten geworden.«

»Heißt das, Sie würden als profunder Kenner wirtschaftlicher Zusammenhänge Versäumnisse bei der Hausbank Nooteboom und Co. sehen?«

»Versäumnisse kann man das nicht nennen, Herr Huneus, eher wirtschaftliche Zurückhaltung, übervorsichtige Kreditpolitik. Eine Hausbank, die so lange an der Seite des Weinhandels Gildemeister gestanden hat und, das wollen wir nicht verschweigen, auch verdient hat, die muss ganz einfach so ein wagemutiges Unternehmen stützen. So jemand wie Ihr Mandant hätte es verdient gehabt, daß man ihm in der schwierigen Situation unter die Arme greift. Sie kennen ja den Satz: Eine Bank ist ein Institut, das bei Sonnenschein Regenschirme ausleiht und sie bei Regen wieder einzieht.«

»Sie haben ausgeführt, Herr Professor Dr. Übleis, daß gerade im Ostgeschäft neue Wege beschritten werden mussten. Könnten Sie uns das ein wenig genauer erläutern?«

»Gerne, Herr Rechtsanwalt. Ich habe mich ja ausführlich mit einigen Entwicklungen in diesem Marktsegment befasst. Als Erstes steht immer die Frage: Mit welcher Art von Konsument haben wir es zu tun? Um Ihnen ein Beispiel zu geben: Wenn jemand in der Kaufhalle für 64 Pfennig ein ganzes Brot bekam, ein erheblich subventionierter Preis, dann wird er nach dem Fall der Mauer dafür nur ungern 1 Mark 50 hinlegen. Und das auch noch in harter Währung, also Westmark. Diesen Konsumenten kennen zu lernen, seine Kauferfahrungen und Kaufgewohnheiten, darum ist es zunächst gegangen. Und was Wein angeht, sieht es nicht anders aus.«

»Würden Sie Herrn Gildemeister auch heute noch empfehlen, eine derartige Kette von Weinhandlungen aufzumachen?«

»Lieber gestern als heute, Herr Huneus. Als es die DDR noch gab, hatten die dort konsumierten Weine so Namen wie Balkanfeuer, Goldberyll, Eselsmilch und Grauer Mönch.

Das sagt ja wahrscheinlich alles. Aber das Geschäft mit Pinot Grigio und Sauvignon werden jetzt andere machen.«

»In Ihrem Gutachten fehlt mir eine Bemerkung über den Geschäftsführer der Gildemeister Ost GmbH & Co. KG.«

»Ich konnte keinen Kontakt mit ihm aufnehmen, Herr Rechtsanwalt. Ich hätte zweifelsfrei mit ihm sprechen wollen.«

»Wie sehen Sie diesen Herrn Hörmann?«

»Wie gesagt, ich konnte mir kein Bild von ihm machen.«

»Nach der Papierform, Herr Professor Dr. Übleis, könnten Sie aber doch etwas ...«

»Nach der Papierform kann ich nur sagen: Ich hätte diesen Mann nicht mit derlei höchst brisanten Aufgaben betraut.«

»Was meinen Sie damit?«

»Wie ich es sage. Der Mann war mit dieser Arbeit überfordert. Er wusste nichts von Marktanalysen, nichts von westlichem Geschäftsgebaren, nichts von *cash flow* und *crisis management*, er kannte aus eigener Anschauung nur die Verhältnisse in seinem Geschäftsbereich der HO, und diese Anschauung war zu nichts nütze. Wenn man jemand für so einen Posten aussucht, und vielleicht hatte er ja Qualitäten, die mir verborgen geblieben sind, dann hätte man ihm zumindest einen erfahrenen Mann aus unseren Breiten zur Seite stellen müssen.«

»Fassen wir mal zusammen: Sie sehen keinerlei Versäumnisse auf Seiten meines Mandanten, schon gar nicht im Sinne der Anklage eine Täuschung oder gar betrügerische Absicht, sondern stellen der Hausbank sowie dem Geschäftsführer Herrn Hörmann ein schlechtes Zeugnis ...«

In diesem Augenblick sprang Wolfgangs Mandantin auf und rief mit lauter Stimme: »Herr Richter, merken Sie nicht, wie hier jemand die Fakten verbiegt, um dem Angeklagten den Hals zu retten?«

»Frau Hörmann, ich bitte Sie! Wir werden das schon zu bewerten wissen«, entgegnete Hohlbein. Er war völlig ruhig dabei. Als sei er gerade aus einer Mütze Schlaf erwacht.

»Dieser so genannte Gutachter sagt nichts darüber, wie mein Mann bedrängt wurde, tatenlos zuzusehen, wie sich der Angeklagte an den Krediten schadlos hielt ...«

»Wir werden Sie noch zu befragen haben!«, unterbrach sie Hohlbein. Nun schon ein bisschen lauter. Er beugte sich nach vorne, um näher an das Mikrofon zu kommen.

Wolfgang sah keine Veranlassung, seine Mandantin zurückzuhalten. Sie hatte die ganze Zeit geschwiegen, obwohl es sicherlich heftig in ihr brodelte. Die Beweisaufnahme war bisher eine einzige Schuldzuweisung gegen ihren Mann.

»Dieser Gutachter tut so, als habe mein Mann selbstständig handeln können. Er hat mir mal gesagt, die Kredite sind zwar schon seit Wochen bewilligt, aber auf unserem Geschäftskonto kommen sie nur tröpfchenweise an. Mein Mann hat den Angeklagten darauf mehrfach hingewiesen. Da hat er ihn nur ausgelacht und gesagt, die Hausbank sei ein wenig im Verzug. Das wäre allgemeine Praxis.«

»Frau Hörmann«, rief Richter Hohlbein, »ich kann Ihre Aufregung verstehen, aber lassen Sie den Verteidiger seine Fragen an den Gutachter stellen. Ich bitte nachdrücklich um Mäßigung.«

Frau Hörmann schaute Wolfgang auffordernd an.

Sich mit diesem Gutachter auseinander zu setzen, war reine Zeitverschwendung. Wenn die Verteidigung so einen Mann aufbot, stand das Ergebnis von vorneherein fest. Das wusste auch der Richter einzuschätzen. Solche Gutachter bissen nie die Hand, die sie bezahlte.

Zwei Stunden nach der Mittagspause beendete Hohlbein den Verhandlungstag. »Als nächsten Zeugen werden wir Gerhard Gildemeister jun. hören. Ich bitte um rechtzeitige Benachrichtigung.«

Frau Hörmann zeigte sich enttäuscht, als sie das Gerichtsgebäude verließen. Sie habe sich von Wolfgang mehr Einsatz erwartet. »Sie können diesem aufgeblasenen Gutachter doch nicht eine derartige Verdrehung der Wahrheit durchgehen lassen. Der kam sich mit seinen Bemerkungen auch noch witzig vor.«

»Wenn Sie das Gutachten gelesen haben«, verteidigte sich Wolfgang.

»Ich habe das Gutachten nicht bekommen.«

»Frau Hörmann, das kann nicht sein«, erwiderte der Rechtsanwalt. »Ich habe es Ihnen letzte Woche per Eilboten zuschicken lassen.«

»Ist aber nicht bei mir angekommen. Mehr kann ich dazu nicht sagen.« Frau Hörmann legte einen schnellen Schritt vor, sie wolle den IC nach Rostock nicht verpassen.

»Wenn Sie das Gutachten gelesen hätten, würden Sie wissen, daß es sich um ein bestelltes Gutachten handelt. Wir können gerne ein weiteres Gutachten von einem unabhängigen Fachmann beantragen. Nach dem heutigen Tag scheint mir das durchaus angeraten zu sein. Ich werde mich mit Hohlbein darüber gleich morgen ins Benehmen setzen.«

»Sind denn Gerichtsverfahren immer so ... formal?«, fragte Frau Hörmann, ohne ihren Schritt zu verlangsamen. »Ich sitze und sitze und irgendwie kommt mir alles ganz irreal vor. So als habe es gar nichts mit dem wirklichen Leben zu tun.«

»Das kommt Ihnen nur so vor«, erwiderte Wolfgang. »Immerhin geht es für den Angeklagten um ein paar Jahre Gefängnis, da muss schon alles seine Ordnung und Rechtmäßigkeit haben. Die formalen Spielregeln der Strafprozessordnung ...«

Frau Hörmann hielt Wolfgang am Ärmel fest. »Sie glauben doch nicht im Ernst, daß dieser verdammte Gildemeister tatsächlich hinter Gitter kommen wird.«

»Worauf wollen Sie hinaus?«

»Das ist ein abgekartetes Spiel. Gildemeister ist ein ehrenwerter Mann, er musste so handeln, die Bank ist es irgendwie ein bisschen schuld und natürlich in erster Linie mein verstorbener Mann – das ist alles, was ich hier zu hören kriege. Und Sie wollen mir erzählen, daß der noch mit einer Gefängnisstrafe zu rechnen hat.«

»Was das Urteil angeht, mache ich grundsätzlich keine Voraussagen. Da hab ich mich früher allzu oft Illusionen hingegeben und bin dann gegen die Wand gelaufen.«

»Dann lassen Sie auch solche Bemerkungen gefälligst«, fuhr Frau Hörmann ihn an, »und im Übrigen, Sie brauchen mich nicht zum Bahnhof zu begleiten. Nur weil ich aus dem Osten bin, müssen Sie mich nicht für dumm halten.«

Sie wandte sich ab. Ging schnell davon.

Wolfgang blieb einen Augenblick stehen.

Er konnte die Enttäuschung seiner Mandantin durchaus verstehen. Der Zweikampf mit dem Verräter aus dem Hause Huneus war bisher aus ihm nicht ersichtlichen Gründen ausgeblieben.

Wolfgang kehrte um.

In seiner Kanzlei warteten Akten. Termine, Fristen, Schriftsätze. Fälle, noch mehr Fälle. Stapelweise Unterlagen, die zur Kenntnis genommen werden mussten. Warum brach kein Brand aus, um diese Stapel mit einem Schlag zu vernichten?

Gabriele hatte gesagt, ein Urlaub sei in diesem Jahr nicht drin. Solange ihre Tochter nicht wieder völlig auf dem Damm sei, wolle sie die Stadt nicht verlassen. Dabei brauchten sie dringend Urlaub, und wenn es auch nur eine Woche war. Eine einzige Woche. In Wangerooge im Strandkorb sitzen und aufs Wasser schauen. Nur eine winzige Woche. Dann würde auch er sich wieder mit vollen Segeln ins Getümmel stürzen. Und wenn Hannah dieses Jahr nicht mehr mitkommen wollte, bitte sehr ...

Sein Wagen stand auf dem Parkplatz hinter dem Gerichtsgebäude. Der frühe Parker findet ein Plätzchen.

Schon von weitem sah er die Löcher.

Er rannte los.

Als er bei seinem Wagen angekommen war, trat er auf Glassplitter. Alle Scheiben waren eingeschlagen. Nicht eine war heil geblieben. Auch die Scheinwerfer und die Rücklichter zertrümmert.

Da hatte jemand ganze Arbeit geleistet.

– neunzehn –

Ein warmer Frühsommertag. Hannah van Bergen fühlte sich so wohl wie selten. Keine Hausaufgaben, keine Verabredung. Den Nachmittag auf dem Rad verbringen, durch die Gegend fahren. Ziellos, unbeschwert.

Gleich nach der Schule hatte sie sich mit Kevin getroffen. Ganz kleinlaut gab er sich. Seine Band *The hard ones* war zerstritten. Der Auftritt bei den Nazis abgesagt. Kevin stand als Verlierer da. Obwohl er es nicht zugab. »War vielleicht keine so pralle Idee von mir«, sagte er zu Hannah, »aber die anderen kriegen ja keinen Gig auf die Reihe.« Was aber noch schlimmer war: Kevins Eltern weigerten sich, ihm das Interrail-Ticket zu kaufen. »Meine Alten, die stellen sich vielleicht an. Solange ich nicht 18 bin, rücken sie die Kohle nicht raus.« Vom Taschengeld sei das Ticket nicht zu stemmen. Kevin hatte Hannah gefragt, wie es ihr in der letzten Zeit ergangen sei. »Du warst ja in der Schule mehr so ein Gespenst.« Hannah erzählte ihm die halbe Wahrheit. Sprach von den Schwindelanfällen und dem Starresein, von dem sagenhaften Dusel, den sie hatte, beinahe sei sie von der Straßenbahn erfasst worden, aber nicht von ihren ständigen Ängsten, daß so etwas noch mal passieren könnte. Kevin nahm sie in den Arm. »Vielleicht sollten wir uns wieder zusammentun. Du bist ja auch so eine Geschlagene.« Als Hannah nach Hause gekommen war, traf sie auf ihre Tante. »Du strahlst ja«, war ihre Begrüßung gewesen. »Das war heute der beste Tag in diesem Jahr«, hatte Hannah erwidert und von der Versöhnung mit Kevin erzählt. Eine ganze Zeit lang saßen die beiden in der Küche zusammen. »Schön, daß du bei uns wohnst!«

Hannah nickte dankbar. »Du und Kevin, auf euch kann ich mich echt verlassen.« Dann hatte sie verlegen gelacht. »Na ja, bei Kevin bin ich mir noch nicht ganz sicher.«

Hannah ließ das Garagentor einrasten, schob ihr Fahrrad auf die Straße, nachdem sie es aufgepumpt hatte. Irgendwie hatte sich der Hinterreifen gegen sie verschworen. Wenn das Fahrrad mehr als drei Tage unbenutzt blieb, verabschiedete sich die Luft im Hinterrad. Wenn sie täglich damit fuhr, brauchte sie nicht zu pumpen.

Nach links oder nach rechts, dachte Hannah. Einen Moment lang zögerte sie. Dann stieg sie auf und radelte los.

Gleich in den vierten Gang hochgeschaltet und ab ging's.

In den grauen Wintertagen war das schnelle Radeln für sie immer die beste Medizin gewesen. Sich einfach treiben lassen. In Bewegung bleiben. Strampeln. In Schweiß kommen. Den Puls hochtreiben. Die Geschwindigkeit genießen. Die schwarzen Gedanken wegradeln. Sich aufs Fahren konzentrieren. Die Umgebung. Den Fluss. Die Büsche. Ab und zu pflügte ein Motorboot durchs Wasser. Ein Schlepper mit Schrott oder Kohlen. Nur nicht anhalten. Einfach radeln und rasen.

Dieser Jannowitz war ein seltsamer Mann. »Und wie geht es dir heute?« So lautete immer seine Eingangsfrage. Er saß ihr gegenüber, machte sich Notizen. Sein Bleistift kratzte übers Papier. Sie starrte manchmal minutenlang nach oben, wenn sie nichts zu sagen wusste. Das Muster der streifigen Bahnen in der Decke kannte sie auswendig. Niemals schloss Hannah die Augen. Jannowitz liebte es, kurze Fragen zu stellen. Fragen, die ganze Lawinen auslösten. Mauern zum Einsturz brachten. Wie schnell er herausgefunden hatte, was Kevin für sie bedeutete. Obwohl sie gar nicht über Kevin hatte sprechen wollen. Den Typ von gestern, der immer den Starken gegen die Alten markierte. Was wollte sie mit so einem Mistkerl, der sie einige Male abgebürstet hatte? Und doch, Jannowitz fragte und fragte. Sie konnte gar nicht anders, sie antwortete, sie liebe diesen Kevin immer noch. Ob sie ihm das auch zeige, wollte Jannowitz wissen. Kurz darauf war die Sitzung zu Ende gewesen.

Hinunter zum Fluss. Das war Hannahs Lieblingsstrecke. Durch den Tunnel hindurch, in dem es erbärmlich nach Urin stank, dann freie Fahrt am breiten Strom entlang.

Nach links oder nach rechts? Sie stoppte ab. Eine Zeit lang verharrte sie. Unentschlossen. Die Beine am Boden. Hannah entschied sich, zum Wehr zu radeln. Flussaufwärts.

Siebter Gang, achter Gang. Hochschalten. Um diese Zeit waren auch schon Fußgänger unterwegs, also musste sie Slalom fahren. Glücklich. Ausgelassen. Sie sah die Pärchen, die Hand in Hand spazieren gingen. Auf den Bänken am Rande des asphaltierten Weges sonnten sich einige. Eine Frau saß im Bikini auf einer knallroten Decke am schräg abfallenden Deich. Ein warmer Tag, und schon war die halbe Hansestadt unterwegs.

»Kevin«, rief Hannah, »Kevin, Kevin!« Der Name platzte aus ihr heraus. Wenn sie wirklich wieder zusammenkommen würden, nicht auszudenken. Am Nachmittag hatte Kevin Probe, aber um sieben sollte sie ihn abholen. Am Bunker, wie früher. »Hat keinen Zweck, heute bei uns zuzuhören, Hannah. Wir müssen erst mal klarziehen, was da gelaufen ist«, hatte Kevin gesagt, »aber ich glaube, wir kriegen das hin.« Der Gig bei den Nazis wäre zwar ihr lang ersehnter, erster öffentlicher Auftritt gewesen, aber die anderen hatten ihn überstimmt. »Wenn wir auch nur einmal bei denen spielen«, waren Rollis Worte gewesen, »hängt uns das an wie Scheiße an den Schuhsohlen. Meinste, ich will auf ewig als Nazigeiger rumlaufen?«

Sie hatte das Wehr bereits hinter sich gelassen. Dort stand

sie manches Mal, um Luft zu schöpfen. Schaute hinunter in das strudelnde Wasser, das eine enorme Anziehungskraft besaß. Oder sie hielt auf der neuen Brücke über der Schleuse an. Kleine Segelboote und Lastkähne warteten darauf, in den Oberlauf des Flusses geschleust zu werden.

Umkehren oder ...

Weiter, nur nicht innehalten. Zwischen den Wiesen hindurch zum Deich auf der anderen Seite des Flusses.

Hannah unterquerte die Autobahnbrücke.

Zehnter Gang. Was für ein Tempo. Hier war kaum noch ein Fußgänger unterwegs.

Einmal war sie dreißig Kilometer ohne anzuhalten geradelt. Völlig aus der Puste, aber ohne Ängste. Weg der Schleier, der sie an jenem grauen Tag niederdrückte.

Jannowitz hatte sie gefragt, wann sie zum ersten Mal gespürt habe, daß sie in einem ganz bestimmten Augenblick nicht in der Lage gewesen sei, etwas als falsch oder richtig zu empfinden. Hannah erzählte von dem eiskalten Probenraum im Bunker, wo sie plötzlich von allen allein gelassen worden war, nach dem Streit mit Kevin. Sie habe durchaus gewusst, daß es richtig gewesen sei, abzuhauen und nach Hause zu gehen, aber dann habe diese Starre sie überfallen ...

Hannah musste scharf abbremsen, rutschte ein wenig zur Seite, konnte noch rechtzeitig abspringen.

Sie hatte einen dicken Ast übersehen, der quer auf der Fahrbahn lag.

Ganz knapp war sie einem Sturz entgangen. Wütend nahm sie den schweren Ast hoch und schleuderte ihn die Böschung hinunter.

Jetzt spürte sie ihren Puls.

Hannah fasste sich an die Brust. Sie konnte ihren Herzschlag durch das T-Shirt spüren.

Ein hartes Pochen. Schlag auf Schlag auf Schlag. Wie eine Maschine, die von Dampf getrieben war.

Ausruhen oder weiterradeln, dachte Hannah.

Sie setzte sich neben das Fahrrad ins Gras. Immer noch hämmerte ihr Herz.

Zurück gehst du es langsamer an, dachte sie.

Die Sonne wärmte sie. Am liebsten hätte sie sich das feuchte T-Shirt ausgezogen. Es klebte am Bauch.

Wie gut, daß ihre Tante bei ihnen wohnte. Warum hatte ihre Mutter fast nie etwas von Hannah erzählt? Sie waren so verschieden, die beiden Schwestern. Sie sahen sich nicht mal ähnlich. Dabei liebten die beiden sich doch. War sie eifersüchtig auf die kleine Schwester? Hatte sie Angst vor ihr und ihrem wilden Auftreten? Viel hatte ihre Tante nicht erzählt. Warum war sie untergetaucht? Als habe sie bloß einen längeren Auslandsaufenthalt hinter sich. Auch von England erzählte sie selten. Nur übers Brotbacken konnte sie stundenlang reden. Und ihr Brot schmeckte wirklich viel besser als das aus der Bäckerei.

Langsam beruhigte sich Hannahs Atem.

»Frag mich nicht«, war zu ihrem Lieblingssatz geworden, wenn ihre Klassenkameradinnen von ihr wissen wollten, was eigentlich mit ihr los sei. »Willst du es nicht sagen oder darfst du es nicht?« – »Biste schwanger oder was?« – »Kannste mir mal das Rezept verraten, wie man die Alten dazu bringt, einem ständig eine Entschuldigung zu schreiben, ich hab nämlich echt keinen Bock mehr auf Schule?« Hannah hatte diese Ausfragerei satt. Immer war sie in der Defensive, als trage sie ein Makel auf der Stirn. Sie musste sich Ausreden einfallen lassen. »Ich bin doch keine Behinderte«, schrie sie einmal ihre beste Freundin an, die ihr wieder und wieder zusetzte, warum sie tagelang nicht in der Schule erschienen sei.

Als die Klassenlehrerin vor allen Mitschülern gesagt hatte, Hannah brauche momentan besondere Zuneigung, war sie aufgestanden und hatte den Klassenraum verlassen. »Warum bist du geflüchtet?«, fragte Jannowitz ein paar Stunden später, als Hannah ihm davon erzählt hatte. Sie konnte die Tränen nicht zurückhalten. Krümmte sich auf dem Stuhl zusammen und wimmerte vor sich hin. Jannowitz hatte ihr ein Taschentuch gereicht. »Du brauchst dich für deine Tränen nicht zu schämen, Hannah.« Danach hatte sie sich besser gefühlt. Auf dem Nachhauseweg dachte sie an ihre Eltern. Sie würde ihnen nichts davon erzählen.

Der breite Strom floss gemächlich dahin. Auf der anderen Seite fuhr ein Trecker. Sonst war niemand zu sehen. In der Ferne Verkehrslärm. Hupen von Lastwagen. Ein Polizeiwagen raste mit Lalü-Lala vorbei.

Wenn es jetzt passieren würde.

Hier kann dir keiner helfen.

Sie hob ihre Arme, winkte dem Treckerfahrer.

Fuchtelte hektisch in der Luft.

Sie konnte den Mann auf dem Trecker deutlich sehen.

Warum schaute er nicht zu ihr hinüber?

Ruhig, ganz ruhig.

Hannah, bleib ganz ruhig. Du steigst jetzt auf das Rad und gondelst nach Hause.

Nur keine Panik ...

Aber es gelang ihr nicht, ruhig zu bleiben.

Noch schneller raste der Puls. Als wollte er sich überschlagen. Mit einem Mal wich das Blut aus ihrem Kopf.

Weiß, alles wurde ganz weiß.

Dann sank sie zur Seite.

Umgeschubst.

Gerhard Gildemeister jun. trat in den Zeugenstand, beantwortete die Fragen nach den Personalien im Stehen und nahm dann schnell auf dem Stuhl Platz.

Wolfgang van Bergen hatte seiner Klientin vor der Verhandlung gesagt: »Wenn die Verteidigung den Bruder nicht als Zeugen hören will, hat das was zu bedeuten.« Frau Hörmann blieb distanziert. Ließ sich zu keiner Äußerung verleiten.

Hohlbein fragte nach Tradition und Würde des Weinhauses, nach Geschäftspolitik und Expansionsplänen und zum Schluss nach dem überraschenden Bankrott.

Gerhard Gildemeister jun. antwortete, ohne ein einziges Mal seinen Bruder auf der Anklagebank anzusehen.

Wolfgang registrierte das mit verhohlener Freude. Schienen sich wohl doch nicht grün zu sein.

In der Hansestadt war häufig über die Konkurrenz der Gildemeister-Söhne geredet worden. Als sie noch zu dritt waren, hatte es bereits Kämpfe um die Oberhoheit in der Firma gegeben. Nach dem Verkehrsunfall des ältesten Sohnes waren sie noch heftiger geworden. Manche Geschäftsleute meinten, der alte Weinhändler hätte es nicht verdient, mit solchen Erben gestraft zu sein. Schließlich hatte er die Firma »mit bedächtiger Hand und geübtem Geschick« zu einer herausragenden Stellung unter den Weinimporteuren geführt. Fast sechzig Prozent der südländischen Rotweine wurden von Gildemeister und Söhne vermarktet.

»Kommen wir mal zu der Frage, die Sie uns als Insider am besten beantworten können«, Richter Hohlbein machte eine Pause und sah den Angeklagten an, obwohl er dessen Bruder befragte: »Haben Sie der Osterweiterung Ihrer Firma mit Wohlwollen entgegengesehen?«

Gerhard Gildemeister jun. schwieg.

Wolfgang stieß die neben ihm sitzende Mandantin an. Aber er brauchte ihre Aufmerksamkeit nicht zu wecken. Frau Hörmann saß auf der Kante ihres Stuhles, die Hände gegeneinander gepresst.

»Das war die Sache meines Bruders, Herr Vorsitzender«, antwortete Gildemeister leise. Nach einigem Zögern.

»Aber Sie werden doch eine Meinung dazu gehabt haben?«

»Die war in dem Falle nicht relevant. Wir haben unsere Geschäftsbereiche getrennt. Jeder sollte in seinem Bereich nach eigenem Gusto schalten und walten können.«

Richter Hohlbein lehnte sich zurück. Blickte missmutig die beiden Beisitzer an. Er schien an diesem Morgen keine Lust zu verspüren, sich den Zeugen genauer vorzunehmen.

»Keine weiteren Fragen.«

Er gab das Wort an die Staatsanwältin Kniemeyer.

Gildemeister jun. drehte sich zu ihr hin.

Wenn die Kniemeyer den Bruder des Angeklagten in die Zange nimmt, dachte Wolfgang, wird für mich nicht viel übrig bleiben. Mal sehen, wie sie es anpackt.

Fast eine Stunde arbeitete die Staatsanwältin einen Katalog von Sachfragen ab, die Gildemeister jun. geduldig beantwortete. Ein Oberseminar für Betriebswissenschaftler. Aufteilung der Bereiche unter den Erben, Zusammenlegung von Firmenzweigen. Gewinnerwartungen, ausbleibender Profit.

»Können Sie mir denn erklären, wodurch der Bankrott herbeigeführt wurde?«, fragte die Staatsanwältin. »Sie haben das Geschehen doch aus nächster Nähe erlebt.«

Kurz vor der Mittagspause kam diese Frage und weckte selbst die schläfrig gewordenen Prozessteilnehmer.

»Das kann ich Ihnen genau sagen. Mein Bruder hat die Lage falsch eingeschätzt. Aber das war keineswegs seine Schuld. Er konnte nicht wissen, was sich wirklich im Osten abspielt. Woher sollte er auch Kenntnis davon haben? Er war vor dem Fall der Mauer niemals dort gewesen, hatte sich auch nie für die DDR interessiert. Meiner Einschätzung nach liegt die Hauptverantwortung für diese Pleite bei unserer Hausbank. Sie hätte bereits den zweiten Kredit nicht mehr bewilligen dürfen. Dann würden wir heute ganz anders dastehen. Das Experiment Osten, blühende Landschaften und so, wenn Sie verstehen, was ich meine, das hätte wesentlich früher beendet werden müssen.«

»Haben Sie denn Ihren Bruder in dieser Hinsicht nicht beraten?«, fragte die Staatsanwältin.

»Ich habe doch schon ausgeführt, daß wir die Geschäftsbereiche völlig getrennt hatten. Die *spheres of interest*, so hat es uns unser Vater beigebracht, müssen sauber auseinander gehalten werden, damit es zu keinerlei Konflikten kommt. Schon gar nicht unter Mitgliedern ein und derselben Familie. Es hat durchaus unrühmliche Beispiele gegeben.«

Die Staatsanwältin legte die Lesebrille auf den Tisch. »Sie geben sich so gelassen, Herr Gildemeister. Dabei sind Sie doch von diesem Bankrott genauso betroffen. Wäre es, von heute aus gesehen, nicht sinnvoller gewesen, sich doch früher in diesen Vorgang einzuschalten, bevor der Konkurs eintrat?«

Wolfgang spürte, daß die Staatsanwältin sich mehr von diesem Zeugen versprochen hatte und langsam ungehalten wurde.

»Da muss ich Ihnen durchaus Recht geben. Aber wie hätte ich diese Entwicklung verhindern können? Unsere selbst gewählten Prinzipien standen dem entgegen.«

Richter Hohlbein wies die Staatsanwältin auf die anstehende Mittagspause hin.

»Nur noch eine Frage, Herr Vorsitzender!« Frau Kniemeyer

erhob sich und schaute den Zeugen an: »In welchem Land haben Sie eigentlich Ihr Vermögen gebunkert?«

Thomas Martin Huneus sprang von seinem Stuhl auf: »Das ist ... eine bodenlose Unverschämtheit, das ist ...« Weiter kam er nicht, weil ihn ein Herzrasen erfasste.

Sein Kopf wie ein roter Ballon.

Er schnappte nach Luft.

Die Anwälte, die neben ihm saßen, versuchten den Verteidiger zu beruhigen.

Gerhard Gildemeister jun. machte eine abwertende Geste in Richtung Frau Kniemeyer. »Frau Staatsanwältin, Sie wissen genau, daß Sie sich mit dieser Frage selbst disqualifiziert haben.«

»Mittagspause!«, rief Hohlbein. Er forderte die junge Staatsanwältin auf, zu einer kurzen Besprechung ins Richterzimmer zu kommen.

»Das war ja wohl eine ungeheure Entgleisung«, sagte eine Lokalreporterin und hielt Wolfgang ihr Mikrofon vor die Nase. »Würden Sie das bitte schnell kommentieren?«

Wolfgang schob das Mikro mit einer heftigen Handbewegung zur Seite.

»Die Staatsanwältin hat völlig Recht«, sagte Frau Hörmann, »ich spreche Ihnen gerne was aufs Band.«

Etwas irritiert stoppte die Reporterin die Aufnahme. »Darf ich sie denn interviewen?«, fragte sie den Verteidiger.

»Juristisch steht dem nichts im Wege«, er wandte sich an Frau Hörmann, »aber wenn Sie mich fragen, unbedachte Äußerungen können Anklagen wegen übler Nachrede oder Beleidigung nach sich ziehen. Das möchte ich Ihnen zumindest zu bedenken geben.«

»Schalten Sie das Gerät an«, sagte Frau Hörmann bestimmt, »ich lasse mir meine Meinung nicht verbieten.«

So aufgeregt hatte Wolfgang seine Mandantin noch nicht erlebt. Ihre ganze Wut sprudelte hervor, ihr Hass auf den Wessi, der ihre Familie zerstört habe, auf den Biedermann und seine Mittäter, die nichts anderes im Sinn hätten, als einen von ihnen ungeschoren davonkommen zu lassen. »Die beiden feinen Brüder haben doch ihre Scheinchen längst im Trockenen. Die haben keine Zukunftssorgen. Die haben dicke Bankkonten, die in stabiler Währung angelegt sind. Das ist hier ein lächerliches Juristenspielchen, nichts weiter. Mit dem sollen wir dummen Schäfchen an der Nase herumgeführt werden. Uns wird vorgegaukelt, es gehe nach Recht und Gesetz. Das ist alles Theater. Ein Lehrstück in Sachen ganz gewöhnlicher Geschäftsbetrieb in einem kapitalistischen Land, zutiefst unmoralisch.«

Die Lokalreporterin schaltete das Band ab. »Ich werde mal sehen, was ich davon senden kann.«

Frau Hörmann fragte Wolfgang, ob sie irgendwo anders als in der Kantine essen gehen könnten. »Ich lade Sie ein.«

Als die beiden den Gerichtssaal 212 verließen, trat ihnen die Staatsanwältin in den Weg. »Hätten Sie eine Minute Zeit?«

»Das haben Sie gut gemacht!«, sagte Frau Hörmann. »Endlich jemand, der sich traut, die Wahrheit beim Namen zu nennen.«

»Da bin ich mir nicht so sicher«, erwiderte Frau Kniemeyer. »Hohlbein hat mir mitgeteilt, daß er meine Bemerkung nicht überhört haben kann. Ich war einfach sauer, wie dieser Gildemeister mich hat auflaufen lassen.« Sie suchte Wolfgangs Blick. »Hohlbein will mir was in die Akte drücken«, fügte sie leise hinzu.

»Das werden wir zu verhindern wissen«, sagte Wolfgang so laut, daß die Umstehenden sich zu ihnen umdrehten.

Ohne anzuklopfen ging er ins Richterzimmer, das gleich neben dem Gerichtssaal lag. Hohlbein stand mit seinen Kollegen am Fenster und rauchte.

»Herr Vorsitzender, können wir kurz …«

»Ich habe Pause, Herr van Bergen«, unterbrach er Wolfgang barsch, »und die ist mir heiliger als jedes Sakrament.«

»Dann werde ich es nachher während der Verhandlung zur Sprache bringen!«, sagte Wolfgang erregt.

»Tun Sie, was Sie nicht lassen können.« Hohlbein paffte den Rauch durch die Nase. »Wo kommen wir denn hin, wenn sich Juristen zu solch unqualifizierten Bemerkungen versteigen?«

Wolfgang zog die Tür wieder zu.

Zu dritt gingen sie in ein nahe gelegenes italienisches Restaurant. Die Staatsanwältin ärgerte sich noch immer darüber, daß sie sich zu diesem Satz hatte hinreißen lassen.

»Herr Gildemeister, Sie wissen, daß ich als Nebenkläger die Interessen von Frau Hörmann vertrete …«

»Das ist mir bekannt, Herr van Bergen.«

»Der Angeklagte, Ihr Bruder, hat in einem Interview den früheren Geschäftsführer der Gildemeister Ost GmbH & Co. KG für die Pleite verantwortlich gemacht. Kennen Sie das besagte Interview?«

»Ist mir bekannt.«

»Teilen Sie diese Auffassung?«

»Keineswegs, Herr van Bergen. Keineswegs.«

»Wären Sie so freundlich, uns das näher zu erläutern?«

»Herr Hörmann war in diesen Dingen viel zu unerfahren. Er mag seine Meriten zu Zeiten der maroden DDR gehabt haben, Planwirtschaft, Mangelverwaltung, Flickschusterei, aber von unseren Marktgesetzen hat er gewiss nichts gewusst. Wie kann so jemand verantwortlich sein?«

»Das frage ich Sie, Herr Gildemeister!«

»Mich dürfen Sie das nicht fragen, das war ganz allein die Entscheidung meines Bruders. *His sphere of interest,* wenn Sie so wollen.«

»Haben Sie Herrn Hörmann persönlich kennen gelernt?«

»Nein.«

»Auch nie um ein Treffen gebeten, es ging doch immerhin auch um Ihre Firma und deren Interessen?«

»Warum sollte ich mich mit dem Mann treffen? Ich wollte das Ostgeschäft ja nicht machen.«

»Vorhin haben Sie gesagt, Sie wollten sich nur nicht einmischen. Sie haben also doch mit Ihrem Bruder über diese Expansion gesprochen.«

»Das bleibt ja wohl nicht aus.«

»Und was hatten Sie gegen diese Expansion?«

»Nichts, was hier von Belang wäre. Ich an seiner Stelle hätte die Finger davongelassen, mehr möchte ich dazu nicht sagen.«

»Kommen wir noch mal zu der Schuldzuweisung gegenüber Herrn Hörmann. Was haben Sie empfunden, als Sie das Interview in der Zeitung gelesen haben?«

»Ich hatte nichts damit zu tun, Herr van Bergen.«

»Aber Sie haben das Interview gelesen, das haben Sie gerade doch ausgesagt.«

»Natürlich.«

»Und trotzdem haben Sie keine Meinung dazu? Auch heute noch immer nicht?«

»Das Interview, mein Gott, so was sagt man, wenn man in die Enge gedrängt wird. Mein Bruder hat das gewiss nicht so gemeint. Er war doch selber überrascht, wie schlecht die Geschäfte da drüben gingen. Glauben Sie denn, er hat gejubelt, als er merkte, auf welcher Talfahrt sich seine Firma plötzlich befand?«

»Sehen Sie die Bemerkungen, die er gegenüber Herrn Hörmann gemacht hat, als gerechtfertigt an?«

»In gewisser Weise schon. Ein Geschäftsführer muss rechtzeitig die Reißleine ziehen, das ist seine Aufgabe.«

»Vorhin haben Sie ausgesagt, Sie teilen diese Ansichten Ihres Bruders über Herrn Hörmann keineswegs.«

»Ganz freizusprechen ist der Geschäftsführer nun wirklich nicht. Aber wie gesagt, ihm fehlten einfach die Erfahrungen. Mehr ist dazu nicht zu sagen.«

»Herr Gildemeister, Sie geben sich hier so unbeteiligt, als sei in Peking ein Sack Zement umgekippt. Täuscht mich mein Eindruck?«

»Der täuscht, Herr van Bergen. Für mich gilt immer noch der Grundsatz meines Herrn Vaters: Auch in den schlimmsten Lebenskrisen kommt es immer darauf an, alles mit Contenance zu ertragen. Darin zeigt sich der wahre Lebensmeister.«

Was immer Wolfgang van Bergen auch anstellte, welche Vorhalte er machte, von welcher Seite er die wirtschaftliche Pleite hinterfragte, ihm gelang es nicht, den Zeugen zu knacken.

Er wusste, daß seine Mandantin ihm heftige Vorwürfe machen würde. Und sie hatte gewiss ein Recht dazu. Die Brüder hatten sich in unterschiedlichen Stellungen eingemauert und waren einfach nicht herauszulocken.

Nachdem der Verhandlungstag beendet worden war, trat Martin Thomas Huneus an den Tisch, an dem Wolfgang und Frau Hörmann saßen: »Tja, Herr Kollege, wenn man so schwach auf der Brust ist, sollte man sich nicht zu sehr aus dem Fenster lehnen.«

»Sie können Ihre dümmlichen Bemerkungen für sich behalten!«, fuhr Wolfgang ihn an.

Huneus stemmte beide Hände auf den Tisch. »Ich wusste schon, warum ich den Bruder nicht als Zeugen benannt habe. Und ich habe mich nicht getäuscht.«

»Aber Sie werden es doch gewiss nicht unversucht gelassen haben, oder irre ich mich da?«, fragte Wolfgang.

»Ich«, erwiderte Huneus, »ich habe niemals auch nur daran gedacht. Ich musste doch davon ausgehen, daß er von seinem Zeugnisverweigerungsrecht Gebrauch macht.«

»Das, was er hier zum Besten gegeben hat, kam einer Zeugnisverweigerung verdammt nahe«, konterte Wolfgang. »Die Staatsanwältin hatte sich was ganz anderes erwartet.«

»Die kann ja das Wasser nicht halten!« Huneus erhob sich zu voller Größe. »Aber das wird gewiss ein Nachspiel haben.« Er rieb sich die Hände. »Damit ist die Sache wohl gelaufen. Was meinen Sie, Herr Kollege?«

Am liebsten wäre Wolfgang aufgesprungen und hätte dem Widersacher eine gelangt.

»Abwarten«, sagte er, »warten Sie es einfach ab. Heute haben Sie einen leichten Vorteil errungen, aber der kann beim nächsten Mal zu einer Niederlage führen.«

»Sie machen mich gespannt. Dabei dachte ich, Sie hätten schon alle Pfeile verschossen.«

Huneus drehte ab, ohne sich zu verabschieden.

»Sie mögen den nicht besonders, oder?« Frau Hörmann packte ihre Unterlagen zusammen.

»Wenn es darauf ankäme, wer wen leiden kann, würde in deutschen Gerichtssälen der Faustkampf wieder eingeführt werden. Aber davor hat der Gesetzgeber die Strafprozessordnung gestellt.«

Als sie das Gerichtsgebäude verließen, sagte Frau Hörmann: »Sie haben gebluftt vorhin, Herr van Bergen.«

»Wie kommen Sie denn darauf?«, fragte Wolfgang.

»Die Beweisaufnahme ist doch bald abgeschlossen.«

»Noch nicht ganz«, erwiderte der Verteidiger. »Noch nicht ganz.«

Hannah van Bergen schob ihr Fahrrad nach Hause. Es war ein langer Weg, aber sie traute sich nicht wieder aufzusteigen.

Was ist, wenn es während der Fahrt passiert?

Wie lange habe ich da gelegen, ein paar Minuten sind es gewiss gewesen.

Niemand hat mich beobachtet.

Sie stand in dem Zwiespalt, jemandem davon zu erzählen oder die Ohnmacht zu verschweigen.

Noch hatte sie sich nicht entschieden.

Auch nicht, ob sie ihrer Tante davon berichten sollte. Oder Jannowitz.

Wenn sie rechtzeitig zum Treffen mit Kevin erscheinen wollte, musste sie sich beeilen.

Kevin würde sie nichts sagen. Unter keinen Umständen. Der brauchte es nicht zu wissen.

Am Wehr angekommen, stieg sie wieder aufs Rad.

Es ging. Erst langsam, dann schneller.

Dritter Gang.

Lass es langsam angehen, dachte sie.

Auf ihrem Gesicht ein zaghaftes Lächeln.

— zwanzig —

Hannah Huneus musste eine ganze Zeit lang warten, bis die Luft rein war. Sie hatte mit ihrer Schwester über diesen Schritt gesprochen. Gabriele war sich nicht so sicher gewesen, ob Hannah wirklich zu diesem Zeitpunkt ihre Identität lüften solle. Aber gab es einen richtigen Zeitpunkt für dieses Vorhaben? Seit Monaten lebte sie in der Hansestadt, ohne Kontakt aufzunehmen. Warum gerade jetzt, hatte Gabriele gefragt. Hannah wusste darauf keine Antwort.

Langsam ging sie den Kiesweg hinauf, der ihr fremd und vertraut zugleich vorkam. Wie oft hatte sie hier mit ihrer Schwester gespielt. Wer ist die Schnellste? Sie liefen hinunter bis zur Toreinfahrt und dann wieder hinauf, bis zum Anschlag an der hohen Holztür. Gabriele auf der rechten Seite des Kiesweges, Hannah auf der linken. Meistens gewann die jüngere Schwester, die nicht so leicht aus der Puste kam.

Als Erster hatte an diesem Morgen ihr Bruder das Grundstück verlassen. Hannah konnte ihn deutlich erkennen. Ob sie mit ihm je wieder Kontakt aufnehmen wollte, hatte sie noch nicht entschieden. Danach fuhren seine Frau Brigitte und ihr Sohn Matteng los. Jeder in seinem Auto. Hannahs Vater folgte zehn Minuten später. Allein in seinem schwarzen Mercedes. Daß er in seinem gebückten Zustand noch Auto fahren durfte? Dienstagmorgen, die wöchentliche Sitzung in der Kanzlei. Da mussten alle anwesend sein. Wolfgang hatte Hannah den Tipp gegeben. Dienstagmorgen sei die Luft in der Villa gewiss rein.

Die mächtige Blutbuche in der Mitte des gepflegten Rasens wies viele abgestorbene Äste auf. Der letzte Winter war hart gewesen, lange Frostperioden hatten die Hansestadt im Griff gehalten.

Als Hannah die erste Stufe der Steintreppe erreichte, hielt sie inne.

Wie wird sie reagieren? Nach so langer Zeit.

Gabriele hatte ihrer Schwester geraten, den Auftritt als englische Galeristin bei der Vernissage zu verschweigen. »Das wird sie dir nicht verzeihen können.« Hannah war sich nicht so sicher gewesen. Vielleicht sei es besser, auch dieses Versteckspiel zu erwähnen.

Hannah drückte den Klingelknopf, der in einer Messingschale lag.

»Sie wünschen«, kam es über Lautsprecher.

Die Stimme ihrer Mutter.

Hannah erschrak.

»Ich hätte gerne mit Karoline Huneus gesprochen«, brachte sie hervor, »ich bin es, Hannah!«

Noch war Zeit, sich schnell wieder zurückzuziehen. Was soll ich sagen? Wie soll ich sie begrüßen? Soll ich ihr die Hand geben …

Es dauerte eine ganze Weile, bis ihr die Tür geöffnet wurde.

Karoline riss die Augen auf.

»Hannah?«, fragte sie unsicher. »Ich hatte mit einer anderen Hannah gerechnet.«

Die beiden Frauen standen sich gegenüber. Wie erstarrt. Die hölzerne Eingangstür war nicht ganz aufgeschoben. Der Blick in die Eingangshalle noch versperrt.

»Hannah?«, wiederholte ihre Mutter ungläubig. »Hannah, bist du das?«

Ihre Tochter nickte. Mit zusammengekniffenen Lippen. Streckte die Hand aus. Ihre Mutter schien zu keiner Regung fähig.

»Tja, nach so vielen Jahren ... da bin ich«, sagte Hannah mit fester Stimme. Sie ließ die ausgestreckte Hand sinken. Verharrte vor der Tür. Will sie mich gar nicht reinlassen?, dachte Hannah.

Sie sah, daß ihre Mutter weinte. Schamhaft verbarg sie ihr Gesicht. Immer wieder ging die Hand nach oben vors Gesicht.

Auch Hannah musste schlucken. Was hatte diese Frau ihr angetan? Wie oft war sie von ihr kalt abgefertigt worden? Habe ich meine Mutter je weinen sehen?, dachte Hannah. Stets ließ sie den Herrgott seine Enkelinnen kujonieren, ohne ihre Töchter jemals zu verteidigen. Auch als sie vor Gericht erscheinen musste, hatte ihre Mutter es nicht für nötig gehalten, ihr beizustehen. Nicht ein einziges Mal. Als sie dann abgetaucht war, so hatte Gabriele es berichtet, habe ihre Mutter nur gesagt, sie könne sich nicht um alles kümmern, die Galerie nehme sie voll in Anspruch.

»Komm rein, Hannah!«, sagte Karoline. »Komm rein!« Und sie fügte ein gehauchtes: »Bitte!« hinzu.

Sie sieht mindestens zehn Jahre jünger aus, dachte Hannah.

In der Eingangshalle umarmten sich die beiden Frauen. Karoline entschuldigte sich für die Tränen. Hannah nahm ein Taschentuch und tupfte ihr Gesicht ab.

»Nicht in die Bibliothek«, bat Hannah, »lass uns in den Wintergarten gehen. Den hab ich immer so geliebt.«

Im Wintergarten hatten Gabriele und sie gespielt. Blumenfräuleins Wunderland. Wer ist die schönste Blume? Wer kann sprechen wie eine Orchidee? Wer kennt alle lateinischen Namen der exotischen Pflanzen? Manchmal hatten sie sich als Osterglocken kostümiert und nach dem Parfüm ihrer Mutter gerochen.

Hannah ging voran. In der Beletage lagen die Repräsentationsräume. Neben der Bibliothek, in der ihr Großvater geherrscht hatte, befanden sich die beiden Salons, in denen die jährlichen Empfänge stattfanden, sowie das geräumige Speisezimmer. Am hinteren Ende die beinahe versteckte Tür zum Wintergarten, den sich die Urmutter Helene hatte bauen lassen. Wie lange war sie schon tot? Das muss in dem Jahr gewesen sein, als ich das Elternhaus verlassen habe.

Gabriele hatte der jüngeren Schwester die Geschichte ihres gemeinsamen Elternhauses erzählt, wie sie der Journalist Campmann recherchiert hatte. Die Judenvilla, die arisierte Judenvilla. Ein beschönigender Ausdruck. Enteignete Villa, geklaute Villa, das traf den Tatbestand des erzwungenen Besitzerwechsels viel eher. Die ehrenwerte Kanzlei Huneus war Gewinnler der Vertreibung der Juden gewesen. Nach der Reichspogromnacht ergaunerten sie die Villa von einem ihrer jüdischen Mandanten. Zu zwei Dritteln des realen Verkaufswertes. »Ich will da nicht wohnen«, hatte Gabriele betont, »soll doch der Verräter damit glücklich werden.« Hannah stimmte ihrer Schwester zu, so sehr sie ärgerte, daß der Bruder das gesamte Erbe abgreifen würde.

»Erzähl«, sagte Karoline, nachdem sie auf einer grün gestrichenen Bank Platz genommen hatten. »Wo warst du all die Jahre? Wie hat es dir in der DDR gefallen?«

»Ach«, erwiderte Hannah, »hast du auch geglaubt, daß ich in der DDR war?«

»Wo denn sonst?«

»Und woher weißt du das?«

»Von deinem Bruder! Ich kann mich noch genau daran erinnern, als er mit der Nachricht ankam. Was das für eine Erleichterung war, als er mir erzählte, daß du lebst, wenn auch auf der anderen Seite. Drüben. Wir haben alle aufgeatmet. Das weiß ich noch wie heute!«

»Mutter«, Hannah legte ihr die Hand auf den linken Unterarm, »ich bin damals nicht entführt worden.«

»Ich weiß«, sagte Karoline.

»Was weißt du?«

»Dein Bruder hat gesagt, das sei eine Scheinentführung gewesen. Damit dein Abtauchen in die DDR ...«

»Ich war nicht in der DDR!«, unterbrach Hannah sie. Es fiel ihr schwer, nicht aus der Fassung zu geraten.

»Aber deine Terroristen sind doch ...«

»Ich war auch keine Terroristin!«

Karoline sah ihre Tochter mit aufgerissenen Augen an, den Mund leicht geöffnet. Ihre Hände zitterten. »Nicht?« Jetzt zitterte auch ihre Oberlippe ein wenig. »Ich bin immer davon ausgegangen, daß du ... ich sehe noch dein Gesicht auf dem Fahndungsplakat ... das war eine Aufregung ... und dann die Entführung ... und dann, daß du lebst ... nicht in der DDR?«

Im Laufe der nächsten halben Stunde brachte Hannah in Erfahrung, daß ihr Bruder die gesamte Familie mit der DDR-Legende versorgt hatte. Auch auf die Frage, woher Martin Thomas diese Geschichte habe, bekam Hannah eine klare Antwort: »Das hat ihm der Gebert damals im Vertrauen erzählt. Der war der Leiter des Sondereinsatzkommandos Entführung Hannah Huneus. Wir mussten uns alle zu Stillschweigen verpflichten, irgendeine Sache des Geheimdienstes, aber daran kann ich mich nicht mehr genau erinnern.« Karoline schien die Tatsache, daß sie selbst niemals nach dem Verbleib ihrer Tochter Ausschau gehalten hatte, nicht merkwürdig vorzukommen.

»Weiß deine Schwester Gabriele schon, daß du wieder ...«

»Ich wohne bei denen«, antwortete Hannah knapp.

»Schon lange?«

»Ja, geraume Zeit.« Sie ließ die Antwort lieber vage. Soll sie doch denken, ich bin erst ein paar Tage zurück.

»Schade«, entfuhr es ihrer Mutter, »du könntest bei mir wohnen. Platz ist ja in unserem Haus genug. Seitdem ich die Galerie nicht mehr betreibe, ach, das weißt du ja gar nicht, ich habe in diesem Jahr meine letzte Vernissage gehabt. Ein sehr begabter Maler, Schwontkowski, aber den Namen wirst du nicht kennen.«

Jetzt kann ich es ihr sagen, dachte Hannah, daß wir uns bereits gegenübergestanden haben. Schon war die Gelegenheit verstrichen. Was hätte es auch gebracht.

»Es war ein Fehler, mich aus der Galerie zurückzuziehen, aber dein Vater ...« Sie unterbrach sich. »Sollten wir nicht gleich mal deinen Vater anrufen und ihm die frohe Botschaft überbringen? Ich meine, jetzt, wo du wieder da bist ... der wird sich bestimmt freuen.«

Hannah meinte, dafür sei später auch noch Gelegenheit.

Karoline sprach über die schönen Zeiten, als ihre Galerie am Wall ihren Aufschwung nahm. Die tollen Nachmittage mit den Freunden, den Kreis der Kunstinteressenten, den sie sich aufgebaut hatte. »Die Stadt war ja keineswegs eine Stadt der schönen Künste. Wenn ein Hanseat zwischen Kunst und einer Kaffeebohne zu wählen hat, hat mal jemand gesagt, dann nimmt er die Kaffeebohne.« Karoline machte eine Pause. »Nie habe ich einen Pfennig Subvention erhalten, da bin ich heute noch stolz drauf.« Ein Künstler, der zuerst bei ihr ausgestellt hat, habe in New York Furore gemacht, ein anderer lebe im südlichen Spanien auf einer riesigen Finca. »Josef hat mich schon ein Dutzend Mal eingeladen. Aber allein da runter, ich weiß nicht. Deinen Vater krieg ich nicht dazu, mit mir zu fahren. Der ist immer noch mit der Kanzlei verheiratet. Ich glaube, Juristen sterben am liebsten zwischen ihren Akten.« Karoline machte eine kurze Pause, bevor sie hinzufügte: »Und Maler sind für deinen Vater die Pest!«

Je länger ihre Mutter redete, desto fremder kam sie Hannah vor. Mein Leben hat gar nichts mit dem ihren zu tun.

Karoline hatte einen Schutzwall um sich gezogen. Wichtige zeitgenössische Kunst, exzentrische Künstler und immer große Erfolge. Ein ganzes Leben voller Erfolge, von Niederlagen oder Flops sprach ihre Mutter nicht. »Sie bemüht sich darum, es sich nicht anmerken zu lassen«, hatte Gabriele ihre Schwester vorgewarnt, »aber du wirst bald feststellen, daß sie keinerlei Bezug zu uns hat. Ich würde zu gerne herausfinden, wann sie das Interesse an uns beiden verloren hat. Und was der Grund dafür ist. Aber bisher bin ich noch nicht dahintergekommen. Irgendwann ist ihr mütterlicher Faden zu uns beiden gerissen.«

Hannah hatte ihre Vermutungen, aber behielt sie lieber für sich. Die Erinnerung hätte Gabriele zu sehr verletzt.

»Geht es deiner Nichte wieder etwas besser?«, fragte Karoline. In ihrer Stimme lag etwas Geschäftsmäßiges.

»Du meinst deine Enkelin?«

»Ja, ja«, beeilte sich Karoline zu sagen.

»Die Symptome lassen nach. Aber ... es besteht die Gefahr, daß Hannah plötzlich wieder in diese entsetzliche Starre verfällt. Bisher gibt es immer noch keine richtige Erklärung, was mit ihr vor sich geht.«

»Gabrieles Schwiegermutter und ich wollen Hannah demnächst besuchen. Wir haben uns erkundigt, es gibt einen hervorragenden Spezialisten auf diesem Gebiet. Er praktiziert in der Nähe des Starnberger Sees ... Aber das besprechen wir am besten mit ihr und ihren Eltern. Meinst du nicht?«

Mit einem Mal trat eine Pause im Gespräch der beiden Frauen ein. Hannah ließ die Frage unbeantwortet. Karoline schien gar keine Antwort von ihr zu erwarten.

»Ich hab dir noch gar nichts angeboten. Entschuldigung, ich war so durcheinander, als du so plötzlich vor der Tür standest. Das ist wirklich unhöflich von mir.«

Karoline sprang auf, verließ den Wintergarten, ohne ihre Tochter gefragt zu haben, ob sie irgendeinen Wunsch habe.

Hannah schaute sich um. Sah die Orchideen, den rot blühenden Hibiskus, die storchenähnlichen Strelitzien. In einer Ecke ein kleines Beet mit Kakteen. Das hatte es früher nicht gegeben.

Wenn ich jetzt plötzlich wieder verschwinden würde, einfach abhauen, wegtauchen. Würde es Karoline wirklich etwas ausmachen? Dieser Gedanke überfiel sie mit einer solchen Kraft, daß sie sich zwingen musste, den Blick auf die Blumenpracht zu richten. Der nervöse Tick. Ihre Augen weit aufgerissen. Nur nicht schwindlig werden, dachte sie, nur jetzt nicht schwindlig werden.

Sie setzte sich zurück auf die Bank, ruhig bleiben. Tief atmen. Die Attacke geht schon wieder vorbei.

Die *Pink Lounge* erstrahlte in neuem Design. Hellrosa Wände, violett bezogene Stahlmöbel, schwarze, quadratische Plastiktische. Um diese Uhrzeit hatte sich noch kein Gast hierher verirrt. Was Wolfgang van Bergen durchaus recht war.

Campmann verspätete sich. Mal wieder. Wichtige Personen brauchen niemals pünktlich zu erscheinen.

Bei einem Campari überlegte Wolfgang, wie viel er dem Journalisten sagen wollte. Der kleine Finger würde bei diesem erfahrenen Reporter gewiss nicht reichen.

Gabriele war ziemlich vergrätzt gewesen, als Wolfgang ihr erzählte, wen er im Verdacht hatte, die Scheiben ihres Wagens zertrümmert zu haben. »Müssen Juristen nicht sofort zur Polizei gehen?« Ihre Gegenfragen waren bissig. Ob er niemals an seine Familie denke? Warum er ihr so lange diese Geschichte verschwiegen habe? Ob sie ihm nicht vertrauenswürdig genug erscheine, so ein Geheimnis mitzutragen?

Auf jeden Fall wollte Wolfgang Campmanns Beitrag sehen, bevor er im Fernsehen ausgestrahlt wurde. Dazu würde er den Journalisten schriftlich verpflichten, ganz gleich, wie gut sie miteinander befreundet waren. Nur so war garantiert, daß er nicht ins offene Messer lief.

»Du hast doch keine andere Wahl«, hatte Gabriele ihm gesagt. »Diese Typen werden dich so lange unter Druck setzen, bis du irgendwann nachgibst.«

Die Reparatur der Autofenster und der Scheinwerfer hatte eine Stange Geld gekostet. In der Werkstatt hielt sich Wolfgang mit Mutmaßungen zurück. Auch bei der Autoversicherung hatte er den Schaden nicht gemeldet. Er wollte keinerlei Verdacht erregen.

»Und was ist, wenn diese Typen einen von uns bedrohen? Hannah oder mich? Die wissen alles über uns, wo wir wohnen, die haben uns längst im Visier und wissen, wo wir zu packen sind!« Wolfgang hatte eingewandt, so weit würden sie bestimmt nicht gehen. »Willst du abwarten, bis sie die Daumenschrauben noch weiter anziehen und uns irgendetwas antun, Wolfgang? Das ist mir viel zu heikel.«

Er schaute auf die Uhr. Eine halbe Stunde über der Zeit. Noch konnte er aufstehen, zahlen und die *Pink Lounge* verlassen. Ihm war nicht wohl, den Journalisten in die Treuhand-Geschichte einzuweihen. Aber blieb ihm eine andere Wahl?

Der Besuch in Zürich war ergebnislos verlaufen. Eine völlig überflüssige Reise zur Kantonalbank, die ihr Hauptgebäude an der Limmat hatte. Wolfgang war überaus höflich empfangen, diskret in die oberste Etage geleitet und mit Kaffee und Gebäck versorgt worden. »Ein Gläschen Champagner dazu?« Der freundliche Bankdirektor hatte ihm in Schwyzerdütsch mitgeteilt, Wolfgang könne jederzeit über das Geld verfügen, er sei ja der Inhaber des Kontos, bisher seien keine Ansprüche Dritter geltend gemacht worden. Und er fügte hinzu, die Wahrung des Bankgeheimnisses sei in der Schweiz immer noch Artikel eins der Landesverfassung. Wolfgang hatte sich äußerst bedeckt gehalten, was die Herkunft des Geldes anging. Selbst wenn er damit rechnen konnte, daß die schweizerische Bank sein Geheimnis wahrte, eine kleine Indiskretion und die Fragen würden kein Ende nehmen. Auch wenn bisher noch kein Rechtsanwalt aus dem Westen in die Schusslinie geraten war, Verbindungen zu ostdeutschen Behörden hatten schon manche die Karriere gekostet.

»Wenn du willst, daß diese Typen uns in Ruhe lassen«, hatte Gabriele gesagt, »dann wirst du in den sauren Apfel beißen und die Geschichte öffentlich machen müssen. Oder hattest du etwa tatsächlich vor, etwas von diesem Scheißgeld für dich abzuzweigen?«

Wolfgang war über die Bemerkung ziemlich erregt gewesen. Die Errichtung eines Treuhandkontos sei die normalste Sache der Welt, hatte er ihr entgegengehalten, das sollte sie als Juristentochter doch wohl selbst wissen.

»Tschuldigung«, sagte Rolf Campmann, »ich konnte keinen freien Parkplatz finden.«

Der Journalist trug eine Windjacke und alte Jeans, seinen üblichen Dreitagebart und rauchte gelbe Gitanes.

Beim Ober bestellte er einen doppelten Espresso.

»Schön, dich zu sehen, Wolfgang.« Der Journalist angelte sich vom Nebentisch einen gläsernen Aschenbecher. »Du machst ja schon wieder Schlagzeilen.«

»In der Lokalpresse«, fügte Wolfgang an, »nur in der Lokalpresse, mein Lieber.«

»Nicht so bescheiden.« Campmann hielt dem Rechtsanwalt die Gitanes-Packung hin.

Wolfgang lehnte ab.

Als der Ober den doppelten Espresso gebracht hatte, fing der Strafverteidiger an zu berichten. Die Akteneinsicht in Sachen polnische Zwangsarbeiter, die Archivare in Ost-Berlin, die ihm von ihnen überlassenen, durchaus hilfreichen Unterlagen, die in manchen Verfahren zu verwertbaren Ergebnissen führten. Das geheim gehaltene Treffen mit den Vertretern des Außenhandelsministeriums vor mehr als fünf Jahren, die unverbindliche Anfrage, ob er treuhänderisch für das Ministerium tätig werden könne, die Eröffnung des Kontos bei der Züricher Bank.

»15 Millionen Dollar?«, fragte Campmann nach. »Da haben die ja ganz schön was beiseite geschafft.«

Wolfgang erzählte von der telefonischen Kontaktaufnahme in Rostock, von dem unangenehmen Gespräch mit Borg und Kutscher in seiner Kanzlei und von den zerschlagenen Autoscheiben.

»Kannst du das beweisen?«, wollte der Journalist wissen. »Die scheinen es ja eilig zu haben.«

»Wenn ich es beweisen könnte, Rolf, hätte ich längst Anzeige erstattet. Gabi hat mir sowieso schon vorgehalten, warum ich nicht sofort tätig geworden bin.«

»Du hast doch das Minitonband von diesem Typ konfisziert. Wie hieß er noch, Burger, Borg?« Rolf Campmann kratzte den Zucker aus der Espressotasse und leckte den Löffel ab, während er Wolfgang taxierte.

»Was soll das schon beweisen?« Wolfgangs Antwort klang nicht besonders sicher. Das Minitonband hätte vielleicht Beweiskraft gehabt, wenn er es Borg erst am Ende des Gespräches abgenommen hätte. Dann wäre vielleicht etwas Verwertbares aufgezeichnet worden. Aber richtig gedroht hatten sie ihm ja auch nicht, sondern nur Zugang zu den gebunkerten Dollars verlangt.

Campmann verzog genießerisch seine Mundwinkel. »Wenn du mich fragst, ich würde damit nicht an die Öffentlichkeit gehen. Sobald davon auch nur ein Fitzel auftaucht, kommt die gesamte Neidertruppe aus der Kollegenschaft und wird dich mit Dreck bewerfen. Auch wenn nichts dran ist an der Geschichte und du dich nicht privat bereichert hast. Ich sag dir das als langjähriger Freund, Wolfgang, obwohl das eine absolute Top-Geschichte ist, die würde ich gerne rausbringen. Am liebsten noch in unserer nächsten Ausgabe, und die ist in zwei Wochen.«

Wolfgang war irritiert. Er kannte den Journalisten, der bei einem politischen Magazin arbeitete, ganz anders. Wenn sein Gesicht im Fernsehen auftauchte, konnte man davon ausgehen, daß er nichts weniger als eine Enthüllung zu bieten hatte. Auch wenn sie manches Mal gar nicht so sensationell war, wie sie angekündigt wurde.

»Das ist nicht dein Ernst, Rolf!«

»Natürlich nicht«, Campmann verzog sein Gesicht zu einem Grinsen, »aber ich will dich schon mal vorsorglich warnen. Und komm mir nachher nicht und sage, das hättest du besser verhindert. Eine Schlammschlacht ist das Mindeste, was du zu erwarten hast. Dein Ziel wirst du damit erreichen. Dieser Borg und Konsorten werden nach der Veröffentlichung abtauchen und zwar ganz schnell.« Campmann steckte sich eine neue Gitanes an. »Sag mal, hast du bei denen eigentlich was unterschrieben?«

Wie er das meine, fragte Wolfgang.

»Eine Verpflichtungserklärung, inoffizieller Mitarbeiter oder was in der Richtung?« Campmann schüttelte den Kopf. »Tu nicht so unschuldig, das wirst du dich bestimmt selbst schon gefragt haben.«

»Ich habe nie etwas unterschrieben. Bis auf«, Wolfgang zögerte, »es gibt ein Papier, in dem ich mich bereit erkläre, für das Ministerium als Treuhänder tätig zu werden.«

»Scheiße!«, entfuhr es Campmann. »Damit können die eine Verpflichtungserklärung fälschen, wenn sie dir richtig übel mitspielen wollen. Das hat es in anderen Fällen ja auch schon gegeben.«

»Mit Stasi-Leuten habe ich offiziell nie geredet«, verteidigte Wolfgang sich. »Ich hatte zuerst mit Historikern aus einem Archiv in Potsdam zu tun und dann mit diesen hochgestellten Mitarbeitern aus dem Außenhandelsministerium.«

»Aber du hast doch gerade selbst gesagt ...«

»Das ist eine Vermutung gewesen, daß es sich vielleicht um Mitarbeiter der Staatssicherheit gehandelt haben könnte«, unterbrach ihn Wolfgang, »nur eine Vermutung.«

»Diese Naivität nimmt dir keiner ab. Wenn du sagst, du hast nicht gewusst, mit wem du im Osten geredet hast, glaubt dir das kein Mensch. Damit stellst du dich nur selbst in den Regen.« Campmann zog mit einem pfeifenden Geräusch Luft in die Lungen. »Was sind denn diese Leute, die dich unter Druck setzen? Doch wohl alles ehemalige offizielle Mitarbeiter oder sollte ich mich da tatsächlich täuschen?«

»Ich kenne nur diesen Borg. Der war bei den Verhandlungen im Ministerium ein einziges Mal dabei. Von dem habe ich später erfahren, daß er bei der Stasi war. Diesen Rechtsanwalt Kutscher, den er im Gepäck hatte, den habe ich vorher nie gesehen.« Wolfgang wurde erst jetzt bewusst, daß er sich die ganze Zeit einen Reim auf eine Geschichte gemacht hatte, von der er bloß Bruchstücke kannte.

»Du wirst es beweisen müssen. Wir werden es beweisen müssen, Wolfgang«, verbesserte sich Campmann schnell. »Du hast eine irrwitzige Geschichte zu bieten, aber weniger als nichts in der Hand, um sie faktisch abzusichern. Das ist wirklich fatal.«

Beide schwiegen eine Weile.

Campmann schaute aus dem Fenster, Wolfgangs Blick ging zu dem Spiegel, der die hintere Wand vollständig bedeckte. Kaum hatte er einen Mitwisser, schon begannen die Probleme.

»Ich kann eine Reportage über die verschwundenen Millionen des DDR-Vermögens machen und wo ich sie entdeckt habe ... nein, das geht nicht, ohne deinen Namen zu nennen ... ich könnte eine Geschichte machen, die zeigt, wie die Schweizer Banken wieder mal Aufklärung über riesige Geldbestände und deren Herkunft verhindern. In deren Tresoren lagern ja auch die Vermögen von Diktatoren und Mafiabossen, aber das ist ja schon bekannt ... ohne dich wird es einfach nicht gehen, Wolfgang.«

Campmann bestellte einen weiteren Espresso, doppelt bitte.

»Vergiss die Geschichte, Rolf. Ich hab keine Lust auf Schlammschlacht und Stasi-Nähe. Du hast Recht, ich kann es nicht beweisen ...«

»Wie stellst du dir das vor?«, ging Campmann dazwischen, »du erzählst mir einen *Scoop*, und jetzt willst du plötzlich, daß ich ihn nicht rausbringe. Ich bin Journalist, mein Lieber. Unsereinem erzählt man nicht ungestraft so eine Story.«

»Sei nicht so eingebildet, verdammt! Es wird wahrscheinlich besser sein, erst mal abzuwarten. Du bekommst die Geschichte als Erster, wenn die Zeit dafür reif ist. Abgemacht?«

Campmann beugte sich über den schwarzen Plastiktisch. »Und wann ist die Zeit dafür reif?« Er schaute Wolfgang an. »Stell dir doch nur mal vor, diese Geheimdienstler begehen eine kleine Indiskretion und führen dich in der Presse vor ...«

»Wie meinst du das?«, fragte Wolfgang.

»Plötzlich taucht ein Artikel auf.« Campmann fuhr mit der rechten Hand durch die Luft. »Ich sehe schon die Schlagzeile: Anwalt führt Stasi-Konto in der Schweiz! Was meinst du, wie du dann durchs Dorf gejagt wirst. Dann tanzt du nach deren Melodie, und die geht verdammt hektisch. Da musst du dich festhalten, sonst gerätst du blitzschnell aus der Bahn.«

»Aber so kommen sie doch niemals an das Geld«, wandte Wolfgang ein.

»Das vielleicht nicht, aber sie werden sich an dir rächen. So eine Story können die sogar aus dem Hinterhalt lancieren, dazu brauchen sie selbst gar nicht an die Öffentlichkeit zu treten. Und als Beweis haben sie deine Unterschrift unter dem Treuhändervertrag – deren Namen werden natürlich geschwärzt. Informantenschutz. Und dann? Dann sitzt du im Loch, schneller als du es erwartet hast.«

An diese Möglichkeit hatte Wolfgang nicht gedacht. Er war davon ausgegangen, daß Borg und seine Kumpane diese Transaktion unbeobachtet abwickeln wollten und so lange in Deckung blieben, bis sie Zugang zu dem Konto erhalten hatten.

»Und was schlägst du vor, Rolf?«

»Wir brauchen handfeste Beweise für die Bedrohung. Nicht mehr und nicht weniger. Es muss auch dem letzten Zuschauer klar werden, daß du massiv unter Druck gesetzt wirst.«

»Borg wird dir schwerlich ein Interview geben und sagen, wir würden gerne ein paar Millionen einsacken!« Wolfgang versuchte zu scherzen, so wenig ihm danach zumute war.

Gabriele hatte ihn gewarnt, Campmann die Initiative zu überlassen, sie traue diesem Mann nicht über den Weg. Die Veröffentlichung, die ihren Großvater in den Selbstmord getrieben habe, sei ihr noch gut erinnerlich. Damals war es um die langjährige Verstrickung der Huneus-Kanzlei in Geschäfte mit den Nationalsozialisten gegangen. Auch Jahre nach dem Ende des Zweiten Weltkriegs vertrat die Sozietät hoch belastete Parteimitglieder, die sich während des Faschismus die Taschen gefüllt hatten.

»Kannst du diesen Borg erreichen?« Campmann rieb sich die Nasenwurzel.

»Er wird sich bestimmt wieder melden«, sagte Wolfgang, »darauf würde ich wetten.«

»Ich muss ihn vor die Kamera kriegen. Ein optischer Beweis ist immer das Beste.«

»Aber er wird nichts sagen!«, erwiderte Wolfgang. »Kannst du dich noch an die Enttarnung dieses abgetauchten Verfassungsschützers erinnern? In Ostberlin. Der Typ stand an seinem Gartenzaun, als die Kamera plötzlich auf ihn gerichtet wurde. Er drehte sich um, winkte ab und verschwand in seinem Haus. Gesagt hat er keinen einzigen Ton.«

Campmann nickte. Er spielte mit seiner Unterlippe.

Am liebsten wäre Wolfgang aufgestanden und hätte den Journalisten in der *Pink Lounge* sitzen lassen. Noch war die Sprache nicht darauf gekommen, daß er eine schriftliche Zusage von dem Reporter wollte, den Beitrag vor der Ausstrahlung anzusehen und im Zweifelsfall auch seine Mitwirkung zurückzuziehen. Es würde ein hartes Stück Arbeit werden, Campmann eine derartige Kandare anzulegen.

»Glaubst du denn, Borg mit laufender Kamera einschüchtern zu können?«, fragte Wolfgang.

»Nicht einschüchtern«, Campmann hob einen Zeigefinger, »vorführen. Ich will ihn vorführen. Am liebsten die gesamte Bande. Ich muss nur noch einen geeigneten Ort finden.«

– einundzwanzig –

Hannah van Bergen riss die Tür auf. Ihre Tante stand nackt vorm Spiegel, raffte ein Kostüm vom Bett. »Was gibt's?«

»Willst du weg?«, fragte Hannah.

»Ja.«

»Ach«, entfuhr es der 15-jährigen.

»Ist was?«

»Nein, ich dachte nur …« Hannah unterbrach sich.

»Komm, rück raus, du willst doch was?« Ihre Tante ließ das hellgrüne Kostüm fallen und entschied sich für Jeans und Bluse.

»Meine Großmutter hat mich eingeladen …« Wieder stockte Hannah.

Die Namenskusine streifte sich die helle Bluse über. »Welche von den beiden?«

»Mathilde«, presste Hannah hervor. »Sie hat am Telefon so geheimnisvoll getan, aber ich weiß nicht …«

»Was weißt du nicht?«

»Ich wollte um fünf zum Vorbereitungstreffen für die Demo. Und da dachte ich …«

Hannah Huneus nahm ihre Nichte in den Arm. »Mal wieder unentschlossen?«

»Nein, nein«, wehrte sie ab, »ich möchte da nicht alleine hingehen.«

»Wohin?«

»Zu meiner Großmutter!«

»Sie wird dich schon nicht fressen.« Hannah Huneus lachte. »Pass auf, ich kann meine Verabredung verschieben. Ich …« Schon war sie aus dem Zimmer, suchte nach dem Telefon.

Hannah van Bergen war erleichtert. Der Anruf ihrer Großmutter war überraschend gekommen. Sie sprach immer nur mit Gabriele, kaum mit Wolfgang, um ein Familientreffen auszumachen, selten hatte Mathilde ihre Enkelin am Telefon verlangt. Immer nur an Geburtstagen.

Als die beiden Hannahs nebeneinander radelten, sagte die jüngere: »Wenn ich so eine Mutter wie dich hätte, wäre das alles nicht passiert.«

Hannah Huneus erschrak über diesen Satz, konnte aber nichts darauf erwidern.

Von ihrer Schwester hatte sie erfahren, wie gut dieser Jannowitz ihre Nichte aufgefangen hatte. Ihr Zustand stabilisierte sich zusehends, die Symptome schienen verschwunden zu sein. Die gelassene Art des Therapeuten schien selbst diesen Wirbelwind zu beeindrucken, die den »Alten«, wie sie immer zu sagen pflegte, mit einer gehörigen Distanz, wenn nicht gar mit Verachtung begegnete.

»Fahr schon voran«, rief Hannah Huneus, als der Radweg plötzlich aufhörte, »du weißt besser, wo's längs geht.«

Die Hansestadt war von einem Netz von geklinkerten Radwegen durchzogen, die nicht nur die Fahrradboten dazu verleiteten, dauerhaftes Vorfahrtsrecht für sich zu reklamieren. Nicht selten kamen Ortsfremde mit den wilden Rasern in Konflikt, weil sie nicht damit rechneten, daß sie zurückzustehen hatten, wenn Radfahrer vorbeigesaust kamen.

Zwanzig Minuten später standen sie vor dem Haus der Familie van Bergen, das nur noch Mathilde bewohnte. Ein dreistöckiges Gebäude, von Efeu überwuchert. Der eiserne Gartenzaun war verrostet, die schmale Pforte quietschte.

»Willst du nicht doch alleine reingehen?«, fragte Hannah Huneus, während sie das alte Fahrrad abschloss.

»Nein, komm mit. Bitte! Wär' mir echt lieber.«

Mathilde schien hinter der Tür gewartet zu haben.

»Hannah, das ist schön, daß du gekommen bist. Ich hab schon alles vorbereitet. Kuchen ist da ...« Jetzt erst fiel ihr Blick auf Gabrieles Schwester. »Hast du dir Verstärkung mitgebracht?« Sie reichte Hannah Huneus die Hand. »Sie müssen die jüngere Schwester sein.« Mit einer angedeuteten Verbeugung begrüßte sie Hannah. »Da wird sich Ihre Mutter aber freuen. Sie hat mir letzte Woche erzählt, daß Sie wieder aufgetaucht sind. So langsam findet die Familie zusammen. Ist das nicht schön? Kommt rein!«

Mathilde ließ die beiden Hannahs eintreten. »Immer geradeaus. Die Tür steht offen.«

Hannah Huneus war nicht wenig verdutzt, als sie ihre Mutter auf dem Sofa erblickte. »Was machst du ...«

»Ich bin eingeladen worden«, sagte Karoline verschmitzt, »da kann ich nicht nein sagen. Ich hab ja jetzt viel Zeit. Und was machst du hier?«, fragte sie ein wenig schmallippig.

Hannah van Bergen blickte ihre Tante an. Am besten wäre es, wenn wir beide gleich wieder abhauen, dachte sie. Was soll das werden? Familienrat?

Von ihrem Vater hatte sie erfahren, daß es früher im Hause van Bergen üblich war, unter der Leitung des Amtsrichters Friedrich ein »Thing« abzuhalten, um Konflikte in der Familie zu bereinigen. Alle Mann an einen Tisch. Man habe sich immer geeinigt. Wolfgang hatte etwas verlegen hinzugefügt: »Auch wenn ich oft den Kürzeren gezogen habe.«

»Tee? Kaffee?«, fragte Mathilde und schaute erst zu Hannah Huneus und dann zu ihrer Enkelin. »Für dich habe ich selbst gemachten Apfelsaft. Jetzt nehmt doch Platz, wir sind hier unter uns.«

Hannah Huneus schaute sich in dem Wohnzimmer um. Altmodische Polstermöbel in dunkelbraun, ein Mahagoni-Sideboard, Kristalllüster, die von der Decke hingen, Wandlampen mit verblichenen Schirmchen. Ganz schön muffig, dachte sie. Hier ist also mein Schwager Wolfgang aufgewachsen. Es war das erste Mal, daß sie dieses Haus betrat. »*Don't charge a book by its cover*« – plötzlich fiel ihr dieser Spruch ein. Stammte er nicht aus einem Song der *Rocky Horror Picture Show?*

Ihre Mutter fasste sie an der Hand und zog sie neben sich aufs Sofa. »Du scheinst etwas überrascht zu sein?« Sie zeigte auf Mathilde. »Ist es nicht schön, daß wir beiden Omas endlich zusammenkommen? Hat dir Gabriele denn gar nichts davon erzählt?«

Hannah Huneus schüttelte den Kopf. Sie sah ihre Nichte an, die vor lauter Verlegenheit die Finger ineinander knotete.

Nachdem Mathilde allen eingeschenkt hatte, trat ein Moment der Stille ein.

Jeder war mit Essen und Trinken beschäftigt, volle Konzentration schien angebracht. Drei Generationen an einem Tisch in zwei verschiedenen Lagern.

Hannah van Bergen platzte heraus. Mit vollem Mund fragte sie: »Warum hast du mich herbestellt? Ich kann nicht lange bleiben. Wir wollen gleich noch zum Plenum wegen dem 3. Oktober. Einheitsfeier und so.«

»Ich habe gehört, alle Demonstrationen sind verboten!«, erwiderte Mathilde, »stand ja groß in der Zeitung.«

»Demonstrieren kann man nicht verbieten!«, erwiderte die jüngere Hannah.

»Grundrecht auf Versammlungsfreiheit!«, assistierte ihre Tante. »Juristengattinnen sollten das wissen.«

Hannah Huneus wurde erst jetzt klar, daß auch dies ein Juristenhaushalt war. Obwohl die van Bergens immer auf der Seite des Gerichtssaals standen: Staatsanwälte, Oberstaatsanwälte, Amtsrichter, Richter am Landgericht. Eine lange Familientradition. Damit hatte Wolfgang immer geprahlt, wenn die Sprache auf die Up-Starts kam, die sich als Rechtsanwälte niederließen, ohne familiär vorbelastet zu sein.

»Und was wollt ihr damit erreichen?«, fragte Karoline Huneus. »Es ist doch eine Ehre, daß die Hansestadt in diesem Jahr, so kurz nach dem Mauerfall, die Einheitsfeier ausrichten darf. Wenn es zu Krawallen kommt ... wie sieht das denn aus? Hannah«, sie drehte sich zu ihrer Tochter um, »immer noch nichts dazugelernt?«

»Warum sollte ich das Demonstrieren aufgeben? Nur weil ich schon über vierzig bin?« Hannah knuffte ihre Mutter in die Seite. »Komm doch mit. Oder hast du was für diesen dicken Einheitsmops aus Oggersheim übrig? In England hieß er nur *Big Bang from Bigger Germany*.«

Hannah van Bergen musste so prusten, daß ihr ein Stück Torte aus dem Mund hüpfte. »Das schreibe ich auf mein Plakat. Zur Begrüßung, wenn die Herrschaften aus der Kirche kommen. *Great Britain greets Bing Bang from Bigger Germany*.«

Hannah Huneus bemerkte, daß Mathilde unruhig wurde. Ihr schien es gar nicht recht zu sein, daß über die Demonstration gesprochen wurde. Hannah setzte noch einen drauf: »Eigentlich sollten wir einen Trauerzug veranstalten: Die Bürger verlassen die Stadt. Alle in Schwarz. Für einen Tag ist die Stadt ohne Bürger, damit die Großkopfeten alleine den Einheitsbrei feiern können. Wir sind denen doch sowieso nur im Wege.«

»Können wir ja nachher im Plenum vorschlagen!«, sagte Hannah van Bergen. Sie strahlte ihre Tante an und wischte mit dem rechten Handrücken die Kuchenkrümel, die auf ihrem Schoß gelandet waren, zu Boden.

Entsetzt sprang Mathilde auf, suchte den Tischhandfeger und bückte sich vor ihrer Enkelin. »Hannah, so was tut man nicht!«

»Tschuldigung«, sagte sie. Wieder blinzelten sich die beiden Hannahs verschwörerisch an.

»Und wenn sie euch einsperren?« Karoline hielt ihre Kaffeetasse wie ein Champagnerglas in der Hand. »Wenn alle Demonstrationen verboten sind, wird die Polizei durchgreifen.«

»Das woll'n wir doch mal abwarten«, erwiderte ihre Enkelin. »Wie soll'n die denn ein paar tausend Leute verhaften?«

»Hat es alles schon gegeben!«, warf Hannah Huneus ein. »In Chile wurden unter Pinochet Verhaftete in ein Stadion gebracht. Das waren mehr als ein paar tausend.«

Mathilde stand etwas außer Puste neben dem perfekt gedeckten Kaffeetisch. »Also, ich werde mir das Ganze im Fernsehen anschauen. Und nun ist Schluss damit. Hannah«, sie legte ihrer Enkelin die Hand auf die Schulter. »Wir haben dir einen Vorschlag zu machen.« Sie sprach den Satz so feierlich aus, daß Hannah van Bergen sich ins Polster zurückfallen ließ.

Karoline rückte auf dem Sofa nach vorne. »Gabriele hat uns um Rat gebeten, was deine ... sagen wir mal so, deine Absenzen angeht ...«

»Meine was?« Die Fünfzehnjährige stellte den Kuchenteller vorsichtig auf den Tisch zurück.

»Deine Abwesenheiten, wenn du so willst«, fügte Karoline hinzu. »Das ist ja ein Zustand von Bewusstlosigkeit, so hat es deine Mutter uns beiden jedenfalls geschildert ...«

»Deine Urgroßmutter hatte auch so etwas Ähnliches. Vielleicht hast du da ja etwas von ihr geerbt. Bei Teresa Aida waren es Synkopen im Gehirn«, mischte sich Mathilde ein.

»Auf jeden Fall solltest du zu einem Spezialisten gehen. Diese Absenzen sind, ich habe mich da schlau gemacht, ja ein Krankheitszeichen, daß irgendetwas aus den Fugen geraten ist ...«

Hannah van Bergen unterbrach Karoline: »Ich brauche keinen Spezialisten, verdammt! Was soll das jetzt?«

»Beruhige dich«, bat Karoline. »Hör uns doch erst mal zu. Wir haben uns erkundigt, es gibt einen Spezialisten für dieses Krankheitsbild in Süddeutschland, der macht das aber nur stationär.«

»Und einen in Schleswig«, kam es von Mathilde, »da könntest du zwei- oder dreimal die Woche hinfahren.«

»Das sind die absoluten Koryphäen auf diesem Gebiet«, ergänzte Karoline. »Ich hab das schon mit der Klinik geklärt. Für dich würde gar kein Unterricht ausfallen. Du kannst solange dort in die Schule gehen, gleiche Klasse. Es wäre ja nur für ein paar Monate, aber ich denke, es wäre ratsam, sich ernsthaft darum zu kümmern.«

So kannte Hannah Huneus ihre Altvordern, obwohl ihre eigenen Auseinandersetzungen mit ihnen schon so lange zurücklagen. Immer alles bereits geklärt, alle Hindernisse beseitigt, im Vorfeld hundertpro geregelt, um dann die Betroffenen vor vollendete Tatsachen zu stellen. »Ist Hannah nicht alt genug, selbst zu entscheiden?«, fragte sie.

»Wenn sie nach Schleswig geht, braucht sie nicht mal den Unterricht zu versäumen«, unterbrach sie Mathilde. »Wir meinen es doch nur gut, wir machen uns wirklich Sorgen um dich, Hannah.«

»Es ist schon viel besser geworden!«, kam es leise von ihrer Enkelin. »Seit ich mit ...« Hannah van Bergen unterbrach sich. Auf keinen Fall wollte sie etwas von den Stunden bei Jannowitz erwähnen. Das musste ihr Geheimnis bleiben. Nicht mal ihre beste Schulfreundin wusste davon. Nur ihre Eltern und ihre Tante und Kuno waren eingeweiht, und die hatte sie gebeten, Stillschweigen zu bewahren. Es brauche ihr nicht peinlich zu sein, hatte ihre Mutter gesagt. Wenigstens schien sie sich an dieses Versprechen gehalten zu haben.

»Warum sollte ich dir vertrauen?«, fuhr Hannah ihre Großmutter an, die ihr gegenüber auf dem Sofa saß: »Ihr habt mich doch so häufig belogen.«

»Wie meinst du das denn?«, wollte Karoline wissen. In ihrem Blick ehrliche Überraschung.

»Ich habe von Matteng erfahren, daß sich mein Urgroßvater am Tag meiner Geburt umgebracht hat, und ihr habt mir immer weismachen wollen, er sei an Herzversagen gestorben.«

»Das haben wir wegen der Gäste gemacht, Hannah. Das musst du verstehen. Das wäre bestimmt nicht gut für die Kanzlei gewesen. Wie hätten wir denn dagestanden ...« Karoline sprach nicht weiter.

Hannah van Bergen stand auf. »Ich denke, wir gehen dann besser.« Ihre Tante erhob sich ebenfalls vom Sofa.

»Aber du hast ja noch gar nichts zu unseren Vorschlägen gesagt«, Mathildes Stimme klang bittend, »wir haben uns so viel Mühe gegeben und uns extra für dich erkundigt.«

Ohne etwas zu sagen, verließ Hannah das Zimmer.

Ihre Tante folgte ihr zögernd. Sie blickte zu Mathilde van Bergen. »Sie müssen sie verstehen ... sie will nicht, daß über ihren ... Zustand geredet wird. Nicht mal in der Familie.«

Nun stand auch Karoline auf. »Schön, daß du dich um sie kümmerst. Danke dir, Hannah.«

Sie verabschiedeten sich mit Handschlag.

Als die beiden bei ihren Rädern ankamen, sagte Hannah van Bergen: »Ich konnte es nicht mehr aushalten. Die Luft da drin war zum Schneiden dick. Von all der Heuchelei. Beinah hätte ich wieder einen Anfall bekommen.«

»Wollen wir nicht lieber nach Hause?«, fragte ihre Tante.

»Nein, nein«, antwortete Hannah, »jetzt geht es schon wieder. Ich will zu dem Plenum fahren, das wird bestimmt lustig. Du kommst doch mit, oder?«

Hannah Huneus nickte.

Es war das erste Mal seit vielen Jahren, daß sie wieder an der Vorbereitung einer Demonstration teilnahm. »Aber mit den Bullen prügele ich mich nicht!«, rief sie.

Dann radelten sie los.

Mit einer Viertelstunde Verspätung trafen sie bei der Vorbereitungsgruppe für die Anti-Einheitsfeier ein.

Im Saal tobte eine lautstarke Debatte. Hannah Huneus hätte niemals geglaubt, daß sich auch die alten Recken noch mal dazu hergeben würden, über gemeinsame Aktionen zu reden. Manches Gesicht kam ihr bekannt vor. Aber niemand erkannte sie. Dabei war sie eine Berühmtheit in der linken Szene der Hansestadt gewesen. Es hatte sogar auf dem Marktplatz eine Demonstration wegen ihres Schulverweises am Kreutz-Gymnasium gegeben.

Ihr Blick fiel auf den weizenblonden Matteng.

Zum ersten Mal in ihrem Leben sah sie ihren Neffen.

Wenn das der Verräter wüsste, dachte sie. Nicht ohne Schadenfreude.

»Das wird heute sehr schwer für Sie werden!« Wolfgang startete seinen Wagen.

»Glauben Sie denn, es war es bisher leicht für mich?«, entgegnete Frau Hörmann.

Wolfgang hatte ihr das neue Gutachten wieder per Eilboten geschickt, wollte aber nicht fragen, ob sie es auch gelesen hatte. Zu oft kam es vor, daß Mandanten die sie betreffenden Schriftstücke nicht zur Kenntnis nahmen. Auch wenn er die Rostockerin anders einschätzte, er wollte sie nicht in Verlegenheit bringen.

Das Interview, das die Lokalreporterin beim vergangenen Prozesstag aufgenommen hatte, wurde nur verstümmelt gesendet. Zwei Sätze, die eher harmlos waren, waren von Frau Hörmann im Radio zu hören gewesen. Nichts von ihrer Anklage gegen die leicht durchschaubaren Absprachen, gegen die Justiz im Westen, gegen den lächerlichen Schauprozess, bei dem das Urteil schon feststehe. Ein harmlos unschuldiger Angeklagter namens Arnold Gildemeister.

Wolfgang schaute auf die grobe Gesichtsnarbe. Entstellt für immer. Seine Mandantin würde sich gewiss keiner Operation unterziehen. Der Makel als Zeichen der Verzweiflung.

Ich werde sie nicht auf ihren emotionalen Ausbruch am letzten Prozesstag ansprechen, dachte Wolfgang. Die meisten Juristen bestanden auf dem Einhalten des Formalen, nur keine Regung zeigen, liebten die Zurückhaltenden im Prozessgeschehen, die Neutralen, die ruhigen Kantonisten, die sich nicht echauffierten, selbst wenn ihre Mandanten schwere Strafen aufgebrummt bekamen. Der Gerichtssaal sollte ein emotionsfreier Ort sein. Auch Richter Hohlbein gehörte zu dieser Fraktion. Schon vor Prozessbeginn hatte er ja Wolfgang eindringlich darum gebeten, seine Mandantin an der Kandare zu halten.

»Wie oft muss ich denn noch diesen Leidensweg antreten?«, fragte Frau Hörmann, ohne Wolfgang dabei anzusehen.

Der Rechtsanwalt antwortete nicht. Ende der Beweisaufnahme, Plädoyers, Urteilsverkündigung. Der klar vorgegebene Gang der Dinge. Wenn die Gegenseite nicht noch weitere Beweisanträge stellte, konnte der Prozess nach drei weiteren Sitzungen beendet sein. Den heutigen Tag eingeschlossen, der sicher eine Überraschung bot. Besonders für den Verteidiger Thomas Martin Huneus und seinen Mandanten, der sich schon in Sicherheit wiegte, von der Anklage freigesprochen zu werden.

Als sie den Parkplatz hinter dem Gerichtsgebäude erreicht hatten, ließ Wolfgang Frau Hörmann zuerst aussteigen, bevor er sich in die enge Parkbucht zwängte.

»Wir müssen uns ein wenig beeilen«, sagte Wolfgang nach einem Blick auf die Uhr. Eine Minute vor neun.

Mit schnellen Schritten ging er voran.

Der Plan, den Campmann ihm vorgeschlagen hatte, barg ein hohes Risiko. Noch war er nicht bereit, das Spiel des Journalisten mitzuspielen. So sehr es ihn reizte, Borg und Konsorten vorzuführen. Ganz gewöhnliche Kriminelle, die für sich die Chance der Bereicherung sahen. Wie lautete das Gebot, das nicht in der Bibel stand und dennoch das Wichtigste von allen war? Du sollst dich nicht erwischen lassen! Dieses Gebot betraf mehr Menschen in der vereinigten Republik, als man sich denken konnte. Viele griffen auf ihrer Ebene ab, was sich ihnen bot. Die wenigsten fielen bei diesen Manövern, sich aus öffentlichen und nicht öffentlichen Kassen zu bedienen, auf.

»Da sind Sie ja!«, rief Richter Hohlbein. »Herr van Bergen, ich würde Sie gerne noch unter vier Augen …«

Wolfgang sprach mit Frau Hörmann, dann folgte er dem Richter ins Hinterzimmer.

»Um es kurz zu machen, Herr Kollege. Das Gutachten, um das es heute gehen wird, birgt sehr viele Risiken.«

»Wie meinen Sie das?«, wollte Wolfgang wissen.

»Kennt Ihre Mandantin den Inhalt des Schriftstückes?«

»Ich habe es ihr zukommen lassen.«

Richter Hohlbein verzog die Mundwinkel. Nun zeigten sie auf Regenwetter. »Und was meint sie dazu?«

»Sie hat es mit keinem Wort erwähnt. Jedenfalls nicht in meiner Gegenwart.«

Richter Hohlbein stemmte die Arme in die Seite: »Ich sage es Ihnen klipp und klar, wenn Ihre Mandantin auch heute wieder ausfällig werden sollte, dann schließe ich sie aus. Und zwar umgehend.«

Wolfgang legte den Kopf ein wenig schief. »Ist sie denn ausfällig geworden?«

»Sie hatten mir versprochen, daß Sie mit dieser Frau umgehen können und wir nicht …«

»Herr Vorsitzender, ich möchte Sie an das erinnern, was diese Frau durchgemacht hat. Das lässt sich sowieso nicht mit unserem Verfahren bereinigen. Der Prozess wird ihr keine Genugtuung bieten, immerhin hat sie ihre Familie verloren, und sie selbst ist schwer verletzt worden. Und ich meine nicht nur die Narbe in ihrem Gesicht.«

»Dann halten Sie sie wenigstens zurück. Das ist meine ausdrückliche Bitte. Sie können ihr ruhig davon berichten, was ich gerade anzudeuten versucht habe.«

»Soll das eine Drohung sein?«, fragte Wolfgang.

»Keineswegs! Eher eine Ermahnung!«

Ohne noch etwas zu erwidern, verließ Wolfgang das Richterzimmer. Er würde Frau Hörmann nichts von dem Gespräch sagen. Es ging ihm gegen den Strich, seiner Mandantin einen Maulkorb anzulegen.

Wenige Minuten später wurde der Verhandlungstag mit der Fortsetzung der Beweisaufnahme eröffnet.

Die Frage, die ich zu beurteilen hatte, lautete: Wie stand es um die Qualifikationen des Geschäftsführers der Arnold Gildemeister Ost GmbH & Co. KG Peter Hörmann? Dazu lagen mir vor: seine Zeugnisse, sein Lebenslauf, Referenzen und Beurteilungen, sein beruflicher Werdegang in der DDR, sowieso Beurteilungen von Mitarbeitern ...

Wolfgang van Bergen kannte diesen Gutachter seit vielen Jahren. Zwar kamen Wirtschaftsstrafsachen nicht häufig auf seinen Tisch, aber einige Male hatte er Dr. Bauwens schon eingesetzt. Ein älterer Herr, der druckreif seine Sache vortrug, so langsam, daß jede Protokollantin mitschreiben konnte, der wohl überlegt seine Worte wählte, daß mancher Richter die Ohren spitzte, so abgewogen in seinem Urteil, daß sich sein Einsatz stets bewährte. Rhetorisch war er den meisten der Prozessbeteiligten überlegen.

Dr. Bauwens freute sich, mal wieder für den Rechtsanwalt in der Hansestadt tätig zu werden. Seit seinem Umzug nach Potsdam waren sie sich nicht mehr häufig begegnet. Gabriele war ihm einige Male über den Weg gelaufen, wenn sie in einer Gerichtskantine auf ihren Einsatz wartete. »Dieser Bauwens könnte dir auch in der vermaledeiten Sache mit diesen Typen helfen«, hatte Gabriele zu Wolfgang gesagt. Aber er wollte nichts davon wissen. Jeder, der davon Kenntnis hatte, konnte für ihn zu einer Gefahr werden. Immerhin boten Magazine und Zeitungen hohe Summen, um jemand der Zusammenarbeit mit der Staatssicherheit zu überführen. Nicht nur wenn es um Ministerpräsidenten aus dem Osten ging.

Es stellt sich durchaus die Frage, wie es Peter Hörmann gelingen konnte, den versierten Weinhändler Arnold Gildemeister auf seine Seite zu ziehen. Nach der Papierform hätte er jedenfalls niemals in so eine verantwortliche Position gelangen dürfen. Die Zeugnisse und Referenzen weisen ihn als einen eher mittelmäßig begabten Mitarbeiter aus, dem ab und zu das Glück hold war, wenn er innerhalb der HO eine Sprosse der Karriereleiter erklimmen konnte.

Dr. Bauwens referierte seinen schriftlich formulierten Text, ohne auch nur ein einziges Mal auf die getippten Seiten zu schauen. Wie ein Schauspieler an der Rampe steht und Dichterzeilen deklamiert. Das beeindruckte jeden Richter. Wolfgang hatte den Gutachter mal gefragt, wann er die Zeit finde, seinen Text auswendig zu lernen. »Das kommt Ihnen nur so vor, Herr van Bergen«, sagte Bauwens mit einem Lächeln, »wenn ich mein Gutachten formuliere, dann speichert mein Gehirn das automatisch. Würden Sie den Text mitlesen, während ich referiere, würden Ihnen die kleinen Abweichungen schon auffallen.« Auch bei diesem Auftritt gelang es Wolfgang nicht, das schriftliche Gutachten mitzuverfolgen, so fasziniert war er vom Vortrag des Gutachters.

Peter Hörmann gehörte in die Kategorie fähiger Mitarbeiter, nicht in die Kategorie befähigte Führungskraft im marktwirtschaftlichen Geschehen. Alle Zeugnisse, Beurteilungen, Referenzen, die mir zur Verfügung standen, weisen darauf hin, daß er eher die Verantwortung gescheut hat. Er wollte niemals in der ersten Reihe stehen, sondern war immer froh, wenn er – was er mit großer Gewissenhaftigkeit tat – Instruktionen ausführen konnte. Wie schon zu Beginn erwähnt, es bleibt ein Rätsel, wieso er quasi aus dem Nichts in diese Position im Imperium der Gildemeisters gelangen konnte. Jeder, der nur einen schnellen Blick auf die Personalunterlagen geworfen hat, muss feststellen, einen solchen Mann kann man nicht mit derartig diffizilen Aufgaben und Entscheidungen betrauen.

Wolfgang liebte diese Art der Argumentation, die Dr. Bauwens so meisterhaft beherrschte. Die Schlüsse aus seinen Aussagen mussten die Prozessbeteiligten schon selber ziehen. Er bereitete nur die Grundlage dazu vor. Im telefonischen Gespräch vor zwei Tagen hatte Bauwens ihm gesagt, er hoffe, daß Wolfgangs Mandantin das aushalte. »Das ist starker Tobak, den ich da vortrage. Es wird die totale Demontage eines bis dahin von allen als besonders fähig Beleumundeten werden. Der Mann war nicht mal zweitklassig.«

Frau Hörmann schrieb die ganze Zeit auf die Rückseite des Gutachtens, das Wolfgang ihr gereicht hatte. War der Text mal wieder nicht angekommen? Fingen etwa die ehemaligen Stasi-Leute Briefe an seine Mandantin in Rostock ab?

Frau Hörmann verhielt sich bemerkenswert ruhig. Zeigte keine Regung. Auch die Narbe in ihrem Gesicht veränderte nicht ihre Färbung. Richter Hohlbein quittierte das mit sichtbarer Anerkennung.

Ich kann also die Frage, die mir gestellt wurde, war Herr Peter Hörmann befähigt, als Geschäftsführer der Arnold Gildemeister Ost GmbH & Co. KG tätig zu werden, eindeutig beantworten. Er war es zu keinem Zeitpunkt, weder als er seine Aufgabe begann, noch später, als die ersten Probleme mit dem Absatz der Waren auftraten.

Gestatten Sie mir zum Schluss eine Bemerkung: Ich halte es für grob fahrlässig, daß die Hausbank einer Firma Kredite in Millionenhöhe gewährt, ohne den unterzeichnenden Geschäftsführer persönlich in Augenschein zu nehmen.

Das ist, wie gesagt, eine persönliche Bemerkung.

Die nur einen Schluss zulässt, dachte Wolfgang. Er brauchte nicht lange auf die Frage des Vorsitzenden Richters zu warten.

»Wollen Sie damit sagen, daß der Angeklagte sich Peter Hörmann als Bauernopfer ausgesucht hat, falls das Geschäft mit der Osterweiterung scheitern sollte?«

Dr. Bauwens lehnte sich auf seinem Stuhl zurück. »Ich habe das nicht zu beurteilen, Herr Vorsitzender.«

Staatsanwältin Kniemeyer schaute lange zu Wolfgang hinüber. Mehrfach nickte sie zustimmend, ihre Lippen gespitzt.

Dann blickte Wolfgang zur Bank der Verteidiger. Das Gesicht von Thomas Martin Huneus war tiefrot. Gewiss hatten sich die Anwälte ein Fragengewitter zurechtgelegt, um dieses Gutachten von Dr. Bauwens zu entkräften. Sollte sich jedoch der Verdacht erhärten, daß Peter Hörmann tatsächlich von Anfang an nur ein Strohmann gewesen war, stand der Freispruch ihres Mandanten auf ziemlich wackligen Füßen. Bisher war es Gildemeister und seinen Anwälten gelungen, die

Verantwortung auf den anfangs so hochgelobten Ossi abzuwälzen. Durch das von Wolfgang eingebrachte Gutachten war dieses Spiel durchkreuzt.

Frau Hörmann beugte sich zu ihm und flüsterte: »Meinen Sie wirklich, daß dieses miese Manöver gelingt?«

– zweiundzwanzig –

»Sie haben sich ja ein lauschiges Plätzchen ausgesucht.« Borg reichte Wolfgang van Bergen die Hand. »Ihren Kollegen Herrn Kutscher kennen Sie ja schon, und das ist Dr. Nieswand, an den müssten Sie sich bestimmt noch erinnern.«

Nieswand war der ranghöchste Mitarbeiter im Außenhandelsministerium der ehemaligen DDR gewesen. Ein kleiner, drahtiger Mann, immer für ein Witzchen gut. Auf die Frage, warum die 15 Millionen in die Schweiz verbracht werden sollten, hatte er geantwortet: »Dafür kaufen wir das Matterhorn und richten dem Parteivorstand eine schöne Rentnersiedlung ein.«

»Nehmen Sie doch Platz, meine Herren.« Wolfgang war es durchaus recht, daß Nieswand mit von der Partie war.

Den Koffer mit dem Geld hatte er unter dem Tisch abgestellt, unsichtbar für die drei Männer, die in unterschiedlich grauen Anzügen mit silbernem Binder erschienen waren.

»Sie haben uns zu diesem Gespräch eingeladen. Also schießen Sie los!«, sagte Borg.

»Ich finde, wir sollten erst einmal bestellen. Dann werden wir später nicht mehr gestört.« Wolfgang hob die Hand. Sofort eilte die Bedienung an ihren Tisch.

»Ein Bierchen vielleicht?«, fragte Wolfgang. »Kann doch nie schaden, oder?«

»Keinen Alkohol«, sagte Borg, »nicht um diese Uhrzeit. Vielleicht nach getaner Arbeit einen Braunen. Im Moment bitte nur Kaffee. Bringen Sie uns doch am besten eine große Kanne. Haben Sie auch frische Milch?«

Die Kellnerin notierte. Zwinkerte Wolfgang zu, der sich bereits mit einem Kännchen Tee eingedeckt hatte.

Die Autobahnraststätte hatte um diese Zeit Hochbetrieb. Die Drehtür kam nicht zum Stillstand.

»Sie waren also in der Schweiz, Herr van Bergen. Da haben Sie uns doch bestimmt eine Toblerone mitgebracht?« Nieswand lächelte wie eine Mücke, die gerade jemanden gestochen hatte. »Sie kennen doch unseren alten DDR-Scherz. Beugt sich ein Mitarbeiter zum anderen, der demnächst eine Reise antritt, und sagt: Du kannst mir ruhig was mitbringen, darf auch aus dem Westen sein.«

»Wenn ich gewusst hätte, daß Sie auf Schweizer Schokolade scharf sind«, Wolfgang zeigte zur Theke, »ich würde wetten, daß man die auch dort drüben kaufen kann.«

»Sie werden es nicht glauben«, erwiderte Nieswand, »man kriegt sie jetzt sogar in Ostberlin.«

Die drei Männer lachten. Sahen sich an wie kleine Jungen, denen man erlaubt hatte, im Freien zu spielen. Ob sie ihr Parteiabzeichen auf der Rückseite der Revers trugen?

Wolfgang schaute aus dem Fenster, das bis zum Boden reichte. Die Stimmung war ausgelassen. Ein perfekter Start.

»Hatten Sie eine gute Anreise?«, fragte er. Bevor Borg antworten konnte, brachte die Bedienung die Kanne Kaffee, stellte ein Kännchen mit frischer Milch dazu, legte wie vereinbart auf jeden Teller eine Nusspraline und fragte, ob die Herren auch schon das Essen bestellen wollten.

»Später«, antwortete Borg, »später, wenn der große Hunger einsetzt. Wir melden uns dann schon.« Er winkte ab.

»Herr Kollege, wollen wir tatsächlich hier essen?« Kutscher schenkte reihum Kaffee ein. »Ist das nicht ein bisschen unter unserer Würde? Ich meine, wir könnten doch auch …«

»Ich weiß nicht, was Sie dagegen einzuwenden haben.«

Wolfgang begann sich wohl zu fühlen. »Man kriegt hier ausgezeichneten Kartoffelsalat und Nürnberger Würstchen. Ich habe hier häufiger einen Stopp eingelegt, nur um diese Delikatessen zu genießen.«

»Und wir haben schon gerätselt, warum Sie uns gerade hierher bestellt haben.« Nieswand roch an der Milch.

»Das hat einen ganz praktischen Grund.« Wolfgang blies über den heißen Tee. »Sie kommen hier schnell und problemlos mit dem Wagen hin, und wie ich vermute, auch schnell wieder weg. In meiner Kanzlei, habe ich mir gedacht, ist Ihnen die Sache vielleicht nicht unbedingt geheuer.«

»Ein neutraler Ort ist uns natürlich lieber«, sagte Kutscher. Schönen Dank, daß Sie das berücksichtigt haben.«

»So neutral wie die Schweiz und ihre Alpen«, fügte Nieswand an, »oder haben Sie schon mal Berge kennen gelernt, die große Ohren haben?«

Wolfgang schaute wieder aus dem Fenster auf den Parkplatz. Alle Buchten besetzt.

»Also, Herr van Bergen«, Borg setzte sich in Positur, »ich will nicht drängen, aber lassen Sie uns zur Sache kommen. Je schneller wir es hinter uns haben, desto wohler fühlen wir uns alle.«

»Ich war in der Schweiz«, begann Wolfgang seine Ausführungen, die er sich sorgsam zurechtgelegt hatte, »ich habe persönlich in der Bank vorgesprochen und vom Direktor zugesichert bekommen, daß alles vorbereitet ist. Es gibt viel weniger Probleme, als man sich hätte denken können. Die Sache läuft gut an.«

»Das hören wir gerne«, sagte Borg.

Die drei Männer nickten. Nicht ganz im Takt. Ihren frisch rasierten Gesichtern konnte man die Anspannung ansehen.

»Die Bank ist bereit, das Geld in verschiedene Tranchen zu

teilen und auf von Ihnen zu bestimmende Konten zu überweisen. So jedenfalls lautet die Vereinbarung.«

»Wer reguliert diese Zuteilungen?«, fragte Kutscher und beantwortete seine Frage. »Doch wahrscheinlich Sie, Herr van Bergen.« Er schien von dieser Idee nicht gerade begeistert zu sein.

»Selbstverständlich, Herr Kollege.« Wolfgang wählte bewusst diese Anrede, obwohl er den Mann beim letzten Aufeinandertreffen eher hart angegangen war. Ob dieser Herr ein Rechtsanwalt war, hätte er leicht überprüfen können. Ein Anruf bei der Kammer in Berlin hätte genügt. Aber er wollte kein Aufsehen erregen.

»Und was erwarten Sie von uns dafür?«, wollte Dr. Nieswand wissen. Er rümpfte die Nase. »Das sagt der Igel ja immer, wenn er von der Igelin gestiegen ist.«

»Dazu kommen wir später«, erwiderte Wolfgang mit großer Gelassenheit. »Wir müssen uns zunächst mal über den *Modus Operandi* unterhalten. Ich möchte da keine bösen Überraschungen erleben.«

Böse Überraschungen hatte es genug gegeben. Wolfgang ging davon aus, daß sie auch in Zukunft nicht ausblieben. Dafür stand zu viel auf dem Spiel. Mit diesen Biedermännern war nicht zu spaßen. Und es waren nur drei. Wolfgang schätzte, daß die Gruppe der sehnsüchtig wartenden Dollarempfänger mindestens ein, wenn nicht zwei Dutzend zählte.

»Wie meinen Sie das, Herr van Bergen?«, fragte Borg, »wir sind äußerst diskret. Und ich hoffe, daß Sie uns auch für ausreichend vertrauenswürdig halten.«

Vertrauensselig wäre die bessere Bezeichnung, dachte Wolfgang. Die drei saßen ihm gegenüber, als hätten sie Anrecht auf ein weiteres Stück Schokolade. Ihre Ohren waren rosig.

»Na, sehen Sie mal. Solange das Geld auf geheimen Konten

in der Schweiz ist, denke ich, haben wir keine Probleme. Sie nicht und ich gewiss auch nicht. Aber dann heben Sie Geld ab, geben es aus, und plötzlich steht die Steuerfahndung vor der Tür und fragt, woher haben Sie diese hübschen Summen. Das kann sich zum Beispiel zu einer bösen Überraschung auswachsen. Meinen Sie nicht?«

»Das lassen Sie unsere Sorgen sein«, kam es von Nieswand, »es ist ja nicht so, daß wir nicht auch früher schon Umgang mit, wie sagten Sie so schön, hübschen Summen hatten.«

»Das will ich Ihnen gerne glauben, Herr Doktor, aber wer garantiert mir, daß mein Name nicht plötzlich fällt und ich die Suppe auszulöffeln habe – weil jemand sich nicht an unsere Spielregeln gehalten hat.«

Wolfgang schaute die drei Männer nacheinander an. Langsam den Ton rauer werden lassen, das hatte er sich als Marschroute vorgenommen. Es war immer gut, wenn man perfekt vorbereitet in so einen Termin ging. Wolfgang hatte einen versierten Sparringspartner gehabt.

Nieswand schüttelte den Kopf: »Wenn wir nicht vorsichtig sind, hängen wir doch ebenso mit drin. Wir selbst müssen das größte Interesse haben, nicht mit diesem Geld auffällig zu werden.«

»Das will ich Ihnen gerne glauben«, entgegnete Wolfgang, »aber ich brauche Garantien. Denn um es gleich zu sagen, ich werde nichts von diesem Geld anrühren. Nicht einen einzigen Dollar.«

Kutscher prustete los.

Steckte Borg an.

Auch Nieswand konnte sich ein kurzes, meckerndes Lachen nicht verkneifen.

»Herr Kollege, da hab ich Sie aber völlig falsch eingeschätzt. Ich dachte …«

»Behalten Sie Ihre Gedanken für sich«, unterbrach ihn Wolfgang. Er hoffte, daß seine Gegenüber nicht misstrauisch wurden. Dies war eine Klippe, über die er sie schubsen musste.

»Nicht mal die Ihnen zustehenden Prozente?« Borg machte ein Gesicht, das gut zu einer Beerdigung gepasst hätte.

»Nicht mal die«, antwortete Wolfgang. »Und ich will Ihnen auch sagen, warum. Dieses Geld hat mir nie gehört. Ich habe es in gutem Glauben als Treuhänder verwaltet. Niemand konnte mit dieser historischen Entwicklung rechnen – Sie haben mir damals diese Aufgabe übertragen und werden nun in den *Status quo ante* versetzt. Die Kantonalbank ist informiert und wird uns keine Scherereien machen ... wir müssen die Sache nur mit der genügenden Umsicht beginnen.«

»War das denn nötig, die Kantonalbank jetzt schon einzuweihen?«, fragte Nieswand.

»In gewisser Weise schon.« Wolfgang schenkte sich Tee nach. »Schließlich müssen die ja die bevorstehenden Transaktionen vornehmen.«

»Ich meine namentlich?« Nieswands kleiner Kopf rötete sich. »Haben Sie etwa unsere Namen ...«

»Wo denken Sie hin?«, beeilte sich Wolfgang zu sagen. »Namen spielen in der Schweiz nur eine untergeordnete Rolle. Dort geht seit jeher alles über Zahlenkombinationen. Und Sie, meine Herren, würden dann auch eine Nummer werden. Und ich glaube sogar eine große, wenn Sie mir diesen Scherz erlauben möchten.«

»Aber damit sind Sie doch aus dem Schneider!« Kutscher nickte den anderen zu, die jetzt im gleichen Takt ihre Köpfe bewegten.

»Solange das Geld in der Schweiz bleibt, sehe ich auch keine Probleme für mich«, antwortete Wolfgang langsam, als müsse er jedes Wort bedächtig wählen. »Aber ich denke, Sie wollen ja nicht dorthin übersiedeln. Oder, Herr Nieswand? Ich erinnere mich noch gut an Ihre damaligen Worte. Vielleicht wollen Sie ja wirklich das Matterhorn kaufen und sich in luftiger Höhe zur Ruhe setzen. Ich schätze nur, daß dafür selbst diese Summe nicht reichen würde.«

»Ich werde ein Grundstück in Florida erwerben«, kam es von Nieswand, »ich hab mir ein paar Unterlagen schicken lassen.«

Sie waren über die Klippe weg, dachte Wolfgang. Seine Gegenüber hatten geschluckt, daß er das gebunkerte Geld nicht anrühren würde. Keine Mittäterschaft. Das musste festgehalten sein. Sie schienen ihn wohl für ziemlich feige zu halten, daß er sich an den beiseite geschafften Dollars nicht gütlich tun wollte.

Wolfgang konnte die nächste Stufe zünden.

»Ich habe mir das so gedacht, meine Herren.« Er machte eine kurze Pause, bevor er weitersprach: »Sie bekommen erst mal eine Anzahlung. Ich habe etwas mitgebracht.«

Mit diesen Worten zog Wolfgang den Lederkoffer unter dem Tisch hervor. Ließ geschwind die Schlösser aufschnappen und zeigte den Inhalt: 50 Päckchen Hundert-Dollar-Noten. Versehen mit hellblauen Banderolen.

Bevor Borg seine Hand danach ausstrecken konnte, sagte Wolfgang: »Nicht hier, meine Herren.« Und er fügte leise hinzu: »Das ist die erste Million. So sieht die aus.«

»Und die kriegen wir hier und heute?« Nieswand waren offensichtlich die Scherze ausgegangen.

»Wenn wir uns über das *Procedere* einig werden!« Wolfgang hob den Zeigefinger. »Wenn wir uns ...« Er beendete diesen Satz nicht. Eine kleine Überraschung musste bleiben. Den ledernen Geldkoffer, den er bei seinem letzten Besuch in der Schweiz erstanden hatte, ließ er wieder unter dem Tisch verschwinden.

Nun waren seine Gegenüber in einen Zustand versetzt, der sich mit gehobener Euphorie nur unzureichend beschreiben ließ.

Wolfgang erklärte, er werde abwarten, wie sie sich mit dem Geld in der Tasche verhielten. »Sollte auch nur irgendeine Unregelmäßigkeit vorkommen, eine Drohung so etwa in der Preislage wie das Zerschlagen der Scheiben meines Autos ...« Er unterbrach sich und schaute Borg ganz ernst an. Ein Blick, der einen Schäferhund zum Rückwärtsgehen veranlasst hätte.

»Tut mir Leid!«, beeilte Borg sich zu erwidern. »Da ist etwas aus dem Ruder gelaufen. Einem von uns ist die Hutschnur geplatzt. Er meinte, ein bisschen mehr Druck könne nicht schaden. Tut uns wirklich Leid, Herr van Bergen. Ich habe leider zu spät davon erfahren, sonst hätte ich mich eingeschaltet. Wir zahlen Ihnen natürlich die Unkosten. Keine Frage. Und entschuldigen Sie noch mal die Umstände.« Borg war sichtlich erregt. Die beiden anderen schienen in den Vorgang eingeweiht, vermutete Wolfgang. Aber sie enthielten sich des Kommentars. Nieswand schaute an die Decke.

»Also, noch mal. Sollte sich irgendetwas Derartiges wiederholen, dann ist der Hahn zu, und zwar für immer. Dann mache ich die Sache publik, und dann sollten Sie sich warm anziehen, denn Ihre Zukunft spielt sich dann wahrscheinlich hinter Gitterstäben ab.«

Nieswand pfiff durch die Zähne.

Borg schaute verlegen zur Seite.

»Ich muss mich schon wundern, Herr Kollege, Sie schlagen da einen Ton an, der mir gar nicht gefällt.« Kutschers Bemerkung ließ an Schärfe nichts zu wünschen übrig.

»Meinen Sie, mir gefällt es, in der letzten Zeit von Ihnen bedroht worden zu sein?«

»Das war eine Panne«, verteidigte sich Borg. »Ich habe mich doch schon dafür entschuldigt. Sie können davon ausgehen, daß so etwas nie wieder vorkommt. Oder glauben Sie etwa, daß einer von uns Ihre Autoscheiben zertrümmert hat?«

»Darf es jetzt etwas zu essen sein, meine Herren? Ich kann Nürnberger Würstchen mit Kartoffelsalat wärmstens empfehlen.« Die Bedienung hielt vier Speisekarten vor ihren Oberkörper gepresst.

»Warum eigentlich nicht?«, sagte Nieswand, »wenn mir diese Spezialität so weit von Nürnberg entfernt empfohlen wird …« Er schaute in die Runde. »Viermal. Ich lade Sie ein.«

Er strahlte die Kellnerin an.

Das hat geklappt, dachte Wolfgang, perfektes Timing. Auf das vereinbarte Stichwort war die Bedienung erschienen. Gut, daß sie das vorher durchgespielt hatten.

Während des Essens sprachen sie über Urlaubsziele, Nieswand war bereits zweimal in den Staaten. Florida sei schon lange die Heimat seines Herzens. Er zeigte sich verwundert darüber, daß man in der ehemaligen DDR immer so ein negatives Bild von diesem imperialistischen, amerikanischen Riesenreich gezeichnet habe. Nicht nur der Dollar habe ihm dort gut gefallen. Sie unterhielten sich darüber, daß es schon vor der Wende keine DDR-Witze mehr gab.

»Eigentlich schade«, sagte Wolfgang, »immer wenn ich von drüben kam, habe ich ganze Runden in der Mittagspause mit den neuesten DDR-Witzen unterhalten.« Zum Schluss lästerten sie über die dicke Birne. Den allseits ungeliebten Kanzler, der beim Absingen der Nationalhymne vor dem Brandenburger Tor den Text vergessen hatte. Von dem Versagen im Musikalischen ganz zu schweigen.

Wolfgang tupfte sich den Mund ab. »Habe ich Ihnen zu viel versprochen?«

»Lecker«, sagte Nieswand.

»Ganz lecker«, fügte Borg hinzu.

»Berliner Bratwürste schmecken mir besser, Herr Kollege.« Kutscher schob die Hälfte seiner Portion von sich. Er hatte Messer und Gabel gekreuzt, als würden sich Hammer und Sichel wiedervereinigen.

»Durch wie viele Personen geht denn eigentlich die hübsche Summe?«, fragte Wolfgang mit einem betont jovialen Unterton.

»Wir sollten fünf Konten einrichten!«, antwortete Nieswand. »Darauf haben wir uns geeinigt.«

»Zu gleichen Teilen?«

»Zu gleichen Teilen«, kam die prompte Replik.

Borg bestellte sich einen Braunen. »Den brauch ich jetzt. Nur zur Verdauung.«

Die Bedienung hatte nicht verstanden, was der Gast mit einem Braunen meinte.

»Na einen Weinbrand, meine Verehrteste«, sagte Borg belehrend. »Haben Sie einen Noris oder einen Mariacron da?«

»Für alle?«, fragte die Bedienung und sah Wolfgang dabei an.

»Für alle!«, echote Nieswand.

»Nicht für mich«, kam es von Kutscher. »Ich muss fahren!« Sein Gesicht erinnerte an einen Mops, dem das Nachtessen gestrichen worden war.

Eine halbe Stunde und drei Runden Weinbrand später mahnte Wolfgang zum Aufbruch.

Nieswand ließ sich nicht davon abbringen, die gesamte Zeche zu zahlen. »Das wäre ja noch schöner. Wir machen hier rüber und essen und trinken für lau. Kommt nicht in Frage. Man weiß doch, was man sich schuldig ist.«

Borg sagte ein wenig angesäuselt: »Haben Sie nicht etwas vergessen, Herr van Bergen?«

»Was sollte das sein?«

»Na, den Koffer.« Über Borgs Gesicht ging ein Grinsen.

»Diese erste Rate bekommen Sie im nächsten Monat. Bis dahin muss ich prüfen, ob Sie sich an die Spielregeln halten.«

Nieswand protestierte als Erster, das habe vorhin aber ganz anders geklungen.

»Da haben Sie mich falsch verstanden«, sagte Wolfgang, »erst muss Ruhe einkehren. Nichts Auffälliges, schon gar keine weiteren Drohungen. In genau drei Monaten treffen wir uns wieder. Dann regnet es Dollars. Sie bringen mir die Namen der zukünftig Berechtigten, ich fahre für Sie in die Schweiz, regele das mit der Kantonalbank für Sie und dann ...«

»Aber Herr Kollege, warum haben Sie dann den Koffer überhaupt mitgebracht?« Kutscher schaute auf das gute Stück.

»Ich wollte nicht zweimal in die Schweiz fahren müssen.« Wolfgang trat hinter seinen Stuhl. Die Zeit des Plädoyers war gekommen. »Das Geschäft geht Zug um Zug vonstatten. Erst die Prüfung, dann der Preis. Vier Wochen werden Sie es doch wohl noch aushalten können.«

Er sah den drei grauen Herren an, daß sie ihre Enttäuschung nur mühsam verbergen konnten.

»Ich melde mich, wo wir uns dann treffen werden.« Die Auswahl des Treffs bleibt immer dem Führungsoffizier vorbehalten, das hatte Wolfgang von Borg erfahren.

»Aber nicht wieder in so einer miesen Gaststätte!«, erwiderte Kutscher ungehalten.

»Ganz wie Sie wünschen, Herr Kollege.«

Dann zogen sie ab.

Im Gänsemarsch.

Nieswand voran, Borg und Kutscher folgten in geringem Abstand.

Wolfgang bedankte sich bei der Bedienung. »Hoffentlich ist auch alles gut drauf!«, sagte die Kellnerin und steckte den Zwanzigmarkschein, den Wolfgang ihr diskret gereicht hatte, in ihre Schürze. »Sie dürfen jederzeit wieder kommen«, fügte sie lächelnd hinzu.

»Ich drehe nur eine Runde, bin gleich wieder da!«, erwiderte Wolfgang.

Auf dem Parkplatz sah er den Wagen. Kutscher am Steuer. Die beiden anderen im Fond. Also war der so genannte Kollege doch wohl eher ein Hauderer als ein Rechtsgelehrter.

Wolfgang winkte ihnen zu, als er in seinen Wagen stieg.

Im Vorbeifahren konnte er sehen, daß sich auch der Wartburg in Bewegung setzte.

Eine kleine Verfolgung gefällig, dachte Wolfgang. Nach der Einfahrt auf die Autobahn beschleunigte er den Wagen auf hundertsechzig.

Der Wartburg war bald nicht mehr zu entdecken.

Hoffentlich sind die Gesichter gut zu erkennen, als ich ihnen eröffnet habe, daß sie das Geld erst in vier Wochen ... Wolfgang lachte und trommelte auf das Lenkrad.

Kurze Zeit später trat er auf die Bremse und nahm die nächste Ausfahrt, um in der Gegenrichtung auf der Autobahn zurückzufahren.

»Fantastisch«, sagte Campmann, »absolute Spitzenklasse. Du hast sie ja dermaßen an der Nase durch die Manege geführt, daß es eine wahre Freude ist. Das ist absolutes Spitzenmaterial.«

Sie schauten auf den Monitor, auf dem die Aufzeichnung lief.

Der Kleinbus mit der Aufschrift: »Reisen Sie mit uns in das Land des Lächelns!« hatte genau gegenüber der Raststätte gestanden. Das Auge der Kamera war nicht größer als ein Fünfmarkstück hinter der Windschutzscheibe. Die vier Herren am Tisch waren bildfüllend zu erkennen. Jedes gesprochene Wort glasklar.

»Du hättest Schauspieler werden sollen!« Campmann schlug Wolfgang auf die Schulter.

»Quatsch«, erwiderte der Rechtsanwalt, »da muss man ellenlange Texte auswendig lernen. Ich kann nur improvisieren.«

»Als Borg in den Koffer griff, dachte ich schon, es wird ein bisschen riskant, aber du hast ja hervorragend reagiert.« Campmann tippte mit dem Finger auf den Monitor. Koffer auf dem Tisch, sogar das Aufschnappen der Schlösser war gut zu hören, und blitzschnell hatte Wolfgang ihn wieder verschlossen.

»Wir hatten doch vereinbart, ihnen das Geld nur kurz zu zeigen!«, sagte Wolfgang.

Der Koffer war präpariert. Nur die oberste Lage bestand aus Hundert-Dollar-Scheinen. Darunter Stapel von Zeitungspapier. In denen steckte ein weiteres Mikrofon.

»Kann man das senden?«, fragte Wolfgang.

»Natürlich kann man das senden!«, rief Campmann begeistert aus.

»Ich meine wegen der Persönlichkeitsrechte am eigenen Bild. Ich denke, du wirst von denen keine Einverständniserklärung bekommen.«

»Im Zweifelsfall muss ich die Gesichter mit Balken versehen, aber das lassen wir den Justitiar der Anstalt entscheiden. Der hat da mehr Erfahrung.« Campmann schaltete auf schnellen Vorlauf, als er sah, daß die Kellnerin die Würstchen auftrug.

»Ich glaube, die würde auch gerne mal die Bilder sehen«, meinte Wolfgang. »Hat ja wunderbar mitgespielt. Immer, wenn es brenzlig wurde, kam sie. Perfektes Timing.«

»Besser nicht!«, erwiderte Campmann, »manchmal kommen die Leute mit den blödsinnigsten Einwänden, wenn sie sich im Bild sehen, und dann vermasseln sie einem das. Die wird es schon rechtzeitig im Abendprogramm zu sehen kriegen.«

»Ich kann immer noch nicht fassen, wie einfach es eigentlich war.« Wolfgang hatte seine Zustimmung zu Campmanns Idee erst nach langer Bedenkzeit gegeben. Je nachdem, wie er selbst dabei wegkam, wollte er sich erst nach der Aufnahme entscheiden, ob das Material wirklich gesendet werden durfte.

»Daß Borg ganz offenherzig über den Anschlag auf deinen Wagen gesprochen hat. Ich hätte ihn wirklich für klüger gehalten.«

»Da war er schon angefixt«, erwiderte Wolfgang. »Die Nachricht, daß die Bank der geplanten Tranchierung des Geldes ohne jede weitere Bedenken zugestimmt hat, war Musik in seinen Ohren.«

Sie sahen sich die entscheidenden Stellen zweimal hintereinander an. »Ich brauche natürlich noch ein Interview mit dir. Mach dich auf ein paar handfeste Fragen gefasst.«

Wie er das meine, wollte Wolfgang wissen.

»Du musst eine astreine Erklärung dafür haben, warum du nicht viel früher auf diese gebunkerten Dollars hingewiesen hast. Es darf ja auf keinen Fall der Eindruck entstehen, daß du mit dem Gedanken gespielt hast, etwas für dich abzuzweigen.«

»Kein Problem, Rolf«, erwiderte Wolfgang, »als Jurist habe ich mich längst abgesichert. Für Treuhänder gibt es einschlägige Vorschriften.«

Campmann schloss den gemieteten Kleinbus ab. Sie gingen hinüber in die Raststätte.

»Da sind Sie ja wieder«, sagte die Kellnerin. »Noch eine Runde Nürnberger mit Kartoffelsalat gefällig?«

Sie lehnten das Angebot dankend ab.

Campmann und Wolfgang schalteten auf Klaren und Wasser um, viel Wasser. Und sprachen über alte Zeiten.

Kriegsberichte aus den wilden Tagen.

»Ich kann mich gut erinnern, als damals Gabrieles kleine Schwester im Gerichtssaal aufgemuckt hat, die ließ sich ja gar nichts sagen, nicht mal von diesem Richter. Wie hieß der noch?«

»Obermaier«, sagte Wolfgang. »Ein ziemlich rechter Sack.«

»Aber deine Hannah hatte den im Griff. Kam mir jedenfalls damals so vor.« Campmann drehte das Schnapsglas zwischen Daumen und Zeigefinger. Einmal nach links, dann wieder nach rechts.

»Mir war ihr Auftritt anfangs erst peinlich, aber dann ... ich hab sie bewundert. Mit dem Freispruch konnte ja niemand rechnen. Nicht mal ich hatte den erhofft.«

»Na, nicht so bescheiden, Wolfgang. Du hast sie doch schließlich da rausgeboxt.«

Wolfgang beugte sich zu dem Journalisten und sagte mit leiser Stimme, sein Mitbewohner Kuno hätte diesem Richter Obermaier einen eingeschenkt, der sei nämlich als Freier von ganz jugendlichen Strichern in Frankfurt auffällig geworden. »Kuno hat ihm bedeutet, daß eine kleine Indiskretion seinerseits in dieser Richtung ...«

»Du meinst, er hat den erpresst«, unterbrach ihn Campmann und lachte ein wenig zu laut.

»So hart würde ich das nicht formulieren«, Wolfgang schob die Lippen übereinander, »Kuno hat es mal ganz zart ihm gegenüber angedeutet.« Mit dem rechten Zeigefinger bedeckte er seine Lippen.

Campmann nickte anerkennend. »So war das eben früher. Da haben wir uns getraut, solche Sachen zu machen. Heute ...«

»Ich fand das vorhin auch nicht schlecht«, fügte Wolfgang an.

Campmann schüttelte den Kopf. »Manchmal ist solchen Leuten nicht anders beizukommen.«

»Es wird doch bestimmt nach der Sendung Scherereien wegen dieser gestellten Szene geben.«

»Das will ich doch stark hoffen!« Campmann lallte ein wenig. »Das will ich doch verdammt noch mal stark hoffen. Warum mach ich denn sonst den ganzen Aufwand?«

– dreiundzwanzig –

Kurz vor Ende der Sitzung sagte Jannowitz zu Hannah, er würde gerne mit ihren Eltern sprechen. Wenn möglich in der kommenden Woche.

»Was haben die damit zu tun?«, fragte sie irritiert.

Ein solches Gespräch mit den Eltern sei durchaus sinnvoll. Wenn sie wolle, könne sie natürlich dabei sein.

»Auf keinen Fall!«, erwiderte Hannah schnell.

Die Symptome waren seit einiger Zeit verschwunden, nur gelegentlich bekam Hannah Angstattacken, die Erstarrung könne wieder einsetzen. Aber der Stupor hatte sie nicht mehr erfasst.

»Geht es um Absenzen meiner Großmutter?«, sagte sie.

So etwas sei nicht erblich, versicherte Jannowitz. Auch die Frage, ob man Hannah noch zu einem Spezialisten schicken solle, würde nicht Gegenstand des Gespräches sein.

Hannah sah den Therapeuten an. Durchaus verlegen. »Werden Sie etwas von Kevin und mir sagen?«

»Für uns gilt das Arztgeheimnis! Kein Sterbenswörtchen werde ich von dem erzählen, was wir beide hier besprochen haben! Aber das weiß deine Mutter selbst. Wir sind ja schließlich Kollegen.«

Jannowitz legte seinen Bleistift beiseite. »Du kannst ganz beruhigt sein, Hannah. Es geht nur darum, den familiären Hintergrund abzuklären. Wie gesagt, wenn du dabei sein möchtest, ich hätte nichts dagegen.«

Sie wehrte ab. Zum zweiten Mal. Diesmal heftiger.

Ihr war dieser Jannowitz mit seiner warmen, gütigen Stimme, seinen freundlichen Fragen, seiner Fähigkeit zuzuhören immer sympathischer geworden. So einen Lehrer müsste man haben, ach was, so einen Vater. Dieser Jannowitz konnte einem ganz einfache Fragen stellen, und schon erzählte man, wie es einem zumute war. Vielleicht brachte sie eines Tages sogar den Mut auf, Kevin von diesen Sitzungen zu erzählen. Außerhalb der Wohngemeinschaft wusste niemand davon. Es war nicht immer einfach gewesen, ihren Freundinnen zu verschweigen, warum sie am Donnerstagnachmittag nie zu erreichen war. Es wäre Hannah peinlich gewesen, ihnen zu sagen, ich gehe zu einem Seelendoktor. Das hätten die bestimmt missverstanden.

Als Jannowitz sie an der Tür verabschiedete, bat er sie nicht zu vergessen, ihren Eltern Bescheid zu sagen.

»Wie kam denn Anfang der 80er-Jahre Ihr Kontakt zur Stasi zustande, Herr van Bergen?«

»Ich hatte keinen Kontakt zur Stasi. Darauf bestehe ich ausdrücklich. Zu keinem Zeitpunkt habe ich etwas mit dem Ministerium für Staatssicherheit zu tun gehabt.«

»Das behaupten alle, selbst dann noch, wenn ihre Unterschriften auf Verpflichtungserklärungen gefunden werden.«

»Ich habe von Juristen-Kollegen, die mit Behörden in der DDR zu tun hatten, erfahren, daß dort Akten zum Thema Zwangsarbeiter im Dritten Reich aufgearbeitet waren. Darauf habe ich einen Antrag an das Justizministerium gestellt, diese Akten für meine Fälle einsehen zu dürfen, und bekam die Möglichkeit dazu.«

»Sind Sie nun so naiv oder tun Sie nur so?«

»Das hat mit Naivität nichts zu tun, Herr Campmann. Auf der westlichen Seite ist stets gemauert worden, wenn es um die Frage der Zwangsarbeiter ging. Bis heute ist der ausgehandelte Fonds für die Entschädigungen durch die Industrie nicht zustande gekommen, obwohl die Großkonzerne damals erheblich von den billigen Arbeitskräften profitiert haben. Ich hatte konkrete Fälle zu bearbeiten und habe in der DDR Unterlagen dafür erhalten. Leider muss ich gestehen, daß meine Mandanten nur unzureichend für ihren erzwungenen Arbeitseinsatz entlohnt wurden.«

»Diese Behörden, von denen Sie sprechen, waren alle miteinander mit der Stasi verbunden. Das hätten Sie doch wissen müssen, Herr van Bergen. So ganz ohne Gegenleistung hat man Ihnen diese Materialien gewiss nicht gegeben.«

»Wollen Sie mir unterstellen, ich hätte dafür eine Gegenleistung erbracht?«

»Wer sich mit der Stasi eingelassen hat, musste dafür bezahlen. Was war Ihr Preis, Herr van Bergen?«

»Ei, isch dacht, der sei dein Freund!«, sagte Kuno, der sich wegen seiner Sehschwäche mit dem Stuhl immer direkt vor den Fernseher setzte. »Der bringt dich awwer ganz schö in die Bredullie.«

Wolfgang sah zu Gabriele hinüber. Sie hockte auf dem Sessel, hatte die Beine angezogen und die Arme darum gelegt. Ihr Blick starr auf den Fernseher gerichtet. Sie war skeptisch gewesen, daß Wolfgang diesem Campmann vertraut hatte. Nun schien sie Recht zu bekommen.

Seine Schwägerin Hannah hatte sich geweigert, mit ihm nach Köln zu fahren, um sich den Beitrag im Rohschnitt anzusehen. Das sei ganz allein seine Sache, hatte sie betont. Wer sich mit dem Fernsehen einlasse, könne darin umkommen. Hannah saß auf der Lehne des Sessels, gleich neben ihrer Schwester. Auch von ihr war noch kein Wort zu hören gewesen.

»Du machst dich prima, Paps«, sagte seine Tochter, die neben ihm auf dem Sofa hockte. Wie ihre Mutter. Mit angezogenen Beinen. »Den Typen vom Fernsehen steckst du locker in den Sack.« Noch hatte Hannah van Bergen keine Möglichkeit gefunden, ihren Eltern von Jannowitz' Anliegen zu erzählen. Vielleicht war heute Abend nicht der richtige Zeitpunkt dafür.

Außerdem sah sie immer noch nicht ein, warum die beiden nun in ihre Sache hineingezogen werden sollten. Deren Erstarrung war ganz anderer Art. Eher eine Lahmarschigkeit, schlappes Hinnehmen, blind durchs Leben rennen und zu allem Ja und Amen sagen. Aber deswegen musste man nicht zum Seelendoktor, oder?

Wolfgang war erstaunt gewesen, als Campmann ihn am Morgen anrief und mitteilte, sein Beitrag über die in der Schweiz gebunkerten Dollarmillionen werde vorgezogen. Die Fernsehoberen hätten entschieden, ihn so schnell wie möglich ins Programm zu heben.

»Wann kam es zum Kontakt mit dem Außenhandelsministerium, Herr van Bergen?«

»Das war im August 1985.«

»Wie ging das vor sich?«

»Einer der Historiker, mit dem ich zu tun hatte, fragte mich, ob ich für ein Gespräch in der Behörde Zeit hätte.«

»Aber damals sind Sie misstrauisch geworden?«

»Warum sollte ich, Herr Campmann?«

»Ein westdeutscher Rechtsanwalt wird zu einem Gespräch in ein DDR-Ministerium gebeten. Haben Sie etwa geglaubt, man würde Ihnen einen Posten anbieten?«

»Die DDR war ein Staat wie jeder andere. Es gab eine hervorragende Handelsbilanz zwischen Ost und West. Was sollte mich da misstrauisch machen?«

»Worum ging es in dem Gespräch?«

»Das Außenhandelsministerium bat mich, treuhänderisch die Summe von 15 Millionen Dollar auf einem Schweizer Konto zu deponieren.«

»Die wollten das Geld außer Landes schaffen!«

»Von heute aus gesehen, kann man das so betrachten. Damals wurde gesagt, das Geld werde für Importe von Waren gebraucht, die nur auf westlichen Märkten zu erwerben seien. Da erschienen mir 15 Millionen sogar eher gering. Denken Sie nur an die Anschaffung von sagen wir ein paar hunderttausend Fernsehern der Marke ...«

»Sie haben sich damit zum Handlanger und Nutznießer eines Regimes gemacht, das sein Volk systematisch unterdrückt hat. Gibt Ihnen das nicht wenigstens zu denken?«

»Wer hat im Jahre 1985 so über die DDR geurteilt, Herr Campmann? Sie ganz gewiss nicht. Nachher ist man immer klüger. Damals war das für mich ein ganz normales juristisches Geschäft.«

»Was haben Sie an dem Geschäft, wie Sie selbst formuliert haben, verdient?«

Ohne ihren Mann anzusehen, sagte Gabriele: »Der spielt mit dir wie mit einer Marionette, Wolfgang. Und du scheinst das nicht zu merken!« Ihre Stimme klang scharf und abweisend.

Seitdem der Beitrag im Politmagazin lief, herrschte im Gemeinschaftsraum ein angespanntes Klima. Ab und an wurde eine Rakete gezündet.

»Mir gefällt de Wolfi, escht wahr!« Kuno zeigte mit dem Finger auf das Bild, das etwas unscharf war. Der Fernseher war 1974 für die Fußballweltmeisterschaft angeschafft worden. Ab und zu musste das Gerät per Handschlag zur Ordnung gerufen werden.

Wolfgang spürte, daß seine Tochter näher an ihn rückte. »Wie du diese Typen mit dem Geldkoffer heiß gemacht hast, echt Spitze, Paps.« Ihre Hand glitt in seine.

Das Telefon klingelte.

»Jetzt nicht!«, rief Gabriele. Wolfgang hatte sich schon den Hörer geangelt. Nach einer Weile sagte er: »Für dich, Hannah!« und reichte seiner Tochter den Hörer.

»Sach mal, ist das dein Alter in der Glotze?«, fragte Kevin, »der kommt ja wirklich super rüber. Ich wusste gar nicht, daß der so eine Schau aufziehen kann.«

Hannah bat ihren Freund später noch mal anzurufen, jetzt sei es gerade ganz schlecht.

»Wollten Sie mit den 15 Millionen Dollar Ihre Pension aufbessern, Herr van Bergen?«

»Das ist eine ziemliche Unverschämtheit. Ich habe das Geld bis heute nicht angerührt.«

»Warum haben Sie nicht früher den zuständigen Stellen mitgeteilt, daß Sie dieses Geld verwalten? Treuhänderisch wie Sie sagen.«

»Gegenfrage, Herr Campmann: Welche Stellen sind denn zuständig?«

»Sie beantworten meine Frage nicht. Nach der Wiedervereinigung vergehen vier Jahre, und Sie halten das Geld in der Schweiz gebunkert. Warum so lange?«

»Weil die Rechtsnachfolge nicht geklärt ist. Übrigens, um da keine Missverständnisse aufkommen zu lassen, ich habe bis heute nicht mal die mir zustehenden Gebühren für das Treuhandmandat vereinnahmt.«

»Sie waren demnach selbst unsicher und hatten Bedenken, in eine illegale Handlung verwickelt zu werden.«

»Ich weiß, was die Aufgaben von Treuhändern sind, welche

Befugnisse und welche Pflichten sie haben. Ich bin nur Verwalter gewesen, niemals handelnder Besitzer des Geldes.«

»Ich danke Ihnen für die Offenheit, Herr van Bergen.«

Als der Beitrag abmoderiert worden war, sagte Hannah Huneus: »Der Einzige, der aus dieser Geschichte ohne Blessuren herauskommt, ist Rolf Campmann.«

»Der hat dich in die Pfanne gehauen, um wieder mal mit einem Skandal groß rauszukommen«, pflichtete Gabriele ihrer Schwester bei.

»Ei, isch bin stolz auf de Wolfi, Gabbi. Der hat das mit Bravour gemeistert. Die Sach kann ihm werklich net schade.« Kuno stand auf und dehnte seinen Rücken. Er gähnte anhaltend.

Hannah van Bergen legte ihren Kopf an Wolfgangs Schulter. »Paps ... du bist keiner von den Alten.«

Das Telefon klingelte.

»Wird bestimmt für mich sein«, sagte Hannah. »Ich nehm' schnell oben ab.«

Schon war sie aus dem Gemeinschaftsraum verschwunden.

»Und was wirst du mit dem Geld anfangen?«, fragte Gabriele. »Das muss doch so schnell wie möglich ...«

»Abwarten«, unterbrach sie Wolfgang, »jetzt wird es ein juristisches Verfahren geben. Danach wird die Sache ihren sozialistischen Gang gehen.« Er lachte.

»Hör mit diesen dümmlichen Sprüchen auf, Wolfgang, ich bitte dich. Du hast wohl noch immer nicht kapiert, was du damit losgetreten hast.«

»Was hackste denn so auf dem Wolfi rum, Gabbi? Der hat sei Sach gut gemacht. Da gehört en Orden her un net nur Ohrfeisch.«

Hannah kam zurück.

»Wer war's?«, fragte ihr Vater.

»Hat gleich aufgelegt, als er meine Stimme hörte«, erwiderte Hannah enttäuscht.

»Das war ja zu erwarten!«, ging Gabriele dazwischen.

»Was war zu erwarten?« Wolfgang verschränkte die Arme vor der Brust. Ziemlich angesäuert. Sollte er zum Sündenbock gemacht werden? In der eigenen Familie? Auch wenn er sich über die Folgen dieses Fernsehbeitrages nicht sicher war, ihm hatte die Sendung gefallen. Daß sie ihm schaden würde, daran dachte er nicht mal im Traum.

»Na, diese Herrschaften von drüben haben den Beitrag natürlich auch gesehen!« Gabriele sprang aus dem Sessel und zog ihre Schwester am Arm hoch. »Lass uns einen trinken gehen, Hannah, mir ist die Luft hier zu trocken.«

Drei Stunden stand das Telefon nicht still. Wolfgangs Feinde, die ihn zu diesem Fehltritt beglückwünschten. Seine Freunde, die ihm ihr Mitleid aussprachen. Staatsanwälte, Richter, ein Oberlandesgerichtspräsident. Kollegen, die ihn schon immer für mediengeil gehalten hatten und nun den Gipfel der Unverfrorenheit erreicht sahen. Ein Schulkamerad, der sagte, er habe gar nicht gewusst, daß aus seinem Banknachbarn so ein bekannter Rechtsanwalt geworden sei. Ein Juraprofessor aus Marburg, der ihm seine Kontonummer (im Scherz) geben wollte, falls sich die Frage der Rechtsnachfolge nicht klären lasse, und der sagte (im Ernst), vielleicht sei eine negative Feststellungsklage angebracht, ob Wolfgang das verwaltete Geld überhaupt zurückzahlen müsse. Auch Justus meldete sich, ein wenig sauer, daß sein älterer Bruder nicht mal ihm von dem Dollarvermögen erzählt habe. »Davon hätte ich mir als Erstes mal einen knallroten Lambo für ne halbe Mio gekauft!« Wolfgangs Mutter hatte sich nicht gemeldet. Sie hatte die Sendung wahrscheinlich nicht gesehen.

Kurz nach Mitternacht zog Wolfgang den Stecker aus der Wand. Genug der Anmache.

Erst beim Frühstück teilte Hannah van Bergen ihren Eltern mit, daß Jannowitz sie um ein Gespräch bitte.

»Kannst du mich heute mit so was verschonen?«, sagte ihr Vater, »ich habe die ganze Nacht durchgearbeitet. Nicht eine Minute Schlaf.« Und wer denn dieser Jannowitz sei?

Gabriele fuhr ihn an: »Wolfgang, langsam reicht es. Deine Tochter geht seit Wochen dahin.«

Sie strich Hannah über den Kopf. »Hat Herr Jannowitz gesagt, worum es gehen soll?«

»Nein, nicht ein Sterbenswörtchen!«, erwiderte ihre Tochter.

Wolfgang schaute von seinen Papieren auf, die er auf dem Zeitungsstapel liegen hatte. »Woher hast du denn den schönen Ausdruck? Nicht ein Sterbenswörtchen, Herr Richter, nicht ein Sterbenswörtchen hat sie mir gesagt, bevor sie ins Gras gebissen hat.«

Gabriele wollte wissen, ob Hannah dem Therapeuten etwas von den Synkopen ihrer chilenischen Großmutter berichtet habe.

Hannah nickte stumm.

»Na«, sagte Gabriele, »dann kann ich mir schon denken, worum es gehen wird. Er will den familiären Hintergrund abklären.«

»Genau!«, Hannah strahlte, »genau, so hat er das genannt.«

»Ich hätte nächste Woche am Freitag Zeit, nachmittags.« Gabriele sah auf den lang gestreckten Terminkalender, der neben dem Küchenschrank hing.

»Da bin ich in Saarbrücken«, sagte Wolfgang ohne aufzublicken, »aber ich kann versuchen, einen früheren Flieger zu erwischen.«

»Ich sollte es ja nur ausrichten!« Hannah packte ihre Tasche. Beinahe wäre sie mit ihrer Namenskusine zusammengestoßen, die im langen T-Shirt in die Küche kam. »Ist schon Kaffee da?«

»Wie immer!« Gabriele sah sie achselzuckend an.

Es klingelte an der Haustür.

»Gehst du mal?«, bat Wolfgang seine Tochter.

»Ich bin sowieso in den Hufen.«

Gabriele war aufgeregt. »Wer kann das ... um diese Uhrzeit ... Wolfgang solltest du nicht besser selbst ...«

Als Hannah van Bergen öffnete, stand Campmann auf dem Treppenabsatz. Der Fernsehjournalist schien gleich ihrem Vater kein Auge zugemacht zu haben. Eine Gitane hing schräg im Mundwinkel, sein Haupthaar hatte keinen Kamm gesehen. Hannah roch die Alkoholfahne.

»Volltreffer!«, sagte Campmann, »ist Wolfgang schon auf den Beinen?« Seine Stimme war eher ein Krächzen.

»Scheiß auf Mathe!«, rief Hannah aus.

Sie rannten um die Wette. Wer als Erster in der Küche ...

»Nicht schon wieder!« Gabriele wollte sofort den Raum verlassen, aber Campmann versperrte ihr den Weg.

»Eine Minute wirst auch du Zeit für mich haben«, sagte er.

Wolfgang begrüßte den Journalisten verhalten.

»Gestern Abend noch in der Glotze, heute früh schon wieder im richtigen Leben«, kommentierte Gabrieles Schwester. »Ich wusste gar nicht, daß die Öffentlich-rechtlichen solche Einstellungen mit versteckter Kamera und ohne Augenbinden erlauben. Mir hätte man das damals rausgeschnitten.«

»Einem Campmann schneidet man nichts raus!«, kam die prompte Reaktion.

»Genug Weihrauch!« Wolfgang stapelte seine Papiere. »Sag, was los ist, und dann ab dafür. Ich brauche noch eine Stunde für mein Plädoyer.«

»Volltreffer!«, wiederholte Campmann. »Sie sind abgezogen. Schon gestern Nachmittag.«

»Wer?«, fragte Gabriele.

»Die drei Affen, die Wolfgang seit Monaten unter Druck gesetzt haben.«

»Wohin?«

»Ihr Flug ging nach Moskau. Von einem ehemaligen Fliegerhorst. Hatten nicht gerade viel Gepäck dabei, aber sie sind fort. *Up, up and away!*«

Hannah Huneus zog die Augenbrauen hoch. »Da war der Beitrag doch noch gar nicht gesendet?«

»Ich hatte ja im Vorfeld ganz schön getrommelt. Einige Zeitungen haben auf den Medienseiten vorab berichtet, da mussten die drei Affen nur zwei und zwei zusammenzählen, um zu wissen, daß sie nun niemand mehr lieb hat. *Bye, bye love. I think I'm gonna die!*«

Wolfgangs Tochter führte ein Freudentänzchen auf. »Ist das nicht supi, Paps?«

»Und woher willst du das wissen?«, fragte Hannah Huneus.

»Ich hatte zwei Kollegen deren Adressen gegeben, sie sollten sich an ihre Fersen heften. Glücklicherweise waren die so clever, nicht erst nach der Ausstrahlung damit zu beginnen. Die haben alles im Bild, könnt ihr heute Abend in der Tagesschau sehen!«

»Voilà!«, erwiderte Wolfgang, »da sieht man mal, was ein Kantersieg ist. Diese Nachricht kann ich heute gut gebrauchen. Wirklich, Rolf, danke, daß du gekommen bist.« Er nahm seine Papiere und verließ eilig die Küche.

»Gibt's denn hier nichts zum Feiern?« Rolf Campmann schüttelte sich eine Gitanes aus der Packung. »Darf ich?«

»In der Küche wird nicht geraucht«, bestimmte Gabriele. Sie wandte sich an ihre Tochter: »Warum bist du eigentlich nicht in der Schule?«

»Weil wir eine Doppelstunde Mathe haben, und ich kann diesen Obermathekünzel nicht ab.« Pause. »Beruht aber auf Gegenseitigkeit.«

»Und mit was für einer Mathenote willst du nach Hause kommen?«, fragte Gabriele.

»Mit einer Eins, wie immer«, antwortete ihre Tochter lässig, »was der Künzel drauf hat, kann ich im Schlaf herbeten.«

Als Rolf Campmann und Hannah Huneus alleine in der Küche zurückblieben, fragte der Journalist, wie ihr das Stück gefallen habe. »Das will ich wirklich von dir wissen, schließlich sind wir ja so eine Art Kollegen, oder nicht?«

Inzwischen hatte er sich eine Gitanes angesteckt und klopfte die Asche auf eine benutzte Untertasse. Ab und zu wedelte er mit wilden Gesten den Rauch zur Seite.

»Ich fand das Stück gut. Es wäre noch besser gewesen, wenn du anschließend die drei Herren mit dem Material konfrontiert hättest.«

Campmann schaute sie an. »Dann wäre der Beitrag nie und nimmer gesendet worden, Hannah. Die drei Wichtel hätten Mittel und Wege gefunden, Verletzung der Persönlichkeitsrechte und so'n Kram, die hätten die Ausstrahlung auf kaltem Wege zu Fall gebracht. Da musste ein Überraschungscoup her. Hat ja auch geklappt!«

Hannah wollte wissen, warum er die Gesichter nicht wenigstens schwärzen musste. Augenbinden, unscharf machen, überblenden, wie auch immer.

»Die Hausjuristen haben das lange überlegt, waren sich erst nicht einig, aber dann haben sie grünes Licht gegeben. Wenn du mich fragst, ich glaube, weil es Ossis waren. Sollen sie doch klagen, hieß es am Ende. Nun sind sie weg. *Three men defected to the East!*«

Und dann erzählte Hannah Huneus dem Journalisten ihre Geschichte.

Von dem Abtauchen vor 25 Jahren. »Das war mehr aus familiären Gründen.«

Von dem Umzug nach Hamburg. »Der Job beim Fernsehen war purer Zufall.«

Von dem neuen Namen. »Ich hatte einen Kumpel, der mir eine neue Identität verpasst hat. War eigentlich ein lieber Kerl, aber ist dann in die Drogenszene geraten und darin untergegangen.«

Von ihrem Auftauchen auf dem RAF-Fahndungsplakat. »Dabei habe ich absolut nichts mit der RAF zu tun gehabt. Kleinere Delikte, mal was einklaufen oder so, aber nichts mit Terrorismus. Dazu hatte ich doch viel zu viel Schiss.« Campmann sagte, er könne sich gut erinnern. »Du bist damals ja wirklich eine Berühmtheit gewesen. Gab's wegen dir nicht sogar mal eine Demo auf dem Marktplatz?«

»Lange her, Rolf«, antwortete Hannah, »ganz lange her!«

Von der Entführung.

»Welcher Entführung?«, fragte Campmann.

Hannah berichtete ihm von ihren Recherchen bei den beiden Polizeipräsidenten, beim Hamburger Fernsehen und in der eigenen Familie.

Am Schluss nannte sie auch ihre Vermutung: »Wahrscheinlich hat der Verfassungsschutz diese Entführung inszeniert, um wieder auf meine Spur zu kommen. Immerhin war ich denen nach England entwischt.«

»Kannst du das beweisen?«

»Nein, leider nicht. Aber ich weiß, wer es mir bestätigen könnte.«

»Und wer?«

Hannah Huneus zögerte. »Willst du darüber etwa ein Stück machen?«

Campmann schlug auf den Tisch: »Wenn das kein Thema ist, Hannah, dann …«

»Aber nur mit mir zusammen!«, erwiderte sie.

»Das steht außer Frage!« Campmann reichte ihre eine Zigarette, obwohl Hannah schon mehrfach abgelehnt hatte mitzurauchen. »Also, wer ist es? Wer weiß über diese angebliche Entführung genau Bescheid?«

»Gib mir einen Tag Bedenkzeit, Rolf. Ich muss mir erst darüber klar werden, was eine Veröffentlichung für mich bedeuten kann. Ich gehe nicht so naiv wie Wolfgang an die Sache heran.«

»Was war denn daran naiv?« Campmann stand auf. Er schwankte ein bisschen. »*Hangover, Hangover, bring me home soon.* Kann ich hier irgendwo pennen? Nur ein paar Stunden.«

Hannah zeigte ihm das Jugendstilsofa im Gemeinschaftsraum. »Da darfst du auch rauchen!«, rief sie ihm hinterher.

Als sie nach ein paar Minuten nach ihm sehen wollte, war er schon eingeschlafen. Die halbhohen Stiefeletten hatte er ordentlich neben das Sofa gestellt. Konnte sie diesem Mann trauen, wie Wolfgang es getan hatte? Da war sie sich gar nicht so sicher.

Kuno schluffte die Treppe hinunter. »'S riecht ja so wie in meiner Beiz. Lass uns en schönen Kaffee trinke, Hannahche, diese Ufreschunge sin nimmer was für so'n aale Mann. Isch muss mich setze, isch hab so'n Steche in mei Brust.«

»Soll ich einen Arzt holen?«, fragte Hannah.

»Ach was, en Arzt, der kost doch nur Geld und kann nix mache. Des wird schon wieder vergehen. Aber mach des Fenster uff, damit sich der Qualm verzieht. Wenn des die Gabbi riecht, dann denktse gleich, ich hätt mei alt Kumpels wieder eingeladde. Dabei hab isch bloß brav in mei Bettche gelegen.«

Kuno schaufelte sich drei Löffel Zucker in die Tasse. »Und was is nu mit dem Fernsehstar?«

»Mit welchem?«

»Na mit dem Wolfi, der wird doch demnächst bestimmt in jede Talkschau reingeholt, oder?«

Hannah winkte ab. »Die werden sich hüten, ihm auch noch Sendezeit zu geben. Der wird jetzt erst mal von seinem Sockel gestürzt. Dazu hat er viel zu viele Neidhammel.«

— vierundzwanzig —

»Die Beweisaufnahme hat ein sehr spezielles Verhältnis des Angeklagten zum Geschäftsführer Hörmann zu Tage gebracht. Er habe dem Geschäftsführer der Firma Gildemeister Ost GmbH &' Co. KG immer selbstlos zur Seite gestanden, beteuerte der Angeklagte in diesem Verfahren mehrfach. Das ist durchaus nachvollziehbar, schließlich war er der Inhaber der Firma. Einen schalen Beigeschmack bekommt dieses Verhalten jedoch dadurch, daß der Angeklagte den berechtigten Vertreter dieser Firma von allen Kontakten abschirmte: bei Vorsprachen mit der Hausbank, ja sogar bei Telefonaten mit der Kreditabteilung. Wie weit war es also mit der Selbstlosigkeit des Angeklagten her?«

Die junge Staatsanwältin Kniemeyer nahm einen Schluck Wasser und sah zur Bank der Nebenklage hinüber. Hatte sie in ihrem Plädoyer schon zu viel von Wolfgangs Ausführungen vorweggenommen?

Als er am Morgen mit seiner Mandantin vor dem Gerichtsgebäude zusammengetroffen war, gab es kein Durchkommen. Fernsehteams, Fotografen, Berichterstatter, keineswegs nur die üblichen Gerichtsreporter. Ein paar Worte, einen Satz wollten sie von ihm. »Herr van Bergen, wie lange kennen wir uns schon? Bleiben Sie doch einen Moment stehen!«

»Was wollen die denn noch hier?«, hatte Frau Hörmann gefragt, »die wissen doch, daß der Prozess wie das Hornberger Schießen ausgeht. Warum dieser ganze Bohei?«

Nachdem sie hintereinander den Gerichtssaal betreten hatten, bat Wolfgang den Justizwachtmeister Krüger, ihm die Meute vom Hals zu halten.

Hatte er tatsächlich Meute gesagt? Dieses Wort, das sein Vater, der Oberstaatsanwalt Eberhard van Bergen, immer gebrauchte, wenn er von dümmlichen Gerichtsreportern, unwissenden Schreiberlingen und journalistischen Verleumdern sprach. Stets hatten sie seine geringen rhetorischen Fähigkeiten aufs Korn genommen, ihn lächerlich gemacht. Bis zu seinem letzten Auftritt vor Gericht hatten sie ihn gepiesackt.

»Vor allem durch die Aussage des Herrn Vogel wurde deutlich, daß der Angeklagte die Abschirmung des Geschäftsführers Hörmann in bewusster und gezielter Weise betrieben hat. Es kann nicht als Zufall gelten, daß auf allen Kreditunterlagen nur die Unterschrift des Geschäftsführers zu finden ist. Da wurde ein Sündenbock gesucht und gefunden. Wie konnte es geschehen, daß der Angeklagte derart hohe Summen kreditiert bekam, obwohl die Geschäfte der Tochterfirma im Osten nicht gerade rosig waren? Eindeutig hat die Beweisaufnahme ergeben, daß der Angeklagte vom hohen Ansehen der Stammfirma profitierte, speziell vom großen Renommee seines Vaters Gerhard Gildemeister. Die hier zur Verhandlung anstehenden Vorgänge geschahen in einer Zeit, in der eine wahre Goldgräberstimmung unter denjenigen herrschte, die im Osten eine schnelle Mark machen wollten. Mit welch krimineller Energie der Angeklagte dabei vorging, können wir aus der Tatsache folgern, daß er Kredite, die für die Tochterfirma bestimmt waren, an die Stammfirma zurückgeführt hat. Zu keiner Zeit ist es ihm darum gegangen, eine solide Firma in den neuen Bundesländern aufzubauen.«

Wolfgang beobachte seine Mandantin. Waren die Worte der Staatsanwältin für sie Balsam? Konnten diese präzisen und fordernden Formulierungen ihr ein wenig Linderung verschaffen? Wollte sie deswegen unbedingt als Nebenklägerin auftreten, um solche Sätze zu hören?

Als sie vor Sitzungsbeginn nebeneinander saßen, hatte Frau Hörmann ihm mitgeteilt, daß sie in Kürze umziehen werde. Nach Pößneck, in die Nähe von Gera, zu ihrer Schwester. Der Umzugswagen sei schon bestellt. In den Westen würde sie nie wieder fahren. Jedenfalls nicht freiwillig. »Was ich in diesem Prozess erlebt habe, kann ich nur schwer fassen. Jeder Satz, der hier gesprochen wurde, war eine Lüge. Mir ist nur ein Begriff dafür eingefallen: Kapitalverbrechen! So haben wir nie gelebt und so möchte ich auch niemals leben.« Wolfgang hatte gespürt, wie erregt seine Mandantin war. Genauso wie damals, als sie ihm im Rostocker Hauptbahnhof zum ersten Mal ihre Geschichte erzählt hatte.

»Ob dem früheren Geschäftsführer der Firma Gildemeister Ost GmbH & Co. KG tatsächlich die Qualifikation für einen Betrieb dieser Größenordnung gefehlt hat, mag dahinstehen. Der Angeklagte stellt sich ein Armutszeugnis aus, wenn er einerseits Herrn Hörmann, zum Zweck der Einwerbung der Kredite, in den höchsten Tönen lobt, um ihm anschließend, wenn der Karren im Dreck liegt, vollkommene Unfähigkeit vorzuwerfen. Wie geht das, Herr Gildemeister? Sie haben den Mann doch selber ausgesucht und angestellt! All dies lässt nur einen Schluss zu: Nicht der Aufbau einer gesunden Firma im Osten war Ihr Ziel, sondern Sie wollten nur die Vorgaben im väterlichen Testament erfüllen, um am Kapital der Stammfirma beteiligt zu werden.«

Wolfgang schaute zu Arnold Gildemeister hinüber. Keine Miene verzieht er. Sitzt gelassen auf seinem Platz, als habe er gar nichts zu befürchten. Die Konten im steuerlich günstigeren Ausland sicher gut gefüllt.

Die Zeitungsschlagzeilen am Morgen hatten Wolfgang erschreckt. »Rechtsanwalt – Mitarbeiter der Stasi!« Das war die fette Balkenüberschrift. Die Lokalzeitung warf gleich drei Artikel hinterher. In einem Kommentar auf Seite 2 hieß es: »Wer wird sich in Zukunft von einem Rechtsanwalt verteidigen lassen wollen, der mit den Machthabern im Osten gekungelt hat?« Frau Hörmann schien weder den Beitrag im Fernsehen gesehen noch während der vierstündigen Zugfahrt Zeitungen gelesen zu haben. Sie saß äußerst angespannt neben ihm und ließ Arnold Gildemeister nicht aus den Augen.

»Durch die betrügerischen Machenschaften des Angeklagten haben über hundert Menschen in Ostdeutschland ihre Existenzgrundlage verloren. Die Sozialversicherungssysteme wurden geschädigt und letztlich eine hanseatische Traditionsfirma in den Konkurs getrieben. Was ebenfalls eine stattliche Anzahl von Arbeitsplätzen gekostet hat. Ausschließlich im Hinblick auf die Tatsache, daß der Angeklagte bislang nicht vorbestraft ist, beantrage ich wegen von ihm begangenen Konkursvergehens eine Gefängnisstrafe von drei Jahren, wegen der Verleumdung in Tateinheit mit übler Nachrede eine Gefängnisstrafe von einem Jahr.«

Die junge Staatsanwältin blieb einen Augenblick stehen, bevor sie sich wieder auf ihren Stuhl setzte.

Gut gebrüllt, Löwin, dachte Wolfgang, das ist doch schon mal ein Ausgangspunkt. »Zufrieden?«, fragte er seine Mandantin.

Frau Hörmann reagierte nicht. Saß auf der Kante des Stuhls und starrte zur Anklagebank hinüber.

»Ihr Plädoyer, Herr van Bergen«, schnarrte Hohlbein. Kurz vor der Sitzung hatte er ihm bedeutet, wie ihn dieser Medienrummel anwidere. Ob er selbst die Sendung gesehen hatte, war nicht zu erfahren. Das Politmagazin war durchaus nicht seine Couleur. Wahrscheinlich hatte der Flurfunk bestens funktioniert und Hohlbein von dem gestrigen Vorkommnis in Kenntnis gesetzt.

»Dem, was die Staatsanwaltschaft über die kriminelle Energie des Angeklagten gesagt hat, ist nichts hinzuzufügen. Die Nebenklage hat keine Möglichkeit, wegen des Bankrotts der Firma Gildemeister Ost einen Antrag zu stellen. Der Angeklagte hat durch seine Handlungen vielen Menschen die Existenzgrundlage entzogen. Den meisten von ihnen ist bereits jetzt schmerzlich bewusst geworden, daß sie sich nie wieder in den Arbeitsprozess eingliedern können. Der Angeklagte trägt aber auch durch sein planmäßiges Vorgehen dafür die volle Verantwortung, daß der Ehemann meiner Mandantin aus Scham und Verzweiflung seine Familie und sich selbst auslöschen wollte. Auch hierzu kann leider kein Strafantrag gestellt werden, da der Angeklagte nicht wegen eines Tötungsdeliktes vor Gericht steht.«

Jetzt, da Wolfgang auf der Seite der Anklage stand, spürte er, wie verlockend es war, einem Angeklagten die Leviten zu lesen. Wolfgang sah, daß Gildemeister sein Mienenspiel nur mühsam unter Kontrolle hielt. Ob er irgendwann mal platzt?

»Der Angeklagte hat in seiner krankhaften Sucht nach schneller Geldvermehrung wider besseres Wissen den Ehemann meiner Mandantin verleumdet, als er öffentlich behauptete, er sei unfähig und ohne jede Kenntnisse in wirtschaftlichen Dingen gewesen. Mit seinem vernichtenden Interview in der ›Berliner Zeitung‹ hat er versucht, seine Schuld auf den früheren Geschäftsführer abzuwälzen. Wenn der Begriff nicht zu sehr besetzt wäre, könnte man ihn durchaus einen Schreibtischtäter nennen.«

Hohlbein schlug auf den Richtertisch: »Ich bitte den Vertreter der Nebenklage dringend um Mäßigung.«

»Danke, Herr Vorsitzender«, rief Martin Thomas Huneus

von der Verteidigerbank, »danke für dieses klärende Wort. Es wurde aber auch allerhöchste Zeit.«

Wolfgang ließ eine Weile verstreichen, bevor er weitersprach. Gezielte Konterschläge nannte er dieses Verfahren, das ihm schon häufig gute Noten bei der Presse eingebracht hatte. Auch die emotionale Grundmelodie durfte niemals in einem Plädoyer fehlen.

»Die Funktionalisierung des Herrn Hörmann in der Strategie des Angeklagten, seine vernichtende Verleumdung waren entscheidende Angelpunkte beim Entschluss, seinem Leben und dem seiner Familie ein Ende zu setzen. Lassen Sie mich noch mal aus seinem Abschiedsbrief zitieren:

›Ihr wisst, daß ich mein Bestes für die Firma gegeben habe. Die Notsituation unserer Ladenkette habe ich mehrmals schriftlich Herrn Gildemeister mitgeteilt. Er war von allen Schritten unterrichtet, kannte die finanziell schwierige Lage und die hohe Verschuldung. Sein Interview macht es mir unmöglich, jemandem noch in die Augen zu schauen. Schon gar nicht denjenigen, die nun aufgrund des Konkurses stempeln gehen müssen. Ich werde niemals mehr eine Arbeit finden, die uns alle ernähren kann. Ich stehe als Betrüger und Hochstapler da, der ich nicht bin. So will und kann ich nicht weiterleben.‹ Ende des Zitats.«

Wolfgang machte eine Pause.

Im Saal Stille.

Nicht mal ein Räuspern.

»Der Angeklagte hat die Verleumdung in dem bereits zitierten Interview bewusst und öffentlich begangen. Das Gesetz sieht dafür eine Freiheitsstrafe bis zu fünf Jahren vor. Im Hinblick auf die grausamen Folgen, welche die Tat des Angeklagten auslöste, ist eine Gefängnisstrafe von dreieinhalb Jahren angemessen. Da der Angeklagte gezielt und geplant vorgegangen ist, die Verleumdung einem geldgierigen und menschenverachtenden Kalkül entsprang, wird einer Aussetzung der Strafe zur Bewährung von unserer Seite ausdrücklich widersprochen.«

»Mittagspause!«, rief Hohlbein, und zur Bank der Verteidigung gewandt sagte er: »Ich erwarte danach Ihre Plädoyers, meine Herren.« Ohne auf seine Beisitzer zu warten, entfloh er ins Richterzimmer.

Martin Thomas Huneus hievte sich aus der Bank und ging mit druckvollen Schritten zum Tisch der Nebenklage.

»Ich bin ja schon einiges von Ihnen gewöhnt, Herr van Bergen, aber daß Sie ein Zuarbeiter der Stasi sind, das hätte ich selbst in meinen kühnsten Träumen nicht gedacht. Aber da sind wir ja gestern eines Besseren belehrt worden.«

»Halten Sie sich mit Ihren infamen Unterstellungen zurück, sonst werden sie ein juristisches Nachspiel finden, Herr Huneus.«

»Und ob sie ein juristisches Nachspiel haben werden. Gehen Sie davon aus, daß ich Sie eigenhändig aus der Rechtsanwaltskammer entfernen lassen werde. So eine Zecke wie Sie gehört ein für alle Mal ausgemerzt.«

Huneus drehte sich um und walzte davon.

»Stasi?«, fragte Frau Hörmann irritiert. »Wieso Stasi?«

Wolfgang erklärte ihr in kaum beruhigenden Worten, was seit gestern Abend geschehen war. Die Fernsehsendung. Die Presseberichte. Die Anfeindungen. »Ich habe mit der Stasi so wenig zu tun wie der Herr, dessen Ausfälle Sie gerade erlebt haben. Es geht ihm darum, mich endlich zu erledigen. Auf diesen Augenblick scheint er lange gewartet zu haben.«

»Und ich dachte, Sie seien vorher noch nie in der DDR gewesen, jedenfalls nicht vor der Wende, und haben unser Leben selbst kennen gelernt«, sagte Frau Hörmann. »So wie

Sie und alle hier reden und auftreten. Ganz das Gegenteil von uns. Aber jetzt kriegen Sie mal zu spüren, wie es ist, wenn man angefeindet wird. Ossi-Witze en masse. Wir sind die Blödiane der Nation. Was meinen Sie, wie weh das tun kann. Uns wird doch die ganze gegenwärtige Misere angelastet, als hätte der Westen keine Fehler gemacht.«

Justizwachtmeister Krüger trat an ihren Tisch. »Ich gehe davon aus, daß Sie in der Mittagspause nicht in die Kantine gehen wollen.«

»Das sehen Sie richtig, Herr Krüger.« Wolfgang schaute ihn an. »Und danke für das Verständnis.«

»Soll ich Ihnen ein belegtes Brötchen oder eine von diesen Buletten mitbringen?«, fragte Frau Hörmann, »inzwischen kenne ich den Weg ja von alleine.«

Wolfgang nickte. Er wollte ihr Geld geben, aber Frau Hörmann lehnte ab.

»Wann kommen Sie denn endlich raus, Herr van Bergen?«, schrie eine aufgeregte Frauenstimme in den Gerichtssaal hinein.

Justizwachtmeister Krüger stemmte sich gegen die Tür. Nur mit Mühe konnte er sie hinter Frau Hörmann verschließen.

Wolfgang ärgerte sich, daß er Huneus nicht die passende Antwort gegeben hatte. Er notierte sich die Worte seines Widersachers. Schon gleich nach Ende der Sitzung wollte er die Injurien zu Protokoll geben. Das würde er nicht auf sich sitzen lassen.

Als Frau Hörmann mit zwei belegten Brötchen zurückkam, fragte er, ob sich die Meute vor der Tür beruhigt habe.

»Keineswegs«, antwortete seine Mandantin, »die wollten sogar von mir wissen, was ich mit der Stasi zu tun habe.« Nach einer Weile fügte sie hinzu: »Sind die hier immer so schnell mit Verleumdungen bei der Hand?«

Martin Thomas Huneus erhob sich zu voller Körpergröße. Sein schwarzer Kittel konnte die rundlichen Formen zwar etwas kaschieren, aber niemand vermutete darunter einen schlanken Mittvierziger.

»Mit allem Respekt und Verständnis für die tragische Situation, in der sich die Nebenklägerin befindet, muss die Verteidigung feststellen, daß die Argumente der Staatsanwaltschaft und der Nebenklage nichts anderes sind als Gefühlsduselei. Offensichtlich sind Kenntnisse um die Vorgänge in modernen Wirtschaftsunternehmen nur unzureichend vorhanden. Der Angeklagte war jahrelang in führender Stellung tätig und er kannte sein Gewerbe aus dem Effeff. Für jeglichen Wirtschaftsunternehmer gilt, was seit Jahrhunderten am Haus des Handels zu lesen ist: *buten un binnen, wagen un winnen*. Aus dieser unternehmerischen Maxime ergibt sich im Umkehrschluss, daß ein Scheitern keineswegs ehrenrührig ist. Diese Selbstverständlichkeit muss hier offensichtlich ausdrücklich betont werden, denn genau das wird dem Angeklagten vorgeworfen: der Misserfolg einer wirtschaftlichen Unternehmung. Und darunter hat mein Mandant seit dem Konkurs gelitten, ich meine persönlich gelitten.«

»Davon war bisher aber nichts zu spüren!«, rief Frau Hörmann erbost.

Richter Hohlbein brauste auf: »Enthalten Sie sich bitte ab sofort jeglicher Äußerung, sonst werde ich nicht zögern, Sie von der weiteren Verhandlung auszuschließen.«

»Ist das eine Drohung, Herr Vorsitzender?«, fragte Wolfgang.

»Das können Sie nennen, wie Sie wollen, Herr Rechtsanwalt. Ich lasse jedenfalls so ein Spektakel nicht zu. Fahren Sie bitte fort, Herr Huneus.«

Der Verteidiger rückte seine Lesebrille zurecht.

»Die Beweisaufnahme hat eindeutig ergeben, daß niemand

getäuscht noch geschädigt worden ist. Die langjährige Hausbank der Firma Gildemeister war aufgrund eigener Interessen tätig und hat ihre Interessen auch abgesichert. Gerade die Aussagen des Zeugen Vogel machen deutlich, daß selbst die Bank sich nicht geschädigt fühlt.

Ebenso wenig ist in der Beweisaufnahme dem Angeklagten das ihm immer wieder unterstellte »bewusste« und »gezielte« Planen nachgewiesen worden. Wer war denn rechtsgeschäftlich in allen Dingen der Firma Gildemeister Ost GmbH & Co. KG tätig? Es war der Geschäftsführer, nicht der Angeklagte. Daß mein Mandant Ratschläge gegeben hat, ist strafrechtlich nicht relevant, denn der Geschäftsführer konnte sich frei entscheiden.«

Wolfgang ärgerte sich noch immer über die dreiste Anmache dieses Hunnen. Wie konnte er ihm beikommen? Daß ihm die Fernsehsendung eine solche Steilvorlage geliefert hatte, war nicht abzusehen gewesen. Wahrscheinlich hatte Gabriele Recht. Es konnte ein Fehler gewesen sein, sich Campmann auszuliefern. Bin ich wirklich so mediengeil, wie manche meiner Kollegen glauben?

»Die Beweisaufnahme gibt aber auch gar nichts her, daß der Angeklagte den ihm unterstellten bösen, ja geldgierigen Plan hatte, sich eines willfährigen Geschäftsführers zu bedienen. Dazu hätte es ganz anderer krimineller Handlungen bedurft als jene, die hier zur Debatte stehen. Zu diesem Punkt hat die Staatsanwaltschaft und die Vertretung der Nebenklage versucht, Stimmung zu machen. Aber, verehrte Kollegen auf der Gegenseite, Stimmungsmache kann nicht die Basis einer strafrechtlichen Verurteilung sein. Ich fordere für meinen Mandanten Arnold Gildemeister Freispruch.«

Obwohl er sein Plädoyer beendet hatte, blieb Martin Thomas Huneus stehen.

»War's das?«, fragte Hohlbein.

Huneus räusperte sich: »Gestatten Sie mir noch eine persönliche Bemerkung, Herr Vorsitzender. Was wir gestern Abend im Fernsehen zu sehen bekamen, wirft ein bezeichnendes Licht auf den Anwalt der Nebenklage. Wer mit Kommunisten Umgang hat, und der Beweis ist eindeutig erbracht worden, ist immer noch in der Wolle rot gefärbt. So jemand kann von marktwirtschaftlichem Geschehen keine Ahnung haben, im Gegenteil, er sieht in den Unternehmern immer noch die Ausbeuter und Kapitalistenschweine. Herr van Bergen, so hat sich herausgestellt, hat seit 1968 immer noch nichts dazugelernt.«

Richter Hohlbein schüttelte den Kopf: »Das hat aber nun gar nichts mit dem Verfahren zu tun, das müssten Sie doch ...«

»Herr Vorsitzender, ich bitte, diese persönliche Bemerkung zu Protokoll zu nehmen«, ging Wolfgang mit lauter Stimme dazwischen, »selten bekommt man einen derartigen Schwachsinn in so wenigen Zeilen geboten.«

Hohlbein nannte das Datum der Urteilsverkündung und verschwand mit schnellen Schritten, ohne den üblichen Satz über das Sitzungsende von sich zu geben.

Frau Hörmann verabschiedete sich mit der Bemerkung, sie wisse noch nicht, ob sie zu dem genannten Termin überhaupt erscheinen werde. »Der Kuchen ist doch längst gegessen, Herr van Bergen.«

»Da bin ich mir nicht so sicher«, Wolfgang packte betont langsam seine Aktentasche, »ich kenne Hohlbein schon länger, der wird es sich mit dem Urteil sicher nicht leicht machen. Aber wenn Sie wollen, kann ich Ihnen das Urteil auch telefonisch mitteilen. Ganz wie Sie wünschen.«

Als sie gegangen war, spürte Wolfgang ihre Wut doppelt. Sie hatte dem Prozess beiwohnen wollen, um ihren Schmerz zu lindern. Nun waren die Wunden wieder aufgebrochen und schmerzten wie am ersten Tag.

Als Wolfgang den Gerichtssaal verließ, flammten die Scheinwerfer auf. Blitze zuckten, Mikrofone wurden ihm entgegengereckt. Dicht gedrängt standen die Journalisten. Wolfgang legte die Hand vor die Augen, um überhaupt etwas sehen zu können.

»Wenn Sie Fragen zum laufenden Prozess haben, bitte gerne. Sie kennen mich ja.«

Eine schrille Stimme: »Waren Sie Mitarbeiter der Stasi?«

Wolfgang wandte den Kopf zur Seite.

Gleich mehrfach wurde die Frage wiederholt.

Immer wieder ein wenig abgewandelt.

»Wenn Sie nichts über das Verfahren gegen Herrn Gildemeister wissen wollen, kann ich ja gehen.«

Es war nicht leicht, sich einen Weg durch die Menge zu bahnen. Die Bilder, die man von diesem Abmarsch senden würde, konnte er sich gut vorstellen.

Ein Reporter des Lokalsenders sprach ihn an, ob er in die abendliche Regionalsendung komme.

»Wenn es um den Prozess geht, natürlich gerne«, erwiderte Wolfgang.

Das könne er garantieren, bekam er zu hören.

»Dann komme ich«, sagte Wolfgang, obwohl er wusste, daß der Reporter ihn angelogen hatte. Der Fernsehmoderator, dessen Schnauzbart immer etwas zu lang war, würde sich die Gelegenheit nicht entgehen lassen, ihn nach der gestrigen Sendung zu befragen. Wolfgang hatte sich entschieden, den Termin beim Fernsehen telefonisch von seiner Sekretärin absagen zu lassen.

Am Treppenabsatz stand Gabriele.

»Was machst du denn hier?«, fragte er überrascht.

»Ich wollte dir zur Seite stehen, Wolfgang.« Sie hakte sich bei ihm ein.

Zu Hause sei es nicht auszuhalten. Belagerungszustand vor der Tür. Das Telefon habe sie schon abgestellt. »Deine Sekretärin hat sich mit Migräne verabschiedet.« Hannah sei mit Campmann nach Köln gefahren. Vielleicht ergebe sich für sie eine neue Chance beim Fernsehen. »Und unsere Tochter zieht es vor, mich im Stich zu lassen.«

Gemeinsam gingen sie die steinernen Stufen hinunter. Ab und zu zuckten Blitzlichter auf. Wolfgang stellte sich die Bildunterschrift vor: »Geschlagen verlässt der renommierte Rechtsanwalt van Bergen seine langjährige Wirkungsstätte.«

– fünfundzwanzig –

»Schön, daß Sie sich Zeit genommen haben!« Jannowitz bot Hannahs Eltern in seinem Behandlungszimmer zwei Stühle an. Er schaute zu Wolfgang hinüber. »Sie haben ja gewiss momentan genug um die Ohren. Trotzdem sind Sie mitgekommen, schön.«

»Ich konnte den Nachmittagsflieger aus Saarbrücken erwischen, habe es gerade noch so geschafft«, antwortete Wolfgang.

Jannowitz holte seine Aufzeichnungen hervor und legte sie auf den Schreibtisch.

Gabriele war überrascht, daß Wolfgang diesen Termin tatsächlich ernst nahm. Seit Tagen kamen sie kaum mehr zum Luftholen. Die Anfeindungen in der Konten-Affäre, wie sie inzwischen genannt wurde, der Hörmann-Prozess, der ausführlich in der Presse durchdekliniert wurde, Ost gegen West, hier die *winner,* dort die *loser,* und nun auch noch das Gespräch mit Hannahs Therapeuten.

»Wie sehen Sie denn die Entwicklung Ihrer Tochter?«, fragte Jannowitz leise.

»Es scheint ihr besser zu gehen«, antwortete Gabriele nach einer Weile.

»Mir kommt Hannah nach wie vor ziemlich wackelig vor«, fügte Wolfgang an. »Auf jeden Fall hat sie nicht mehr so wüste Sprüche wie früher drauf. Was ja an sich schon ein alarmierendes Zeichen ist.«

»Wenn ich es richtig einschätze«, sagte Jannowitz, »haben sich die heftigen Symptome nicht wiederholt. Aber Ihre Tochter wird gewiss noch lange mit ihrer Angst vor einem möglichen Rückfall zu kämpfen haben. Diese Angst sitzt in ihr drin und wird sich auch nur langsam verringern. Ich glaube aber sagen zu können, wir haben es keineswegs mit einer manifesten Psychose zu tun!«

Wolfgang wollte wissen, was das bedeute.

Jannowitz erklärte kurz das Krankheitsbild und sagte: »Deswegen scheint es mir nicht nötig, Ihre Tochter stationär in eine Klinik zu schicken, da war doch mal von einem Spezialisten ...«

»Na ja«, unterbrach ihn Gabriele, »das waren die gut gemeinten Ratschläge unserer Mütter.«

»So abwegig kann das manchmal gar nicht sein, Frau Kollegin«, Jannowitz sah sie an, »ich darf Sie doch so nennen, oder?«

Gabriele nickte verlegen: »Unsere Gebiete könnten nicht weiter auseinander liegen. Ich arbeite als Gerichtspsychologin. Begutachtungen, sexueller Missbrauch in der Familie, Glaubwürdigkeitsgutachten«, fügte sie entschuldigend hinzu.

»Es gibt bei Hannah eine sich wiederholende Unsicherheit, und auf die möchte ich gleich zu sprechen kommen. Manchmal ist sie wirklich im Zweifel: Ist das, was ich gerade denke oder zu tun beabsichtige, richtig oder ist es nicht richtig? Und selbst wenn sie weiß, es ist richtig, dann denkt sie, es muss falsch sein, weil ich glaube, es ist richtig.«

»Hört sich wie eine Denkaufgabe griechischer Philosophen an«, sagte Wolfgang.

»Es scheint etwas kompliziert zu sein. Tatsächlich handelt es sich um eine tiefe Verunsicherung, ein Verschweigen, ein Verleugnen, irgendetwas, was für Hannah nicht fassbar ist.«

Er sah die Eltern ratlos. Als hätte er ihnen tatsächlich eine schwer lösbare Aufgabe gestellt.

Jannowitz wartete eine Weile, bevor er fortfuhr: »Ihre Tochter lebt etwas aus, fühlt sich in bestimmten Momenten gespalten.« Er machte wieder eine kurze Pause. »Gibt es irgendwas im Erleben Ihrer Tochter, was uns dazu ein Schlüssel sein könnte?«

Wolfgang zuckte mit den Schultern. »Sie hat früher nie auch nur eine Spur von Unsicherheit gezeigt. Hannah wusste stets, was sie wollte. Sie hat einen Dickkopf, der manchmal … natürlich sind wir aneinander geraten, wie das ja in diesem Alter häufig vorkommt, aber wir haben Verträge geschlossen, an die sich Hannah penibel gehalten hat.«

»Was für Verträge?«, fragte Jannowitz.

Das Nachmittagslicht fiel durch die schmalen Lamellen der Jalousie und warf ein mattes Muster auf das Bücherregal.

Wolfgang erzählte, welche Verträge er mit seiner Tochter geschlossen hatte: Rauchen, Urlaub, Piercing, Haustiere, Zeitpunkt des spätesten Nachhausekommens …

Jannowitz zeigte sich erstaunt, kommentierte aber Wolfgangs Aufzählung nicht.

Mit einem Mal begann Gabriele zu schluchzen.

Wolfgang legte den Arm um sie.

»Gibt es hier eine Toilette?«, fragte sie kaum hörbar.

Jannowitz zeigte ihr den Weg.

Eine Zeit lang saßen die beiden Männer im Raum. Schweigend. Schauten einander ruhig an. Unsere Gebiete könnten nicht weiter auseinander liegen, hatte seine Frau gesagt.

Als Gabriele wieder hereingekommen war, sagte sie: »Wir haben es Hannah nie erzählt, wollten den richtigen Zeitpunkt abwarten, wenn wir mal Ruhe gehabt hätten, aber bei uns war nie Ruhe …«

Sie brach ab. Wieder kamen ihr die Tränen.

Jannowitz beugte sich ein wenig nach vorne, stützte beide Arme auf seinen Schreibtisch. Auch dieses Mal ließ er Gabrieles Worte ohne eine Erwiderung.

»Worauf meine Frau anspielt, ist die Tatsache, daß wir kurz vor Hannahs Geburt erfahren haben, daß wir miteinander verwandt sind. Wir stammen vom gleichen Großvater ab. Das war natürlich eine schwere Belastung für uns. Aber wir wollten das Kind ... es hatte glücklicherweise keine Behinderungen, auch davor hatten wir damals große Angst ... wir haben einfach den richtigen Zeitpunkt verpasst, es Hannah zu sagen ... wir wollten, daß sie reif für diese Mitteilung ist, vielleicht bei ihrer Volljährigkeit ...«

Gabriele hob Hilfe suchend die Schultern. »Es geht mir immer noch nach. Ich kann es bis heute nicht ertragen.«

»Wollen Sie über die Umstände reden?«, fragte Jannowitz.

Sie schüttelte den Kopf.

Wolfgang antwortete, daß Gabrieles Großvater Thomas Huneus ein heftiger Gegner ihrer Beziehung gewesen sei und alles ins Feld geführt habe, um ihn von Gabriele zu trennen. »Als wir beide heiraten wollten, ist er endlich mit der Wahrheit herausgerückt. In seiner Studentenzeit hatte er mit meiner chilenischen Großmutter Teresa Aida ein Verhältnis. Mein Vater ist der Sohn aus dieser Beziehung.« Man habe damals einen Vaterschaftstest machen lassen. Etwas mehr als eine achtzigprozentige Sicherheit sei dabei herauskommen. »Sie werden ermessen können, wie uns beide das in Aufregung versetzt hat.« Wolfgang unterbrach sich. »Aber Sie glauben doch nicht etwa, daß Hannahs Symptome und diese alte Geschichte einen Zusammenhang haben?«

Hans Jannowitz legte die Hände zusammen. »Ich denke schon. Etwas Ähnliches hatte ich vermutet. Deswegen wollte ich mit Ihnen reden. Hannah lebt diese Spannung aus.«

»Aber sie hat das doch gar nicht mitbekommen!«, sagte Gabriele. »Der Großvater war tot, als sie geboren wurde.«

»Es geht wohl nicht nur um die Spannung, die Sie beide

aushalten mussten, um Ihre Beziehung gegen familiäre Widerstände zu verteidigen. Wichtiger scheint mir die Spannung um das Geheimnis der Abstammung vom gleichen Großvater, ein Geheimnis, das Sie so sorgsam gehütet haben. Das ist die Spannung, die Hannah auslebt.«

Lange schaute Jannowitz das Ehepaar an. »Ich mache Ihnen keinerlei Vorwürfe. Sie haben ja durchaus Ihre Gründe gehabt, wie Sie selbst sagen, Hannah mit diesem Geheimnis zu verschonen, bis sie reif dafür ist. Aber wie es scheint, ist sie viel früher damit konfrontiert. So ein Familiengift wirkt bei manchen schneller, bei anderen kommt die Wirkung erst viele Jahre später.«

»Dann müssen wir es Hannah sagen! So schnell wie möglich!« Gabriele war aufgeregt.

»Sollten wir es ihr nicht lieber erzählen, wenn wir in Ruhe zusammen sind? Momentan denke ich ... der Zeitpunkt könnte nicht ungünstiger sein ... vielleicht im Urlaub ...« Wolfgang stockte, er sah den Therapeuten an.

»Das wird nicht gehen«, erwiderte Jannowitz, »wie sollte ich Ihrer Tochter in der nächsten Sitzung gegenübertreten? Wir haben ein Vertrauensverhältnis. Ich kann dieses Geheimnis nicht für mich behalten und Hannah vertrösten, warte bis deine Eltern dir etwas davon erzählen.«

»Und wie sollen wir es ihr sagen?«, fragte Gabriele unsicher.

Eine Zeit lang berieten sie mit dem Therapeuten, was wohl die geeignete Form des »Geständnisses«, wie Gabriele es mehrfach nannte, sein könne. Wolfgang bot sich an, Hannah mit der »Wahrheit zu konfrontieren«, das war seine Formulierung.

»An Ihrer Stelle würde ich das nicht proben«, riet ihm Jannowitz, »sagen Sie es ihr und verschweigen Sie Ihre Gefühle nicht dabei.«

»Hätten wir es Hannah früher sagen müssen?«, fragte Wolfgang, kurz bevor sie auseinander gingen.

»Das ist nicht leicht zu beantworten, Herr van Bergen. Wann ist ein Zeitpunkt richtig? Wann ist er nicht geeignet? So eine Erstarrung, wie sie bei Ihrer Tochter vorgekommen ist, kann häufig ein Zeichen dafür sein, daß eine tiefere Wahrheit verborgen ist.«

Gabriele bedankte sich beim Abschied. »Als Psychologin hätte ich auch selbst darauf kommen müssen. Meinen Sie nicht?« Ihre Worte klangen so, als wolle sie um Nachsicht bitten.

»Sie haben doch selbst gesagt, daß unsere Gebiete nicht weiter auseinander liegen könnten.« Jannowitz reichte ihr die Hand. »Und außerdem: Sie sind viel zu nah an dieser tiefen Wahrheit dran gewesen.«

Drei Stunden später saßen sie beim Abendbrot in der Küche. Wolfgang hatte seine Schwägerin gebeten, sie heute mal alleine zu lassen. Kuno hatte sich schon früh schlafen gelegt.

»Und wie war's bei meinem Doktor J.?«, fragte Hannah. Fast ein wenig belustigt. »Ist doch ein netter Herr, oder? Mir kommt er ein bisschen so vor, als würde er in einem anderen Jahrhundert leben ... Hast du geweint, Ma?« Dann schaute sie fragend zu ihrem Vater. »Warum so feierlich, Paps?« Sie schluckte. »Muss ich doch in eine von diesen Spezialkliniken für ...?«

Wolfgang unterbrach sie: »Keine Sorge, Hannah! Das hat sich alles erledigt.«

»Da bin ich erleichtert, ich dachte schon ... wenn ihr mich jetzt dahin geschickt hättet, dann hätten es alle in der Schule mitbekommen, daß ich nicht ganz richtig im Kopf ...« Sie schluckte wieder. Als könne sie bestimmte Sätze nicht zu Ende sprechen.

Gabriele legte ihre rechte Hand auf Hannahs Arm. Brachte aber keinen Ton heraus.

In wenigen Worten erklärte Wolfgang seiner Tochter, was sie beide ihr all die Jahre lang verschwiegen hatten.

Hannah van Bergen erwiderte: »Und warum habt ihr deswegen so ein Gewese gemacht? Das hättet ihr mir doch sagen können!«

Sie umarmte ihre Eltern. Eine Zeit lang bildeten sie eine Einheit, die so schnell niemand erschüttern konnte.

Karoline Huneus stand vor dem Schreibtisch ihres Sohnes und bebte vor Wut. Nie hatte sie ihn so abweisend und unerbittlich erlebt.

»Wir sind Juristen«, sagte Martin Thomas, »auch wenn du dich selten für uns und unsere Werte interessiert hast. Juristen müssen die Gesetze befolgen. Wer, wenn nicht wir?«

Hatte sie sich wirklich all die Jahre derart in ihm täuschen können? In dem Erbsohn, auf den ihr Schwiegervater und ihr Mann alle Hoffnungen gesetzt hatten? Den folgsamen Stammhalter, der die Linie der seit zwei Generationen so erfolgreichen Kanzleigemeinschaft fortsetzen sollte.

Karoline brauste auf: »Ein einziges Mal komme ich hierher und bitte dich um etwas und werde abgebürstet wie eine schnöde Bittstellerin, eine dir völlig fremde Mandantin, eine, die es wagt, dich in deinen juristischen Höhen zu stören.«

Martin Thomas Huneus schaute an seiner Mutter vorbei, aus dem pompösen Glaskasten hinaus, der auf dem klassizistischen Gebäude am Wall thronte. Draußen tobte ein heftiger Sturm, die Äste bogen sich tief im Wind, farbige Blätter wirbelten durch die Luft, ein roter Schirm wurde von einer Böe nach oben gerissen.

»Ich kann dir keinen Millimeter entgegenkommen, damit

das mal klar ist. Was du von mir verlangst, ist gegen alle Vorschriften. Wenn ich mich auch nur ein Jota neben dem Gesetz befinde, kommen wir alle in Erklärungsnotstand. Dann können wir den Laden hier dichtmachen. Und das kannst du schwerlich wollen? Hannah ist eine Terroristin, und so lange das nicht geklärt ist, haben wir davon auszugehen. Aber ich kann uns schnell Klarheit schaffen, Mutter. Wir haben nun mal einschlägige Gesetze, da gibt es kein Vertun. Ein Ausweichen kann es nicht geben. Das würde uns nur als Schwäche ausgelegt. Wir leben in einer wehrhaften Demokratie, und das heißt, wir haben uns zu wehren, wenn wir angegriffen werden.«

Noch ein Plädoyer, dachte Karoline. Gab es denn in dieser Familie keinen Menschen, der nicht ins Plädieren verfiel, wenn er jemand von seiner Meinung überzeugen oder ihn über den Tisch ziehen wollte?

»Hannah wird per Haftbefehl gesucht ...«

»Das ist 15 Jahre her!«, unterbrach ihn Karoline heftig. »Mein Gott, Martin. Was redest du?« Sie stand auf der anderen Seite seines Schreibtisches und fixierte ihn. Hatte er sich all die Jahre verstellt oder hatte sie ihn stets anders sehen wollen? Fast immer war sie ihm zur Seite gesprungen, wenn die aufmüpfigen Schwestern ihn hänselten. Besonders Hannah.

»Das ändert nichts an der Tatsache, daß damals nach ihr gefahndet wurde, und wer weiß, vielleicht auch heute noch. Hast du dich eigentlich mal gefragt, warum sie so lange abgetaucht ist? Doch wahrscheinlich, weil sie etwas auf dem Kerbholz hat. So mir nichts, dir nichts taucht niemand unter, auch nicht deine Tochter. Aber das lässt sich doch leicht klären, Mutter. Ich ziehe ein paar Strippen und schon haben wir Klarheit in der *Chose*.«

»Und dann?«, fragte Karoline, und in ihrer Stimme klang wenig Zuversicht.

»Dann wäre ich trotzdem nicht bereit, mich mit ihr wieder an einen Tisch zu setzen. Dazu ist einfach zu viel passiert. Diese Frau hat mit uns nichts zu tun. Sie hat sich doch selbst ins Aus manövriert. Taucht einfach ab, arbeitet unter falschem Namen in Hamburg. Beim Fernsehen, das muss man sich mal vorstellen! Verschwindet, als ihr der Boden unter den Füßen brennt, nach England und kommt jetzt wieder angekrochen und macht ein Engelsgesicht. Nichts da, wir haben mit der nichts zu schaffen.«

Karoline wollte Vorreiterin sein, wollte ausloten, ob ihre drei Kinder zu einer Familienzusammenführung bereit sein würden. Bisher hatte sie nur mit ihrer Tochter Hannah darüber gesprochen. Die zögerte zunächst. »An mir soll es nicht liegen«, sagte Hannah ernst, »nicht an mir. Wenn es dein größter Wunsch ist, bin ich sogar bereit, mich sonntags wieder zum Dinner bei dir einzufinden.« Mit Gabriele und Wolfgang hatte Karoline noch nicht gesprochen, dazu fehlte ihr der Mut. Von der Konfrontation der beiden Juristen im Hörmann-Prozess hatte sie nichts mitbekommen. Gerichtsreportagen waren ihr immer verhasst gewesen.

»Können wir dieses Gespräch nicht einfach ungeschehen machen?« Karoline kam um den Schreibtisch herum, an dem ihr Sohn thronte, stellte sich ganz dicht neben ihn. *Wenn er mich schon nicht anschaut, will ich wenigstens wissen, wohin sein Blick schweift.* Sie sah auf die sturmumtobten Wallanlagen. *Vielleicht will er mich ja auf den Knien sehen, damit er Hannah verschont.*

»So können nur Nichtjuristen denken«, erwiderte Martin Thomas, »jetzt, wo ich weiß, daß sich eine gesuchte Terroristin in der Stadt aufhält, muss ich tätig werden. Andere könnten vielleicht behaupten, sie hätten das nicht gewusst, aber ich ... ich muss mich mit den Strafverfolgungsbehörden ins Benehmen setzen.«

Wie kann ich Hannah je wieder unter die Augen treten?, dachte Karoline. Ich komme hierher, um ein gutes Wort für sie einzulegen, und dann liefere ich sie ans Messer.

»Du willst also deine eigene Schwester hinhängen?«, entfuhr es Karoline. Sie spürte ein heftiges Verlangen, ihren Sohn zu ohrfeigen.

»Vielleicht ist ja alles verjährt«, Martin Thomas drehte seine beiden Handflächen nach oben, als sei von dort Hilfe zu erwarten, »dann brauchen wir uns keine Sorgen mehr zu machen. Aber wenn nicht ...« Er zögerte für einen Augenblick. »Ich verstehe gar nicht, wie dieser van Bergen das so locker nehmen kann. Eine mit Haftbefehl gesuchte Terroristin bei sich wohnen lassen, da müsste man glatt mal nachschauen, wie viele Jahre das einbringt. Und meine feine Schwester Gabriele. Glauben die beiden Früchtchen etwa, sie seien nicht an die Gesetze gebunden? Gar nicht auszudenken, was demnächst auf die zukommt. Aber deinem missratenen Schwiegersohn ist ja alles zuzutrauen, nachdem was ich inzwischen über ihn hören musste.«

Karoline schrie los: »Gleich die ganze Familie mit einem Schlag hinrichten, was? Ist es das, was du willst? Ja? Ist es das?«

Martin Thomas schaute sie kurz an, dann griff er nach dem Strafgesetzbuch.

»Das Sonntagsdinner ist abgesagt«, Karolines Stimme hatte an Schärfe noch zugenommen, »ein für alle Mal abgesagt.«

Das Sonntagsdinner in der Villa Huneus, die eherne Tradition. Eingeführt von der Urmutter Helene, die stets auf der strikten Einhaltung bestanden hatte. Punkt achtzehn Uhr.

Wer zu spät erschien, musste mit Abstrafung rechnen. Seit mehr als fünfzig Jahren hatte dieser Termin Bestand. Dort fand sich die Familie zusammen und schmiedete ein Band, das sie stark machte. Dort hatte der Herrgott über Jahrzehnte regiert, ließ sich das Zepter niemals aus der Hand nehmen und kujonierte seine Kinder und Enkel. Das Sonntagsdinner war stets der Mittelpunkt der Sippe Huneus gewesen.

Karoline drehte sich nicht um, als sie das gläserne Büro verließ, in dem Martin Thomas seit dem Abgang von Onkel Alfred den russischen Großgrundbesitzer gab. Wie aus einem Stück von Tschechow.

– sechsundzwanzig –

Kaum hatte Richter Hohlbein die Sitzung eröffnet, wurde die Tür des Gerichtssaals aufgerissen und Frau Hörmann eilte herein. Sie trug einen grauen Trenchcoat über einem schwarzen Kleid, auf dem Kopf ein flaches Hütchen, das einer Baskenmütze ähnelte.

Wolfgang nickte ihr zu, ein wenig verwundert, daß sie nun doch zur Urteilsverkündung erschien. Noch am Tag zuvor hatte sie ihm am Telefon mitgeteilt, sie werde nicht kommen.

Der Vorsitzende Richter wartete ab, bis Wolfgangs Mandantin sich an ihren Platz gestellt hatte, schaute einmal nach rechts, einmal nach links zu seinen beiden Beisitzern und begann mit lauter Stimme.

»Im Namen des Volkes ergeht folgendes Urteil: Der Angeklagte wird in allen Anklagepunkten freigesprochen. Die Kosten des Verfahrens einschließlich der außergerichtlichen Kosten des Angeklagten trägt die Staatskasse.« Pause. »Sie können sich wieder setzen.«

Augenblicklich setzte ein Tumult im Gerichtssaal ein.

Auf der Bank der Verteidiger Heiterkeit. Martin Thomas Huneus ließ sich gratulieren und schüttelte seinem Mandanten Arnold Gildemeister die Hand. Erster Prozess, Freispruch erster Klasse, was wollte er mehr.

Auf den Pressebänken Verwunderung. Bei dieser Beweislage hatten die erfahrenen Medienvertreter auf eine Verurteilung gewettet. Wenn auch maximal eine zweijährige Strafe dabei herausgekommen wäre. Zur Bewährung ausgesetzt, versteht sich. So jedenfalls hatten sie es Wolfgang am Morgen zugeraunt.

»Ich bitte um Ruhe!«, rief Hohlbein ein ums andere Mal.

Bei den Zuschauern, unter denen sich nicht wenige befanden, die durch den Konkurs der Weinfirma ihren Arbeitsplatz verloren hatten, wütende Proteste. Frechheit. Abgekartetes Spiel. Dieser Freispruch ist eine Unverschämtheit.

Wolfgang sah zur jungen Staatsanwältin hinüber, zuckte mit den Schultern. »Das lassen wir ihm nicht durchgehen«, flüsterte er Frau Hörmann zu. Sie saß mit eisiger Miene auf ihrem Stuhl, kerzengerade, die Hände gegeneinander gestemmt. Das flache Hütchen hatte sie vor sich auf den Tisch gelegt, noch immer trug sie den grauen Mantel. Als wolle sie sich nicht allzu lange mehr hier aufhalten.

»Ich bitte um Ruhe! Behalten Sie Ihre Meinungsbekundungen für sich, sonst lasse ich den Saal räumen.« Hohlbein blickte zur Bank der Verteidigung hinüber. Arnold Gildemeister, der während des ganzen Prozesses kaum eine Regung gezeigt hatte, nickte ihm zu. Ausgelassen, durchaus amüsiert. So wie sich zwei alte Bekannte anschauten, die sich schon häufiger aus der Patsche geholfen haben.

»Bei der Urteilsfindung hat es sich das Gericht nicht leicht gemacht. Die gegen den Angeklagten erhobenen Tatvorwürfe waren massiv, und die Aussagen und Indizien haben ihn durchaus belastet. Die entscheidenden Tathandlungen, nämlich die Aufnahme der Kredite wie auch die unzulässige Rücküberweisung der Gelder an die Stammfirma, können dem Angeklagten nicht zugerechnet werden. Sicherlich hat er die Verhandlungen geführt. Doch handelndes und verantwortliches Subjekt war für die Firma Gildemeister Ost GmbH & Co. KG immer deren Geschäftsführer. Es konnte kein Beweis erbracht werden, daß der Geschäftsführer ein willenloses und abhängiges Werkzeug war. Es gibt weiterhin keinen Beweis, daß der Geschäftsführer und der Angeklagte in bewusstem und gewolltem Zusammenwirken die Bank beziehungsweise die Allgemeinheit schädigen wollten.«

Hat mein Gutachten nicht verfangen, dachte Wolfgang enttäuscht. Wie viel Mühe hatte sich der Gutachter mit dem Beweis gegeben, daß Hörmann für den Posten als Geschäftsführer durchaus nicht qualifiziert und wahrscheinlich sogar als Sündenbock eingeplant war.

Frau Hörmann starrte während der Verlesung der Urteilsbegründung den Angeklagten an. Diesmal machte sie sich keine Notizen. Wie hatte sie gesagt, der Kuchen ist doch schon längst gegessen.

Leider hatte sie Recht behalten. Was Wolfgang durchaus ärgerte. Aber noch mehr wurmte ihn die Tatsache, daß dieser Huneus siegreich war. Ob er mit Hohlbein gekungelt hatte?

»Zwar gibt es die Aussagen der Ehefrau des verstorbenen Geschäftsführers, doch bei allem Mitgefühl für die besondere Situation der Nebenklägerin konnte das Gericht deren Aussage nicht alleine als tragfähig für eine Verurteilung des Angeklagten wegen der angeklagten Konkursstraftat ansehen.«

Vielleicht ist der Medienrummel um meine Person schuld, dachte Wolfgang. Wenn Hohlbein etwas hasste, dann war es öffentliche Aufmerksamkeit. Die Justiz hat stets sorgsam und unauffällig ihre Pflicht zu tun, seine goldenen Worte, die er bei der Verabschiedung manches Kollegen brav wiederholte. Hätte die Fernsehsendung nicht eine Woche später stattfinden können? Ganz schlechtes Timing.

»Auch an der Verwirklichung des Straftatbestandes der

Verleumdung sind dem Gericht Zweifel geblieben. Die Beweisaufnahme hat nicht erbracht, daß der Angeklagte wusste, wie es tatsächlich um die Qualifikation des Geschäftsführers bestellt war. Bei der Bewertung seiner Aussagen in dem bewussten Interview in der ›Berliner Zeitung‹ kommt es entscheidend auf den Zeitpunkt an, in dem der Angeklagte seine Äußerungen getan hat. In jenem Moment war nicht nur der Konkurs der relativ jungen Tochterfirma klar, sondern einen Tag zuvor hatte auch die hier ansässige Stammfirma des Angeklagten Konkurs beantragen müssen. Die Erschütterung des Angeklagten über den Niedergang und Verlust des Unternehmens ist aus dem Interview spürbar. Der Angeklagte befand sich also in einer Ausnahmesituation.«

Ist Gildemeister nicht bei Verstand oder etwa besoffen gewesen? Unzurechnungsfähigkeit, so ein Quatsch. Wolfgang notierte sich: Revisionsgrund, Interview stellt eine faktische Verleumdung dar!

»Außerdem ist nie geprüft worden, ob es tatsächlich die Worte des Angeklagten waren oder ob nicht der zuständige Journalist der ›Berliner Zeitung‹ dessen Formulierungen ein wenig zugespitzt hat. In welcher Absicht auch immer.«

Treffer, dachte Wolfgang, das werden wir nachzuholen haben. Warum bin ich nicht darauf gekommen, den Interviewer als Zeugen zu laden? Ein unverzeihlicher Fehler.

»Das Gericht kann deshalb nicht sehen, daß dem Angeklagten in jenem Moment das Unrecht seiner Äußerungen bewusst war. Ein subjektiver Tatvorwurf kann ihm also nicht gemacht werden.«

Jedes Mal, wenn Wolfgang in die Richtung der Verteidigerbank schaute, sah er das Grinsen des Hunnen. Unangemessen. Herausfordernd. Gleich wird Hohlbein vom

Grundsatz Nummer eins sprechen, dachte er, dann hörte er ihn sagen:

»Grundsatz Nummer eins unseres Strafrechts lautet: In dubio pro reo. Das Gericht konnte die Verwirklichung der Straftatbestände durch den Angeklagten nicht zu seiner vollen Überzeugung feststellen.«

In dulce jubilohoho, so nannte Wolfgang diesen Grundsatz, wenn er für einen seiner Mandanten einen Freispruch eingefahren hatte. Aber diesmal saß er auf der anderen Seite des Verfahrens.

»Ungeachtet dessen hat die gesamte Verhandlung ergeben, daß der Angeklagte in einer moralischen Grauzone gehandelt hat, daß er von einem möglicherweise unseligen Drang nach Geld beherrscht war. Doch moralische und charakterliche Mängel sind nicht strafbar. Für das Gericht blieben Zweifel an der Verwirklichung sämtlicher vom Gesetz geforderten Tatbestandsmerkmale durch den Angeklagten. Der Angeklagte war deshalb mit der ausgesprochenen Kostenfolge freizusprechen.«

Hohlbein legte die Blätter übereinander, daß sie Kante auf Kante lagen.

»Die Verhandlung ist beendet!«, schnarrte er und wollte sich gerade erheben.

»Noch nicht!«, schrie Frau Hörmann.

Dann ging alles sehr schnell.

Sie zog aus der Manteltasche eine Pistole und feuerte in Richtung der Verteidigerbank.

Der erste Schuss traf Martin Thomas Huneus in die Brust. Er sackte zur Seite und riss einen seiner Kollegen mit zu Boden.

Der zweite Schuss traf Arnold Gildemeister ins Gesicht. Ein schriller Aufschrei folgte.

Kurz bevor sie den dritten Schuss abgeben konnte, fiel Wolfgang ihr in den Arm. Die Kugel durchschlug eine Glaslampe auf der rechten Seite des Gerichtssaales.

Der Justizwachtmeister warf sich auf Frau Hörmann und brachte sie zu Fall.

Wolfgang sah, daß die Richter hinter ihrer Bank in Deckung gegangen waren. Das Publikum suchte Schutz hinter dem hölzernen Gatter. Nicht ein Kopf war mehr oben. Alle geduckt.

Dann blickte er in das Gesicht seiner Mandantin. Ein Gesicht, das er niemals mehr würde vergessen können. Die Narbe war breit angeschwollen, wie ein blutiger Strom durchfloss er ihre Wange.

»Ein Arzt!«, rief eine Frau in großer Panik, »gibt es denn hier keinen Arzt?«

Hannah van Bergen stand am Fenster des zweiten Stocks und gab Kevin das vereinbarte Zeichen. Dann drückte sie auf den roten Summer neben der Gegensprechanlage.

»Komm rauf! Die Alten sind weg.«

Kevin schaute sich um. Noch nie hatte er das Haus seiner Freundin betreten. Im Hochparterre lag die Kanzlei des berühmten Anwalts. Wie oft war er in den letzten Tagen auf den angesprochen worden. Hannahs Vater, mein lieber Herein, der hat's drauf.

Die hohen, weiß lackierten Türen der Büroräume waren verschlossen. Niemand in Sicht.

Die anthrazitfarbenen Treppenläufer, das gusseiserne, metallisch glänzende Geländer, edle Lampen an den Wänden, die gedämpftes Licht gaben.

»Noch eins rauf!« Hannahs Stimme war freudig erregt.

Kevin warf einen Blick in den Gemeinschaftsraum. Davon

hatte Hannah immer geschwärmt. Wenn sie alle um den langen Tisch saßen und sich die Köpfe heiß redeten. Seitdem ihre Tante aus England bei ihnen wohne, sei es noch aufregender geworden. In der Küche baumelten die Kaffeebecher der WG unter dem Wandschrank neben der Spüle. Lebten wirklich so viele Menschen hier? Kevin zählte mehr als ein Dutzend Tassen.

»Geht's nicht schneller?«, rief Hannah. »Ich laufe jeden Tag zehnmal diese Treppen rauf und runter.«

Kevin nahm sie in die Arme. »Sind wirklich alle weg? Ich möchte nicht nackt vor deinem Vater stehen.«

»Wenn ich es doch sage!« Hannah küsste ihn. Dann öffnete sie die Tür zu ihrem Reich.

An den Wänden Poster von Heavy-Metal-Bands, auf einem Plakat war eine riesige, grüne Hanfpflanze zu sehen. *Legalize it* stand darunter. Eine Sammlung von Postkarten aus vielen Ländern. Zwei stammten aus Wangerooge, die hatte Hannah an sich selbst adressiert. Auf einer stand: LANGWEILIG. Fernseher, Videorecorder, Verstärkeranlage. Walkman, CD-Player. Ein zerwühltes Bett.

»Haben deine Alten zu viel Kohle?«, fragte Kevin.

»Wieso?«

»Na hier, das ganze Equipment. Sieht nicht gerade aus, als könntest du das von deiner monatlichen Rente ...«

»Was soll'n die Anmache? He? Biste gekommen, um mir eins reinzuwürgen, oder was?«

Kevin hob beide Arme. »Tut mir Leid. Echt. Tut mir Leid.« Er zog Hannah wieder an sich. »Ich war nur noch nie in so einem ... Schloss.«

»Da müsstet du mal die Villa sehen, in der die Huneussippe lebt. Das ist ein Schloss, aber wir ...«

»Ihr seid nur stinkreich«, fiel ihr Kevin ins Wort.

Sie lachten beide und ließen sich aufs Bett fallen.

»Komm, lass uns ... deswegen sind wir doch ...« Hannah fasste an Kevins breiten Ledergürtel, öffnete die metallene Schnalle, die mit einem Totenkopf verziert war.

»*What's the heat, babe?*« Kevin wehrte sie ab.

»Was soll'n der Scheiß?« Hannah verzog den Mund. »Ich lasse Mathe sausen, mach hier alles klar, und du zickst rum.«

»Wärst du denn jetzt lieber beim Obermathe-Künzel?«

»Kevin, du bist ein Blödarsch. Du hast gesagt, wir machen es, wenn die Bude frei ist, und jetzt ... haste keinen Bock, oder was?«

»Langsam, *babe,* langsam. Ein guter Pop will langsam angegangen werden. Und dann auch noch so früh am Morgen.«

»Quatsch! Ist schon elf Uhr durch.«

Hannah spürte, daß Kevin sie hinhielt. War es seine alte Geschichte mit Sandra? Dieser blöden Hupe, die er immer ins Spiel brachte, wenn er sie nerven wollte.

Das Telefon klingelte.

»Niemand da!« Hannah lachte. »Oder soll ich rangehen?«, fragte sie Kevin.

»Dann wissen alle, daß wir hier sind«, kam die prompte Antwort. »Sag mal, was war eigentlich in den letzten Monaten los mit dir? Mal warste in der Schule, mal nicht. Mal hieß es, du bist schwer krank, dann biste wieder rumgehüpft wie nix. Heute *high,* morgen *low*. Ich werd aus dir nicht schlau. Sag mal nen Satz.«

»Was soll das werden? Verschärftes Verhör oder gleich die Daumenschrauben?«

»Ich will nur mal wissen, was Sache ist.« Kevin streifte sich die Hose ab und knöpfte sich das Hemd auf.

»Warum gerade jetzt?«

»Was jetzt?«

»Warum willst du das gerade jetzt wissen?«

»Nur so«, sagte Kevin. »Ich kann nicht begreifen, was mit dir los ist. Und deswegen ...«

»Meine Alten sind miteinander verwandt!«, unterbrach ihn Hannah. Das war eine Botschaft, die ihn schocken sollte. Jetzt isser erstaunt, was?

»Natürlich sind die verwandt. Sind ja wohl verheiratet, oder? Biste noch ganz gerade hier oben?« Er tippte ihr an die Stirn

»Nicht so, wie du meinst!«

»Sondern wie?«

»Sie haben den gleichen Großvater.«

»Igitt«, entfuhr es Kevin, »so reich und dann so versaut. Hätte ich nicht gedacht.«

»Aber mit mir hat das nichts zu tun, Kevin.« Hannah zog ihr drittes T-Shirt aus. Nun zierte nur noch das Hundehalsband ihren dürren Körper.

»Und deswegen hast du in der Schule wochenlang gefehlt?« Kevin nickte bewundernd. »Wenn ich bei unserem Deutschopa mit so einer Entschuldigung ankommen würde, schmeißt der mich glatt von der Schule.«

Sie begannen sich zu streicheln. Schnell war Kevin erregt. Er küsste Hannahs kleine Brüste.

Das Telefon klingelte wieder.

Auf allen Etagen standen die Apparate. Es gab ein durchdringendes Getöne, wenn jemand im Hause van Bergen anrief.

Kevin drehte sich zur Seite.

»Was ist denn jetzt?«, fragte Hannah.

»Das Gebimmele geht mir auf den Wecker. Kannst du nicht einfach den Hörer daneben legen?«

Hannah sprang auf.

Öffnete die Tür zu ihrem Zimmer.

Kuno! Verdammt, warum habe ich Kuno vergessen? Der pennt wohl noch. Wie gut. Braucht Kevin ja nicht zu wissen. Sie zog behutsam Kunos Zimmertür zu.

Obwohl das Klingeln gerade aufgehört hatte, nahm sie den Hörer ab und warf ihn auf den Boden.

Als sie wieder zurückkam, sah sie, daß Kevins Erregung verschwunden war.

»Machen wir es eben ein anderes Mal!«, sagte er leise.

Wieso ist Kuno nicht rangegangen, dachte Hannah in diesem Augenblick. Auch wenn er noch pofte, das Telefon nahm er immer ab. Konnte ja was wegen seiner früheren Kneipe sein.

Eine Zeit lang saßen die beiden angezogen nebeneinander auf dem zerwühlten Bett. Schwiegen.

»Wann kommen deine Alten wieder?«, fragte Kevin. Sucht er einen Grund für einen schnellen Abgang?

»Mir doch egal«, erwiderte Hannah, »wir haben doch nix gemacht, oder?«

»Ich krieg das immer noch nicht in die Birne. Deine Mutter und dein Vater stammen vom gleichen Opa ab. Ist das nicht irgendwie ... verboten? Inzest oder so?«

»Keine Ahnung«, Hannah griff nach seiner Hand, »auf jeden Fall ist meine Ma noch nich drüber weg.«

»Und was war jetzt mit dir?«, wollte Kevin wissen.

»Hör auf zu nerven. Ja? Erst willste nicht poppen und dann soll ich auch noch dumme Fragen beantworten.«

Wenige Minuten später war Kevin abgezogen, nachdem er versprochen hatte, niemand etwas von ihrem außerschulischen Vergnügen zu sagen.

»Kuno«, Hannah klopfte an die Tür, »Kuno!«

Keine Antwort.
Vorsichtig drückte sie die Klinke hinunter.
»Kuno!«
Er lag auf seinem Bett.
Die Augen weit offen.

– siebenundzwanzig –

Hannah Huneus betrachtete die Beerdigungsgesellschaft mit großer Distanz. Nur widerwillig war sie dem Wunsch Karolines gefolgt, neben ihr an der langen Tafel Platz zu nehmen. Was für ein aufgeblasener Haufen. Die Würdenhosenträger und die Damen Ach-Sie-auch-hier. Der Speisesaal des Ratskellers war überfüllt.

Schon am Grab war es Hannah überaus schwer gefallen, nicht einfach nach Hause zu flüchten. Sie trauerte, ja das schon, aber nicht um ihren Bruder. Schon gar nicht nach dem Vorfall mit Wolfgang.

In der Friedhofskapelle saßen die Honoratioren der Stadt, als sei eine leidige Pflicht zu erfüllen. Wie anders war es bei der Beerdigung ihrer Urmutter Helene gewesen. Die stellte in der Hansestadt etwas dar. Aber ihr Bruder Martin Thomas? Warum waren sie überhaupt so zahlreich erschienen? Suchten sie einen Anlass, um mal wieder zusammenzukommen? Eine schöne Leichenfeier, auf Kosten des Hauses Huneus? Nachdem sich die Beerdigungsgesellschaft im Ratskeller versammelt hatte, war über den Toten nicht ein Wort mehr verloren worden.

Der Chor der Kirchengemeinde, zu der die Familie seit Generationen gehörte, hatte in der Friedhofskapelle Erhabenes in Moll gesungen. Der Golfclub war in Vereinsstärke angetreten. Der Ruderclub, die reiterliche Vereinigung. Der Handballclub, für den ihr Bruder die Rechtsgeschäfte getätigt hatte, schickte seinen Präsidenten. Die Rechtsanwaltskammer nicht zu vergessen, in der Martin Thomas Schriftführer gewesen war. Dort hätte ihm eine große Karriere bevorgestanden. Sogar die stellvertretende Fraktionsvorsitzende der konservativen Partei war erschienen.

Hannah beugte sich nach hinten, gab Gabriele ein Zeichen, deutete auf die Armbanduhr und wartete ab, ob ihre Schwester den Hinweis verstanden hatte. Gabriele erwiderte stumm, noch könnten sie die Beerdigungsgesellschaft nicht verlassen. Wo war eigentlich ihr Vater, der Gebückte, abgeblieben? Sie konnte ihn im Speisesaal nicht entdecken.

Die Philharmonische Gesellschaft hatte in der Kapelle das Largo aus Händels »Xerxes« gespielt und danach den Choral »O Haupt voll Blut und Wunden«. Auf allen Plätzen lag der Text aus, damit die Trauergemeinde mitsingen konnte. Hannah war nicht zum Singen zumute. Eher zum Davonlaufen. Mehr als eine Stunde dauerte diese Totenfeier, die an Kälte nichts zu wünschen übrig ließ. Routiniert wie eine Nummernrevue, Ansprachen aus dem Redenbuch für traurige Anlässe, ein Abgesang auf einen Menschen, der immer aufs Neue gelobt wurde. Ohne jegliche Anteilnahme. Selbst der Pfarrer schien sich im Leben ihres Bruders nicht besonders gut auszukennen. In jeder Rede kam der schreckliche Mord im Gerichtssaal vor. In Ausübung seines Amtes, auf dem ureigensten Feld der Juristen, im ehrwürdigen Talar des Rechtswesens verstorben.

Auf dem Weg zum Grab war es dann passiert. Wolfgang, Gabriele und Hannah gingen nebeneinander, in einigem Abstand zu den Eltern und Verwandten.

»Ich muss mich schon wundern, Herr van Bergen, daß Sie sich nach all dem, was vorgefallen ist, hier einreihen. Meinen Sie nicht, es ist es äußerst degoutant, wenn der Mann, der diese Mörderin im Gerichtssaal vertreten hat, ans Grab des Opfers geht?«

Ein Diensteifriger aus der Huneus-Kanzlei. Wolfgang wollte etwas erwidern, aber der Kollege war gleich wieder zwischen den anderen Rechtsanwälten abgetaucht. Hatte sich ein paar Schritte zurückfallen lassen. Nur diese beiden infamen Sätze. Als habe er einen Auftrag seiner Kollegen gehabt, diese Unverschämtheiten zu überbringen.

Wolfgang hatte die Contenance bewahrt. War zum Grab gegangen. Hatte sich verneigt. Ein kurzes Gebet angedeutet. Die Hand von Karoline und Thomas Anton Huneus sowie der Frau des Ermordeten geschüttelt. Und sich dann aus dem Staub gemacht. Zu Gabriele und ihrer Schwester hatte er leise gesagt, sie sollten um des lieben Friedens willen keinen Aufstand machen. Das hätte diese Bande gerne, daß er auf diese Provokation eingegangen wäre. »Und bitte kommt nicht zu spät, wir haben heute wirklich jemand zu betrauern.«

Der Anlass war ihm bestimmt willkommen, dachte Hannah, jetzt noch zwischen all diesen Herrschaften zu sitzen und sich anstarren zu lassen, wäre bestimmt kein Pappenstiel gewesen. Ein van Bergen im Lager der Feinde, die linke Zecke, Zielscheibe des Spotts, der mediengeile Kollege, der mit der Stasi getanzt hat. Da war es gewiss besser, das Weite zu suchen und für sich allein zu sein.

»Alfred, du weißt, daß die Kanzlei dich jetzt braucht!«, sagte Thomas Anton Huneus zu seinem Bruder.

»Ich weiß«, erwiderte Don Alfredo, »aber ich werde nicht kommen. Ich habe mich in Barcelona neu gebunden. Ich bin doch mehr Spanier als Deutscher. So recht passe ich nicht mehr hierher. Bitte legt die Kanzlei in die Hände derer, die sie zu führen wissen, und zahlt mir eine kleine Apanage. Meine Ansprüche sind nicht allzu hoch. Ich habe mir in Barcelona etwas Neues aufgebaut, das durchaus lukrativ ist.«

»Darf man erfahren, was das ist?«, fragte Thomas Anton.

Nach einer kurzen Pause erwiderte Don Alfredo. »Es hat mit unserem Gewerbe rein gar nichts zu tun.«

Gut so, dachte Hannah, die einige Gesprächsfetzen mitbekommen hatte. Der Mann trägt den Arsch in der Hose. Don Alfredo war ziemlich erstaunt gewesen, daß seine Nichte plötzlich wieder aufgetaucht war. »Nicht zu fassen, die wilde Hannah!«, hatte er ausgerufen. Daß sie ihm bei der Vernissage schon mal gegenübergestanden hatte, belustigte ihn durchaus. »Wenn du willst, kannst du mich in Barcelona besuchen«, sagte er, »aber den Rest der Familie möchtest du bitte zu Hause lassen.«

Das Händeschütteln am Grab, die hastig gemurmelten Beileidsworte, die linkischen Verbeugungen, wer ist als Nächster dran, zum offenen Grab zu gehen, wer hat den Vortritt, wer verharrt wie lange dort. Hannah musste sich zwingen, neben ihrer Mutter und der Frau des Ermordeten stehen zu bleiben.

Immer noch dachte sie an die unverschämten Worte des Rechtsanwaltes. Degoutant, ja äußerst degoutant war es, daß dieser Herr es sich herausgenommen hatte, Wolfgang während des Ganges zum Grab derart zu beleidigen. Sie musste ihrem Schwager Recht geben, so sehr es ihn sicher gejuckt hat, ihm ein paar passende Sätze zu erwidern, so geschickt war es, sich nicht provozieren zu lassen.

Ihre Nichte Hannah hatte es vorgezogen, gar nicht erst zu erscheinen, obwohl Gabriele sie darum gebeten hatte. »Denk doch mal an deine Großmutter! Versuch dich ein Mal in ihre Lage zu versetzen! Matteng kommt natürlich auch, Hannah! Du kannst Karoline nicht so brüskieren!« Sie solle ihr bitte den Gefallen tun und mitkommen. »Zwei Beerdigungen an einem Tag halte ich nicht aus«, hatte Hannah erwidert, »sag einfach, mir geht es nicht besonders gut. Die Angst ... du weißt schon ... das wird sie bestimmt verstehen.« Gabriele hatte mit allen Zungen geredet, um ihre Tochter doch noch zu überzeugen. »Kuno stand mir einfach näher«, war Hannahs Erwiderung gewesen, »und außerdem: Matteng kommt nur, weil seine Mutter ihm einen neuen Wagen versprochen hat, wenn er nicht kneift. Für Matteng war sein Vater immer nur der fette Frosch, das weißt du doch selbst, Ma.«

Hannah Huneus hatte sich in die Diskussion zwischen ihrer Schwester und deren Tochter nicht eingemischt. Manchmal war es besser, sich nicht ins Zeug zu legen, sondern abzuwarten, bis sich der Pulverdampf verzogen hatte.

»Meine Damen und Herren!«, jemand schlug mit der Gabel an sein Weinglas. Sofort verstummten die Gespräche in dem großen Saal. »Auch wenn der Anlass ein trauriger ist, der uns heute hier zusammengeführt hat — seien Sie, verehrte Frau Huneus samt Ihrer Familie, unseres Mitgefühls gewiss —, in den nächsten Tagen hat unsere Stadt die Ehre, die Feier zur Wiedervereinigung auszurichten. Und daß dies eine große Ehre ist, brauche ich in diesem Kreis nicht zu betonen. Ich bitte Sie herzlich, der Einladung des Senats zu folgen, nicht nur, weil unser Herr Bundeskanzler anwesend sein wird, und vollzählig beim Festakt dabei zu sein. Ich danke Ihnen, meine Damen und Herren.«

Gut so, dachte Hannah Huneus zum zweiten Mal an diesem Nachmittag, gut so, daß meine Nichte nicht mitgekommen ist, die hätte diesen Fauxpas zum Anlass genommen, dem Politiker etwas Deftiges entgegenzuhalten. Oder hätte ich selbst das Maul aufmachen müssen?

»Wir werden uns gleich auf Französisch verabschieden!«, sagte Gabriele zu ihrer Mutter.

»Auf Französisch?«, fragte Karoline Huneus.

»So sagt man, wenn man beim Abschied kein Aufheben machen will.« Gabriele kam ganz nah an ihr Ohr. »Wir haben heute noch jemanden zu beklagen.«

Einen Moment war Karoline irritiert. Sie schien gar nicht

wissen zu wollen, um wen es sich handelte. »Kommt doch bitte in den nächsten Tagen mal vorbei! Wir haben etwas zu bereden.« Ihre Mutter unterbrach sich und schaute nacheinander die beiden Töchter an. »Danke, daß ihr beide es so lange ausgehalten habt. Ich konnte das wirklich gebrauchen.« Sie hielt einen Moment inne. »Was war eigentlich mit Wolfgang?«

Als Gabriele, die beiden Hannahs und Wolfgang die Kneipe betraten, war kaum noch Platz, so viele Freunde hatten sich eingefunden. Rolf schaffte weitere Stühle heran. Auf allen Tischen standen Fotos von Kuno: der hessische Wirt mit dem Pferdeschwanz, seinem Markenzeichen. Mal mit einem schiefen Lächeln im Gesicht, mal mit hochgezogenen Augenbrauen, mal als stolzer Besitzer vor der Tür seiner Kneipe, mal als lächelnder Bierzapfer hinter dem Tresen. Rolf, der Nachfolger von Kuno, hatte die Wohngemeinschaft um ein paar Fotos gebeten, sie liebevoll gerahmt und in Aufsteller gesteckt.

Leichenschmaus, Haut versaufen, wieder zum Leben erzählen. Die Urnenbestattung auf dem anonymen Gräberfeld würde erst ein paar Wochen später stattfinden.

»Könnt ihr euch noch erinnern, wie er diesen Angeber nass gemacht hat? Wie hieß der noch, der immer hier reingestürmt kam und als Erstes so laut einen *Metaxa, aber Siebenstern gefälligst*, bestellte, daß alle zu ihm herschauen mussten?«

»Das war der Tommi!«

»Genau!«, bestätigte der Weißbärtige, »der Tommi. Einmal hat Kuno ihn angemacht, was denn dieser Quatsch mit dem Siebenstern-Metaxa solle. Darauf Tommi, er sei jeden Sommer in Griechenland, immer am gleichen Strand, da brauche er eben so einen Metaxa, um warm zu werden. Und weil Kuno das irgendwann mal auf die Nüsse ging, hat er zu Tommi gesagt: Wetten, daß du einen Siebenstern nicht von einem Fünfstern unterscheiden kannst! Tommi war erbost, wurde richtig sauer. Schon standen wir alle um die beiden herum. Tommi saß ja immer am Tresen. Also: Kuno hielt die beiden Flaschen hoch, stellte zwei Gläser hin. Umdrehen, sagte er zu Tommi. Der tat das auch. Wie wir alle sehen konnten, schenkte Kuno in beide Gläser den Fünfstern-Metaxa. So, sagte er, jetz bin ich awwer gespannt wien Flitzeboge. Tommi probierte, einmal, zweimal, und dann stand für ihn fest, in dem einen Glas ist sein Siebenstern und in dem anderen der billigere Fünfstern. Darauf Kuno: Ei, un da biste ganz sicher? Tommi war sich ganz sicher. Schon kicherten die Ersten. Was es denn da zu kichern gebe?, wollte Tommi wissen. Kuno klärte ihn auf. Diesen Angeber hat er nass gemacht, der hat sich ganz brav an seinen Platz gesetzt und nie mehr Metaxa bestellt. Und schon gar keinen Siebenstern.«

Wolfgang und die drei Frauen aus der Wohngemeinschaft fielen in dieser Runde mit ihrer Trauerkleidung auf. Niemand war in Schwarz erschienen. »Wenn ich mal dot bin, dann gibt's Freibier!«, hatte Kuno manches Mal gesagt. Als Rolf die Kneipe übernahm, hatte Kuno, sozusagen als Sterbekasse, eine nicht unerhebliche Summe hinterlegt, wovon diese Feier bezahlt werden sollte.

»Wo ist eigentlich das goldene Buch?«, fragte einer der Stammgäste der ersten Generation. Da wurden feine Unterschiede gemacht: Die erste Generation, das waren die Gäste, die Kuno schon seit seiner Übersiedlung in die Hansestadt gekannt hatten, die nächsten Generationen rangelten sich um die Plätze. Zehn Jahre regelmäßiger Besuch war Mindeststandard, um überhaupt anerkannt zu werden.

Rolf hatte das goldene Buch parat und ließ es durch die Reihen gehen. Ein sorgsam gehüteter Schatz, nur prominente Zechpreller standen da drin. Am Monatsende ist Ultimo, auch so ein Spruch von Kuno. Dann ging er mit dem goldenen Buch durch seine Kneipe und kassierte die eingetragenen Summen. Was nicht immer gelang.

König der Schnorrer war Lukas gewesen. Der hatte sich schon längst unter die Erde gesoffen. Zielbewusst und täglich. Mit dem Bezahlen war er immer spät dran. Lukas war es gelungen, jedem Gast ein paar hochprozentige Getränke abzuluchsen. »Du lädst mich doch ein, oder? Bin momentan nicht auf der Höhe meiner Barschaft.« Selbst Kuno war gegen Lukas machtlos. Wenn der ihn mit seinen dunkelblauen Augen, die meistens glasig waren, anstrahlte, sagte Kuno: »Wer kann schon diesem trunkenen Evangelisten böse sein?« Manchmal strich er dann eigenhändig den Eintrag, allerdings ohne daß es die anderen mitbekamen.

Wolfgang musste noch mal die Geschichte erzählen, wie Kuno den Richter Obermaier erpresst hatte. Damals, in seinem ersten Prozess. Wie lange war das her, mein Gott. »Kuno hatte immer noch ein paar Freunde im Frankfurter Strichermilieu und die hat er angerufen. Die sagten unisono, ja, ja, dieser Herr Obermaier, des is en alter Spezi, der kommt einmal im Monat und macht mit den ganz Jungen rum. Ein echter Päderaster. Und der Kuno hatte nichts Besseres zu tun, als dem Richter Obermaier das brühwarm unter die Nase zu reiben. Da hatte der die Hosen derart voll, daß er meine Mandantin freigesprochen hat.«

»Wie bitte?«, entfuhr es Hannah Huneus. »Und warum erfahre ich erst heute davon? 25 Jahre später.«

Die anderen lachten so laut, daß Wolfgangs Antwort unterging. Auch Hannah ließ sich von dem Lachen anstecken.

Irgendwann beugte sich Wolfgang zu seiner Schwägerin und sagte, er werde ihr zu Hause die ganze Geschichte noch mal genauer erzählen.

Gabriele stand auf, nahm ihr Glas und rief: »Kuno, wir danken dir, daß du uns mit deiner Freundlichkeit das Herz gewärmt hast. Deine matschige Sprach, das Hessische, hat uns Norddeutschen gezeigt, daß man nicht immer alles so bitter ernst nehmen soll.«

Auch die anderen erhoben sich.

Einen Moment lang wurde es feierlich. Alle prosteten sich zu. »Auf Kuno, den besten Hessen der Hansestadt.«

Als Rolf die nächste Runde brachte, erzählte Hannah van Bergen, wie Kuno ihnen in diesem Hinterzimmer Tipps für die kommende Demo gegeben hatte. »Ich hoffe doch, daß ihr alle dabei seid!« Nacheinander schaute sie ganz streng die Teilnehmer der Leichenfeier an. »Kuno meinte, wenn alles, aber auch wirklich alles verboten sei, dann wäre doch wieder alles erlaubt. Das sei ein alter Grundsatz aus der Mathematik. Minus mal Minus ergebe doch Plus. Und wenn nur genügend Leute das Demonstrationsverbot missachteten, dann könnte die Bullerei überhaupt nichts dagegen ausrichten. Schließlich müsste die ja in erster Linie die Festgäste schützen. Damit hat er selbst den Zaghaften unter uns Mut gemacht.«

Zu ihrer Tante gewandt, sagte Hannah etwas leiser: »Hier habe ich meinen Cousin Matteng getroffen. Der saß dahinten und machte große Sprüche, wie er persönlich von der Polizeiführung Informationen herauskriegen wollte.«

»Könnt ihr euch noch erinnern, wie damals diese Schauspielerin hier reinkam? Die drehte beim Sender, irgend so einen Krimi.« Das war Gisela, wenn sie mal Luft geholt hatte, konnte sie lange erzählen. »Niemand hatte diese Schauspielerin erkannt. Kuno schon, aber der hielt sich bedeckt. Und dann plötzlich, sie hatte sich einen Korn bestellt, rief die Dame ziemlich laut: Herr Wirt, Herr Wirt, da ist ein Glassplitter in meinem Schnaps. Und tatsächlich, da war ein winziger Splitter in ihrem Glas. Kuno entschuldigte sich wortreich und fragte, wie er das wieder gutmachen könne. Die Schauspielerin sagte: eine Lokalrunde. Kuno tat das widerspruchslos. Nun wussten natürlich alle, daß diese Schauspielerin in seiner Kneipe war. Später haben wir erfahren, daß die Dame mit diesem Trick überall auf sich aufmerksam machte. Kuno sagte: Ei, die hot ab sofort bei mir Lokalverbot!«

So erzählten sie eine um die andere Geschichte, manche Anekdötchen lagen lange zurück, andere waren erst vor wenigen Jahren passiert. Wieder und wieder wurden Kunos Soleier gelobt, seine Hackbällchen und die belegten Schnittchen, von deren Zubereitung die Wohngemeinschaft van Bergen ja am längsten profitiert hatte.

Als gegen acht Uhr morgens die letzten Gäste Kunos frühere Kneipe verließen, kam es zu dem Satz eines der ältesten Stammgäste, der noch Jahre später immer wieder zitiert werden sollte. Bernhard hatte sich ein Taxi bestellt, der Fahrer kam in die Kneipe und kündigte an, daß der Fahrgast nun kommen könne. Da trat Bernhard schweren Schrittes ins Freie, blinzelte mit den Augen und rief: »Mein Gott, ist das hell hier!« Dann drehte er um und bat in der Kneipe um Asyl. Wenigstens für einen Tag.

– achtundzwanzig –

Mathilde van Bergen reihte sich in die lange Schlange ein, die vor der Kirche entstanden war. Im Slalom durch mehrere Reihen Polizeigitter in den Gottesdienst, wann hatte es das schon mal gegeben? Jeder Besucher wurde gründlich durchsucht. Gefahrenstufe 1, mit einem Anschlag muss gerechnet werden.

»Ich finde das unmöglich«, empörte sich Mathilde, die für diesen Tag ihr graues Kostüm angezogen hatte. »Mein Mann hätte diesen Ordnungskräften bestimmt die passende juristische Belehrung zukommen lassen.« Auch die anderen Kirchgänger schimpften.

Als Mathilde sich umdrehte, entdeckte sie Karoline Huneus. Sie winkte ihr kurz zu, hob ihre Schultern und Hände, was lässt man sich alles gefallen heutzutage.

Heutzutage war Einheitsfeier. Eine große Ehre für die kleine Hansestadt. 2500 Polizisten im Einsatz, Bundesgrenzschutz, Bundeswehr. Feierlicher Gottesdienst, Festakt für die Großkopfeten, fettes Gefuttere. Vom Bundespräsidenten und seiner Frau abwärts war alles vertreten. Fast wie in der DDR, die vier Jahre zuvor noch den 40. Jahrestag der Republik gefeiert hatte, kurz bevor das Volk die Regierung wegfegte. Deutsch in Reih und Glied. Demokratisch mit dem Schlagstock. Republik rückwärts gewandt.

»Der Nächste bitte!« Noch zwei Personen, dann war Mathilde an der Reihe. Ich werde den Herrschaften sagen, daß sie im Grundgesetz nachlesen sollen: ungehinderte Ausübung von Glaube und Religion.

Erneut drehte sie sich zu Karoline um. Gerade trat sie aus der Schlange und wandte sich zum Gehen.

»Ihre Eintrittskarte!«, herrschte ein Uniformierter Mathilde an.

»Welche Eintrittskarte, junger Mann?«, fragte sie. »Ich will zum Gottesdienst.«

»Wenn Sie keine Karte haben, kommen Sie hier nicht rein.« Im barschen Befehlston ging er sie an. »Raustreten, aber ein bisschen plötzlich!«

»Das ist doch die Höhe, ich will mich ...« Schon wurde Mathilde zur Seite gedrängt. Ein älterer Polizist nahm sie am Arm und wollte sie wegführen.

»Rühren Sie mich nicht an!«, schrie sie.

Karoline Huneus kam herbei. »Haben Sie auch keine?«

Die Frauen standen nebeneinander und wussten nicht, wohin mit ihrer Wut. Die würdevolleren Kirchgänger schüttelten die Köpfe. Hatten die alten Schachteln tatsächlich nicht mitbekommen, daß für die 800 Sitzplätze in der Kirche Eintrittskarten ausgegeben worden waren? Streng sortiert. Achtung: Hierarchien beachten.

»Wir können uns das Spektakel doch auch im Fernsehen anschauen«, sagte Mathilde, »machen Sie mir die Freude und kommen Sie zu mir?«

Karoline war sofort einverstanden.

So marschierten die beiden Frauen, verärgert über die Abweisung an der Kirchentür, zum nächsten Taxistand.

»Ich tue mein Bestes!«, sagte der Taxifahrer, »aber die Fahrt kann länger dauern. Überall Absperrungen und Demonstrationen. Wollen Sie das wirklich wagen?«

»Wir wollen«, sagten die beiden entschieden, nur um ein paar Sekunden versetzt.

Unterwegs erzählte Karoline, daß ihr Mann zum Festakt in die Stadthalle geladen sei, sie aber keine Lust gehabt habe, sich dort blicken zu lassen. »Mir würden ja doch nur wildfremde Menschen kondolieren. Die Beerdigungsfeier war schon schlimm genug.«

Als Mathilde ihr Beileid ausgesprochen hatte, meinte Karoline: »Damit das nicht ungesagt bleibt, ich mache Ihrem Sohn nicht den geringsten Vorwurf. Er konnte nicht ahnen, daß diese Frau eine Pistole bei sich hatte und den Gildemeister erschießen wollte. Daß es meinen Sohn getroffen hat ...«

Eine Stunde später, die Taxifahrt dauerte dreimal so lang wie gewöhnlich, erreichten sie das Haus von Mathilde.

Sogleich wurde der Fernseher eingeschaltet.

Der Gottesdienst war bereits beendet. Die Festgäste begaben sich durch ein Polizeispalier zu Fuß in die Stadthalle. Weiträumig alles abgesperrt. Nicht ein Demonstrant in Sichtweite der prominenten Gäste. Friedhofsruhe. Staatssicherheitsstufe eins. Polizeischutz für die Pharisäer. »Das Volk darf den Mund nur aufmachen, um sich Alkohol und Würstchen reinstopfen zu lassen«, schrieb später ein Journalist über das Fress- und Saufgelage zum »Tag der Deutschen Einheit«, das zur gleichen Zeit auf dem Marktplatz stattfand.

Mathilde schaltete den Fernseher auf stumm. Während sie Karoline einen Likör einschenkte, einen dürfen wir doch zur Feier des Tages, sprach sie über ihre Enkelin Hannah, die glücklicherweise diese Krankheit überwunden hatte. »Wie schön«, freute sich Karoline, »wenigstens ein kleiner Lichtblick in dieser düsteren Zeit.«

Erst als der polnische Schriftsteller Szczypiorski das Rednerpult betrat, stellte Mathilde den Ton des Fernsehers wieder laut. »Der tiefe und schöne Sinn der Einheit Deutschlands ist eine Etappe zur Einheit Europas. Dazu bedarf es aber mehr als das im Westen Vorhandene. Wir bedürfen mehr an Reflexion über das menschliche Schicksal, etwas weniger Hetzerei nach materiellem Wohlstand, etwas mehr

Trauer über die menschliche Unreife und etwas weniger Sicherheit, daß alles erreichbar sei.«

Die Kamera schwenkte ins Publikum, das festlich gekleidet in der Stadthalle saß. Selbst einige der grünen Politiker, die noch Tage zuvor vehement gegen das Versammlungsverbot protestiert und mit dem Fernbleiben beim Festakt gedroht hatten, waren im Bild zu sehen.

»Thomas Anton!«, rief Karoline aus.

»Ihr Mann?«, fragte Mathilde.

Karoline nickte. »Er schläft. Wie peinlich, mein Gott, wie peinlich.«

Dann war wieder die erste Reihe im Bild. Der Kanzler: »Blühende Landschaften!« Der Bundespräsident: »Blühende Landschaften!« Die Bundestagspräsidentin: »Blühende Landschaften?«

Die Kamera war auch dabei, als die über 1200 Gäste anschließend zum Büfett gingen. Kaum waren die hohen Türen geöffnet worden, eilte der Bundeskanzler in den Speisesaal und rief aufgeregt: »Gibt's denn hier keinen warmen Fich?« Das gesamtdeutsche »Sch« war dem Pfälzer immer fremd geblieben.

Seit dem frühen Morgen standen Gabriele und ihre Schwester Hannah am Straßenrand und hielten Plakate hoch, auf denen nichts zu lesen stand. Alles verboten, alles in weiß. An kleinen Holzlatten hatten sie die Pappschilder befestigt. Über fünfhundert Demonstranten trugen diese leeren Plakate. Kritisch beäugt von der Polizei. Vorbeifahrt der Staatskarossen. Eine abgesicherte Protokollstrecke wie ehedem am Prenzlauer Berg. Die Briten im Rolls-Royce. Die schwedischen Vertreter im Scania, national der Tag, national die Automarke.

»*Why the hell are you protesting against me?*«, schrie der amerikanische Botschafter aus dem Fond seiner Limousine heraus.

Die Demonstranten blieben stumm. Alles verboten, alles verstummt.

»*You bloody commies!*«, empörte sich der Botschafter.

Dann ließ er den Fahrer Gas geben.

Gabriele und Hannah sprachen über Wolfgang, der es vorgezogen hatte, nicht mit ihnen demonstrieren zu gehen. Er brauche einfach Ruhe, sagte Gabriele, zu viele Fronten. »Die Stasi-Sache will kein Ende nehmen. Täglich kommen weitere Anschuldigungen. Wolfgang wird diese Unterlagen-Behörde in Berlin einschalten müssen. Die sollen ihm bestätigen, daß er kein IM gewesen ist. Aber das kann dauern.« Viel schlimmer aber sei der Mord im Gerichtssaal, betonte Gabriele. »Wolfgang macht sich Vorwürfe, daß er diese Frau Hörmann völlig falsch eingeschätzt hat. Jede Nacht liegt er wach neben mir. Will aber nicht angesprochen werden. Ich weiß nicht, wie es weitergehen soll.«

Hannah versuchte, ihre Schwester zu trösten. So schwach komme ihr Wolfgang gar nicht vor. Sie habe ihn schon wieder lachen gehört. »Das täuscht«, erwiderte Gabriele. »Wolfgang hat es gelernt, Maske zu zeigen. Sich nichts anmerken zu lassen. Aber ich weiß doch, wie ihm das alles zu schaffen macht. Vielleicht sollte er einfach mal für ein paar Wochen ausspannen. Aber dazu ist er nicht zu bewegen. Nicht mal in sein geliebtes Wangerooge.«

Über Megafon wurden die Demonstranten aufgefordert, sich unverzüglich aufzulösen. »Sie wissen, daß diese Kundgebung verboten ist. Nur zu Ihrer Information: Wir erwarten keine weiteren Gäste.« Der Einsatzleiter hielt das für einen gelungenen Scherz.

Auf dem Nachhauseweg erzählte Hannah, daß sie wahrscheinlich wieder fürs Fernsehen arbeiten könne. Wenn auch nicht als Filmemacherin, sondern als Rechercheurin für Campmann. Einen Magazinbeitrag über ihre Entführung durch den Kölner Verfassungsschutz habe der Fernsehdirektor allerdings schon abgelehnt. »Das sei viel zu viel Spekulatius.« Campmann habe keine handfesten Beweise dafür, habe der Fernsehdirektor ihm ausrichten lassen. Hannah schien darüber enttäuscht zu sein. »Früher nannte man so was Zensur, heute übliche Praxis. Einfach alles Kritische von vorneherein verbieten.«

Wolfgang öffnete das Fenster seiner Dachkammer und ließ die vier aneinander genähten Betttücher hinunterfallen. Das unterste hatte er mit einer Holzlatte beschwert. Kaum waren die drei Frauen aus dem Hause, hatte er sich an die Arbeit gemacht. Alte Betttücher heraussuchen, sie mit groben Stichen aneinander nähen, den Text in Großbuchstaben mit schwarzer Plakafarbe aufmalen, die Farbe mit dem Haarföhn trocknen und zwei Holzlatten an beiden Enden befestigen.

ALLE GEWALT GEHT VOM STAATE AUS – stand in großen Lettern auf der langen Fahne. Eine Abwandlung des an diesem Tag außer Kraft gesetzten Grundgesetzes.

Die Debatte über das vollkommene Verbot aller Demonstrationen an diesem Einheitstag hatte Wolfgang in Brass gebracht. Der hansestädtische Innensenator ließ in der Lokalpresse die Mitteilung verbreiten, daß er nicht gewillt sei, Ausnahmen gelten zu lassen. »Wir werden jede Demonstration im Keim ersticken. Unser Konzept ist die Deeskalation durch Stärke, niedrige Einschreitungsschwelle gegen Störergruppen.« Sogar die Bundeswehr wurde verfassungswidrig zum

Bau der Absperrgitter eingesetzt. Peanuts, nannte der Polizeipräsident später diesen Gesetzesbruch.

Die Arbeit an der Betttuch-Fahne hatte Wolfgang beruhigt. Zufrieden blickte er aus dem Fenster seiner Dachstube, in die er sich, so empfand er es in diesem Augenblick, in der letzten Zeit häufiger hätte zurückziehen sollen.

Immer, wenn ein Mannschaftswagen der Polizei vorbeifuhr, wurde kurz angehalten. Wolfgang winkte ihnen zu. Die Uniformierten lasen den Spruch, waren einverstanden und fuhren winkend weiter. Warum hatte dieser Narr das nur dahingeschrieben? Mit so viel Aufwand. Das weiß doch jeder, daß die Gewalt vom Staat ausgeht. Von wem denn sonst?

In einem Punkt war Wolfgang zu einem Entschluss gekommen, der ihm den Kopf wieder ein wenig freier werden ließ. Nach Rücksprache mit einem Marburger Juraprofessor wollte er eine negative Feststellungsklage, ob er die 15 Millionen Dollar tatsächlich zurückzahlen musste, bis in die oberste Instanz durchziehen. Daran würden sich die Gerichte die Zähne ausbeißen. Sollte er tatsächlich obsiegen, wovon er allerdings nicht ausging, würde er das Geld in den Fonds für die Ausgleichszahlungen an die polnischen Zwangsarbeiter stecken. So eine Summe würde dringend gebraucht werden. Viele Polen, die als Jugendliche ins Nazi-Reich verschleppt wurden, waren inzwischen verstorben. Die Beträge, die den Überlebenden für ihre Zwangsarbeit ausgezahlt wurden, beschämend niedrig.

Wolfgang setzte sich an seinen Schreibtisch. Fast mechanisch nahm er sich eine Kladde, setzte mit grüner Tinte das Datum an den rechten oberen Rand, 3. Oktober 1993, und begann zu schreiben.

Die Geschichte von einer jungen Frau, die mit allen Kräften

versucht, ein beinahe tödliches Verbrechen zu verhindern. Am Ende gerät sie selbst in die Falle und wird mit einer dünnen Stahlschlinge stranguliert.

Wie betäubt hatte Wolfgang geschrieben. Einfach den Füllfederhalter nicht mehr abgesetzt.

Es war wie ein Rausch gewesen. Alles um sich herum vergessen, nur auf die Geschichte konzentriert. Was war das für eine Frau? Wieso kam sie ihm in den Kopf? Kannte er sie schon länger?

Aufgeregt blätterte er in der Kladde. Sein letzter Eintrag lag viele Monate zurück. Endlich war es ihm gelungen, seine geliebte Schreiberei wieder aufzunehmen.

Ihm fiel der Rechtsanwalt ein, der ihn auf dem Friedhofsweg angeblafft hatte. Wahrscheinlich ist es tatsächlich degoutant von mir gewesen, dort zu erscheinen und so zu tun, als trauere ich mit den Angehörigen.

Das Telefon klingelte. Einmal, zweimal.

»Jetzt nicht«, imitierte Wolfgang die stete Reaktion von Gabriele.

Dann nahm er den Hörer ab.

Es war sein Bruder Justus.

»Sag mal, was ist denn bei euch los? Im Radio hört es sich so an, als hättet ihr Bürgerkrieg.«

Wolfgang erwiderte, in der Stadt sei es totenstill. Kein Krawall nirgends. Er schwindelte ein bisschen: »Ich habe so viel zu arbeiten, da kommt mir der Einheitstag gerade recht. Und wie geht es euch?«

»Es ist so weit!«, sagte Justus. »Essa ist schwanger!«

»Wird es ein Junge oder ein Mädchen?«

»Das will Essa gar nicht wissen. Da ist sie genauso abergläubisch wie alle Kubanerinnen. Und du wirst Patenonkel, das hast du versprochen.«

»So hatten wir es abgemacht. Ich freu mich schon drauf!«

Justus lachte. »Hoffentlich wird das Kind schokoladenbraun, dann haben die in der Klinik was zu gaffen.«

Justus fragte seinen Bruder, ob er am Nachmittag nicht mit seiner Frau nach Leer kommen wolle. Hannah könne er auch mitbringen.

»Welche Hannah?«

»Das überlasse ich dir, Bruderherz.«

Wolfgang versprach, mit Gabriele darüber zu reden. Keine schlechte Idee, sich mal wieder anderen Wind um die Nase wehen zu lassen.

Im Tunnel neben dem Hauptbahnhof herrschte Feierstimmung. Parolen wurden gerufen: *Deutschland ist uns scheißegal – macht den Straßenkampf legal.* Einige tanzten zur Musik von »Ton Steine Scherben« und sangen den Refrain mit: *Keine Macht für niemand.* Reckten die Fäuste hoch, wenn das Wort *niemand* erklang.

Hannah van Bergen stand am Straßenrand. »Wie lange werden die uns hier einkesseln?«, fragte sie.

»Kommt drauf an, wann die Bonzen aus der Stadt verschwinden!«, antwortete eine ältere Frau.

Schon am Tag zuvor hatte Hannah mitdemonstriert. Vor einer Werft bildeten sie einen »Leichenteppich«, zwanzig Frauen lagen auf dem Boden. Die Besucher des »Konzertes zur Deutschen Einheit« mussten über die Demonstrantinnen hinwegsteigen. Den Honoratioren wurde ein »Blutcocktail« gereicht. Seit Jahrzehnten produzierte die Werft Kriegsschiffe.

Hannah versuchte, sich ihre Angst nicht anmerken zu lassen. Solange wir so viele sind, wird schon nichts passieren, beruhigte sie sich.

Das hatte in der Nacht zuvor ganz anders ausgesehen. Polizei und Bundesgrenzschutz jagten kleine Gruppen durch die Stadt. Hannah sah, wie ein halbes Dutzend Autonome in die Schaufensterscheiben der Deutschen Bank hineingeprügelt wurden. Ein junger Mann, der über Megafon Parolen gerufen hatte, wurde zusammengeschlagen und so brutal in die Scheibe gestoßen, daß er im Notarztwagen versorgt werden musste.

»Meinst du, sie werden uns alle verhaften?«, fragte Hannah einen Mann, der eine Wollmütze mit einem Sehschlitz trug.

»Davon musst du ausgehen. Aber noch ist es nicht so weit. Hast du Schiss?«

Auf beiden Seiten des Tunnels standen die Ordnungskräfte. Hinter Plastikschilden in Deckung gegangen. Schlagstöcke in der Hand. Ab und zu schlugen sie damit auf die Schilde. Das martialische Geräusch wurde im Tunnel noch weiter verstärkt.

Stolz berichtete die Polizei am anderen Tag auf der Pressekonferenz von 274 Festnahmen. Die meisten seien Autonome gewesen. Ihr Alter zwischen 16 und 20. Wie viele verletzt wurden, darüber machte die Polizei keine Angaben. »Wir hatten allerdings ein paar Kapazitätsprobleme«, sagte der Polizeipräsident Gebert, »wir konnten die ja nicht, wie in Südamerika, alle ins Stadion stecken.«

Hannah drückte sich an die kalte Mauer.

Kurz darauf ertönte ein gellender Pfiff. Die Plastikschilde marschierten los. Von beiden Seiten gleichzeitig.

Hannah versuchte, sich am großen Pulk vorbei, an der Wand entlang ... schon hatte ein Polizist sie gepackt. Drehte ihr brutal den Arm auf den Rücken und warf sie auf den Boden.

»Lassen Sie die Frau los!«, schrie eine Stimme. »Lassen Sie sofort die Frau los!«

Matteng. Das war Mattengs Stimme. Hannah hatte gar nicht bemerkt, daß auch er unter den Eingeschlossenen war.

Matteng trug eine Binde mit der Aufschrift PRESSE am rechten Arm. In der Hand hielt er einen Fotoapparat. Gezückt wie eine Waffe.

»Lassen Sie die Frau sofort los! Sie kann sich nicht wehren. Das sehen Sie doch!« Matteng brüllte so laut, daß der Polizist den Fuß von Hannahs Rücken nahm. »Mein Vater ist Rechtsanwalt. Ich werde Sie wegen Körperverletzung anzeigen, wenn Sie nicht sofort ...«

Der Polizist wich einen Schritt zurück.

»Komm, Hannah, schnell, weg hier!«

Matteng half ihr hoch. Sie nutzten eine Lücke im Kordon, schafften es ins Freie.

Währenddessen wurde im Tunnel geprügelt. Wildes Geschrei drang durch den Hall verstärkt nach draußen. Nun gab es kein Entrinnen mehr. Jagdszenen zur Einheitsfeier. Nur daß diesmal keine Kameras dabei waren wie in Ost-Berlin, als die Demonstranten mit Schlagstockeinsätzen vor dem Palast der Republik vertrieben wurden.

»Es hätte natürlich heißen müssen, mein Vater war Rechtsanwalt«, sagte Matteng mit ernster Miene, »aber für diesen Bullen hat es gelangt.«

Die Wohngemeinschaft versammelte sich auf dem Bürgersteig vor dem Haus. Gabriele und ihre Schwester waren schon seit zwei Stunden zurück und hatten sich im Fernsehen die Bilder angesehen. Sogar die Demo mit den weißen Pappschildern war einmal zu sehen gewesen.

Gemeinsam bestaunten sie Wolfgangs hauslanges Transparent.

Immer noch sehr aufgeregt erzählte Hannah van Bergen, wie sie mithilfe von Matteng der Polizei entwischen konnte.

Sie zeigte auf die aneinander genähten Betttücher: »Wie Recht du damit gehabt hast, Paps!«

»Was glaubst denn du, Hannah? Schließlich bin ich ein Anwalt des Rechts!« Er machte eine kleine Pause. »Wenigstens bemühe ich mich darum.«

– Nachwort –

Auch für den dritten Teil meiner hanseatischen Juristentrilogie habe ich viele Prozesstage im Gerichtssaal gesessen: Es ging um den über Bremen hinaus bekannt gewordenen Hennemann-Prozess. Der Chef der Vulkan-Werft war angeklagt, Gelder aus Brüssel, die für den Wiederaufbau von Werften in Schwerin und Rostock bestimmt waren, ins Bremer Unternehmen abgezweigt zu haben. Die Folge der riskanten Finanzmanipulationen: alle drei Unternehmen mussten Konkurs anmelden. Tausende von Arbeitsplätzen wurden vernichtet, viele Familien in die Arbeitslosigkeit getrieben. Friedrich Hennemann wurde zu zwei Jahren Haft mit Bewährung verurteilt, aber der Instanzenweg ist noch nicht zu Ende. Es mag Parallelen zu dem in meinem Roman erzählten Verfahren gegen den Weinhändler Gildemeister geben, aber auch diesmal ist das Prozessgeschehen vollkommen fiktiv.

Es gibt wieder einigen Dank zu sagen: meinen juristischen Beratern, den Rechtsanwälten Christian Haisch, Dieter Dette und Hans Alberts; der Psychologin und Kindertherapeutin Urte Seidel für ihre wichtige Beratung in Sachen der Erkrankung von Hannah van Bergen und Dr. G. H., der bei allen drei Bänden wesentliche Hinweise gegeben hat.

Nicht zuletzt danke ich meinem Lektor Bernhard Matt und meiner Frau Marita, der diese Trilogie gewidmet ist, die mit ihrem guten Lektorat und vielen Diskussionen zum Entstehen des Romans beigetragen hat.

Nach sechs Jahren intensiver Beschäftigung mit den beiden Familien fällt es mir durchaus schwer, sie nun ihrem

Schicksal zu überlassen. Aber, wer weiß, vielleicht gibt es ja noch einen weiteren Band. Geschichten, wie es weiter gegangen ist, gibt es durchaus zu erzählen.

Bremen, Las Palmas, Möhlenhof
2006-02-27
Jürgen Alberts

Die Familie Huneus

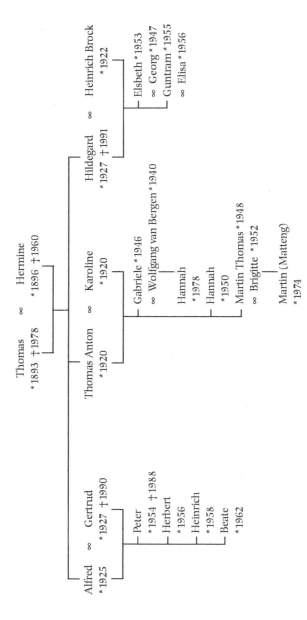

Die Familie van Bergen

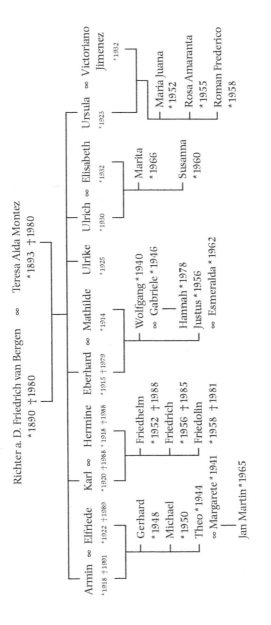

Jürgen Alberts

»Jürgen Alberts Figuren machen Zeitgeschichte lebendig.« **Weserkurier**

Familienfoto
978-3-453-40008-5

Familiengeheimnis
978-3-453-40072-6

978-3-453-40476-2